FRANZ ALT

Der ökologische Jesus

W0173265

Buch

Mit jedem Tag produzieren wir 100 Millionen Tonnen Treibhaus-gase und vernichten 31.000 Hektar Wald. Täglich wächst die Menschheit um eine Viertelmillion. Gleichzeitig werden durch Kahlschlag und Klimawandel 20.000 Hektar Land zur Wüste. Umwelttechnik allein wird unseren schwerkranken Planeten nicht retten. Grundsätzliches Umdenken und ein Bewußtseins-wandel sind notwendig, um die Wende zu schaffen. Wer ange-sichts unserer ökologischen Krisen das Neue Testament liest, wird den ökologischen Jesus entdecken und eine Spiritualität finden, die beim Überwinden der globalen Krise den entscheidenen Durchbruch bringt. Aus der Tiefen-Erkenntnis des Neuen Testa-ments kann eine Tiefen-Ökologie wachsen, die zu einer konkre-ten Wende in den Bereichen Energie, Verkehr und Landwirt-schaft führen wird sowie zu nachhaltiger Kreislaufwirtschaft.

Autor

Franz Alt, geboren 1938, studierte Politische Wissenschaften, Ge-schichte, Philosophie und Theologie. Seit 1968 arbeitet er beim SWF. 20 Jahre moderierte er das Politmagazin »Report«. Seit 1992 Leitung der Zukunftsredaktion im Südwestrundfunk, 1997 bis 2000 des Magazins »Quer-Denker«, seit 2000 Leitung und Mode-ration des Magazins »Grenzenlos« in 3SAT. Neben den von ihm moderierten Sendungen hat sich Franz Alt als Buchautor einen Namen gemacht (»Frieden ist möglich«, 1983; »Liebe ist mög-lich«, 1985; »Jesus – der erste neue Mann«, 1989 u.a.). Für sein engagiertes Eintreten für ökologisches Handeln erhielt er u.a. den Umweltpreis »Goldene Schwalbe« (1992) sowie den »Europäi-schen Solarpreis« (1997).

Franz Alt

Der ökologische Jesus

Vertrauen in die Schöpfung

GOLDMANN

Umwelthinweis:
Alle bedruckten Materialien dieses Taschenbuches
sind chlorfrei und umweltschonend.

Der Goldmann Verlag ist ein Unternehmen
der Verlagsgruppe Random House GmbH.

1. Auflage
Vollständige Taschenbuchausgabe September 2003
Wilhelm Goldmann Verlag, München,
in der Verlagsgruppe Random House GmbH.
© 1999, 2002 der Originalausgabe
Riemann Verlag, München,
in der Verlagsgruppe Random House GmbH
Lektorat: Gerhard Juckhoff
Umschlaggestaltung: Design Team München
Umschlagabbildung: IFA-Bilderteam/Time Space Inc.
Satz: Barbara Rabus
Druck: Elsnerdruck, Berlin
Verlagsnummer: 15156
KF · Herstellung: Sebastian Strohmaier
Made in Germany
ISBN 3-442-15156-2
www.goldmann-verlag.de

Dem Leben!

Inhalt

Vorwort

Worauf läßt man sich ein, wenn man ein Vorwort zu einem Buch von Franz Alt schreibt – noch dazu, wenn dieses Buch mit dem Titel *Der ökologische Jesus* seine eigene Ouvertüre nahezu selbst intoniert? Ist da ein Fernsehjournalist schriftstellerisch tätig geworden, um mit schockierenden Reportageszenen aufs neue die Apokalypse zu beschwören? Wird hier statt der erhofften Neuorientierung des Handelns an den sittlichen Grundwerten nicht eher eine resignative Abstumpfung bewirkt?

Natürlich sollen – und müssen – Thesen angenagelt werden. Franz Alt hat, wie so viele vor ihm und mit ihm, sein gerüttelt Maß an Ärger mit den christlichen Kirchen. Über die Jahrzehnte und Jahrhunderte hinweg ist ihm da vieles zu glatt, zu gelackt und wohlfeil beliebig geworden – da wird theologisiert und theoretisiert, da gehen die kraftvolle Sprache der Evangelien und die natürlichen Bilder der Gleichnisse weitgehend unter.

Vor allem aber: Christlicher Glaube hat sich allein auf den Menschen verengt, ist zu sehr geleitet durch den falsch, da ökonomisch verstandenen Herrschaftsanspruch der Genesis: »Macht euch die Erde untertan.« Untergegangen und vergessen zu sein scheint die unmißverständliche und uneingeschränkte Feststellung des Römerbriefes: »Die ganze Schöpfung harrt der Erlösung« (vgl. Röm. 8,18–21). Nicht beachtet wird die Verpflichtung für den Menschen, die auch in der Genesis unterstrichen wird: »Er setzte ihn, den Menschen, in den Garten Eden, auf daß er ihn bebaue und bewahre!« Weit entfernt ist man von den Verpflichtungen, die daraus erwachsen, daß der Mensch *in* der Schöpfung steht, nicht über ihr, daß er sich aus dieser Einbindung selbst Grenzen zu setzen hat, die Natur nicht zu seinem heutigen Nutzen ausbeuten, sondern für seine Kinder pflegen und bewahren muß.

Die Fakten sprechen eine andere Sprache: Nahezu ungehindert wird die Natur weiter ausgebeutet, werden die Kosten des eigenen Wohlstandes auf die zeitlich und räumlich Entfernten abgewälzt – auf die kommenden Generationen, auf die Ärmsten der Armen in den Slums der wie Krebsgeschwüre sich ausdehnenden Stadtgebilde in den Entwicklungsländern. Da wachsen die Wüsten in Afrika und anderswo – sechs Kilometer Jahr für Jahr allein in Mauretanien –, wodurch die ohnedies kargen Lebensbedingungen dieser Ärmsten der Armen weiter drastisch verschlechtert werden. Also suchen immer mehr Menschen ihr Heil in der Flucht – Umweltflüchtlinge, die das Heer der Hoffnungslosen in den städtischen Ballungszentren weiter verstärken. Mehr und mehr wird unstreitig klar, daß auch diese Wüstenbildung mitverursacht wird durch den Treibhauseffekt der massenhaften CO_2-Emissionen, besonders aus den »reichen« Industriestaaten des Nordens.

Abwälzung von Kosten also, »Beggar-my-neighbour-Policy«, *ein* Beispiel unter vielen konkreten Fällen für die Regionalisierung der Vorteile des wirtschaftlichen Wachstums im industrialisierten Norden und die Globalisierung der Nachteile, vornehmlich in den ärmsten Regionen überall in dieser Welt. Schon in der Vorbereitung auf den »Earth Summit« 1992 in Rio de Janeiro ließ diese wachsende Einsicht in die Abwälzung von Wohlstands-Folgekosten die Besorgnis eines neuen »kalten Krieges« aufkommen. Immer deutlicher wird die Anklage der Industriestaaten durch die sogenannten »Entwicklungsländer«, daß der für sie so dringend erforderliche überlebensnotwendige Kampf gegen Armut und Unterentwicklung aussichtslos wird durch die Gedanken- und Rücksichtslosigkeit des wirtschaftlichen

Konsumierens und Produzierens in den Industrieländern. Zu Recht wird der Ruf laut nach einer neuen »Kultur des Friedens« (UNESCO), nach einer neuen Solidarität in globaler Verantwortung, damit wirtschaftliches Wachstum möglich bleibe ohne ökologischen Raubbau und ohne soziale Ungerechtigkeiten – eine »nachhaltige Entwicklung«, die nicht mehr die Kosten abwälzt, sondern diese sich selbst anlastet.

Für eine »Kultur des Friedens« sind neue Maßnahmen, neue Abrüstungsinstrumente zu entwickeln und durchzusetzen – Abrüstungsinstrumente für eine Friedenspolitik zwischen Arm und Reich, aber auch zwischen Mensch und Natur. Die Völkergemeinschaft hat sich bemüht und bemüht sich weiterhin, diese Instrumente zu schaffen und zu nutzen. Hierzu gehören vor allem die rechtlich bindenden globalen und regionalen Umweltkonventionen und Protokolle – die Klimarahmenkonvention mit dem »Kioto-Protokoll«, die Wiener Konvention zum Schutz der Ozonschicht mit dem »Montreal-Protokoll« und die Konvention zum Schutz der Artenvielfalt mit einem Protokoll zur »Bio-Safety«. Dazu gehören aber auch umweltfreundliche Techniken etwa zum sparsamen Umgang mit Wasser und die Entwicklung einer Kreislaufwirtschaft mit geringerem Energieverbrauch, mit regenerativen Energien, mit neuen Mobilitätskonzepten, um nur einige Beispiele zu nennen.

Vor diesem Hintergrund ist Franz Alt keineswegs der mit höllischer Strafe drohende Missionar, auch nicht der Ablaßhändler Tetzelscher Prägung – er ist nicht der marktschreierische Selbstvermarkter. Er will verdeutlichen, eindringlich wachrütteln, will wieder die volle Botschaft Gottes zugrunde legen, eine Botschaft, die immer anstößig ist und immer anstößig bleiben muß. Er will aber auch nicht verhehlen, daß man bei sich anfangen muß, damit man die notwendigen Änderungen insgesamt einfordern, ja provozieren kann.

Hans Jonas, der große Philosoph des Prinzips Verantwortung, schrieb: »Der Mensch ist der Natur gefährlicher geworden, als die

Natur dem Menschen jemals war.« Der Mensch wird zunehmend zur Bedrohung seiner Mitgeschöpfe – und damit seiner selbst. Die Roten Listen aussterbender Tiere und Pflanzen sind die Buchhaltung dieses Krieges mit der Natur, wie Franz Alt schreibt. Sie sind ein Beleg für die Wegwerf-Mentalität, die in den Industrieländern heranwuchs und gelebt wird.

Es ist also mehr als sinnvoll, es ist dringend notwendig, nach diesen Inhalten des Glaubens zu fragen – sich mit dem »ökologischen Jesus« konfrontieren zu lassen, auch wenn man sich ab und zu ärgert, eben anstößt bei dem, der anecken will. Es ist sinnvoll, aufgeschreckt zu werden, und dies nicht nur durch den »ökologischen Jesus«, sondern auch durch die Lehren der anderen großen Weltreligionen. Deren verbindende Grundwerte der Ehrfurcht vor der Schöpfung und der Mitverantwortung für den Nächsten können uns helfen, weitere Bausteine für eine präventive Friedenspolitik bereitzulegen.

Nairobi, im Januar 1999

Klaus Töpfer
Direktor des UNO-
Umweltprogramms

I. Kapitel

Jesus und seine spirituelle Ökologie

>»Er läßt seine Sonne scheinen
auf böse wie auf gute Menschen.«
Jesus

Die äußere und die innere Energiekrise

Das Überleben der Menschheit hängt zum erstenmal von einer radikalen geistigen und seelischen Umkehr ab. Im neuen Jahrtausend wollen bis zu zehn Milliarden Menschen materiell so leben wie heute 800 Millionen in den Industriestaaten. Dafür ist unser Planet nicht geschaffen. Und darauf sind wir bisher nicht vorbereitet. Wie und von wem können wir die überlebensnotwendige Veränderung lernen?

Vor 2000 Jahren hat ein junger Mann aus Nazareth gelehrt: Wer staunen, lieben und lernen kann, gehört zu den Gesegneten dieser Erde. Jesus wollte keine neue Religion, sondern neues Leben. Er lehrte, daß es auf dieser Erde für jedermanns Grundbedürfnisse reicht, aber nicht für jedermanns Habgier.

Sein Grundsatzprogramm hieß: vertrauen, hoffen, lieben. Doch dieses Programm kann nur funktionieren, wenn wir beginnen, es ernst zu nehmen, und unser Gewissen schärfen. Zwei Milliarden Menschen berufen sich theoretisch bis heute auf dieses Programm. Doch was wurde praktisch daraus? Was wurde zum Beispiel im 20. Jahrhundert, dem Jahrhundert der Weltkriege, Atombomben und Naturzerstörung, im christlichen Abendland aus diesem Programm von Liebe, Güte, Barmherzigkeit und Naturverständnis?

Bislang gehören wir Christen nicht zur ökologischen Avantgarde. Von Ausnahmen abgesehen, interessieren wir uns wenig für das Schicksal der Erde. Wir reden zwar von der »Bewahrung der Schöpfung«, aber wir tun bis jetzt fast nichts dafür, daß die Schöpfung und die Erde ihr Entwicklungsziel erreichen können. Alle kennen zwar das Ziel, aber kaum jemand geht den Weg. Doch die Wahrheit wird nur wahr, wenn wir sie tun. Jesus: »Die Wahrheit wird euch frei machen« (Johannes 8,32).

Die weitverbreitete und um die jetzige Jahrtausendwende noch zunehmende Hoffnungslosigkeit hat ihre Ursachen auch in einem primär negativen Menschenbild der christlichen Kirchen. Die Kirchen haben uns 2000 Jahre lang gelehrt, daß wir von Anfang an Sünder seien. Leben wir deshalb bisher weit unter unseren eigentlichen geistig-seelischen Möglichkeiten?

Angeblich kommen wir alle schon mit der Erbsünde auf diese Erde. Jesus aber hat unentwegt davon gesprochen, daß wir Geliebte und Gesegnete seien. Wer sich in der Tradition der Kirchen von Sünde und Schuld gefesselt und von Erbsünde und böser Lust belastet sieht, wird wenig Neigung zu schöpferischer Aktivität, sinnlicher Lebensfreude und wenig Lust und Energie zur Mitarbeit an der Bewahrung der Schöpfung verspüren. Vielmehr wird die Angst ihn lähmen.

Wer aber die ökologischen Bilder in den Geschichten und Gleichnissen Jesu tief in seinem Innern versteht, lernt aus diesen Gleichnissen und Geschichten Lebenslust und Lebensfreude und wird viel Energie und Vertrauen in die Schöpfung und ihre Zukunft entwickeln. Wir werden in diesem Buch erkennen, daß Jesus vor 2000 Jahren eine spirituelle Ökologie entdeckt und gelebt hat. In dieser Jesus-Strategie sehe ich *das* Überlebensprogramm für das neue Jahrtausend.

Die Kirchen haben bisher überwiegend das Bild eines strafenden, rächenden, beleidigten und patriarchalisch gestimmten Gottes ge-lehrt. Jesus aber hatte ein überwiegend positives Menschenbild vor-gelebt, weil er von einem radikal positiven Gottesbild durchdrungen war. Die negative Anthropologie der Kirchen mußte nahezu zwangs-läufig Menschen in die Hoffnungslosigkeit und Passivität treiben. Die positive Anthropologie Jesu und sein Gottesbild vom allumfas-send liebenden Vater stiften dagegen zu Aktivität, Vertrauen und Hoffnung an.

Die Kirchen und ihr negatives Menschenbild blockieren häufig positive Energien. Jesu Lehre und Leben jedoch setzt positive sonni-ge Energien frei. Wo positive sonnige Energien fließen, führt unsere Lebenskraft zu Selbständigkeit und Mündigkeit, zu Liebesfähigkeit und Freiheit, zur Überwindung der Angst. Nur durch Vertrauen in die Schöpfung wird das Göttliche in der Welt, im Kosmos und in jedem Menschen erfahrbar. Das ist die Basis einer spirituellen Öko-logie für ein gutes drittes Jahrtausend. In einer Zeit der globalen ökologischen Bedrohung brauchen wir eine universelle spirituelle Ökologie. Nur der Abschied von finsteren Gottes- und Menschenbil-dern kann zu seelischem Wachstum und zu einer spirituellen Entfal-tung führen. Davon war Jesus im tiefsten überzeugt. Er war ein Agent der Lebensfreude.

Ob es Gott wirklich gibt, entscheidet sich im Sinne Jesu ausschließ-lich daran, ob und wie sich Gott im Leben eines Menschen auswirkt. An Gott kann man nach Jesus nicht glauben, Gott kann man nur leben, indem man ihm vertraut. Im Sinne Gottes leben heißt gut leben, indem ich Gutes tue. Gott und gut sind bei Jesus so verwandt wie in der deutschen Sprache.

Die Frage nach Gott stellt sich entweder praktisch oder gar nicht wirklich. Gottes Macht besteht einzig darin, daß er das menschliche Herz zu ordnen vermag (Eugen Drewermann). Das ist die wirkliche Wirkung von Gottes Urenergie. Vielleicht ist Gott in Zukunft ein anderes Wort für Energie. Die innere und äußere Energiekrise hängt zusammen mit unserer Gotteskrise, mit der Krise unserer Gottvergessenheit.

Jesus ging es nie und nimmer um kirchenamtliches Wissen, sondern einzig um die Wandlung im Leben. Jesu Anliegen war eher therapeutisch und ökologisch als kirchlich und hierarchisch. Eine gottbesessene Hierarchie war für Jesus ebenso ein Greuel wie gottvergessene Machthaber. Deshalb hatte ja auch eine unheilige Allianz aus gottbessenen Priestern und gottvergessenen Politikern diesen jungen Mann aus Nazareth beseitigt. Er wollte, daß seine Freundinnen und Freunde in der Welt so wirken wie das Salz in der Suppe oder die Hefe im Mehl. Die Welt sollte mit solchen Menschen Geschmack an der Liebe und an der »Fülle des Lebens« (Jesus bei Johannes 10,10) finden.

Das war seine Vision! Der wirkliche Jesus träumte nicht von einer institutionalisierten Religion, wie wir sie heute kennen, sondern von einer spirituell-ökologischen Lebensweise, wie sie immer mehr Menschen in der jetzigen Zeitenwende versuchen. Jesus träumte von Menschen, die höchste Lebensqualität erstreben. Anders sind zum Beispiel seine Seligpreisungen in der Bergpredigt niemals zu verstehen. Selig sind die Pazifisten – ihnen gehören die Erde und die Zukunft! Hiermit sind Menschen gemeint, die ein gutes Verhältnis zu *allem* Leben haben, also zur Natur und zum Kosmos, zu Menschen und Tieren und Pflanzen und zu dem, den Jesus Vater nannte, und – sogar hauptsächlich – zu sich selbst, zu ihrem eigenen Selbst! Wie dieser Vater wirkt, kommt im vielleicht eindrucksvollsten ökologischen Bild des Neuen Testaments zum Ausdruck: »Er läßt die Sonne scheinen auf böse wie auf gute Menschen« (Jesus bei Matthäus 5,45). Hier liegt der Schlüssel zur Lösung unserer äußeren und unserer inneren Energiekrisen. Den tiefen Zusammenhang dieser beiden Energiekrisen werden wir in diesem Buch noch erkennen.

Soviel steht fest: Innen wie außen haben wir dank der Fürsorge des »himmlischen Vaters« ein riesiges Potential aus Sonnenenergie und

Kreativität – aber es liegt brach und wird nicht genutzt. Wenn uns innen ein Licht aufgeht, dann wird diese innere Erkenntnis zu solaren Konsequenzen in unserem äußeren Energieverhalten führen. Der Erleuchtung durch unsere innere Sonne folgt ganz konsequent die Be-leuchtung durch die äußere Sonne. Innen wie außen – und außen wie innen!

Die Umweltkrise ist eine Innenweltkrise. In der Schule Jesu und in der Schule Buddhas können wir lernen, daß unsere äußeren Krisen nur von innen her zu lösen sind. Der ökologische Jesus lehrt uns: Die kosmische, schöpferische Intelligenz hat dich gewollt, so wie sie jedes Tier und jede Pflanze braucht und will und liebt. Das Wissen, daß Gott uns attraktiv findet, ist die Basis eines jeden spirituellen Wachstums. Und wer spirituell wächst, ist nicht mehr besessen vom äußeren Wachstum, welches immer mehr unsere natürlichen Lebensgrundlagen zerstört. Heute ist unendliches äußeres Wachstum die Basis aller Volkswirtschaften. Dabei wird übersehen, daß nur der Krebs unendlich wächst und wuchert. Das Ergebnis ist bekannt. Immer mehr Menschen sterben an Krebs. Auch die Krebswirtschaft, die heute weltweit propagiert wird, wirtschaftet uns im wahrsten Sinne des Wortes zu Tode. Unendlich wachsen können wir allein innen: seelisch, geistig, kulturell, spirituell und religiös. *Dieses* Wachstum steht jetzt auf der Tagesordnung der Geschichte. Der ökologische Jesus zeigt uns den Weg vom äußeren zum inneren Wachstum.

Gibt es den ökologischen Jesus?

Die christliche Theologie hat 2000 Jahre lang streng darauf geachtet, daß ihr nie ein Huhn durch ihre Wissenschaft trippelt oder auch nur ein einziger Baum darin herumsteht. Das Ergebnis ist bekannt: Wir führen heute einen Dritten Weltkrieg gegen die Natur. Jede Religion wird ohne ökologische Ethik so langweilig werden, wie die Ökologiebewegung ohne ethische Dimension erfolglos bleiben muß. Gelebte Spiritualität und erfolgreiche Umweltpolitik bedingen einander.

Der Erste Weltkrieg am Beginn des 20. Jahrhunderts hat etwa 15 Millionen Menschen das Leben gekostet. Der Zweite Weltkrieg in der Mitte des 20. Jahrhunderts hat schon mehr als 50 Millionen Menschenleben gefordert. Der Dritte Weltkrieg aber, den wir am Ende des 20. und am Beginn des 21. Jahrhunderts gegen die Natur führen, wird weit mehr Opfer fordern als der Erste und Zweite Weltkrieg zusammen. Auch beim Krieg gegen die Natur kämpfen wir Christen der Industriestaaten an vorderster Front.

Wir leben heute auf Kosten unserer Kinder und auf Kosten der Menschen in der Dritten Welt und erst recht auf Kosten der Kinder unserer Kinder. Wir sind heute die erste Generation von Menschen, die keinen Brutinstinkt mehr hat, keine Verantwortung gegenüber ihren Kindern und Enkeln. Tiere haben noch Brutinstinkt, wir nicht mehr. Das ist *die* Todsünde unserer Zeit. Wir in Deutschland verbrauchen zum Beispiel etwa 100 mal mehr Luft, als uns aufgrund der Größe unseres Landes zusteht. Oder: Wir verbrauchen heute an einem Tag soviel Kohle, Gas, Öl und Uran, wie die Natur in 500 000 Tagen geschaffen hat. Wir benehmen uns also im Verhältnis 1 : 500 000 mal falsch, weil gegen die Gesetze der Natur. Wir verbrennen die Zukunft unserer Kinder wegen einer grundsätzlich falschen Energiepolitik. Unser falsches Energieverhalten bewirkt die größte Zukunftskatastrophe. Wir zerstören damit die Seele unseres Planeten.

Es gibt noch immer einige Wissenschaftler und Publizisten, die den Treibhauseffekt und die drohende Klimakatastrophe bestreiten oder verdrängen. So hat der »Ökooptimist« Dirk Maxeiner am 25. Juli 1997 in der »Zeit« behauptet, den Klimaforschern und Umweltpolitikern käme die Klimakatastrophe abhanden. Nur habe es noch keiner gemerkt. Auf diesen Artikel – überschrieben »Die Launen des Klimas« – antwortete der Direktor des Max-Planck-Instituts für Meteorologie in Hamburg, Klaus Hasselmann, mit dem Artikel »Die Launen der Medien«. Der Einfluß der Menschen auf das Klima wachse bedrohlich. Wenn wir abwarten, bis letzte Zweifel daran überwunden sind, werde es zum Handeln zu spät sein. Klaus Hasselmann gehört zu den renommiertesten Klimaforschern Europas. Er sieht die Klimaentwicklung so: »Die bisher eingetretene Temperaturerhöhung ist gegenüber dem prognostizierten Zweigradanstieg der globalen Mitteltemperatur bis zum Jahr 2100 unbedeutend. In höheren Breiten, besonders über den Kontinenten, werden deutlich höhere Temperaturerhöhungen von vier bis sechs Grad vorhergesagt. Im folgenden Jahrhundert können die Temperaturen nochmals um das Doppelte ansteigen, falls die Emissionen weiterhin auf hohem Pegel bleiben. Eine Klimaänderung dieser Größe und Geschwindigkeit hat die Menschheit noch nicht erlebt; die Auswirkungen sind nicht vorhersehbar.«

Einige Wissenschaftler und viele Menschen halten den von über 90 Prozent der Klimaforscher prognostizierten globalen Temperaturanstieg von zwei Grad in den nächsten hundert Jahren für harmlos. Ist es harmlos, wenn die Temperatur unseres Körpers auf Dauer um zwei Grad steigt? Was würden wir von einem Arzt halten, der uns während eines Fieberzustands erklärt, es sei doch völlig egal, ob unsere Körpertemperatur 37 oder 39 oder 41 Grad betrage!

Ich lebe mit meiner Familie im Nordschwarzwald. In den letzten zehn Jahren gab es noch an einem einzigen Weihnachtsfest richtig Schnee. Zu Beginn des Jahrhunderts gab es etwa jedes zehnte Jahr mal keinen Schnee an Weihnachten. Wer heute vor einer maledivischen Insel ins Meer taucht, kann selbst bei Tiefen von 26 Metern noch 30 Grad Celsius an seinem Tauchcomputer ablesen. Das führt dazu, daß die schönsten noch erhaltenen Korallenriffe wahrscheinlich bald absterben und eine unvorstellbar reiche Farben- und Formenwelt an Fischen bald tot sein wird. Ein Tauchlehrer auf den Malediven erzählte uns, daß er vor 20 Jahren bei 25 Metern Tiefe noch fünf Grad weniger Temperatur gemessen habe als heute, und fügte hinzu: »Fast alle meine maledivischen Freunde haben sich schon einen Wohnsitz im Ausland gesichert für den Fall, daß die Malediven überschwemmt werden.« Der höchste Punkt auf den Malediven ist 2,80 Meter über dem Meeresspiegel.

Warnsignale aus den Bergen! Warnsignale aus dem Meer! Warnsignale aber auch aus der Arktis: In weiten Teilen Alaskas, Nordwestkanadas und Sibiriens heizt sich das Klima auf. Gletscher schmelzen, Wälder sterben, der Permafrostboden taut auf.

Seit 1960 klettert in der Arktis das Thermometer Jahr für Jahr etwas höher. Ende der 90er Jahre ist es etwa drei Grad wärmer als 1960. Folge: Der Beringgletscher ist zwischen 1972 und 1991 um 20 Prozent geschrumpft. Er ist in diesen 20 Jahren um 160 Meter dünner geworden! Die Gefahr wächst, so sagen Klimaforscher der Universität Fairbanks, daß beim Auftauen der Tundra große Mengen Kohlendioxid und das als Klimakiller noch weit effektivere Methan massenhaft in die Atmosphäre gelangen können. Denn die Böden der arktischen Tundra enthalten sehr viel gefrorenes organisches Material. Hier tickt eine Zeitbombe. In der Antarktis wurde es im 20. Jahrhundert um 2,5 Grad wärmer. Eisberge von der Größe des Bundeslandes Rheinland-Pfalz drohen vom Kontinent in den Atlantik zu treiben. Arktis und Antarktis sind ökologische und klimatische Frühwarnsysteme für die ganze Erde.

Wer wird schließlich recht behalten: Die Ökooptimisten, die den besorgten Klimaforschern Hysterie und Wichtigtuerei vorwerfen oder die Ökopessimisten, die meinen, die Apokalypse sei gar nicht mehr aufzuhalten?

»Ökooptimismus« oder auch »Ökopessimismus« können wir getrost unter der Rubrik journalistisches Entertainment abhaken. Beide Ismen sind ein Zeichen von Denkfaulheit. Das Steinzeitgehirn von Ökooptimisten will immer noch lieber verleugnen, verdrängen und verniedlichen als anerkennen, wahrhaben und Verantwortung übernehmen. Die fröhliche Denkfaulheit von Ökooptimisten ist im Angesicht der drohenden Umweltgefahren so verantwortungslos, wie die Hoffnungslosigkeit der Ökopessimisten lähmend ist.

Noch dem Motto »Fakten stören nur mein Weltbild« nehmen die Ökooptimisten seit Jahren nicht zur Kenntnis, daß die Verantwortlichen der Versicherungswirtschaft am meisten Alarm schlagen wegen der Klimakatastrophe. Die Versicherungsmanager fürchten inzwischen den möglichen Konkurs ihrer gesamten Branche, weil die Schäden durch Sturm, Hagel, Überschwemmungen und Brand bald nicht mehr finanzierbar sind. Die Münchner Rückversicherung errechnete, daß die Schäden, die sie finanzieren muß, in den 90er Jahren etwa viermal so hoch sein werden wie in den 80er Jahren. Tendenz steigend. Der Chef der Schweizerischen Rückversicherungsgesellschaft H. R. Kaufmann stellte fest: Es gibt klare wissenschaftliche Beweise dafür, daß die jüngsten Rekordsummen an Versicherungsschäden durch Umweltkatastrophen kein Zufall waren. Der Vorsitzende der Reinsurance Association of America, Franklin Nutter: »Der Klimawechsel könnte den Bankrott der ganzen Branche bedeuten.«

Wer sich an Jesus orientiert, muß von Fakten ausgehen. Und wer von Fakten ausgeht, spürt, daß wenige Sünden heute so sehr zum Himmel schreien wie unsere Umweltsünden. Im Januar 1999 wird bekannt: 1998 war global das wärmste Jahr seit 1860, als mit dem Aufzeichnen der globalen Temperatur begonnen wurde. Der US-Wissenschaftler Tom Karl von der »National Oceanic and Atmospheric Administration« fügt hinzu: »Die fünf wärmsten Jahre seit 1880 waren alle nach 1990.« Der Erwärmungstrend werde sich fortsetzen. Sichtbares Zeichen sei das Schmelzen der Permafrostgebiete in der Arktis. Tatsachen zählen, nicht optimistische oder pessimistische Ideologien, Befürchtungen oder Verdrängungen.

Der frühere deutsche Umweltminister Klaus Töpfer, jetzt oberster Umwelt- und Klimaschützer der Vereinten Nationen, sagte im Juli

1998 nach einer Konferenz mit afrikanischen Umweltministern: »80 Prozent aller Afrikaner leben in Küstenregionen. Sie alle sind durch den Treibhauseffekt und den daraus folgenden Anstieg des Meeresspiegels im 21. Jahrhundert existentiell bedroht.« Wohin werden die Afrikaner wohl fliehen, nachdem wir in den Industriestaaten ihnen durch unser falsches Energieverhalten buchstäblich den Boden unter den Füßen weggezogen haben werden?

Der Planet Erde kann die Menschen kaum mehr ertragen. Jeden Tag werden wir zur Zeit 240 000 Menschen mehr. In der kurzen Zeit von 1990 bis 1997 – also in nur sieben Jahren – sind Konsum und Wirtschaft um genau soviel gewachsen wie insgesamt seit Beginn der Zivilisation bis 1950.

Die Dynamik der Weltwirtschaft ist heute atemberaubend: In den letzten 50 Jahren hat sich der Holzverbrauch verdoppelt, der Getreidekonsum verdreifacht, der Verbrauch fossiler Rohstoffe verfünffacht. Der Grundwasserspiegel fällt in allen Erdteilen – die künstliche Bewässerung nimmt zu. Unvorstellbare Hungerkatastrophen im 21. Jahrhundert werden die logische Folge sein. Zwar kann kein Mensch genau wissen, was das Entwicklungsziel unseres Planeten ist. Sein Niedergang freilich ist kaum das Ziel. Der Schöpfer oder die Schöpferin sind weder zynisch noch pervers.

Ortsnamen wie Auschwitz, Hiroshima und Tschernobyl bezeichnen Katastrophen im 20. Jahrhundert, deren Ausmaß die Vorstellungskraft früherer Generationen überstiegen hätte. Gemeinsam ist diesen Katastrophen, daß sie dem raschen Wachstum menschlichen Wissens entsprungen sind. Es waren keine Naturkatastrophen. Wir sind wissenschaftlich perfekter im Töten-Können geworden, als frühere Generationen es je waren. Das gilt erst recht für die ökologischen Risiken und Krisen der Zukunft. Sie werden hauptsächlich Produkte menschlichen Handelns sein. Die Gentechnologie und ihre Folgen gehören ebenso dazu wie die Atomtechnologie und ihre Folgen für Hunderttausende von Jahren.

Der Sozialwissenschaftler Helmut Dubiel von der Universität Gießen: »Die ärgste Not droht uns mithin von einer Welt, die bis in ihre natürlichen Grundlagen hinein Menschenwerk ist.« Wer dieser Analyse zustimmt, für den werden vielleicht Überlegungen, Programme und Ethik des ökologischen Jesus attraktiv.

Wahrscheinlich sind heutige Eltern die erste Generation, die gegenüber ihren Kindern nicht mehr die Verantwortung für die Integrität dieses Planeten übernehmen kann. Helmut Dubiel: »Mit Blick auf die Erziehung besteht das eigentliche Problem der ökologischen Krisen darin, daß den Kindern überhaupt nicht die Chance eröffnet wird, sich die Gesellschaft, in die sie hineingeboren wurden, gemäß *ihren* Prinzipien einzurichten.« Ihnen wird damit auch die Chance genommen, die Tugenden und Kompetenzen auszubilden, ohne die jede Demokratie verkümmert. Ökologische Zerstörung heißt: Wir beklauen unsere Kinder und Enkel. Wir machen uns des Diebstahls an unseren eigenen Kindern schuldig. Wir verlieren unseren Brutinstinkt.

Die Jesus-Strategie sieht manche Auswege selbst in scheinbar ausweglosen Situationen. Der verlorene Sohn wird vom Vater voller Freude wieder aufgenommen. Gerade für den verlorenen Sohn zelebriert der Vater ein ganz besonderes Fest (Lukas 15,11–32). Jesus: »Ich sage euch: Genauso ist bei Gott im Himmel mehr Freude über einen Sünder, der ein neues Leben anfängt, als über 99 andere, die das nicht nötig haben« (Lukas 15,7). Starker Tobak für alle Selbstgerechten bis heute.

Umkehr ist immer und grundsätzlich möglich. In der größten Krise liegt zugleich die größte Chance. Jesus: »Wer Gott vertraut, dem ist alles möglich« (Markus 9,23). Hinter dem Schleier der Nacht verbirgt sich ein lächelnder Morgen. Es ist nicht wahr, daß wir unfähig sind zu lernen und unfähig zur Veränderung. Sowohl als Individuen wie auch als Menschheit leben wir heute noch weit unter unseren geistigen und psychischen Möglichkeiten. Diese These vertrat Jesus vor

2000 Jahren. Dasselbe sagte Albert Einstein im 20. Jahrhundert. Der ökologische Jesus zeichnet dieses humorvolle ökologische Bild für die Menschen seiner Zeit: »Kauft man nicht zwei Spatzen für einen Groschen? Und doch fällt kein Spatz auf die Erde, ohne daß euer Vater es zuläßt. Bei euch aber ist sogar jedes Haar auf dem Kopf gezählt. Habt also keine Angst: Ihr seid Gott mehr wert als ein ganzer Schwarm von Spatzen« (Matthäus 10,29–31).

Und dieser junge Mann aus Nazareth mit seiner intimen Kenntnis vom »Vater« hat *allen* Menschen Freundschaft im Sinne von geistiger Verwandtschaft angeboten. »Ich werde euch nicht mehr Diener nennen, denn ein Diener weiß nicht, was sein Herr tut. Vielmehr nenne ich euch Freunde, denn ich habe euch alles mitgeteilt, was ich von meinem Vater gehört habe« (Johannes 15,15).

Ich möchte mit diesem Buch dieses Freundschaftsangebot auf seine Bedeutung und Tauglichkeit für unsere Zeit prüfen, für die Zeit der großen ökologischen Krisen. Meine Erfahrung der letzten Jahre, in denen mir das Ausmaß unserer ökologischen Krisen erst bewußt wurde, ist: Wer vor diesem Hintergrund mit offenem Geist die Geschichte Jesu im Neuen Testament liest, der wird den ökologischen Jesus, eine jesuanische Ökoethik und die Jesus-Strategie zur Überwindung der ökologischen Krise entdecken.

Eine ökologisch realistische Tagesschau

Wie war 1912 der Luxusdampfer »Titanic« untergegangen? An Deck gab es Tanz und Theater, Champagner und Luxuskleider, viel Geld und wenig Geist. Deshalb hielten die Passagiere das Schiff für unsinkbar. Was wir Menschen der Industrieländer an Deck unseres Planeten heute treiben, will ich als Fernsehjournalist am Beispiel einer ökologisch realistischen Tagesschau beschreiben. Auch an dem Tag, an dem Sie diese Zeilen lesen, werden wir wieder:

- 100 Tier- und Pflanzenarten ausrotten,
- 20 000 Hektar Wüste zusätzlich produzieren,
- 86 Millionen Tonnen fruchtbaren Bodens durch Erosion zerstören,
- 100 Millionen Tonnen Treibhausgase produzieren.

Dies geschieht zur Zeit jeden Tag: heute, morgen, übermorgen, an jedem Tag der nächsten Woche, an jedem Tag des nächsten Monats und an jedem Tag des neuen Jahrhunderts, wenn wir so weitermachen. Am Ende des 20. Jahrhunderts werden wir allein in diesem Jahrhundert mehr zerstört haben als in den 50 Jahrhunderten zuvor. Die heutigen politischen, publizistischen, ökonomischen und kirchlichen Eliten sind im Angesicht dieser Zerstörung so faul geworden, daß sie die Alarmglocken nicht mehr hören. Eher träumen sie vom Ergrünen des 200 Millionen Kilometer entfernten Mars als vom Ergrünen der Wüsten unserer Erde und vom Wiederaufforsten der zerstörten Wälder. Wer heute »Weiter so« predigt, macht sich des Verbrechens an künftigen Generationen schuldig. Sein Platz müßte eher in einer geschlossenen Anstalt als an einem Kabinetts- oder Vorstandstisch sein. Es gibt keine Entscheidung, für die nicht auch jemand verantwortlich wäre.

Wir verbrauchen das Erbe unserer Kinder. Wir sind die Generation der »Endverbraucher«. Früher haben Philosophen und Religionsstifter die Menschen zum Überdenken ihrer Werte und Ziele aufgefordert, heute sind es Meere, Wälder und Böden, deren Zustand uns zur Umkehr auffordert. Sie sagen uns: Laßt euren Kindern und Enkeln und deren Kindern soviel zurück, daß auch sie gut leben können.

Nie zuvor haben die Menschen soviel gewußt wie wir Heutigen und sich gleichzeitig so dumm verhalten. Wir wissen zwar von vielen Dingen etwas, aber von den wenigen wichtigen Dingen nicht genug. Sind wir noch zu retten? Es wird Sie nach dieser Einleitung vielleicht überraschen, daß ich am Schluß dieses Buches, ermutigt durch den ökologischen Jesus, die Frage »Sind wir noch zu retten?« bejahe. Doch bleiben wir noch einige Seiten bei der Analyse unseres heutigen Tuns.

Die Schuldigen sind wir

Die griechische Feministin Angelika Aliti weist darauf hin, daß wir heute alles andere als materiell leben. Das lateinische Wort *materia* kommt von *mater* = Mutter. »Unsere Zivilisation ist vor allem durch die Verachtung und den Mißbrauch der Materie gekennzeichnet. So gesehen, sollten wir lieber lernen, wieder materiell zu werden, anstatt mit unserem Kopf in den Wolken Mutter Erde wie einen Selbstbedienungsladen zu plündern.« Angelika Aliti fährt fort: »Es ist nicht das erstemal, daß sich eine patriarchale Kultur selber umbringt. Aber es wird das letztemal sein. Wenn es je eine nächste menschliche Kultur auf Erden gibt, so wird sie nicht mehr vom männlichen Prinzip dominiert werden. Neu an diesem letzten Untergang aller Variationen patriarchalen Untergehens ist lediglich, daß die weiße Zivilisation diesmal den ganzen Planeten Erde in Mitleidenschaft gezogen hat. Wie auch immer das Patriarchat daherkam, es war von Anbeginn an ein Vernichtungsfeldzug, das heißt ein Krieg Mann versus Leben, ein Versuch, das Vaterland über Mutter Erde zu stellen. Die Folgen waren von Anfang an global.«

Einer der berühmtesten Paläoanthropologen und Biologen unserer Zeit ist der frühere Direktor der Wildlife Services in Kenia, Professor Richard Leakey. In seinem Buch »Die sechste Auslöschung« beschreibt er, daß die Lebenswelt der Erde bisher fünf große Auslöschungen erlebt hat: durch Klimawechsel, durch Meteoriteneinschlag oder durch evolutionäre Entgleisungen. In den bisherigen fünf großen Auslöschungen – die letzte war vor 65 Millionen Jahren, als die Dinosaurier ausstarben – seien jeweils zwischen 65 und 95 Prozent aller Spezies vernichtet worden. Heute, so hat Richard Leakey erforscht, werden jeden Tag zwischen 70 und 150 Arten ausgelöscht. Diese Zahl reiche mit erschreckender Genauigkeit an die Vernichtungsquote der anderen fünf großen Katastrophen heran. Leakeys Schluß: »Beim sechsten Aussterben kennen wir die Schuldigen. Das sind wir.«

Was hat der ökologische Jesus damit zu tun? Jesus versteht unter Religion (*religare* = rückbinden) unsere Rückbindung an den Vater, an den Schöpfer, an die Schöpfung, an die Natur, an das Leben. Wenn wir diese »religio« als Verbindung zu Gott, zur Natur und zum Leben verstehen, dann ergibt sich daraus eine ethische Verpflichtung: Wir haben die Pflicht, uns selbst, unseren Kindern und allem Leben nicht zu schaden, sondern sie zu schützen und die Schöpfung bewahren zu helfen. In der Sprache des Paläoanthropologen Richard Leakey heißt diese ethische Verpflichtung: »Es ist nicht deshalb unsere Pflicht, weil wir die einzigen vernunftbegabten Wesen auf der Erde sind, sondern weil der Homo sapiens in einem sehr grundlegenden Sinn auf der gleichen Stufe mit allen anderen Arten der Erde steht.« Wir Menschen haben das Gewebe des Lebens nicht selbst gewoben. Wir sind nur ein Faden im Gesamtgewebe. Was immer aber wir dem Gewebe antun, das tun wir uns selbst an.

Was können wir in dieser Situation zu unserer Rettung vom ökologischen Jesus lernen? Gibt es überhaupt den ökologischen Jesus? Kann uns jemand, der vor 2000 Jahren gelebt hat, Hinweise für die Lösung der heutigen ökologischen Krise geben? Bei Jesus hat Gott, sein Vater, die gesamte Schöpfung geschaffen. Die jesuanische Ökologie hat ihren Grund im ersten Gebot des Alten Testaments: »Ich bin der Herr, dein Gott.« Diesem Gebot entsprechend hat Gott durch sein kreatives Wort »Es werde« die Voraussetzung geschaffen für Wasser und Wind, für Klima und Luft, für Boden und Landschaften, für Pflanzen, Tiere und Menschen. Demnach verdanken sich

Menschen nicht sich selbst, sondern dem schöpferischen Wirken Gottes. Gott oder die Göttin schafft Leben und bewirkt Ordnung.

Die biblische Schöpfungsgeschichte lehrt uns, daß das Sonnenlicht bereits am »ersten Tag« die Erde erhellte, »Da befahl Gott: ›Licht soll ausstrahlen‹, und es wurde hell. Gott hatte Freude an dem Licht; denn es war gut. Er trennte das Licht von der Dunkelheit und nannte das Licht Tag, die Dunkelheit Nacht. Es wurde Abend und wieder Morgen: der erste Tag« (Genesis 1,3–5). Am Anfang war das Feuer des Urknalls. Physikalisch war also eine gewaltige Explosion der Auslöser für alles Leben in unserem Sonnensystem. Als bei der Entstehung der Sonne Helium und Wasserstoff miteinander verschmolzen sind, müssen unvorstellbar starke Kräfte gewirkt haben. Für Jesus sind diese Kräfte hinter dem Urknall Gott oder die Göttin. Die Sonne bildet die Grundlage allen Lebens. Davon profitieren wir bis heute. Seit Jahrtausenden ist die Sonne in allen Kulturen ein göttliches Geschenk. Die Sonne hinter der Sonne nannte Jesus »Vater«.

Ich nenne Jesus auch deshalb ökologisch, weil er ein großer Naturbeobachter und ein noch größerer Naturpoet ist. Die Evangelien, in denen gewiß nur ein Teil seiner Naturbeobachtungen steht (»Der Geist trieb ihn in die Wüste«, und er »lebte mit den wilden Tieren zusammen«, Markus 1,13), sind voll von ökologischen Jesus-Worten. Das ist auch gar nicht verwunderlich, denn er lebte vor 2000 Jahren in Galiläa in bäuerlicher und handwerklicher Umgebung.

Doch nach 2000 Jahren wissen die wenigsten Christen, was Jesus wirklich über Liebe und Lust, über Männer und Frauen, über Freund und Feind, über Kinder und Tiere, über Essen und Trinken, über Säen und Ernten, über Nahrung und Natur, über Kamele und Sperlinge, Henne und Hahn, Esel und Engel, Wurm und Wolf, Tod und Teufel und über Perlen, die man nicht vor die Säue werfen soll, gesagt und gedacht hat.

Wir in den heutigen Industriestaaten haben eine Gier nach äußerem Fortschritt entwickelt, die eine tiefliegende Unwissenheit offenbart: die Unwissenheit über inneren, psychischen Fortschritt. Weil wir Gott oder die Göttin leugnen, haben wir verlernt, uns vor der Natur zu verbeugen.

Jesu ökologische Bilder

Deshalb nenne ich in Stichworten, was Jesus bewegte und beschäftigte: Bilder, die den ökologischen Jesus vielleicht ahnen lassen, zunächst in alphabetischer Reihenfolge. Seine bäuerlich geprägte Sprache ist voll von Worten wie Abfall, Acker, Aas und Ähre, Annehmen und Anklopfen; von Blumen, Brot, Brennen, Blitz, Backen und Bauen; von Dürre und Dünsten, von Dorf und Dornen; von Essen, Erdbeben, Erde, Eseln, Engeln, Empfangen, Ei und ewigem Leben; von Frucht und Frieden, von Feuer und Flamme, von Fisch und Fleisch, von Fels und Feigenbaum; von Geiern und Geistern, von Geburt und Geld, von Gott und Gras; von Hecken, Herden und Hunger; von Kalb und Kraft; von Leben und Lilien, von Licht und Leuchten; vom Mahl und Mehl, vom Maulbeerbaum und Mücken; von Nahrung und Nattern, von Netz und Nest; von Ochsen und Ottern; von Quelle und Quaste; von Regen, Reben und Reifen; von Sämann und Samen, von Sonne, Sand und Senfkorn und vom Sauerteig, von Seele und Segnen, von Schöpfen und Schaf, von Scheune, von Säugling und von Speisen, von Sterben und Sternen und von den Strömen lebendigen Wassers; vom Tanzen und Teilen, vom Trinken und von Trauben; von der Umkehr; von Vertrauen und Verlieren, vom Verlassen und Verleugnen, vom Verstehen und Versöhnen, vom Verwüsten und von den Vögeln; vom Wachsen und Wandern, vom Waschen und Wasser, von Wein und von den Weiden, von den Wolken, von der Weisheit und vom Weizen, von Wundern und Wölfen, vom Wohnen und Wohltun, vom Wurm, von der Wurzel und von der Wüste.

Und dieser Jesus, der in diesen Bildern sprach, soll nicht ökologisch sein? So etwas können nur eine total von der Natur und dem Leben entfremdete und verkopfte Theologie und eine belanglos gewordene Kirche behaupten. In Jesu Leben und Lehre liegen die Wurzeln einer ökologischen Spiritualität, einer ökologischen Theologie und einer ökologischen Ethik, die uns noch retten und Hoffnung und Vertrauen vermitteln könnte im Angesicht der bedrohlichen Krise. Der ökologische Jesus macht deutlich: Gott spiegelt sich in seiner Schöpfung. Jesus war so sehr Ökologe wie Theologe. Seine Theologie ist ökologisch. Die Natur ist die wahre Offenbarung seines schöpferischen Vaters. In der Schule des ökologischen Jesus können wir die wichtigste Zukunftsressource überhaupt einüben: Vertrauen in die Zukunft, Vertrauen in die Schöpfung – wie ich es im Untertitel dieses Buches ausdrücke. Die Natur wird denen treu sein, die auf diese Treue vertrauen. Die eben zitierten Jesus-Bilder werden in den Kapiteln dieses Buches – übertragen auf unsere Zeit – eine wichtige Rolle spielen.

Die US-amerikanische Theologin Pheme Perins schreibt über den ökologischen Jesus: »Die Naturgleichnisse Jesu sind keine romantische Poesie, sondern sollen uns zu einer Vision der Gegenwart Gottes erwecken, die auch in Situationen verläßlich ist, die sehr verlustreich erscheinen.« Die gewöhnliche Welt wird als eine Stätte der verwandelten Gegenwart Gottes dargestellt. Nichts anderes meint eine ökologische Theologie, deren künftiger Kernsatz wohl lauten muß: Gott ist in allem, und alles ist in Gott! So faßt der US-amerikanische Theologe Matthew Fox zusammen, was die Generationen von morgen mit Panentheismus bezeichnen werden *(Pan-en-theismus:* alles in Gott).

Ich will in diesem Buch versuchen, die ökologische Heilkraft, die vom Heiler Jesus heute ausgehen könnte, aufzuzeigen. Ich will auch in diesem, meinem zweiten Jesus-Buch versuchen, Jesus heutig zu machen und heimzuholen in die Wirklichkeit unserer Zeit, deren größtes Zukunftproblem die ökologische Krise sein wird. Jesu Theologie ist keine abstrakte Theorie, sondern konkrete Lebensbeobachtung und sensible Gotteserfahrung, sie ist eine *Vita*-logie und eine *Öko*-logie. Nach Jesus ist Fortschritt, was zum Besten allen Lebens dient. Dies meinte er mit der »Fülle des Lebens« und dem »Leben im Überfluß« (Johannes 10,10). Das Paradies auf Erden, von dem Jesus träumte, ist möglich. Aber anders, als es uns die Kirchen bisher lehrten. Die materialistische »Arbeit, Arbeit, Arbeit«-Lebensweise und die »Wachstum, Wachstum, Wachstum«-Philosophie unserer Tage, die uns die aktuellen und künftigen ökologischen Probleme beschert, stellt der ökologische Jesus mit seinem Traum von der »Fülle des Lebens« radikal in Frage.

Warum nur soll es ausschließlich Arbeit und Mühsal geben, wo wir doch auch tanzend, spielend, singend und lachend durchs Leben schreiten können?

Natürlich ist Jesus keinen Opfertod für andere gestorben, der uns heute retten könnte. Diese »theologische« Vorstellung ist und war schon immer reine Projektion derer, die ihre eigene Verantwortung für ihr Tun nicht übernehmen wollen. Es gibt bei Jesus keine Sühnetod-Erlösungsgedanken. Wie auch sollte ein Mensch andere erlösen können! Wie soll gar der allgütige Vater Jesu den Tod eines Unschuldigen für Milliarden Schuldige wollen! Dies alles ist grauenhafter Unsinn einer kindisch gebliebenen Theologie.

Jesus hat nicht gesagt, werdet kindisch, sondern: »Werdet wie Kinder!« Das heißt: Hofft, staunt und lernt! Jesus ging *seinen* Weg, um anderen ein Beispiel zu geben. Das erspart uns jedoch niemals den Gang des *eigenen* Weges und die *eigene* Verantwortung.

Die positive Kraft des Lebens Jesu steht für die geistig-seelische Entwicklung eines jeden einzelnen. Das Leben Jesu kann eine entscheidende Hilfe sein auf dem Weg der Menschheit zu mehr Menschlichkeit über Vertrauen, Hoffnung, Liebe und Natürlichkeit.

Es gibt den ökologischen Jesus

Die heutigen Kirchen sind überwiegend an ihren alten Strukturen orientiert und nicht an Jesus. Der Mann aus Nazareth träumte vom Reich Gottes, aber es kam die real existierende Kirche. Doch zum Glück für die Menschheit reicht die Suche nach Sinn viel weiter als der Radius religiöser Institutionen. Wenn die christlichen Kirchen überhaupt noch Zukunft haben wollen, dann müssen sie weg von Rom und weg von Wittenberg und zurück nach Nazareth. Dort finden sie eine jesuanische Ökologie und den ökologischen Jesus. In seiner Schule können wir lernen: Gott enttäuscht niemals, wenn wir ihm mit der ganzen Kraft unseres Seins vertrauen. Die heutigen Kirchen haben fundamental die ökologische Krise mitbewirkt. Sie sind weitgehend kosmos- und schöpfungsvergessen. Jesu liebender Schöpfergott ist freilich intellektuell und wissenschaftlich so wenig zu beweisen wie sein Verhalten gegenüber der Schöpfung. Der ökologische Jesus hat die Liebe seines Vaters auch nicht wissenschaftlich bewiesen bekommen, sondern intuitiv erahnt und erfühlt, so wie ein Maulwurf den Sonnenschein auch nur fühlen kann. Gott können wir nur in der Tiefe unserer Seele, mit der Weite unseres Herzens, in der Stille der Natur und in den Augen eines geliebten Menschen verstehen.

Religion im Sinne des ökologischen Jesus ist kein Buchstabenglaube und keine Gesetzestreue, sondern hochgradig empfänglich gewordenes Bewußtsein des Göttlichen in uns und Offenheit für das Göttliche um uns.

Wirklich religiöse Menschen sind nicht blind gläubige, sondern suchende und vertrauende, offene und verantwortungswillige Menschen. Wer nicht sucht, wird auch nicht finden; wer krampfhaft sucht, kann nicht finden, Wer aber offen ist und weit wie der strahlendblaue Himmel, der findet mit Sicherheit.

Den Jesus, der unendliches Vertrauen in die gute Schöpfung seines himmlischen Vaters hat, den nenne ich den ökologischen Jesus. Und dieser ökologische Jesus könnte die Leitfigur für ein 21. Jahrhundert der Umwelt in den westlichen Industriestaaten werden. Der ökologische Jesus bietet einen verläßlichen Kompaß für ökologisches Bewußtsein und ökologisches Handeln in der Zukunft. Diesen Kompaß zu sehen und schließlich anzuwenden: darum geht es in diesem Buch. Erst in den letzten Jahrzehnten wurde uns bewußt, daß uns drei mögliche globale Umweltkatastrophen bedrohen: die Zerstörung der Ozonschicht, die Klimaerwärmung und die Selbstauslöschung durch einen Atomkrieg, der atomare Winter.

Erste Bedrohung: zerstörte Ozonschicht

Wer hätte gedacht, daß ein Kühlmittel in Kühlschränken und Klimaanlagen, ein Treibgas für Deodorants und leichte Schaumstoffverpackungen eine Gefahr für die Erde darstellen? Die gefährlichen Moleküle heißen Fluorchlorkohlenwasserstoffe, FCKWs. Die frei gewordenen Chloratome greifen die alles Leben auf der Erde schützende Ozonschicht an und zerstören sie, so daß zuviel UV-Licht von der Sonne zur Erde durchdringen kann. Die Folgen sind Hautkrebs und grauer Star, die Schwächung des menschlichen Immunsystems und wahrscheinlich eine Schädigung der Photosyntheseorganismen, also der Pflanzen und Bäume, von denen Tiere und Menschen sich ernähren und von denen fast alle Lebewesen unserer Erde abhängen.

Unser Nachbarplanet Mars bietet uns Anschauungsunterricht, was Menschen, Tieren und Pflanzen passieren kann, wenn wir die heute schon stark gestörte Ozonschicht weiter zerstören. Der Mars hat keine Ozonschicht. Das UV-Licht der Sonne erreicht ihn ungefiltert und ungehindert. Leben kann sich folglich auf dem Mars nicht entwickeln. Wer FCKWs noch immer für harmlos hält, der frage sich bitte, wie sein Leben oder das seiner Enkel unter dem Ozonloch auf dem Mars aussehen könnte. Hilfreich kann auch ein Blick aus Mitteleuropa auf die südliche Erdhalbkugel, zum Beispiel auf Australien sein. Dort hielt ich 1995 Vorträge. Immer wieder wurde ich darauf aufmerksam gemacht, daß ich in einem Land sei, in dem jährlich 140 000 Hautkrebserkrankungen entstünden.

Die Zerstörung der Ozonschicht wandert von Süd nach Nord. Es kann sein, daß in zehn bis zwanzig Jahren über Mitteleuropa die Ozonlöcher ähnlich groß sind wie heute über Australien. Das würde – umgerechnet auf die Bevölkerungszahl – bedeuten, daß wir jährlich in Deutschland bis zu einer Million Hautkrebserkrankungen haben werden. Die Folgen der Zerstörung der Ozonschicht durch FCKWs wären also nicht nur ökologisch, sondern auch gesundheitlich und ökonomisch katastrophal. Was kostet die Reparatur der Ozonschicht, falls sie reparabel wäre? Was kosten die Gesundheitsschäden durch die zerstörte Ozonschicht, falls sie berechenbar wären? FCKWs sind heute zwar in den Industriestaaten verboten, werden aber in den Entwicklungsländern noch immer produziert und eingesetzt. Nichts kommt uns in Zukunft so teuer wie unser heutiger nichtökologischer Lebensstil und unsere umweltzerstörende Produktionsweise. Genauso konsequent müssen wir bei der zweiten drohenden globalen Katastrophe fragen: Was kostet die Reparatur des Weltklimas, falls es reparabel wäre?

Zweite Bedrohung: das Fieber steigt

Ein schöner Julitag in der Ulmer Innenstadt. Tausende von Menschen zwischen Hauptbahnhof und Münster feiern heiter und sommerlich gestimmt das Donaufest. Im spätgotischen Ulmer Münster lese ich den Hinweis: »Witterung und Luftverschmutzung durch Verkehrs-, Industrie- und Haushaltsabgase nagen unablässig und in zunehmendem Maße an der Natursteinfassade des Ulmer Münsters.

Wir bitten um freiwillige Spenden.« Der Münsterführer weist die Besucher des Gotteshauses darauf hin, daß die Unterhaltungskosten wegen der Luftverschmutzung pro Jahr über eine Million Mark betragen – die entsprechenden Kosten für den Kölner Dom belaufen sich schon auf 14 Millionen Mark jährlich. »Unsere Luft ist bereits zum Steinerweichen«, sagt der Münsterführer in Ulm. Dabei werden die Autos schon weiträumig um das Münster herumgeleitet, und die Luftqualität hat sich in den letzten zehn Jahren um das Zweieinhalbfache verbessert.

Ohne ständige Renovierung wären das Ulmer Münster, der Kölner Dom, die gotischen Kathedralen in Frankreich und viele andere wertvolle Gebäude in Europa längst zu Ruinen geworden. Ich frage mich, was diese schlechte Luft in unseren menschlichen Lungen und Körpern anrichtet, wenn sie schon die Steine zerstört. Wissen wir noch, was wir tun, oder tun wir einfach nicht, was wir wissen?

»Wie viele Beweise brauchen wir noch dafür, daß die globale Erwärmung Wirklichkeit ist?« fragte im Sommer 1998 US-Vizepräsident Al Gore seine Landsleute, die am meisten zum Treibhaus beitragen und am wenigsten an den Treibhauseffekt glauben. Obwohl wir es in Deutschland nicht immer gespürt haben: Die Jahre 1990, 1995, 1997 und 1998 waren die wärmsten der nördlichen Hemisphäre seit etwa 600 Jahren.

Das Verfeuern fossiler Brennstoffe und das daraus resultierende Kohlendioxid – aber auch die rasche Zunahme anderer Gase wie Stickoxide, Methan und FCKWs – bewirken eine allmähliche Erwärmung der Erde. Die Weltraumforschung weiß, daß die glühend heiße Oberfläche auf dem Planeten Venus auf einen massiven Kohlendioxid-Treibhauseffekt zurückzuführen ist. Die Notwendigkeit, andere Welten zu erforschen, hat der frühere US-Weltraumwissenschaftler Carl Sagan damit begründet, daß wir dabei lernen können, unsere eigene Welt zu schützen. Daß wir heute über die Bedrohung allen Lebens auf unserem Planeten durch den Treibhauseffekt soviel wissen, verdanken wir auch der Pionier-12-Mission der NASA im Jahre 1978. Sie zeigte, daß die starke Hitze der Venus nicht – wie zuvor vermutet – aus dem Innern des Planeten stammt, sondern daher, daß die von der Sonne erwärmte Venusoberfläche ihre Hitze wegen eines starken CO_2-Luftschildes nicht mehr an die Atmosphäre abgeben kann.

Treibhauseffekt heißt: Wie in einem Treibhaus aus Glas kann die Wärme zwar herein, aber kaum noch hinaus. Die Funktion des Glases beim Treibhaus hat hier die Schicht aus Treibhausgasen, auch Klimakiller genannt. Carl Sagan: »Wer immer noch nicht an den Treibhauseffekt von Kohlendioxid glaubt, mag sich am massiven Treibhausklima der Venus orientieren.« Diese Erkenntnis wird heute nur noch von Dummköpfen oder Wichtigtuern bestritten. Am Treibhauseffekt erhitzen sich die Gemüter, doch Naturgesetze gelten auch für Ideologen.

Kurz die Fakten: Seit Beginn des Industriezeitalters – also etwa seit 1800 – haben wir Menschen immer mehr zusätzliche Treibhausgase in die Atmosphäre gebracht. Heute sind es pro Jahr schon über 35 Milliarden Tonnen. Etwa die Hälfte davon nehmen die Ozeane auf – aber wie lange noch? Die andere Hälfte bleibt in der Atmosphäre. Hier ist die CO_2-Konzentration von 280 auf 360 ppm (Millionstel Volumenanteile) gewachsen. Am 5. August 1997 hat die »Frankfurter Rundschau« den bisherigen menschengemachten Treibhauseffekt so dargestellt, wie die Grafik auf der nächsten Seite zeigt.

Die globale Mitteltemperatur der letzten zehntausend Jahre liegt bei 15 Grad. Zwischen 1961 und 1990 hatten wir eine Durchschnittstemperatur von 16,5 Grad. Es ist bereits heißer als in den letzten 10 000 Jahren. Tendenz steigend. Der Kühlhauseffekt von 0,4 Grad in den letzten 100 Jahren ist in der Grafik gepunktet. Er entsteht aus Sulfatpartikeln in der Atmosphäre, welche die Sonneneinstrahlung zum Teil abblocken und deshalb kühlend wirken. Vom Treibhauseffekt von etwa ein Grad muß der Kühlhauseffekt abgezo-

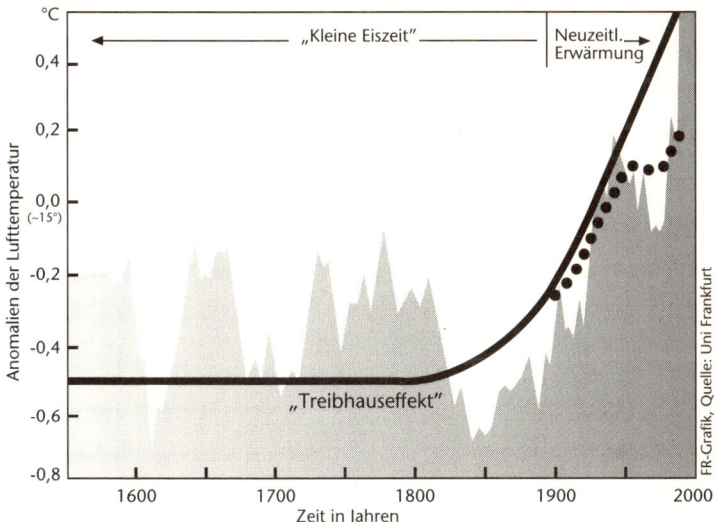

Die Fieberkurve der Erde steigt: Die durchgezogene Linie zeigt den Einfluß des menschengemachten Treibhauseffektes (plus 1 Grad Celsius), die Punkte den Einfluß des »Kühlhauseffektes« (minus 0,4 Grad). Ergebnis: ein Temperaturplus von 0,6 Grad gegenüber der vorindustriellen Zeit.

gen werden, um die reale globale Erwärmung zu errechnen. Die obige Grafik wurde an der Universität Frankfurt von Professor Christian Dietrich Schönwiese errechnet. Der Geowissenschaftler und Meteorologe kommentiert seine grafischen Berechnungen so: »Auch wenn es manchen Zeitgenossen, aus welchen Gründen auch immer, nicht paßt und es noch viele quantitative und regionale Unsicherheiten gibt: Wir sollten unser Experiment mit der Atmosphäre der Erde schleunigst, effektiv und nachhaltig herunterfahren und wesentlich definitivere Klimaschutzmaßnahmen einleiten.« Die Fieberkurve der Erde steigt wirklich.

Das Verdrängen dieser Fakten erinnert mich an eine kleine Geschichte: Unser Planet Erde begegnet im Weltraum einem anderen

Planeten. Dieser fragt die Erde: »Wie geht es dir?« »Nicht gut«, antwortet unser Heimatplanet, »ich habe Homo sapiens an Bord.« Daraufhin tröstet der fremde Planet die Erde mit den Worten: »Mach dir nichts draus – das vergeht wieder!« Kein Mensch kann in einem Zustand permanent hohen Fiebers überleben. Wie sollte es das Lebewesen Erde können?

Was ist der Sinn des Fiebers in unserem Körper? Fieber hat den Auftrag, gefährliche Stoffe aus unserem Körper zu eliminieren, auszuschwitzen. Das Fieber der Erde hat vielleicht den Auftrag, den größten Schädling der Erde, das sind zur Zeit zweifelsfrei wir Menschen, zu eliminieren.

Herbst 1997. Hurrikans über Kalifornien, Wolkenbrüche in Chile, Buschbrände in Australien. Die Flammen sprangen von Kontinent zu Kontinent. Erst legten Feuersbrünste Teile des Regenwalds in Südostasien in Asche. Und dann rasten sie durch den australischen Busch und durch den Urwald in Brasilien. In Mexiko peitschte der Wind zehn Meter hohe Wellen an den beliebten Strand von Acapulco, und in Chile flohen Hunderttausende Bauern vor den Fluten. In Neuguinea versiegten Brunnen, riesige Risse klafften im Boden.

»Feuer, Fluten, Dürre, Sturm – die Elemente sind außer Rand und Band«, schrieb »Der Spiegel«. Der El-Niño-Effekt, auf den Wissenschaftler die »Naturkatastrophen« zurückführten, wirbelte das Weltwetter durcheinander.

El Niño: stark erwärmtes Wasser zwischen der Küste Perus und den Archipelen Ozeaniens. Warmes Wasser heißt stärkere Verdunstung. Dadurch wird die Atmosphäre mit Energie vollgepumpt. »Der Spiegel«: Der El-Niño-Effekt setzt eine Leistung von 450 Millionen Megawatt frei – soviel wie 300 000 große Atomkraftwerke. Sicher: El Niños gab es auch früher. Aber warum häufen sie sich in unserer Zeit, und warum nimmt ihre Heftigkeit so zu, daß der gesamte Planet unter Wärmeschock steht und das Treibhaus zusätzlich aufgeheizt wird? 1998 schlug El Niño schon wieder zu!

Auch wenn wir es noch nicht wissenschaftlich genau wissen: Vieles spricht dafür, daß die täglich von Menschen freigesetzten 100 Millionen Tonnen Treibhausgase auch in den Weltmeeren ihre Wirkung entfalten. Die langfristigen Folgen von El Niños sind unabsehbar. Unser Energieverhalten ist der eklatanteste Verstoß gegen Naturgesetze. Dazu Jesus in großer Klarheit und Eindeutigkeit: »Doch eher werden Himmel und Erde vergehen, als daß auch nur ein i-Punkt im Gesetz ungültig wird« (Lukas 16,17). Jesus meint hier natürlich nicht die religiös verbrämten kultischen Vorschriften seiner Zeit – die waren ihm relativ gleichgültig –, sondern die Naturgesetze. Goethe drückte diese jesuanische Naturvorstellung so aus: »Die Natur hat immer recht.«

Im Herbst 1997 wurden in Südostasien aus Inseln des Lichts Inseln der Finsternis: Auf Bali und Borneo, auf Sumatra und Java, auf Neuguinea und Timor, in Malaysia und Singapur brannten die Wälder. Beißender Rauch dehnte sich über Millionen Menschen in sechs Staaten aus. Sie waren Gefangene des Smogs. In einem unauslöschlichen Höllenfeuer brannten 800 000 Hektar Wald. Im Smog zerschellte ein Airbus – 234 Menschen starben. In der Straße von Malakka kollidierten mehrfach Schiffe. Eines sank und zog 28 Menschen in den Tod. Doch die Langzeitfolgen des Raubbaus am Wald werden viel schlimmer sein: Asthmaanfälle für die besonders Empfindlichen wie Säuglinge, Kinder und Ältere. »Viele Schadstoffe werden in der Lunge deponiert; diese können dann in der Bronchialschleimhaut zu chronischen Reizungen führen, so kann Krebs entstehen«, sagt der Umweltmediziner und Chefarzt der Lungenabteilung der Karl-Thiem-Klinik in Cottbus. In Indonesiens Hauptstadt Jakarta ist die verseuchte Luft bereits eine der häufigsten Todesursachen.

Die Ökokatastrophe der Waldbrände hat selbstverständlich auch wirtschaftliche Konsequenzen: Das Wirtschaftsleben erlahmt, Flugzeuge bleiben am Boden, Schiffe im Hafen, Touristen reisen ab, und Fabriken stehen still. Der Smog kann langfristig Klimaanlagen und

Computer beschädigen. Die im Herbst 1997 und noch einmal 1998 entflammten Wälder sind für Jahrzehnte, wenn nicht für immer, verloren. Noch heute brennen Torfwälder, die vor 15 Jahren angezündet wurden. Die Feuer reichen so tief, daß der Torfwald Indonesiens nicht mehr heil werden kann. Das Feuer frißt sich unterirdisch weiter. Wenn der Torf brennt, wächst der Wald nicht mehr nach. Die Samenressourcen werden vernichtet.

Auch ohne Brandkatastrophen werden jährlich 130 000 Quadratkilometer Tropenwald vernichtet. Die Vernichtung des Tropenwaldes hat ein atemberaubendes Tempo erreicht. In den letzten 40 Jahren wurden schon 60 Prozent der Wälder zerstört. Noch mal 30 Jahre so weiter – unser Planet ist dann ohne »grüne Lunge«. Die Klimakatastrophe läßt grüßen.

Zur Zeit verschwinden weltweit pro Minute 29 Hektar Wald, eine Fläche von 40 Fußballfeldern. Von ehemals 14 Millionen Quadratkilometern Tropenwald existieren heute gerade mal noch sechs. Kahlschlagmethoden werden nicht nur in Drittweltländern, sondern auch in USA, Kanada und zunehmend in Sibirien angewandt.

Der Wald stirbt, und die Wüste breitet sich aus. Diese Entwicklung beschleunigt die Klimakatastrophe. Denn die Flächenbrände vernichten einen der wichtigsten Kohlenstoffspeicher in der Biosphäre. Wälder haben eine entscheidende Bedeutung für das Weltklima. Da in den Wäldern die Hälfte aller Tier- und Pflanzenarten lebt, stirbt mit dem Wald auch die biologische Artenvielfalt. Europa bleibt von dieser Ver-Wüstung des Planeten nicht verschont. Die Wüste »marschiert« von Süd nach Nord. Das macht sie schneller, als jeder Baum wandern kann. In Portugal und Spanien, in Süditalien und Griechenland, aber auch in Bulgarien und Rumänien sind weite Teile des Landes bereits verwüstet. Die globale Klimakatastrophe wird kommen – und der Wassernotstand auch.

»Klimaforscher wissen: Die Isar trocknet aus« und »Klimakollaps droht: Isar wird zum Rinnsal« titelt die »Münchner Abendzeitung«

am 18. August 1998. Das Fraunhofer-Institut für atmosphärische Umweltforschung in Garmisch-Partenkirchen hat eine Klimastudie für das 21. Jahrhundert in Bayern vorgelegt. Ergebnis: Statt bisher an fünf Tagen wird es künftig an bis zu 20 Tagen pro Sommer über 30 Grad heiß. »Was uns im Sommer erwartet, ist ein Klima wie in Rumänien oder Ungarn. Heiß und trocken – ein Pußtaklima«, erläutert der renommierte Klimaforscher Wolfgang Seiler die Studie. Danach trifft es München besonders hart – bis zu sechs Grad soll der Monat August heißer werden.

Die Naturkatastrophen sind Menschenkatastrophen. Wald weg – das heißt: Es fehlen uns Naturraum, Erholungsraum, Klimaregulatoren, Bodenschützer, Wasserspeicher, Luftfilter, Rohstoffquellen, Arbeitsplätze und Einkommensquellen. Erst sterben die Wälder, dann die Tiere und dann ...!

Eine ähnlich dramatische Umkehr erfordert die dritte große globale Umweltbedrohung.

Dritte Bedrohung: der atomare Winter

Solange es Atomwaffen gibt, existiert die Gefahr eines Atomkrieges, und Atomwaffen wird es geben, solange es Atomkraftwerke gibt. Einem Atomkrieg würde zwangsläufig ein nuklearer Winter folgen. Das heißt: Aus brennenden Städten, Wäldern und Erdölquellen würden rund um den Planeten feine Rauchpartikel in die Atmosphäre steigen, welche die Sonnenstrahlen von der Erde abhielten und die Temperaturen auf unserem Planeten unter die der Eiszeit absinken ließen. Landwirtschaft wäre nicht mehr möglich. Menschen und Tiere würden verhungern. Die Erde wäre wüst, leer, öd, dunkel und eisig kalt. Ob uns danach Gott oder die Göttin, die Evolution oder die Natur noch einmal eine zweite Chance für das Werden von menschenähnlichem Leben gibt? Wir wissen es nicht.

Die heutigen Atommächte sind zwar von der Sinnlosigkeit eines Atomkriegs überzeugt und haben mit der Abrüstung ihrer ursprünglich 60 000 Atomwaffen begonnen, doch die Gefahr eines Atomkrieges ist damit noch längst nicht gebannt. Während ich dieses Buch schreibe, gibt es immer noch 25 000 Atomsprengköpfe mit einer Sprengkraft von mehr als einer Million Hiroshimabomben. Eine Million Hiroshimabomben! Es war für unsere Spezies offenbar einfacher, die Atombombe zu bauen, als sich von ihr wieder zu befreien. Auf dem internationalen Parkett gilt noch immer als Großmacht, wer über Einsatzmöglichkeiten von Atombomben verfügt.

Die Gefahr eines Atomkrieges beschreibt heute niemand eindrucksvoller und kompetenter als der ehemalige Oberbefehlshaber der US-Atomstreitmacht, Lee Butler. Dem »Spiegel« sagte Lee Butler im August 1998 – vier Jahre nach seinem Abschied als Atomrambo –, die Theorie der atomaren Abschreckung, die noch immer gilt, sei »pure Selbsttäuschung«.

Der Mann, der im Ernstfall hätte auf den Knopf drücken müssen, um das gesamte strategische Atomarsenal der Vereinigten Staaten abzufeuern, sagt heute: »Darin liegt der eigentliche Fluch der Atomwaffen – es ist die Abwertung der eigenen Menschlichkeit.«

Auszüge aus diesem bemerkenswerten, atemberaubenden Interview:

Spiegel: Haben Sie jemals geglaubt, die Strategie vom »Gleichgewicht des Schreckens« könne fehlschlagen?
Butler: Ich war fest davon überzeugt. Wir handelten wie ein Betrunkener beim russischen Roulette, der zehnmal die Pistole abfeuert und dann erklärt: Guck mal, es ist überhaupt nicht gefährlich. In Wahrheit war das Nuklearroulette überaus gefährlich und arrogant. Es ist ein Wunder, daß wir es geschafft haben, uns irgendwie durchzuwursteln. Nukleare Abschreckung ist ein Hasardspiel, das irgendwann verlorengeht.

Spiegel: Wie groß war die nukleare Kriegsgefahr während des Kalten Krieges?

Butler: Die nuklearen Beziehungen zwischen den USA und der Sowjetunion waren voller Krisen. Lange Zeit, oft Jahre, passierte wenig, worüber wir ernsthaft hätten besorgt sein müssen. Plötzlich gab es einen simplen Computerabsturz oder die falsche Interpretation eines Radarbildes – schon stolperten wir in eine Krise und standen am Abgrund zur nuklearen Apokalypse.

Spiegel: Die Kubakrise 1962, als die Sowjets atomar bestückte Raketen im US-Hinterhof stationierten, war offenbar nicht die einzige Gefahrensituation?

Butler: Es gab viele Krisensituationen, die meisten wurden niemals bekannt.

Spiegel: Zum Beispiel?

Butler: Zum Beispiel wurde ein NATO-Manöver von den Sowjets als Vorbereitung eines realen Angriffs mißinterpretiert.

Spiegel: Waren die jeweiligen US-Präsidenten und deren Berater sich über die Folgen eines Nuklearkrieges im klaren?

Butler: Nein, keiner von uns. Wir haben niemals die tatsächlichen Risiken und Konsequenzen verstanden. Nehmen Sie als Beispiel die atomsicheren Regierungsbunker, die von den Sowjets und uns gebaut wurden. Ich erinnere mich an keine einzige Gelegenheit, bei der die Frage erörtert worden wäre, was denn die Führer vorfinden würden, wenn sie aus ihren atomsicheren Unterständen hervorkrabbelten, wen sie dann noch regieren sollten oder wer am anderen Ende der Leitung den Telefonhörer abnehmen würde.

Spiegel: Sie hatten aber doch den nuklearen Krieg geplant, was haben Sie denn in das Papier hineingeschrieben?

Butler: Der strategische nukleare Kriegsplan bestand hauptsächlich aus mathematischen Formeln, mit denen die Zerstörungskraft eines Nuklearangriffs errechnet wurde. Irrig ist die Annahme, wir hätten sämtliche einschlägigen Experten zusammengerufen und irgendeine Art von Supercomputer eingesetzt, um die Gesamtschäden abzuschätzen, die durch die nahezu gleichzeitige Explosion Zehntausender von Nuklearsprengköpfen angerichtet worden wären.

Spiegel: Die atomaren, das Erdklima verändernden Großbrände, die Verstrahlung riesiger Landstriche, die Zerstörung sämtlicher Strukturen einer Gesellschaft – kein Wort davon im Kriegsplan?

Butler: Kein Wort. Brände? Niemand wollte mit Sicherheit vorhersagen, was brennen würde. Ausmaß der Verstrahlung? Sie sei, so hieß es, abhängig von der Windrichtung. Bei der Frage nach der Zahl der Opfer fühlte ich mich an Josef Stalin erinnert, der gesagt hatte, der Tod eines einzelnen Menschen ist eine Tragödie, der von Millionen aber eine statistische Größe.

Spiegel: Hat kein US-Präsident, dem die nukleare Kriegsplanung vorgelegt wurde, solche Fragen gestellt?

Butler: Die Planung war so komplex und die Präsentation so oberflächlich, daß diese Fragen gar nicht aufkamen. Kaum jemand durchschaute, daß die Kriegsplaner eigentlich nur die Sprengkraft berechneten. Eine einseitige, absurde Kalkulation, mit der die enormen Gesamtfolgen eines Nuklearangriffs verschleiert wurden.

Spiegel: Um die nationale Sicherheit der USA zu erhöhen, wurden also immer mehr Sprengköpfe angeschafft und neue entwickelt?

Butler: In den 50 Jahren des Kalten Krieges haben die Vereinigten Staaten rund sechs Billionen Dollar für ihre Nuklearbewaffnung ausgegeben. Wir haben 70 000 nukleare Sprengköpfe für 116 unterschiedliche Waffentypen entwickelt, die von verschiedenen Trägersystemen abgefeuert werden konnten. Wir haben sogar Artilleriegranaten mit Atomsprengsätzen bestückt. Nein, wir haben niemals die volle Bedeutung unseres Arsenals verstanden.

Am Schluß des Gesprächs fragte »Der Spiegel«, ob sich Rußland heute von den USA atomar bedroht fühle. Butlers Antwort: »Das wäre kein Wunder. Es gibt keinen Warschauer Pakt mehr, wir aber erweitern die NATO und versichern, das habe weiter nichts zu bedeuten. Und wir modernisieren unsere Atomwaffen. Wir verspielen die kostbare Gelegenheit, neue Regeln der internationalen Sicherheit zu entwickeln, in denen Nuklearwaffen keinen Platz mehr haben.«

Dieses Interview bestätigt, was Millionen Anhänger der Friedensbewegung wußten und ahnten: Die Herrschenden in Politik und beim Militär belügen und betrügen die Öffentlichkeit. Eher setzen sie die gesamte Menschheit aufs Spiel als ihre Macht.

Von Ausnahmen abgesehen, sind sie auch heute zu kurzsichtig, zu verantwortungslos und zu überbürokratisiert, um eine effektive Politik gegen die Klimakatastrophe einzuleiten. Woher kommt es, daß auch General Lee Butler erst vier Jahre nach seiner Amtszeit den Mut findet, zu sagen, was er sicherlich schon länger wußte? Wer, wenn nicht er? Da auch ich erst Anfang der achtziger Jahre vom Anhänger der atomaren Abschreckung zu deren Gegner wurde, kann ich es mir erklären: Auch ich wollte viel zu lange auf der Seite der Mächtigen stehen – unbewußt natürlich, ich hätte das niemals zugegeben, weil ich meine Schattenseiten, meine Feigheit, meine Inkonsequenz, meine Angst, meine Oberflächlichkeit, nicht sehen wollte.

Erst durch eine Therapie habe ich gelernt, mehr nach innen zu schauen und mich selbst besser kennenzulernen – auch meine unbewußten Motive. Aus Angst wollte ich keinen Ärger – damals in meiner Zeit als Leiter des politischen Fernsehmagazins »Report«. Auch ich war zu feige für die Wahrheit und Wirklichkeit.

So ging es damals auch den Regierenden von Helmut Schmidt und Helmut Kohl über Giscard d'Estaing und François Mitterand bis zu Margret Thatcher, Ronald Reagan und George Bush. Und ebenso ging es natürlich den in Moskau Regierenden. Erst Michail Gorbatschow hatte die innere Größe, den Teufelskreis zu durchbrechen und als erster mit der Abrüstung zu beginnen – ganz im Sinne der Bergpredigt.

Erst während meiner Therapie habe ich mich zu fragen begonnen, was »Feindesliebe« in den Zeiten des atomaren Wettrüstens bedeuten könnte. Das Jesus-Wort im Thomas-Evangelium »Dein Feind – er ist wie du« hat mir die Augen geöffnet. Und erst danach konnte ich meinem Gewissen folgen und habe gewagt, acht Arbeitsgerichtsprozesse gegen meinen Arbeitgeber zu führen, um schließlich so berichten zu können, wie ich es vor meinem Gewissen verantworten kann.

Seit 1998 haben auch Indien und Pakistan eigene Atomwaffen. Die bisherigen fünf Atomstaaten USA, Rußland, China, Frankreich und England haben heftig dagegen protestiert und verlangten von den zwei »Neuen« im Atomclub »die sofortige, vollständige nukleare Abrüstung«. Es war schon immer sehr hilfreich, wenn ein Einbrecher schrie: »Haltet den Dieb!«

Michail Gorbatschow sagte mir dazu in einem Fernsehinterview: »Die Alternative zur NATO-Osterweiterung ist die vollständige atomare Abrüstung.« Doch wen in der internationalen Politik interessieren heute die Vorschläge von Michail Gorbatschow, jenem Mann, von dem wir erstmals weltweit gelernt haben, daß wir ohne Feinde leben können? Neben Mahatma Gandhi und Nelson Mandela war Michail Gorbatschow der bedeutendste Politiker des 20. Jahrhunderts. Auch Deutschland ist keineswegs atomwaffenfrei. Hierzulande ist noch immer das Potential mehrerer hundert Hiroshima-Bomben gelagert. Im Sinne des ökologischen und pazifistischen Jesus müssen Friedensfreunde den Internationalen Gerichtshof unterstützen, der am 8. Juli 1996 alle Atomwaffen für generell völkerrechtswidrig erklärt hat. Diese Ansicht vertraten im Juli 1998 auch 93 Prozent aller Deutschen bei einer Umfrage des FORSA-Instituts, aber leider nicht die Herrschenden des alten Parteiensystems in Deutschland.

Von den drei beschriebenen großen Umweltgefahren an der Schwelle zum dritten Jahrtausend nach Jesus wußte der Mann aus Nazareth konkret natürlich nichts. Die Worte Treibhauseffekt, Ozonschicht und Atombombe kommen im Neuen Testament nicht vor. Wie komme ich trotzdem dazu, 2000 Jahre danach vom ökologischen Jesus zu sprechen? Zumindest eine vorläufige Antwort kann ich – wahrscheinlich unwidersprochen – auf diese Frage schon jetzt am Beginn des Buches geben:

Pazifismus, Ökologie und Demokratie

Jesus war ein großer Menschenkenner. Er ahnte, was wir noch alles treiben und anstellen können und werden. Anders wären die apokalyptischen Bilder im Neuen Testament – auch seine – nicht zu verstehen. Viele dieser Bilder passen sehr gut in unsere Zeit. Das gleiche gilt freilich auch von den friedlichen Visionen Jesu. Die biblischen Visionen vom Frieden – zum Beispiel die Visionen der Feindesliebe in der Bergpredigt Jesu – setzen einen Einklang zwischen Mensch und Natur voraus. Frieden zwischen Menschen und Völkern ist so sehr Voraussetzung für eine nachhaltige ökonomische *und* ökologische Entwicklung, wie ökologisches Wirtschaften die Bedingung für einen nachhaltigen Frieden ist.

Pazifismus, Ökologie und Demokratie sind heute Voraussetzung für die Bewahrung der Schöpfung. Um Leben auf diesem Planeten zu erhalten und zu entfalten, brauchen wir im Atomzeitalter so sehr eine Politik der Kriegsvermeidung wie im Zeitalter der ökologischen Krise eine ökologische Wirtschaft. Ökologie und Pazifismus bedingen einander. Es gibt künftig keinen Weltfrieden ohne Frieden mit der Natur. Und es wird keinen Frieden mit der Natur mehr geben ohne Weltfrieden und ohne wirklich demokratische Verantwortung. Für mich heißt das: viel mehr Mitgestaltung und Mitverantwortung von unten, von uns allen. Jeder Krieg ist auch Naturzerstörung, und die ökologische Krise ist Krieg gegen die Natur und damit gegen uns selbst. Ohne erneuerbare Energien ist im 21. Jahrhundert das Ziel, das sich die Vereinten Nationen nach dem Zweiten Weltkrieg gegeben haben, nicht zu erreichen. Dieses Ziel war und ist, die kommenden Generationen von der Geißel des Krieges zu befreien. Also: »Umweltpolitik ist Abrüstung. Umweltpolitik ist Friedenspolitik« (Klaus Töpfer).

Die Vereinten Nationen und das Internationale Rote Kreuz gehen aber davon aus, daß schon in wenigen Jahrzehnten mehrere hundert Millionen Ökoflüchtlinge auf unserem Planeten umherirren werden. Ein Großteil von ihnen wird nach Europa drängen – wohin denn sonst? Erst zerstören wir mit unserer falschen Energie-, Verkehrs- und Landwirtschaftspolitik die Lebensgrundlagen der Menschen im Süden, und dann kommen sie zu uns in den Norden. Wir werden ernten, was wir säen! So nennt der ökologische Jesus diese Zusammenhänge. Und so werden auch die heute unter 50jährigen sie noch erleben. Oder: Die rasch knapper werdenden Energieressourcen wie Erdöl und Erdgas führen mit Sicherheit zu Kriegen – es sei denn, wir schaffen in wenigen Jahren die solare Energiewende. Ökologische Energiepolitik oder Krieg: So eng sind ökologische Entwicklungen und Frieden heute miteinander verknüpft. Der Golfkrieg 1991 war bereits ein Krieg ums Öl, ebenso der Krieg in Tschetschenien, Kriege im Kaukasus und Kriege in Afrika. Je knapper die alten Energieträger Öl, Gas und Uran werden, desto größer die Gefahr, daß um diese Reserven auch militärisch gekämpft wird. Eine der wichtigsten Zukunftsfragen heißt also: Krieg ums Öl oder Frieden durch die Sonne?

In diesem Zusammenhang eine erste ethische Begründung für die Solarenergie, die vielleicht überraschend deutlich macht, daß es sehr wohl einen ökologischen Jesus gibt, wenn wir genauer hinschauen, als es die Theologen bisher getan haben. Jesus erklärt in der Bergpredigt zur Begründung seiner Feindesliebe: »Ich aber sage euch: Liebt eure Feinde und betet für die, die euch verfolgen. So erweist ihr euch als Kinder eures Vaters im Himmel. Denn er läßt die *Sonne* scheinen auf böse wie auf gute Menschen« (Matthäus 5,45). Das heißt: Solarenergie ist *die* Energie des Volkes und *die* Energie des Friedens. Sie gehört *allen* und ihre Nutzung ist am Beginn des 21. Jahrhunderts *die* Voraussetzung für den Weltfrieden. Wir werden in diesem Buch noch feststellen, daß die Bibel voll von wunderbaren und hilfreichen ökologischen Bildern ist. Sicher: Auch das Wort Solarzelle kommt so bei Jesus nicht vor. Aber – wie gesagt – die Worte Abtreibung oder Atombombe kommen bei ihm auch nicht vor. Und dennoch berufen sich Christen zu Recht auf Jesu Programm und seine Bergpredigt, wenn es um Begründung einer pazifistischen Politik und um das Lebensrecht von Ungeborenen geht.

Kein Weltfrieden ohne Frieden mit der Natur

Die heutige ökologische Krise ruft nach einer neuen religiösen und spirituellen Kreativität. Die Technik allein wird uns nicht retten können. Um die ökologische Krise an ihrer Wurzel zu heilen, brauchen wir eine neue spirituelle Tiefe. Wissen und Verstand allein reichen nicht aus. Allein über den Verstand kommen wir nicht zur Vernunft. Nur neue ökologische Weisheit wird uns helfen, unser besseres Selbst zu erwecken. Neue ökologische Weisheit wurzelt in dem alten religiösen Wissen: »Wo Menschen Natur zerstören, töten sie ihre eigene menschliche Natur« (Joseph Campbell).

Eine neue Epoche, ein Jahrhundert der Ökologie beginnt, wenn wir die Metaphysik der Weltreligionen verbinden mit den eher auf die Erde und die Natur bezogenen Traditionen der eingeborenen Völker aller Kontinente.

Die sogenannten Primitiven haben in sich noch einen funktionierenden himmlischen Empfänger, über den sie die Botschaften der Natur und des Kosmos empfangen. Sie haben noch ein ökologisches Gewissen. Für sie ist noch fast alles heilig: der Himmel über uns und der Boden unter uns, das Wasser, der Wind und der Wald. Vielleicht kennen die »Primitiven« deshalb auch weder Magengeschwüre noch Krebs, weder Bluthochdruck noch Herz-Kreislauf-Erkrankungen. Sie wissen noch etwas von der Schönheit und Einheit allen Lebens. Und sie wissen auch, daß nur wer sich selbst liebt, auch andere und die Natur lieben kann. Deshalb vernichten zum Beispiel die australischen, afrikanischen oder amerikanischen Aborigines keine Wälder, sie vergiften kein Wasser und rotten keine Tiere und keine Pflanzen aus. Die amerikanische Autorin Marlo Morgan schreibt über die australischen Ureinwohner, nachdem sie einige Monate mit ihnen zusammengelebt hatte, in ihrem Bestseller »Traumfänger«: »Obwohl sie sich keinerlei Umweltsünden zuschulden haben kommen lassen, haben sie immer über ausreichend Nahrung und Obdach verfügt. Sie haben viel gelacht und nur selten geweint. Ihre Leben sind lang (bis zu 130 Jahre werden sie alt, *F. A.*), ausgefüllt und gesund, und wenn sie diese Welt verlassen, tun sie dies mit Zuversicht in ihren Seelen.«

Die Schöpfungsmythen und Schöpfungstraditionen – auch die des Alten Testaments – sind universalistisch. Denn alle Menschen aller Zeiten aller Kulturen haben als »Kinder Gottes« (Jesus) teil an der Schöpfung, am Schöpfer oder an der Schöpferin. Der ökologische Jesus hat vorgelebt, was schöpfungsgemäß und was schöpfungswidrig ist. Sein Vater im Himmel ist die alles bewegende Energie im Kosmos und die alles bewegende Kraft in allen Lebewesen. Jesus zeigt den Weg zum Haus des mütterlichen Vaters aller Lebewesen. Der ökologische Jesus blickte – ähnlich wie die heutigen »Primitiven« – in sieben Richtungen: nach Norden und Süden, nach Osten und Westen, nach oben und unten und – vor allem – nach innen.

Der Schöpfungstheologe Matthew Fox: »Die Erde verlangt nach einer Epoche noch nie dagewesener religiöser Kreativität. Wir können sie erleben, wenn wir es wagen, den Mystiker, die Mystikerin in uns und unseren Überlieferungen zu entdecken.« Also machen wir uns auf Spurensuche nach dem ökologischen Jesus und seinen Bildern über Sonne, Wind, Wasser, Boden, Geist und Erde. Der ökologische Jesus träumte vom Paradies auf dieser Erde (»Dein Reich kom-me«). Wie aber kommen wir dahin?

Die Solarenergie zeigt den einzigen Weg aus dem Teufelskreis von Umweltzerstörung, Unterentwicklung und Krieg hin zu Umwelter-haltung, Entwicklung und Frieden. Es ist der ökologische Jesus, der uns den Weg in ein friedliches drittes Jahrtausend aufzeigt: Der pa-zifistische Jesus der Bergpredigt ist auch ein ökologischer Jesus. Die doppelte Botschaft der jesuanischen Ökologie:

Kein Frieden mit der Natur ohne Frieden unter den Menschen; aber auch: kein Frieden unter den Menschen ohne Frieden mit der Natur.

Jesuanische Ökologie

1982 hatte ich in meinem Buch »Frieden ist möglich – Die Politik der Bergpredigt« behauptet: Dieser 2000 Jahre alte Text enthält den spirituellen Schlüssel für militärische Abrüstung und für eine fried-liche Welt. In den letzten Jahren wurde mir ebenso klar: Dieser Text enthält auch den Schlüssel für einen Friedensvertrag mit der Natur. Ist die Bergpredigt vielleicht sogar der Text, der alle »Geheimnisse des Himmelreiches« enthält, von denen Jesus im 13. Matthäus-Kapi-tel (Vers 10–17) spricht? Mir wird immer mehr ein-sichtig, daß die Bergpredigt und andere Schlüsselaussagen Jesu alle Schätze beinhal-ten, die den wahren Reichtum unseres Lebens ausmachen: die Schät-ze des Friedens und der Liebe zu mir selbst, die Schätze des Friedens und der Liebe von Menschen untereinander, aber schließlich auch die Schätze des Friedens mit der Natur und der Liebe zur Natur – bis hin zur Feindesliebe. Ich weiß, daß der Bergpredigttext auf moderne Menschen oft nichtssagend wirkt. Das liegt aber nicht am Gehalt des Textes, sondern an unserer heutigen Verständnisfähigkeit.

Spätestens jetzt im Zeitalter der globalen ökologischen Krise, im Zeitalter der Klimazerstörung, des Artensterbens und des Waldsterbens, des Ozonlochs und der Ausbreitung der Wüsten, wird deutlich: Frieden ist mehr als das Schweigen der Waffen und das Verschrotten von Waffen. Es gibt keinen Frieden ohne Frieden mit der Natur. Die Jesus-Strategie ist eine Naturstrategie. Wer von dieser Erkenntnis tief in seiner Seele erfaßt wird und nach dieser Analyse eine Therapie in der Bergpredigt sucht, wird eine begeisternde Wirkung und Erfahrung erleben. Und diese Begeisterung wird sich auswirken auf Mitwelt und Umwelt. Die Politik der Bergpredigt ist wegweisend für eine sozialökologische, friedliche und gerechte Politik im 21. Jahrhundert. Erst eine konsequente Umweltpolitik schafft die Voraussetzung für eine Welt ohne Armut.

Ich möchte Hans Küngs griffige These »Kein Weltfrieden ohne Religionsfrieden« erweitern: Keine Rettung der Menschheit ohne die Weisheit des ökologischen Jesus, das heißt ohne spirituelle Ökologie in allen Religionen. Jesus ist wie Buddha ein universaler ökologischer Lehrmeister.

Ein tiefes Verstehen des ökologischen Jesus wird revolutionäre Folgen haben. Dieses Buch handelt von der Heiligkeit der Schöpfung, das heißt von Heil-Sein und Wiederheilwerden der Natur. Die heilige, das heißt unbeschädigte Schöpfung: Das sind Schweine ohne Schweinepest, Rinder ohne Rinderwahn, Menschen ohne umweltbedingte Allergien und ohne Hautkrebs durch das Ozonloch. Heilige Schöpfung: Das ist reines Wasser und saubere Luft, gesunde Wale und wirklicher Wald.

Der Bergprediger sagt eindeutig: »Behandelt die Menschen so, wie ihr selbst von ihnen behandelt werden wollt – das ist alles, was das Gesetz und die Propheten fordern« (Matthäus 7,12). In der Tat: Jesus verweist »nur« auf ein Naturgesetz. Aufmerksamkeit und Achtsamkeit sind die stärksten Drogen. Diese »Goldene Regel«, das Grundgesetz aller Religionen, nennt keine einzelnen Vorschriften, die wir befolgen müssen, aber sie vermittelt eine Grundhaltung für alle Zeit in jeder Kultur. Jesu Programm will zum Frieden und zur Gerechtigkeit befreien: zum inneren und äußeren Frieden, zum Frieden mit uns selbst, zum Frieden mit unseren Mitgeschöpfen, zum Frieden mit der Natur.

Die Jesus-Strategie

Mit welcher Methode hat Jesus seine Ziele verfolgt? Merkmale einer Jesus-Strategie:

- Er verurteilte die Sünden seiner Zeit, aber er verurteilte niemals die Sünder;
- er konnte voller Zorn, aber auch voller Mitgefühl sein; zum Hassen war er unfähig;
- er war mutig gegenüber Menschen, aber demütig gegenüber Gott;
- er kämpfte gegen die Angst und lehrte Vertrauen;
- er war ver-rückt aus Liebe; alle Liebenden wissen, was das heißt;
- er war verliebt in *alles* Leben;
- er urteilte nicht einseitig, sondern mit Herz *und* Hirn, mit Hirn *und* Herz;
- er vertraute den Gesetzen der Natur, weil er in den Naturgesetzen die Gesetze seines »Vaters« erkannt hatte.

Je intensiver wir uns heute mit der Natur beschäftigen, desto deutlicher erkennen wir ihre enorme Intelligenz.

Jesus war ein großer und unvergeßlicher Heiler, weil er selbst heil geworden war. Er lebte im Gleichgewicht zwischen Herz und Verstand, zwischen weiblicher und männlicher Energie. Deshalb spreche ich von Jesus als dem »ersten neuen Mann«*. Ohne Gleichgewicht zwischen Herz und Hirn werden wir krank. Ein Vogel kann

* Franz Alt; *Jesus – der erste neue Mann,* Piper, 1989.

nicht mit einem, sondern nur mit zwei Flügeln fliegen. Jesus lehrte Wege zum Gleichgewicht – auch zum Gleichgewicht zwischen Ökologie und Ökonomie. Er erkannte, wie bis heute kaum jemand, die Heilkraft der psychischen Energie.

Für mich ist Jesus der »erste neue Mann«, weil er der erste bekannte Mann ist, der die Männerfixierung seiner Zeit aufgedeckt und in Frage gestellt hat.

Inmitten einer frauenfeindlichen und ausschließlich männerorientierten Zeit zeigte Jesus eine völlig neue, eine eindeutig partnerschaftliche Haltung gegenüber Frauen. Weder Buddha noch Mohammed, weder Aristoteles noch Plato begegneten Frauen so ressentimentfrei und spontan selbstverständlich wie Jesus. Jesus hat sich von Frauen in Frage stellen lassen, er ging bei Frauen in die Schule.

Weil er das Weibliche in sich entwickelt und integriert hatte, brauchte er nicht das unterdrückte Weibliche in sich auf Frauen um sich herum aggressiv zu projizieren.

Ähnlich wie Buddha zeigt Jesus den Weg des ökologischen Erwachens, des ökologischen Bewußtwerdens und des ökologischen Tuns. Jesus redet und handelt in der Überzeugung: Wer Menschen Vertrauen zu sich selbst schenkt, verzehnfacht ihre Kraft und ihren Mut, ihre Heilkraft, aber auch ihre gesellschaftliche und politische Kraft. Wer dies versteht, danach lebt und handelt, wird nie wieder die ewig alte, verlogene Ausrede parat haben: »Ich kann ja doch nichts ändern.« Im Gegenteil. In der Spur des ökologischen Jesus lernen wir zu fragen: Wer soll denn überhaupt etwas ändern, wenn nicht ich? Wann, wenn nicht jetzt? Und wo, wenn nicht hier?

Der Dalai Lama interpretiert sowohl den ökologischen Buddha wie auch den ökologischen Jesus, wenn er sagt: »Die ursprüngliche Natur nicht nur des Menschen, sondern aller empfindsamen Lebewesen ist Güte.«

Weil wir bislang weder Buddha noch Jesus richtig zugehört haben, können wir zwar auf den Mond fliegen und auf dem Mars Spuren von Leben suchen, aber unsere Gefühlswelt wird noch weitgehend von den Gesetzen der Steinzeit regiert. Wir sind in der materiellen Entwicklung Weltmeister geworden, aber in unserer psychischen Entwicklung infantil geblieben. Von Jesus können wir lernen: Je mehr Vertrauen wir schenken, desto mehr Vertrauen bekommen wir geschenkt. Die Jesus-Strategie bedeutet: das Verfeinern unserer Emotionen, das Vertiefen unserer Intuitionen und das Schärfen unseres Gewissens. Diese Jesus-Strategie ist nicht sentimental, sie ist intelligent. Eine Leiter zum Himmel führt über mehr Feingefühl gegenüber den Gefühlen anderer.

Unsere Kultur der Äußerlichkeit wird noch dominiert von Angst und Haß, von Mißtrauen und Aggression, von Wut und Enttäuschung, von Unwissenheit und Unbewußtheit. Eine künftige Kultur des Gleichgewichts zwischen Äußerlichkeit und Innerlichkeit wird durchdrungen sein von Liebe und Mitgefühl, von Toleranz und Geduld, von Hoffnung und Selbsterkenntnis, von der Arbeit an und mit unserem Unbewußten.

Dem Psychologen Thomas Ehleiter verdanken wir folgende Geschichte über den Studentenführer der 68er Revolte, Rudi Dutschke.

Rudi Dutschke war an Ostern 1968 in Berlin durch mehrere Kopfschüsse lebensgefährlich verletzt worden. Danach mußte er sich sein Sprachvermögen neu aneignen. Er trainierte Lesen mit Thomas Ehleiter. Der Psychologe las mit Dutschke Texte von Karl Marx. Beim Lesen der bekannten Textstelle »Die Philosophen haben die Welt nur verschieden interpretiert, es kommt aber darauf an, sie zu verändern«, unterlief dem linken Studentenrevolutionär ein bemerkenswerter Fehler. Er las: »Die Philosophen haben die Welt nur verschieden interpretiert, es kommt aber darauf an, *sich* zu verändern.« Thomas Ehleiter dazu: »Als er auf diesen Fehler aufmerksam gemacht wurde, überlegte Rudi Dutschke, ob nicht seine Lesart den Wert dieser These für sein politisches Handeln bereichern würde.« Rudi Dutschke auf den Spuren Jesu.

Rudi Dutschke war dabei, zu erkennen, daß es keine wirkliche Weltveränderung geben kann ohne Selbstveränderung. Es sind Elemente von Religion und Spiritualität, hauptsächlich aber jesuanisches Urvertrauen in den »Vater« und in die »Schöpfung«, welche heute unabdingbar sind für ökologischen Fortschritt und Erfolg. In *diesem* Sinne sind alle Menschen religiös. Wer sich auf *diese* Religion einläßt, wird wirklich Mitarbeiter oder Mitarbeiterin an der Bewahrung der Schöpfung.

Die heutige Leere der Kirchen hängt ganz wesentlich mit den Lehren der Kirchen zusammen. Jesus war ganz anders.

II. Kapitel

Jesus und das Vertrauen

»Habt doch mehr Vertrauen.«
Jesus

Seiner Zeit voraus

Die christlichen Kirchen sind in vielen Fragen nicht auf der Höhe der Zeit – ganz im Gegensatz zu Jesus, der seiner Zeit in wesentlichen Fragen weit voraus war. Hier drei Beispiele:

Erstens: 1820 Jahre vor Karl Marx hat Jesus in vielen Bildern und Beispielen Antworten auf die sozialen Fragen und Probleme unserer Zeit gegeben. Aber erst nach Karl Marx und nicht zuletzt wegen Karl Marx haben die christlichen Kirchen begonnen, die soziale Frage ernst zu nehmen. Sozialismus und Kommunismus waren nicht zuletzt Reaktionen darauf, daß die christlichen Kirchen die soziale Dimension der jesuanischen Botschaft nicht verstanden hatten oder nicht verstehen wollten. Mit seinem Engagement für die Armen und seinem Kampf gegen eine Gesetzesreligion lehrte Jesus Gerechtigkeit und Freiheit. Dabei war Jesus viel radikaler als Karl Marx. Dieser wollte die Verhältnisse ändern, Jesus die Herzen.

Bis heute jedoch werden sozial engagierte Befreiungstheologen in Lateinamerika, Afrika und Asien vom Vatikan als Agenten des Kommunismus verdächtigt. Jesu Lehre ist aber Befreiungstheologie oder gar keine Theologie. Auch die Industriestaaten brauchen heute eine

Befreiungstheologie – eine Theologie mit einem ökologischen, humanen und sozialen Tiefgang.

In Deutschland, im Land der sozialen Marktwirtschaft, und in anderen westeuropäischen Ländern wird das soziale Netz angeblich unfinanzierbar. Doch die Länder der Europäischen Union sind in den letzten 20 Jahren um 50–70 Prozent reicher geworden. Die Wirtschaft ist schneller gewachsen als die Bevölkerung, hauptsächlich in Deutschland. Trotzdem gibt es heute in der EU 20 Millionen Arbeitslose, fünfzig Millionen Menschen, die unter der offiziellen Armutsgrenze leben, und fünf Millionen Obdachlose. Wo ist der zusätzliche Reichtum geblieben? Die Reichen wurden reicher und die Armen ärmer – in den USA noch mehr als in Westeuropa. Aber auch in Deutschland sind die Gewinne von 1979 bis 1997 real um 90 Prozent gewachsen, die Löhne real nur um 6 Prozent. Transnationale Firmen wie BMW und Siemens zahlen in Deutschland praktisch keine Steuern mehr. Die hohen Gewinne, die dadurch erzielt werden, daß Konzerne ihre Gewinne dort verbuchen, wo die Steuergesetze für sie am günstigsten sind, werden nicht in neue Arbeitsplätze, Forschung und Bildung investiert, sondern in Geldgeschäfte und Devisenspekulationen.

Wie lange werden es sich Arbeitnehmer in dieser Situation bieten lassen, daß Renten und andere Sozialleistungen gekürzt werden und die Löhne nicht mehr steigen sollen? Und wann werden die Arbeitslosen damit beginnen, die ersten Arbeitsämter anzuzünden? Es kann auf Dauer nicht gutgehen, wenn das Kapital von sozialen, ökologischen und humanen Verpflichtungen befreit wird.

Zweitens: 1950 Jahre vor der Existenz einer politisch ernst zu nehmenden Friedensbewegung in Europa hat Jesus in der Bergpredigt die Feindesliebe zum Eckpfeiler seines Pazifismus gemacht. Noch in der Phase der atomaren Nachrüstung in den 80er Jahren des 20. Jahrhunderts hatten nur wenige Kirchenmänner und Theologen die pazifistische Dimension der jesuanischen Botschaft begriffen und gepredigt. Der Kommunist Michail Gorbatschow hat viel tiefer den pazifistischen Jesus verstanden als die Theologen – und entsprechend gehandelt. Einer der engsten Militärberater Michail Gorbatschows hat mir 1985 als Reaktion auf mein Buch »Frieden ist möglich – Die Politik der Bergpredigt« geschrieben: »Wir im Kreml machen jetzt Abrüstungspolitik nach dem Motto Jesu: ›Selig sind die Friedensstifter‹.« Zur selben Zeit hat der Vatikan bei einem römischen Verlag, der mein Buch ins Italienische übersetzen wollte, dagegen interveniert. Begründung des Vatikans: Die Zeit sei noch nicht reif für Jesus!

Es war der Führer des Weltkommunismus, der im Geiste Jesu die Welt verändert hat, während die Schlafmützen im Vatikan wieder einmal einen historischen Augenblick der Weltgeschichte schlicht verpennt und jesuanische Ziele verraten haben. Der Geist weht tatsächlich, wo und wie er will. Das läßt hoffen – auch für den ökologischen Jesus. Jesu Lehre ist eine pazifistische und ökologische Theologie.

Drittens: 2000 Jahre vor der heutigen Frauenbewegung war Jesus der »erste neue Mann«, indem er ein partnerschaftliches Verhältnis zwischen Mann und Frau vorgelebt hat. Die Frauen seiner Zeit waren ver-rückt nach diesem Mann. Bis heute werden Frauen in christlichen Kirchen diskriminiert und ausgegrenzt. Jesus aber zog – zur damaligen Zeit unerhört und eine Provokation für das Männer-Establishment in Religion und Politik – wie selbstverständlich auch mit Frauen durch Galiläa und machte eine Frau – Maria Magdalena – zur Urapostelin, zur Apostelin der Apostel. Dieser »erste neue Mann« Jesus von Nazareth war und ist mit seinem Programm der gelebten Liebe für Millionen Frauen ein Traummann. Jesu Lehre und Leben ist frauenfreundliche Theologie.

Die heutigen politischen, ökonomischen und ökologischen Probleme können nicht mehr im vorherrschenden, männlich dominierten System gelöst werden. Männerherrschaft führt zum Zusammenbruch. Der »erste neue Mann« zeigt die Alternative zum Zusammenbruch: den Aufbruch zu neuen Ufern unter dem Leitwort »Partnerschaft statt Herrschaft«. Sein Vater ist für Jesus in all seinen Bildern und Botschaften immer ein mütterlicher Vater, immer auch Mutter. Das Adjektiv, das Jesus oft verwendet, wenn er vom Vater spricht, ist »barmherzig«. Dieses Wort ist im Aramäischen, in der Sprache Jesu, identisch mit Mutterschoß. Das Vaterprinzip Jesu ist ein schöpferisches, kreatives, gebärendes, ein eher weibliches Prinzip. Es hat nie etwas mit Herrschaft, Angst oder Gewalt zu tun, sondern mit Verantwortung und Beziehung, mit Liebe und Partnerschaft, mit der Kraft, etwas zu verwirklichen und nicht mit der Macht, etwas zu beherrschen. Jesu Vorstellung von Gott – eine liebende Gott-Mensch-Beziehung – ist ebensowenig patriarchalisch wie feministisch, sie ist partnerschaftlich. Dasselbe gilt für die Jesusvorstellung vom Verhältnis Mann/Frau und Vater/Kind.

Was hat uns dieser aktuelle Jesus heute in den Zeiten der globalen ökologischen Krise und der möglich gewordenen Zerstörung unserer Lebensgrundlagen zu sagen?

Was bedeutet es in der ökologischen Krise für uns, daß auch Jesus – wie alle Religionsstifter – darauf hinwies, daß wir nur ernten können, was wir säen? Das heißt doch: Wer Atomkraftwerke baut, *muß* Atomunfälle ernten. Wer aber Sonne, Wind, Wasser, solaren Wasserstoff und nachwachsende Rohstoffe als Energieträger nutzt, erntet sichere, preiswerte, umwelt- und klimaverträgliche Energie. Der ökologische Jesus macht uns auf ein Naturgesetz aufmerksam, das jetzt – 2000 Jahre später – zum Überlebensgesetz der Menschheit geworden ist.

Michail Gorbatschow sagte mir in einem Fernsehgespräch dazu: »Wenn wir im 21. Jahrhundert keine Lösungen für die ökologische Krise finden, können wir alles andere vergessen.« Die Welt der Zukunft braucht einen ökologischen Gorbatschow. Das 21. Jahrhundert wird ein »Jahrhundert der Umwelt« (Ernst Ulrich von Weizsäcker) – so oder so: ein Jahrhundert der Umweltkatastrophen oder ein Jahrhundert der Umweltpolitik und Umweltökonomie. Wahrscheinlich wird es eine Mischung aus beiden Szenarien, eine Mischung aus Umweltpolitik als Reaktion auf Umweltkatastrophen. In dieser Situation aber hinken Kirchen und Theologen ihrer Zeit hinterher. Sie verschlafen den ökologischen Bilderschatz der Bibel und den ökologischen Bilderschatz Jesu. Gerade Werbefachleute sind immer wieder erstaunt darüber, daß die Kirchen in einer Zeit, in der Bilder und Symbole so bedeutend sind, so wenig Zutrauen zu ihren eigenen Bildern, Geschichten und Symbolen, ja sogar wenig Zutrauen zu Jesus haben! Auch meine Vorstellung vom ökologischen Jesus werden sie zunächst entrüstet zurückweisen. Jesus über diese Theologen: »Sie wollen Blinde führen und sind selbst blind. Wenn ein Blinder einen anderen führt, fallen beide in die Grube« (Matthäus 15,14).

Fragen an den ökologischen Jesus

Wann endlich entdecken auch die christlichen Kirchen und Theologen den ökologischen Jesus? Seine Ökologie ist moderner und zukunftsfähiger als der heute vorherrschende »Terror der Ökonomie« (Viviane Forrester), der alles zu zerstören beginnt. Ist dieser Terror der Ökonomie nicht im christlichen Abendland entwickelt und inzwischen über die ganze Welt verbreitet worden? Demgegenüber ist es der ökologische Jesus, welcher der heutigen Politik wieder ihren Sinn, ihren Geist und ihren Auftrag zurückgeben kann. Statt dessen aber sagen Christen in politischen Führungspositionen von Helmut Schmidt bis Helmut Kohl noch immer den geistlosen Satz, den sie von Otto von Bismarck übernommen haben: »Mit der Bergpredigt kann man nicht regieren.« Als hätten sie es je probiert!

Was können uns Jesu ökologische Bilder und Beispiele wie die vom Acker und vom Sämann heute konkret und praktisch sagen? Was seine Bilder von Sonne und Regen, die unser himmlischer Vater uns kostenlos zur Verfügung stellt? Was könnten wir lernen von Jesu Vorschlag, die »Vögel des Himmels« und die »Lilien des Feldes« zu betrachten und daraus Urvertrauen in eine gute und überlebensfähige Evolutionsgeschichte zu gewinnen?

Was gar könnte es für unser sorgenvolles Leben im Angesicht der drohenden ökologischen Gefahren bedeuten, wenn wir uns auf Jesu immer wieder geäußerten Hinweis »Habt doch mehr Vertrauen« einließen? Wie hilfreich könnte jenes Urvertrauen ins Leben und in den Schöpfergott heute sein, von dem Jesu Leben total durchdrungen und getragen ist? Ist Angst oder Vertrauen ein Wegweiser in eine gute Zukunft?

Welche Konsequenzen könnten wir aus dieser jesuanischen Ökologie und aus seinem Urvertrauen in den »Vater« heute für unsere Energie-, Verkehrs-, Wasser- und Baupolitik ziehen? Und welche Lösungen könnten wir beim ökologischen Jesus für eine zukunftsfähige Landwirtschaftspolitik im 21. Jahrhundert finden? Hat vielleicht der schwäbische Dichter Friedrich Hölderlin vor fast 200 Jahren in seinem berühmten Satz: »Wo aber Gefahr ist, wächst das Rettende auch« auf den Punkt gebracht, was uns der ökologische Jesus in diesen ökologisch so bedrohlichen Zeiten sagen möchte?

Der wichtigste Lernprozeß der heutigen Ökonomen ist, Ökonomie und Ökologie zusammenzuführen. Auch und gerade dies kann man in der Schule Jesu lernen. Er war ganz nebenbei auch ein vorbildlicher Ökonom. Was ist ökonomischer und ökologischer, als einem kranken Menschen zu sagen: »Steh auf, nimm dein Bett und geh nach Hause!« (Johannes 5,8)? Welch ein glänzender und beispielhafter Beitrag zur Reduktion der explodierenden Krankheitskosten wäre es, wenn Ärzte heute so heilen könnten! Jesus ist als geistiger Heiler ein ökonomischer und ökologischer Weltmeister! Er heilt ohne jede schädliche Nebenwirkung. Heute ist die Heilkraft von Religion auch wissenschaftlich erwiesen. Über 100 Studien in den USA belegen den gesundheitsfördernden Einfluß von Religion. Der Harvard-Mediziner Herbert Benson rechnete vor, daß allein in den USA jährlich 50 Milliarden Dollar eingespart werden könnten, wenn die Medizin das Zusammenspiel von Geist und Körper besser verstehen und die religiösen Ressourcen nutzen würde. So könnten zum Beispiel die Hälfte aller streßbedingten Arztbesuche unterbleiben.

Seit langem ist bekannt, daß in Familien, in denen gebetet wird, weniger Gewalt herrscht. Paare, die meditieren, werden weniger häufig geschieden.

Wunder vollbrachte Jesus natürlich nicht. Aber er kannte die Gesetze der Natur. Zum Trost der Theologen: Die Natur war ihm wundervoll genug. Das Wunder dieses Mannes war und ist, daß er keine Wunder brauchte. Er hatte Gottvertrauen und Vertrauen in die Schöpfung. Jesus lehrte: Vertrauen heilt und Beziehung heilt.

In der Spur dieses ökologischen Jesus lernen wir eine Mystik der Liebe zu *allem* Leben. Mit dieser ökologischen Erkenntnis erschließen sich der Sinn unseres Lebens, das Glück der Liebe und das Geheimnis des Todes. Nach Jesus gibt es nämlich gar keinen Tod, sondern nur eine andere Form des Lebens. Der Tod ist ein Übergang. Wenn es aber keinen Tod gibt, entfällt auch der Grund, vor dem Tod Angst zu haben. Und wenn wir die Angst vor dem Tod überwinden, dann werden wir ganz anders leben, nämlich weniger zerstörerisch. Die Natur zerstört nicht, sie verwandelt.

Von *diesem* Jesus zu lernen ist eine Ermutigung: Vergeßt alles, was euch über Jahrtausende im Zusammenhang mit Jesus von Strafe und Sünde, von Belohnung und religiösen Verdiensten gesagt wurde. Seine Religion der Liebe will uns vielmehr sagen: Gott denkt immer an dich. Du bist schon immer geliebt und gesegnet. Gott urteilt und verurteilt dich niemals. Gott liebt dich genau so, wie du bist. Er läßt auch für dich jeden Tag die Sonne aufgehen. Er nimmt dich an, wie eine Mutter ihr Neugeborenes an ihre Brust und ein Vater sein Baby auf den Arm nimmt. Jesus will jeder und jedem von uns sagen: Du kannst gar nicht tiefer fallen als in Gottes Arme. Also ermuntert Jesus: Liebe die Liebe und liebe das Leben und vergiß deine Angst vor dem Tod, indem du lernst, daß Gott dich liebt.

Die Macht seiner Bilder

Menschen, die diese Mystik der Liebe verstehen, bauen am Reich Gottes, von dem Jesus träumte. Solche Menschen üben ein Urvertrauen ins Leben und in die Liebe ein. Solche Menschen werden innen und außen Kinder der Sonne. Sie entwickeln über ihr »inneres Licht« (Jesus in der Bergpredigt) ein sonniges Wesen nach außen. Sie strahlen – für sich und andere! Sie lernen verstehen, daß das Wichtigste im Leben nichts kostet: das strahlende Licht aus uns und die Freude und Dankbarkeit in uns. Die Liebe und die Freude sind so wenig käuflich wie die Sonne. Sie sind ein Gottesgeschenk und daher frei für jedermann und jede Frau wie der wehende Duft von Lindenblüten. Wir müssen lediglich unsere Herzen öffnen, so wie wir unsere Dächer für Solaranlagen zur Verfügung stellen können als Landeplätze für die Strahlen aus dem Kosmos.

Benutzt einfach euren inneren Kompaß, wollte uns Jesus sagen. Versteckt euch hinter keiner Tradition – weder hinter einer kirchlichen noch hinter einer politischen, noch hinter einer verwandtschaftlichen. Hört vielmehr auf euer Gewissen. Wenn ihr wissen wollt, wie das Wetter wird, dann schaut einfach zum Himmel.

Die Selbstverantwortung eines jeden und einer jeden ist bei Jesus immer wichtiger als irgendeine Tradition. »Könnt ihr denn nicht selbst erkennen, worauf es jetzt ankommt?« (Lukas 12,57).

Die Macht von Jesu Bildern und Geschichten ist grandios. Der Autor des Johannes-Evangeliums schreibt über diese Sprache voller

Erstaunen und Bewunderung: »Es hat nie ein Mensch so geredet wie er« (Johannes 7,46). Und Matthäus kommentiert am Ende der Bergpredigt: »Denn er predigte gewaltig und nicht wie die Schriftgelehrten« (Matthäus 7,29). Etwa 1800 Jahre vor dem Philosophen Arthur Schopenhauer (1788–1860) hat Jesus dessen geniale Stilregel beherzigt: »Man brauche gewöhnliche Worte und sage ungewöhnliche Dinge.«

Nicht zuletzt seine Sprache begründet den »Erfolg« Jesu bis heute: gewöhnliche Worte über ungewöhnliche Dinge, schnörkellose Sätze, unvergeßliche Geschichten, saft- und kraftvolle Vergleiche und humorvolle Übertreibungen wie jene, daß eher »ein Kamel durch ein Nadelöhr kommt als ein Reicher in Gottes neue Welt« (Markus 10,25). Ein Sprayer-Spruch aus dem Jahr 1997 hätte Jesus sehr gut gefallen: »Mach's wie Gott: Werde Mensch.«

Kein Mensch kann mit all seinem Willen und all seiner Kraft oder mit seinem Geld auch nur einen Grashalm, eine Ähre, einen Apfel oder eine Banane wachsen lassen. Die Natur macht es »von selbst«, um eine Erklärung des ökologischen Jesus zu zitieren.

Im Markus-Evangelium vergleicht Jesus in einem wunderbar einfachen »gewöhnlichen Wort« ein Samenkorn mit einem »ungewöhnlichen Ding«, nämlich mit seinem Uranliegen, der »neuen Welt Gottes«. Jesus: »Mit der neuen Welt Gottes ist es wie mit der Saat und dem Bauern: Hat der Bauer gesät, legt er sich nachts schlafen, steht morgens wieder auf – und das viele Tage lang. Inzwischen geht die Saat auf und wächst; wie, das versteht der Bauer selber nicht. Ganz von selbst läßt der Boden die Pflanzen wachsen und Frucht bringen. Zuerst kommen die Halme, dann bilden sich die Ähren, und schließlich füllen sie sich mit Körnern. Sobald das Korn reif ist, fängt der Bauer an zu mähen; dann ist Erntezeit« (Markus 4,26–29).

Das hier so selbstverständlich gesprochene »von selbst« ist der entscheidende Beweger aller Naturvorgänge. Dieses schöpferische Geschehen ist das Gegenteil des menschlichen Machens und Müssens.

Hier herrscht göttliche Souveränität und nicht menschlicher Wille oder menschliches Wollen.

Die Sonne scheint »von selbst«, der Wind weht »von selbst«, das Wasser fließt »von selbst« und reinigt sich »von selbst« und Bäume und Pflanzen wachsen »von selbst« – wir müssen nur empfangen lernen, was die Natur uns weitgehend kostenlos zur Verfügung stellt.

Diese eher weibliche Tugend des Empfangens fällt uns Männern besonders schwer. Und Männer bestimmen noch immer die Entwicklung der Industriegesellschaften. Wir Männer aber wollen eher machen, machen, machen! Aber die kostenlosen Energieträger Sonne, Wind und Wasser, die wir wie »von selbst« empfangen können, liefern uns Energie von einer ganz neuen Qualität – nämlich ohne Folgeprobleme wie nicht entsorgbarer Atommüll, verpestete Luft, vergiftetes Wasser, sterbende Wälder und saure Böden. Wir werden später sehen, was diese neue und ganz andere Energiepolitik wie »von selbst« für die Ökonomie des 21. Jahrhunderts, für Millionen neue Arbeitsplätze und für eine gesunde Umwelt bedeutet. Was wir in diesem Buch ethisch begründen, ist also keine fromme Harmlosigkeit, sondern die Überlebensfrage der Menschheit. Dafür ist freilich die Energiefrage der Schlüssel. Entweder wir schaffen die heutige Energiepolitik ab, oder diese schafft uns ab.

Eine neue Energiewirtschaft führt zu einer neuen ökonomischen Kultur. Das in diesem Buch propagierte Solarzeitalter ist eine globale Kulturrevolution. Grundvoraussetzung für diese neue Ökonomie ist freilich ein jesuanisches Urvertrauen in die Schöpfung. Das aber heißt auch: Die solare Energiewende (Kapitel III und IV), die ökologische Verkehrswende (Kapitel V), eine regionale ökologische Wasserpolitik (Kapitel VI), die biologische Landbauwende (Kapitel VII), ein neues Verhältnis zu Tieren (Kapitel VIII), Wohlstand und Arbeit für alle (Kapitel IX) sowie eine lebensfreundliche Zukunft (Kapitel X) sind grundsätzlich möglich.

Ur-Vertrauen

Vertrauen macht gesund. Angst macht krank. Der Psychologe Erik Erikson lehrt, daß Urvertrauen durch die ursprüngliche Beziehung zwischen Mutter und Kind gelernt wird. Diesem Urvertrauen liegt nicht nur ein Vertrauensverhältnis zu Menschen, sondern auch zur ganzen Schöpfung und zu sich selbst zugrunde.

Albert Einstein meinte, die wichtigste Frage, die wir im Leben stellen könnten, sei diese: »Ist die Welt ein freundlicher Ort oder nicht?« »Ja, Vater, dein Reich komme wie im Himmel so auf Erden.« Wer so antwortet, wie es Jesus hier tut, muß mit einem Urvertrauen ohnegleichen ausgestattet sein.

Jesu eigenes Urvertrauen zu sich, zu seinem Vater und zur ganzen Schöpfung wird auch dadurch deutlich, daß er in Gott, seinem Vater, mütterliche Eigenschaften sieht. Bei Lukas 6,36 sagt Jesus zu seinen Freunden: »Werdet barmherzig, so wie euer Vater barmherzig ist.« Jesu Vater ist immer zugleich Mutter, wenn er seinem Vater das Eigenschaftswort »barmherzig« zuspricht. Das hebräische Wort für »barmherzig« ist identisch mit Mutterschoß, Gebärmutter, Mutterliebe und schöpferischer Kraft. Jesu »mütterlicher Vater« (Karl Herbst) ist eine Herausforderung des bis heute in Kirche, Politik und Gesellschaft vorherrschenden Patriarchats. Ohne diesen weiblichen Urgrund in Jesu Worten und Werken ist eine jesuanische Ökologie weder zu verstehen noch gar zu leben.

Die Mütterlichkeit seines himmlischen Vaters betont Jesus in vielen Bildern. Im Matthäus-Evangelium (10,29–31) meint Jesus, »jedes Haar« auf unserem Kopf sei gezählt. Dieses Bild erinnert an eine in ihr Baby verliebte junge Mutter, die jedes neue Zähnchen bei ihrem Schatz registriert. Oder: Im Lukas-Evangelium (15,11–32) erzählt Jesus die Geschichte vom wartenden Vater und vom »verlorenen Sohn«. Der Vater »lief voller Mitleid dem Sohn entgegen, fiel ihm um den Hals und küßte ihn.« Das tut ein Patriarch gegenüber einem davongelaufenem Sohn, der alles Geld des Vaters verpraßt hat und nur aus Hunger wieder heimkehrt, sicherlich nicht. Alle Gründe pädagogisch männlicher Korrektheit sprechen dagegen. So unvernünftig ist doch nur eine liebende Mutter!

Spätestens hier wird das wahre Geheimnis des neuen jesuanischen Gottesbildes deutlich: Gott »braucht« uns, so wie jede Mutter ihr Kind einfach braucht, weil sie es bedingungslos liebt. »Dies ist doch mein Kind.«

Der Vater in Jesu Geschichte vom verlorenen Sohn ist ganz aus dem Häuschen und sagt zu seinen Dienern: »Schnell, holt das beste Kleid für ihn, steckt ihm einen Ring an den Finger und bringt ihm Schuhe. Holt das Mastkalb und schlachtet es. Wir wollen ein Fest feiern und uns freuen. Mein Sohn hier war tot, jetzt lebt er wieder. Er war verloren, jetzt ist er wiedergefunden.« Und sie begannen zu feiern.

Von solch hinreißend unvernünftiger Liebe ist das Verhältnis des mütterlichen Vaters Jesu geprägt. Von solcher Liebe ist Gottes Liebe zu all seinen Geschöpfen. Die »Arbeiter im Weinberg« (Matthäus 20,1–16) erhalten alle den gleichen Lohn – auch die zuletzt gekommenen. Warum? »Weil ich großzügig bin« (20,15).

Der 30-Tage-Papst Johannes Paul I. faßte die Mütterlichkeit Gottes in diese beiden unvergessenen Sätze zusammen: »Gott ist Mutter und Vater. Aber Gott ist mehr Mutter als Vater.« Das ist Gottesgeist vom Geiste Jesu. Auch Johannes Paul I. hat seine Provokation gegen die Männerkirche nur wenige Tage überlebt. Nach über 5000 Jahren Patriarchat keimt ein partnerschaftliches Gottes- und Menschenbild, wobei unser Gottesbild immer ein Abbild des Menschenbildes ist und umgekehrt. Gott hat viele Namen. Einer davon ist: Mutter.

Das deutlichste Krankheitsbild des Patriarchats ist heute der weltweite Muttermord, der versuchte Mord an unserer Mutter Natur. Muttermord ist das versuchte Töten des Mütterlichen um uns und in uns. Sind wir noch zu retten? Was können wir noch tun? Der ökologische Jesus gibt eindeutige und sehr praktische Antworten, wie noch aufgezeigt werden soll.

Mystische Gestalten, Engel genannt, gaben vor 2000 Jahren schon die Antwort auf die ökologische Krise – bei Jesu Geburt (Lukas 2,8–15). Ihre wunderliche Botschaft wird im Lukas-Evangelium so beschrieben: »Alle Ehre gehört Gott im Himmel! Sein Frieden kommt auf die Erde zu den Menschen, weil er sie liebt.«

»Frieden auf Erden« hieß die Nachricht. Frieden *auf* Erden wird aber nur möglich durch Frieden *mit* der Erde, Frieden *mit* der Schöpfung und Frieden *mit* allen Geschöpfen. Heute sind wir noch alle Teil des Problems der ökologischen Krise. Wie können wir Teil der Lösung werden? Wie Teilhaber am globalen Friedensprozeß mit der Natur und der Mutter Erde?

Wie wurde Jesus neu?

Zunächst müssen wir die Frage klären: Wie wurde Jesus selbst neu? Wie wurde er »der erste neue Mann«? Wie fand Jesus das Wichtigste, das er über die Jahrtausende der Welt zu sagen hatte – nämlich sein total neues Gottesbild?

Vor Beginn seines öffentlichen Wirkens erlebte Jesus eine tiefe innere Erfahrung, die ihn total verändert hat. Sie ist im ältesten Evangelium, bei Markus, beschrieben. Dort lautet die erste Nachricht über Jesus: »Um diese Zeit kam Jesus aus Nazareth in Galiläa und ließ sich von Johannes im Jordan taufen. Als er aus dem Wasser stieg, sah er, wie der Himmel aufriß und der Geist Gottes wie eine Taube auf ihn herabkam. Zugleich hörte er eine Stimme vom Himmel her sagen: ›Du bist mein Sohn, dir gilt meine Liebe, dich habe ich erwählt‹« (Markus 1,9–11).

Hier wird der entscheidende Augenblick der bisherigen Menschheitsgeschichte beschrieben. Ab jetzt gilt Gott nicht mehr als zürnender oder rächender Gott, als strafender Gott, als eifersüchtiger oder beleidigter Gott, sondern als liebender Vater. Hier finden wir den Kern der wahren und wirklichen Weltrevolution. In den Worten Jesu gilt ab jetzt: Das Reich Gottes ist da. Alle warteten, daß die Gottesherrschaft kommen werde; Jesus aber sagte, sie *ist* gekommen (z. B. bei Matthäus 11,2–6, bei Lukas 16,16, bei Lukas 11,20, bei Lukas 10,23, bei Lukas 4,18–21). In wunderbaren ökologischen Bildern erklärt Jesus: »Mit dem Reich Gottes« ist es so wie … »mit dem Sämann«, »wie mit dem Senfkorn«, »wie mit dem Sauerteig« (Markus 4,26–32 und bei Lukas 13,20 und 21).

Der »Geist Gottes«, »der wie eine Taube auf ihn herabkam«, ist in der griechischen Ursprache des Neuen Testaments identisch mit Atem und Wind. Gottes Geist, Gottes Atem, Gottes Wind ließ Jesus »hören«, daß er ein Geliebter sei: »Dir gilt meine Liebe.« Hier haben wir die Quelle des jesuanischen Urvertrauens in Gott und seine Schöpfung. Jesus hat Gott innerlich »gehört« und den Himmel offen »gesehen«. Ein tiefes seelisches Erlebnis, eine radikale Gotteserfahrung, die den jungen, etwa 30jährigen Mann vollständig veränderte.

»To pneuma«, Gottes Geist, heißt in Jesu Sprache, dem Aramäischen, *»ruach«*, Geist oder Geistin. Gemeint ist eine schöpferische Energie, die von Gott kommt und den Geschöpfen neues Leben gibt. Jesus erlebte also, daß aus dem Raum Gottes eine neue Lebenskraft ihn durchströmte und veränderte.

Gottes Liebeserklärung hatte bei Jesus anscheinend wie ein Blitz eingeschlagen. Von hier erhält nun die Jesus-Bewegung seit bald 2000 Jahren ihre Urenergie. Nur von dieser göttlichen Urenergie her ist zu verstehen, daß Jesus noch nach 2000 Jahren so viele Menschen innerlich so anspricht. Johannes hatte noch gelehrt: »Kehrt um und tut Buße.« Jesus lehrt etwas anderes und Neues: »Kehrt um und vertraut.« Zum Glück hat Jesus seine Erfahrung nach der Taufe weitergegeben. Jede und jeder kann deshalb lernen und erleben: Wir sind von Gott geliebt und angenommen – genauso wie wir sind.

»Geliebter« hatte sein »Vater« zu ihm gesagt, jener Vater mit den vielen mütterlichen Eigenschaften. Wir wissen heute, wie wichtig gleich nach der Geburt – schon im Kreißsaal – der Hautkontakt zwischen Baby und Eltern ist, wichtig als Basis für ein ganzes glückliches Leben.

Unsere zweite Tochter Caren war noch keine zwei Sekunden geboren, als sie schon mit ihren Fingerchen meinen Daumen schnappte und lange nicht mehr losließ. Bis heute, über 16 Jahre später, tut uns dieser Urkontakt, dieser Hautkontakt, sehr gut.

Jesu »Hautkontakt« war ein Hauch-Kontakt mit seinem Vater. Dieser Hauch-Kontakt mit dem Geist Gottes ließ etwas genauso Unbeschreibliches passieren wie der Hautkontakt zwischen einem Neugeborenen und seinen Eltern. Gottes Liebesenergie durchflutete den jungen Mann und verwandelte ihn. Urvertrauen zwischen Jesus und Gott war geboren. Jetzt gilt: Gott ist da, und Gott ist gut. Jesu Gott ist die Basis einer Froh-Botschaft und keiner Droh-Botschaft, wie sie bis heute in Kirchen und im Religionsunterricht zu hören ist.

Mit Jesu wirklichem Gott gibt es keine Ausgrenzung mehr, keine Fremden, denn seine Sonne scheint für *alle*. *Alle* sind Schwestern und Brüder. Deshalb kann, wer sich politisch auf Jesus beruft, nicht Anhänger irgendeiner Form von politischer, religiöser oder persönlicher Diktatur sein. Demokratie ist – nach Jesus – die gottgemäße Staatsform, so wie Partnerschaft zwischen Mann und Frau oder Partnerschaft im Beruf die gottgemäße Form des Zusammenlebens und Zusammenarbeitens ist.

Davon ging Jesus grundsätzlich aus: »Nur einer ist gut, Gott« (Markus 10,18). Nur dieser gute, liebende Vater soll »herrschen« – nicht äußerlich, sondern in der Tiefe unserer Seele. Als Kinder Gottes sind alle Menschen gleich. Das meinte Jesus mit seinen Hinweisen auf das Reich Gottes, welches »gekommen« sei.

Der Jahwe-Gott des Alten Testaments hatte noch befohlen, daß schwere Sünder getötet werden sollten (z. B. Deuteronomium 13,6 oder 17,7), Jesu mütterlicher Vater-Gott will heilen und nicht verletzen. Dieses Gottesbild war neu und gefährlich für die etablierte Priesterschaft. Deshalb unternahmen sie alles, um Jesus zu beseitigen, ja, ihn sogar zu töten.

Jesus lehrte seinen als mütterlich erlebten Vater. Dagegen stand ein herrisch gedachter Gott der Tradition. Ab jetzt kann der Verlauf der Weltgeschichte eine andere Richtung nehmen. Sicher: Die Welt ist bis heute noch nicht wirklich erneuert. Aber sie kann durch das neue Gottesbild Jesu über uns neu werden.

Jesu Zusage gilt. Er war sich absolut sicher. Er hat Gott über eine tiefe innere Erfahrung kennengelernt. Wir können die tiefe Ernsthaftigkeit spüren, wenn Jesus seinen Freunden sagt: »Ich versichere euch: Jeder, der mir vertraut, wird auch die Taten vollbringen, die ich tue. Ja, seine Taten werden meine noch übertreffen« (Johannes 14,12).

Am Schluß des Buches kommen wir noch einmal auf dieses für konventionell-fromme Christen unerhörte Jesus-Wort zurück (Kapitel X). Es be-trifft unmittelbar unsere Fragestellung vom Anfang: Sind wir noch zu retten und wie? Am Ende dieses Kapitels wollen wir uns anschauen, wie es mit Jesus selbst nach seinem fundamentalen Gotteserlebnis bei der Taufe am Jordan weiterging.

Jesu Gott ist gebärfähig

Jesu Gottesbild – das Bild des barmherzigen, mütterlichen Vaters – stellte und stellt die real existierende Männerkirche in Frage. »Die Kreuzigung Jesu war die logische Folge seines Frontalangriffs auf das Patriarchat« (Matthew Fox). Die Herren seiner Zeit ließen so wenig mit sich spaßen wie heute die Herrschenden in Politik, Wirtschaft und den Kirchen.

Der ökologische Jesus ist heute so sehr eine Provokation für das

Patriarchat – auch für das Kirchenpatriarchat – wie die eher weiblich orientierte Ökologie eine Provokation für die männlich dominierte Ökonomie ist. Es sind ja auch meistens ältere Männer in den Vorstandsetagen der Großkonzerne, welche die Welt mit der alten Ökonomie an den Abgrund geführt haben, während sich die Frauen derselben Männer häufig in Umweltgruppen engagieren und beim Ökobauern einkaufen.

Jesus hat der patriarchalischen Gesellschaft seiner Zeit eine Religion mit einem mütterlichen Gott zurückgebracht, das heißt mit einem Gott voll schöpferischer Liebe. Der Gott Jesu ist ein gebärfähiger Gott. Nach Jesu Vorstellung vom Verhältnis Gott-Mensch-Schöpfung schwimmen wir alle als Kinder Gottes in seinem Fruchtwasser. Matthew Fox: »Wir leben im Fruchtwasser der kosmischen Gnade.« Dieses Bild zu meditieren bewirkt eine tiefe Fröhlichkeit und eine liebende Lebendigkeit in uns. Es vermittelt uns die Ahnung einer Antwort auf die ewigen Fragen: Woher komme ich? Warum bin ich? Wohin gehe ich?

Matthew Fox erzählt die Geschichte des Astronauten Rusty Schweikert, der 1969 an einer Nabelschnur aus der Raumkapsel gelassen wurde und nun in kosmischer Stille im Raum um Mutter Erde schwebte. Der Astronaut hatte dabei zwei tiefgreifende Bekehrungserlebnisse: ein persönliches und ein politisches. Er schaute auf Mutter Erde wie auf einen leuchtenden Edelstein auf total schwarzem Hintergrund und wußte plötzlich, daß auf diesem Edelstein alles beheimatet ist, was ihm lieb und teuer war: seine Familie, seine Freunde, seine Musik. Er wollte den Edelstein umarmen und küssen wie eine Mutter ihr erstgeborenes Kind,

Rusty Schweikert war Pilot für Kampfbomber und spürte – vielleicht zum erstenmal in seinem bisher militärischen Leben – mütterliche Gefühle und Mitgefühl in seiner Seele. In seinem politischen Erweckungserlebnis ahnte dieser typische, US-amerikanische, antikommunistische Mann, welch ein lächerlicher Unsinn die ideologische Trennung in eine kapitalistische und eine kommunistische Welt war. Es gab keine kommunistischen und kapitalistischen Wolken; es gab – aus seiner jetzigen Sicht – nicht einmal Staaten, sondern nur die *eine* Welt, den wunderbaren blauen Planeten.

Schweikerts persönliches und politisches Erwachen im Weltall kostete rund 40 Millionen Dollar. Es gibt auch Möglichkeiten zum Aufwachen, die billiger sind. Jesu zentrale Forderung in der Bergpredigt heißt: »Ihr sollt vollkommen sein, weil euer Vater im Himmel vollkommen ist« (Matthäus 5,48). Schon Carl Gustav Jung hat darauf hingewiesen, daß Jesus mit »Vollkommensein« nicht moralische Perfektion forderte, sondern das Streben nach Ganzheit und Heilwerden. »Vollkommen« bedeutet mitfühlend sein. Und dieses Mitfühlen hat Jesus mit Sicherheit nicht nur gegenüber Menschen, sondern auch gegenüber Tieren, Pflanzen, also gegenüber allen Geschöpfen gemeint, deren Schöpfer sein Vater ist. Wir sollen so mitfühlend sein, wie Gott zu allen seinen Geschöpfen mitfühlend ist. Hier finden wir eine zentrale Botschaft des ökologischen Jesus. Im Mitgefühl, sagt schon der Psalmist im Alten Testament (Psalm 85,11) »küssen sich Gerechtigkeit und Frieden«.

Gott ist verliebt in die Schöpfung

Ein strahlend schöner Augusttag im Indischen Ozean. Kein Wölkchen ist am hellblauen Himmel zu sehen. Die türkisfarbene Lagune der Sandstrände wetteifert mit dem tiefen Blau des Meeres, dem gleißenden Weiß der Sandstrände und dem satten Grün der Kokospalmen um die Aufmerksamkeit der sonnenhungrigen Touristen. Beste Voraussetzung für eine optimale Sicht beim Tauchen im klaren Wasser auf den Malediven.

Dank der heutigen Taucherausrüstungen können wir uns im Meer wie ein Fisch unter Fischen bewegen. Ein paar Flossenschläge genügen, um sich in die ganze Pracht einer Märchenwelt unter glasklarem Wasser zu bewegen. Keine Phantasie kann sich zuvor erträumen, welche Vielfalt des Lebens unter Wasser zu finden ist. Jeder Korallenstock ist ein Mikrokosmos von Freß- und Wohngemeinschaften, von Schutz- und Trutzbündnissen. Keine menschliche Phantasie könnte sie je ersinnen. In 20 Metern Tiefe verharren wir inmitten von Tausenden Fischen. Vor mir und über mir, rechts und links von mir erlebe ich die volle Vielfalt und Fülle der Farben und Formen des Lebens im Meer. Eine Kathedrale aus Wasser, mit Fischschwärmen, die das bläuliche Licht tausendfarbig reflektieren. Ein Blick ins Paradies, geschaffen aus Milliarden Korallenpolypen, aus Wind und Wasser in einem Archipel aus Inseln, Atollen und Riffen. Ein fragiles ökologisches System, in dem der Mensch von der Evolution wahrscheinlich gar nicht vorgesehen war.

In tiefer Ehrfurcht und Dankbarkeit erfahre ich in dieser Welt der Stille die Einheit allen Lebens, die Zusammenhänge allen Seins, die Verwandtschaft alles Lebendigen. Hier unten gibt es mannigfaltiges Leben: Kofferfische und Zackenbarsche, Schmetterlings- und Papageienfische, Doktor- und Skorpionfische sowie kleine blau-weiß-schwarz gestreifte Putzerfische, Riesenschildkröten und Mantas, Fische der Schnapperfamilien, Husarenfische, Schnecken in jeder Art und Form – und das alles vor dem Hintergrund leuchtender und farbenprächtiger Korallengärten: ein Karneval im Riff.

Es tanzen lustige Clownfische vor den Anemonen, und buntgestreifte Wimpelfische suchen nach Futter. Wir sehen kleine Riffhaie und große schwarze Rochen, ja sogar den bis zu zweieinhalb Meter großen, aber harmlosen Napoleonfisch und viele, viele kleine Meerestiere. Es wimmelt von vielgestaltigen und vielfarbigen Geschöpfen in dieser Anderswelt. Was wir hier sehen, ist so phantastisch, daß ich am liebsten die Taucherbrille vom Kopf reißen möchte. Das Ballett der Wimpelfische tanzt in Verbänden von bis zu tausend Exemplaren.

Wie die Regenwälder gehören die Meeresriffe zu den artenreichsten Lebensräumen. Der Schöpfer oder die Schöpferin dieser prallen Vitalität und unbeschreiblichen Schönheit in allen Farben des Regenbogens muß ein Wesen voller Liebe zu seinen Geschöpfen sein – anderes ist unvorstellbar. Wer so die Einheit allen Lebens in ihrer Vielfalt als ein tiefes Geheimnis erlebt, muß nichts mehr glauben – er weiß. Er weiß, daß wir leben, weil auch das Meer lebt! Und in diesem Wissen kann er Dankbarkeit und Demut, Lebensfreude und Liebe, Sympathie und Empathie zu allem Lebendigen empfinden. Wer einmal hier unten war, wird sich in Zukunft für den Schutz der Meere einsetzen.

Meine Frau, die an diesem Tag eine ähnliche Tiefenerfahrung gemacht hatte, sprach am Abend vom »Allerheiligsten in diesem Meeres-Dom«, das sie erleben durfte. An diesem Tag wurde uns wieder bewußt: Gott muß sehr verliebt gewesen sein, als er die Erde und das Leben schuf. Gott ist verliebt in das Paradies, dessen Tore uns weit offenstehen. Es gibt Erlebnisse, nach denen man nicht mehr dieselbe oder derselbe ist. Was nur unseren Kopf berührt, aber nicht unser Herz ergreift, verwandelt uns nicht. Wenn wir uns aber mit Herz und Verstand dem Geheimnis des Lebens öffnen, dann findet Transformation statt; dann wächst das Vertrauen ins Leben, auch das Wissen um die Liebe. Und Liebe ist dann ein anderes Wort für Gott. Solche Tiefenerfahrungen sind nur in Augenblicken der Stille möglich.

In solchen Augenblicken werden Denken und Danken identisch. Daß die beiden Worte Denken und Danken aus derselben Quelle stammen, macht sie zu einem der schönsten Wortspiele der deutschen Sprache. Alles Geld und Gold der Welt kann solche Momente bedingungsloser Liebe niemals aufwiegen. In solchen Erfahrungen wird alles relativ außer der wahren und großen und niemals genug zu preisenden Liebe.

Nur die Augen der Liebe entdecken die wirklichen Werte in allem, was ist – in Fischen und Vögeln, in Blumen und Bäumen, in Männern und Frauen und in jedem Kind. In den Augen Gottes, so lehrt uns Jesus, sind *alle* Lebewesen wertvolle Wesen.

Was für alle Zeit unvergeßlich bleibt bei solchen Tiefenerlebnissen: Gott hat seine Schöpfung geschaffen nach dem Grundprinzip der Liebe. Da Gott die Liebe ist, wie uns Jesus lehrt, ist Liebe *die* Lebenskraft und Energie in allen Dingen. Diese energetische Liebe ist universal.

Diese Liebe spricht alle Sprachen. Eine solche Liebe ist die Nabelschnur zwischen Gott und allem Leben. Diese Liebe ist die wahre Wissenschaft vom Leben. Die Offenbarung der Liebe Gottes, seines Vater, in allem Leben: Dies erkannt zu haben und es allen weiterzusagen, empfand Jesus als den Sinn seines Lebens. Um diese Erkenntnis auch Ihnen, liebe Leserin und lieber Leser, weiterzugeben, war Jesus bereit, sein Leben aufs Spiel zu setzen und zu sterben. Derselbe Geist Gottes, der in Jesus lebte, lebt auch in jedem und jeder von uns. Diesen Geist wollte Jesus in uns wecken. Größeres hat nie ein Mensch versucht.

Der Tod im Riff

Nur ein Jahr später sind wir zu Filmaufnahmen erneut auf den Malediven und tauchen wieder vor den Inseln. Die Fische waren noch so zahlreich und so farbenprächtig wie zuvor. Aber die Korallenbänke, die zu den Naturwundern unserer Erde gehören, waren zum Teil abgestorben und lagen grau in grau im Meer – wie ein Friedhof unter Wasser mit ausgegrabenen Skeletten. Noch zwölf Monate vorher sahen wir hier pralles Leben in vielfarbigen Meeresgärten mit Türmen und Torbögen, mit hohen Hecken und bizarren Formen, runden Tischen und vielstöckigen Pilzen – eine Sinfonie in Gelb und Rot, in Lila und Hellgrün, in Orange und Blau, in Violett und Weiß – es waren blühende Halme und Zweige, Sterne und Stacheln, Äste und

Schwämme und Dornenkronen, Kelche und Schalen. Jetzt war vieles davon tot. Hauptsächlich die Kalkkorallen, die Bausteine des maledivischen Paradieses, waren abgestorben. Meeresbiologen und Freunde hatten uns übers Internet und Telefon vorgewarnt: Ihr werdet entsetzt sein. Kurz zuvor war das Meerwasser in 30 Metern Tiefe innerhalb weniger Wochen um fünf Grad wärmer geworden. Die Tauchlehrer hatten bis zu 35 Grad gemessen – in 30 Metern Tiefe!

El Niño hatte den gesamten Indischen Ozean aufgeheizt – mit heute noch unvorstellbaren Folgen für alles marine Leben:

- Fischen fehlt jetzt ein Teil ihrer Nahrung. Papageienfische und Schmetterlingsfische zum Beispiel leben wesentlich von lebenden Korallen und ihrem permanenten Wachstum.
- Hunderttausenden Menschen wird vielleicht langfristig ihr Arbeitsplatz im Tourismus verlorengehen, und
- Taucher haben einen Teil ihres Paradieses verloren, das – wenn überhaupt – allenfalls in Jahrzehnten wieder nachwachsen kann.

Selten haben wir unsere Kinder so fassungslos und traurig erlebt. Der Tod im Riff war eine Lehrstunde in globaler Ökologie, ihrer Vernetzung und Anfälligkeit. Noch leben über 400 Fischarten in den Riffen der maledivischen Inselwelt – aber wie lange halten die Lebensräume, die in Jahrmillionen gewachsen waren? Um diese phantastische Vielfalt zu schaffen, stand der kreativen Intelligenz der Evolution alle Zeit unserer Welt zur Verfügung. In wenigen Wochen war ein Großteil davon zerstört – durch schöpfungswidriges menschliches Verhalten.

Gott hat nur unsere Hände

Entscheidend auch für unser eigenes Überleben als Spezies Mensch wird sein, ob wir aus solchen Katastrophen etwas lernen oder nur jammern und verzweifeln. Im Reiseführer hatten wir noch den Satz gelesen: »Die Malediven sind durch ihre isolierte Lage eines der größten noch intakten Korallengebiete der Erde.« Doch diese Zellen waren schon fünf Monate, nachdem sie gedruckt waren, von der grausamen menschengeschaffenen Wirklichkeit überholt.

Für Jesus ist Gott die wirkliche Wirklichkeit. Weil Gott das Ganze ist, heißt Gott annehmen die ganze Wirklichkeit annehmen. Wir sind Werkzeuge dieser Wirklichkeit, Werkzeuge Gottes. Er hat nur unsere Hände. Gott erkennen heißt Gott in Einzelheiten erkennen. Beim Wickeln von Babys oder beim Schreiben dieses Buches, bei der Arbeit am Computer oder beim Zubereiten von Essen. Heiligkeit meint, mit ganzer Aufmerksamkeit arbeiten, leben und lieben, mit ganzer Aufmerksamkeit das Richtige tun. Ohne Aufmerksamkeit gibt es kein richtiges Leben, sondern Zerstörung. Solange wir nicht achtsam sind, leben wir unter unseren Möglichkeiten, betrügen uns selbst und beleidigen das Leben.

Das Wahrzeichen wirklicher Jesus-Freunde ist, dort zu sein, wo das Mitgefühl ist. »Liebe deinen Nächsten wie dich selbst« gilt sicherlich nicht nur gegenüber Menschen, sondern gegenüber der ganzen Schöpfung, also auch gegenüber den Korallen auf den Malediven. Nächstenliebe ist Selbstliebe, und Selbstliebe ist Nächstenliebe. Jesu Vorschlag: »Seid barmherzig« heißt: Fühlt mit dem Herzen! Dieses Mitfühlen mit *allem* Leben ist der innerste Kern der Botschaft des ökologischen Jesus, der innerste Kern seiner Frohbotschaft, der innerste Kern aller Religion. Alle Kultur ist für Jesus Erweiterung und Vertiefung des Bewußtseins für *alles* Leben. Dieses Bewußtsein führt zu bewußtem *Sein*.

Wie anders könnten wir das Wort des wiederkommenden Christus in der Offenbarung des Neuen Testaments verstehen, der sagt: »Jetzt mache ich *alles neu*« (Offenbarung 21,5).

Alles neu: Das Wort »neu« ist ein Schlüsselwort bei Jesus. Er spricht vom neuen Bund und von der neuen Ordnung. Seine Freunde sprechen von einer neuen Lehre, vom neugeborenen König, von einer neuen Schöpfung, von einem neuen Menschen, einem neuen Himmel und einer neuen Erde. Wer Jesus nachfolgt, ist neu geboren. Der wiederkehrende Christus sagt nicht: Ich mache die Kirche neu oder ein bestimmtes Volk oder die Menschen, sondern *alles* neu.

Auch hier sehe ich im Lichte der aktuellen ökologischen Krise einen Hinweis auf den ökologischen Jesus, denn unsere heutige Krisenlage ist bedrohlicher als jede bisherige Krise in der überschaubaren Menschheitsgeschichte. Die Umweltorganisation WWF schätzt, daß wir in den letzten 30 Jahren ein Drittel der gesamten Natur zerstört oder dauerhaft beschädigt haben. Wir brauchen zum Überleben neues Denken und neues Handeln. Und die Gefahr ist erstmals global. Es geht wirklich um alles oder nichts. Es geht um das große Ganze. Schon heute leben 90 Prozent aller unter 20jährigen in Ländern der sogenannten Dritten Welt. 98 Prozent aller um die Jahrtausendwende geborenen Kinder werden in Dritte-Welt-Ländern geboren. Und in etwa einer Generation wollen sie einen Lebensstandard haben, der dem unseren vergleichbar ist. Wie soll das gehen? Wie soll das gutgehen ohne fundamentale Veränderung unserer gesamten Produktionsweise?

Total neues Produzieren im Einklang mit der Natur ist Voraussetzung, um den Krieg gegen die Natur zu beenden. Wie aber schaffen wir eine Welt ohne Krieg, auch ohne Krieg gegen die Natur? Wie schaffen wir neues Produzieren? Antworten versuche ich in den Kapiteln III bis IX. Noch aber geht es um die Voraussetzungen für neue Antworten.

Nur eine ökologische Religion macht gesund

Der verstorbene Biologe Joachim Illies hat kurz vor seinem Tod 1993 die alles Leben bedrohende Krise so beschrieben: »Die Ökokrise unserer Biosphäre wird erkennbar als das Ticken einer ökologischen Zeitbombe, vor deren Detonation wir stehen. Die Bewohner des Grünen Planeten scheinen auf dem Weg zu sein, sich mittels des Mißbrauchs ihrer Vernunft selbst abzuschaffen. Der Trost der göttlichen Verheißung an Noah, nie wieder eine Sintflut zu schicken, versagt vor der drohenden Gefahr, daß der Mensch sich selbst und seinem Planeten eine neue, endgültige Katastrophe bereitet.«

Wann, wenn nicht jetzt brauchen wir Hinweise auf ein Programm, das *alles neu* machen könnte?

Nur eine ökologische Religion ist im Zeitalter der ökologischen Krise auch eine heilende, gesundmachende Religion. Das Christentum kann aber nur ökologisch werden, wenn es in seinen Wurzeln den ökologischen Jesus entdeckt. Eine ökologisch nicht aufgewachte Religion wird ranzig und macht ranzig, sie wird sentimental, geistlos und antiintellektuell. Eine ökologische Religion preist die Schöpfung, betet die Schöpferin und den Schöpfer an und arbeitet mit an der Bewahrung der Schöpfung. Der Dalai Lama sagte mir im Fernsehinterview auf die Frage, was heute Religion sei: »Religiös darf sich heute nur nennen, wer mitarbeitet an der ›Bewahrung der Schöpfung‹.«

Der Psychoanalytiker Micha Hilgers meint in seinem Buch »Ozonloch und Saumagen – Motivationsfragen der Umweltpolitik«: »Umweltpolitik ist keine Frage der Moral, sondern der Motivation. Was nutzen Absichten und Einsichten, wenn es am Willen fehlt, sie durchzusetzen?« Vor einer folgenlosen Moral hat auch Jesus ständig gewarnt. Seine Gegner, zum Beispiel die Pharisäer, ging er frontal an: »Sie selber tun gar nicht, was sie lehren« (Matthäus 23,3). Es ist die Tragik der Theologie und der Kirche schlechthin, daß für sie eine folgenlose Moral und eine moralisierende Folgenlosigkeit immer wichtiger waren als die konkrete und praktische Umkehr. Eine Moral ohne Motivation bringt nichts. Was ist der *Sinn,* was das *Ziel,* was die *Motivation* einer moralischen Programmatik?

In der Zeit nach Jesus wurden diese für eine wahrhaftige Moral zentralen Fragen innerhalb der Kirche immer unwichtiger. Eine Religion, welche die Sinnfrage nicht mehr beantworten kann, wirkt auch nicht motivierend. Sie bewirkt rein gar nichts. Reine Moral ist weder rein noch moralisch. Die moderne Tiefenpsychologie und die Erkenntnisse der Psychotherapie lehren uns: Heilung und Umkehr sind weniger eine Folge von Sünde und Schuld, sondern eher eine Folge von Selbsterkenntnis und Perspektive. Das gilt selbstverständlich auch für die wohl größte Krise unserer Zeit. Die ökologischen Antworten und Perspektiven auf die Fragen noch Heilung der ökologischen Krankheit finden wir überraschenderweise beim ökologischen Jesus. Die Bergpredigt Jesu ist voller Motivation, Sinn, Ziel und Perspektiven – und außerdem ein Programm zur Selbsterkenntnis. Ich zitiere als Beispiel die Seligpreisungen Jesu in der Übersetzung des Theologen und Psychotherapeuten Hans Deidenbach aus dem griechischen Urtext:

»Glücklich, die offen sind für den Geist, denn ihnen wird die volle Wahrheit und Wirklichkeit zuteil.

Glücklich, die Trauer zulassen und Schmerz ausleben können, denn ihre Trauer wird sich in Freude verwandeln.

Glücklich, die innerlich gelassen und wohlwollend bleiben, denn sie werden alles besitzen, was sie zum Leben brauchen.

Glücklich, die hungern und dürsten nach Gerechtigkeit, denn sie werden gesättigt werden.

Glücklich, die ein Herz für andere in Not haben, denn ihnen wird ebenso aus ihrer Not geholfen.

Glücklich, die lauteren Herzens sind, denn sie werden Gott als Grund und Einheit allen Seins erfahren.

Glücklich, die Frieden ausstrahlen und so Frieden stiften, denn sie werden Kinder Gottes genannt werden.

Glücklich, die als Grund aller Verfolgung ihren eigenen Mangel an (ge-)rechtem Denken und Fühlen begreifen, denn ihnen wird die volle Wahrheit und Wirklichkeit zuteil.

Glücklich könnt ihr euch schätzen, wenn man euch beschimpft, euch verfolgt und euch fälschlich übel nachredet, weil ihr gewohnte Konzepte zugunsten dieser Lehre und ihrer Befolgung hintanstellt.

Glücklich, freut euch und frohlockt, denn ihr werdet so die volle Wahrheit erkennen, die euch frei macht. Genauso ist es ja großen Menschen vor euch, die Neues und Ungewohntes verkündeten, auch ergangen« (Matthäus 5,3–12).

Es gibt wohl in der Weltliteratur keinen Text mit ähnlicher Motivationskraft, frei von jeder Moralisiererei. Glücklich, glückselig oder selig vor Glück werden diejenigen sein, die ahnen, welche tiefen Wahrheiten diesen Seligpreisungen zugrundeliegen. Unfaßbares Glück mitten in unseren persönlichen, beruflichen, gesellschaftlichen und politischen Krisen wird hier prophezeit. Auch ich habe diesen Text und seine Heilkraft erst nach einer tiefen Partnerschaftskrise entdeckt und ernst zu nehmen begonnen. Ohne meine Psychotherapie nach C. G. Jung hätte ich vor 20 Jahren aus meiner Krise nicht herausgefunden. Zuvor hatte ich immer gedacht, meine Frau müsse sich ändern. Erst in der Therapie wurde mir bewußt, warum ich von meiner Frau erwartete, was meine ureigene Aufgabe war.

Heute bin ich davon überzeugt, daß es kein Fehler ist, wenn wir Fehler machen. Das gehört zu unserer menschlichen Natur. Es ist freilich ein großer Fehler, wenn wir aus Fehlern nichts lernen. Lernen aus Fehlern: Das führt zur Glückseligkeit im Sinne des ökologischen Bergpredigers. Fehlerfreundlichkeit ist Voraussetzung für Lernfähigkeit.

Selig vor Glück: Das ist so, als würden wir mitten in einer finanziell schwierigen Situation erfahren, daß wir eine Million Mark im Lotto gewonnen haben. Selig vor Glück heißt: Wir haben das große Los gezogen! Wir haben also nach Jesus durchaus noch die Chance, zu einem Volltreffer der Evolution zu werden!

Hier wird die Bedeutung und die Rolle der Seele in unseren Krisensituationen angedeutet, auch in der heutigen Umweltpolitik. Es geht um die Ressource Sinn, Motivation und Chance in der Krise. In diesem Text wird auch klar, daß der ökologische Jesus kein Meister der Askese, des Opfers und des Verzichts ist, zu dem ihn die Theologen immer gemacht haben, sondern ein Glücksbote mit einer Glücksbotschaft für die ganze Schöpfung und den ganzen Kosmos. Und diese Glücksbotschaft heißt:

Habt Vertrauen und keine Angst!
Habt Vertrauen in die Heilkraft des Vertrauens –
vertraut dem Vertrauen!
Ihr alle seid Geliebte und Gesegnete des Vaters im Himmel!
Ihr seid Mitarbeiter Gottes – freut euch darüber!
Lernt aus Krisen und Fehlern!

Wir verwenden heute viel Geld und Zeit für äußere Transformation: für körperliche Gesundheit, für technischen Fortschritt und größere Effizienz der begrenzten Ressourcen. Doch im Äußeren liegt nicht das eigentliche Problem. Ohne innere Transformation nützt auch aller technisch-ökologische Fortschritt nicht viel. Umwelttechnik *und* Umweltethik sind zwei Seiten derselben Medaille.

Die Umwelttechnik hat in den letzten 20 Jahren riesige Fortschritte gemacht; sie funktioniert zwar in tausenden Modellen, hat aber den ganz großen Durchbruch immer noch nicht geschafft. Warum wohl? Erst eine tiefe Umweltethik, die sich nicht scheut, in die Schule des ökologischen Jesus zu gehen, wird aus dem Modellhaften ausbrechen und die notwendige Breitenwirkung erzielen. Zum Beispiel: Auf Deutschlands Dächern sind 1998 etwa 1,8 Millionen Quadratmeter Solaranlagen installiert. Das klingt mehr, als es ist. Damit ist zwar grundsätzlich bewiesen, daß Energie aus Sonnenstrahlen gewonnen werden kann. Aber was sind schon 1,8 Millionen Quadratmeter bei 24 Millionen Gebäuden in Deutschland? Im Durchschnitt lediglich einige Quadratzentimeter pro Haus! Wir brauchen aber mindestens 50–60 Quadratmeter pro Gebäude – bei größeren Gebäuden mehr! Die solare Energiewende darf nicht die Angelegenheit von Tüftlern und Idealisten bleiben, sondern muß durch eine Volksbewegung organisiert werden. Das geht nicht ohne starke umweltethische Impulse von unten. Bald geht gar nichts mehr ohne ein globales Überlebensethos.

Es reicht nicht aus, daß über zwei Drittel der Deutschen heute gegen Atomenergie sind.[*] Wenn sich zwei Drittel einer Gesellschaft aus *inneren* Beweggründen und aus ethischen Impulsen für Solartechnik aussprechen, dann – aber nur dann – ist die solare Energiewende nicht aufzuhalten. Die 1,8 Millionen Quadratmeter Solaranlagen auf deutschen Dächern sind noch lange nicht die Lösung. Solange es nicht viel mehr werden, liegt genau darin das Problem. Aber diese 1,8 Millionen Quadratmeter Solaranlagen *zeigen* die Lösung. Da also stehen wir heute: Wir müssen *tun*, was wir wissen. Es gibt eine solare Zukunft oder gar keine!

Das Problem ist ein ethisches. Erst die Tiefenerkenntnis, die gewonnen werden kann durch Jesu Hinweise auf die Sonne als göttliches Symbol, wird zu einer Sonnenbewegung führen; ohne diese Sonnenbewegung kommen wir nicht gut durchs 21. Jahrhundert.

* In meiner 3sat-Sendung »Drei Länder – ein Thema« vom 15. 7. 1998 fragte ich über den TED die Zuschauer, ob sie für einen raschen Ausstieg aus der Atomenergie sind. 17 000 riefen an. Ergebnis: In Deutschland votierten 79 Prozent, in Österreich 90 Prozent und in der Schweiz 72 Prozent für einen baldigen Ausstieg.

Der ökologische Jesus kann der große Mobilisierer des ökologischen Gewissens werden. In seiner Schule können wir lernen, daß hinter den Wolken immer die Sonne scheint. Als Kinder des Vaters, der seine Sonne für *alle* scheinen läßt, ist es heute unsere Bestimmung, die Sonne zu nutzen. Hier wird der alte Traum vom Paradies konkret und möglich. Der Therapeut und Astrologe Norbert Teupert schreibt in seinem Buch »Mit der Sonne leben«: »Mit der Sonne leben heißt also zuallererst einmal, daß wir uns vorstellen können, daß es uns wirklich gutgehen kann, daß wir glücklich und zufrieden sind, daß alles, was uns widerfährt, zu unserem Besten ist und uns etwas sagen will, kurzum: daß wir Kinder der Sonne sind!«

Als Kinder der Sonne sind wir dafür bestimmt, den Himmel auf die Erde zu bringen. Wenn jeder von uns seine Sonne entdeckt hat, sind wir alle Könige in dem Königreich unseres Lebens. Es wird keine Gewalt gegen Schwächere mehr geben, keine Kriege, keine blindwütigen und sinnlosen Zerstörungen. Warum? Weil es keine Angst mehr gibt und damit auch keinen Grund, anderen etwas wegzunehmen und sie zu schädigen. Das Dunkel der Welt wird durch die Helligkeit der Sonne erlöst. Die Vision »Alle Menschen werden Brüder« kann sich erfüllen, wenn wir auf die Kraft der Sonne setzen.

Das klingt utopisch – aber alle großen Erfindungen und Errungenschaften unserer Zivilisation waren zuvor Utopie! Wir brauchen die Vision einer Welt voll von hellem, warmem Sonnenlicht – Menschen, die gleichberechtigt, selbstbewußt, liebend und strahlend die Welt erleuchten. Die Vision selbst ist eine Sonne und strahlt mit dem Glanz ihrer Zuversicht auf eine bessere Welt in unseren scheinbar so tristen Alltag hinein. Jeder Mensch braucht etwas, an dem er sich orientieren kann, das ihm sagt, wo es langgeht. Wie wäre es, wenn plötzlich die Hälfte der Menschheit beschließt, den inneren »Lichtschalter« anzuknipsen, und den Wegweiser auf Sonne stellt?

Die Sonne ist die Kraftquelle unseres inneren und äußeren Lebens. Im Außen schickt uns die Sonne 15 000mal mehr Energie, wie zur

Zeit alle Menschen weltweit verbrauchen. Wahrscheinlich liegt auch in unserem Inneren sehr viel psychische Sonnenenergie brach. Sonnenenergie steht uns immer wieder von neuem zur Verfügung – außen wie innen. Die Sonne schickt uns jedes Jahr 350 Millionen Milliarden (= 350 000 000 000 000 000) Kilowattstunden Strahlungsenergie auf unseren Planeten. Es liegt an uns, jetzt sonnige Wesen zu werden und die Sonne auch hinter den Wolken niemals wieder zu vergessen. Und der Clou des Ganzen: Die Sonne gibt es kostenlos. Sie schickt uns keine Rechnung. Die Entdeckung der inneren psychischen Sonne wird ebensolche revolutionären Veränderungen zur Folge haben wie die technische Nutzung der Sonnenstrahlen. Die äußere Energiekrise ist ein Abbild der inneren. Die Überwindung der äußeren Energiekrise setzt eine Mobilisierung unserer inneren, ethischen Energie voraus. Wissenschaft, Politik und Wirtschaft werden lernen müssen, sich der Natur unterzuordnen und bei ihr in die Lehre zu gehen. Das Beachten der Naturgesetze ist das Geheimnis künftiger Erfolge. Naturblindheit ist Zukunftsblindheit. Die Liebe zur Natur und zum Leben ist so wichtig wie die neuen Technologien. Liebe ist das einzige, das wächst, wenn wir es verschwenden.

Aber wo, wenn nicht bei den großen Menschheitslehrern, wollen wir die Fundamente für ein globales Überlebensethos finden?

Die Fülle des Lebens leben!

Der ethische Archetyp des christlich genannten Abendlandes, unserer Geschichte also, ist Jesus von Nazareth. Welches ökologische Weltethos könnten wir in seiner Schule lernen? Was, außer der Ethik, soll uns denn sonst retten, nachdem wir alles andere wissen, ohne bislang im großen und ganzen die notwendigen Konsequenzen gezogen zu haben? Wenn wir heute von Weltpolitik und Weltwirtschaft sprechen, von Weltreligionen und weltweitem Klimaschutz, dann wird auch die Moral global werden müssen. Wie aber wird die Moral global?

Es ist gesicherte naturwissenschaftliche Erkenntnis, daß nichts aus nichts entstehen kann und daß jede Wirkung ihre Ursache hat. Wir wissen, daß nichts im Nichts verlorengeht im Kreislauf der Energien und Stoff-Flüsse. Unsere Körper kehren nach dem Tod dorthin zurück, woher sie kamen: zur Erde und ins Wasser. Wohin aber geht unser Geist, und woher kam er? Wohin geht unsere Seele, und woher kam sie? Darüber weiß die Wissenschaft wenig. Jesus »wußte« darüber viel. In seiner Schule können wir lernen: Die Liebe erlöst, nicht das Denken. In der Schule Jesu und seines Vaters können wir erkennen, was die Welt im Innersten zusammenhält: die Liebe Gottes zu allen Geschöpfen. Es geht heute darum, neben unserem IQ, dem Intelligenzquotienten, unseren LQ, den Liebesquotienten, zu entwickeln.

Daß es Leben gibt, ist spannend genug. Dieses Geheimnis wird Geheimnis bleiben, dem wir zwar auf der Spur sind, das wir aber nicht lösen können. Dies anzuerkennen ist so wichtig wie alle wissenschaftliche Erkenntnis. Vor 15 Milliarden Jahren war das Nichts. Dann gab es den Urknall. Und nun sind wir alle hier und staunen. Und diese überraschende Entwicklung soll Zufall sein, rein mechanistisch oder einfach so? Lebenskünstler und Lebensmeister wie Jesus geben Hinweise auf Sinn und Ziel, auf woher, wohin und warum!

Der ökologische Jesus kann hilfreich sein bei der Entwicklung einer eigenen, neuen ökologischen Lebenskunst. Ökologische Lebenskunst kann werden, was Jesus »die Fülle des Lebens« oder »Leben im Überfluß« (Johannes 10,10) nennt. An dieser Stelle des Johannes-Evangeliums vergleicht sich Jesus selbst mit dem Hirten, auf den die Schafe hören, weil sie ihm vertrauen. Sein selbstbewußtes ökologisches Bild: »Ich bin die Tür für die Schafe. Wer durch mich hineingeht (in den Schafstall), wird gerettet. Er wird ein- und ausgehen und Weideland finden. Der Dieb kommt nur zum Stehlen, Töten und Zerstören. Ich aber bin gekommen, damit meine Schafe das Leben haben, Leben im Überfluß. Ich bin der gute Hirte. Ein guter Hirt ist bereit, für seine Schafe zu sterben« (Johannes 10,9–11).

Dieses »Leben im Überfluß« leben und genießen bedeutet, die eigene Lebensführung aktiv forschend als ein Gesamtkunstwerk zu gestalten. Und das heißt nicht nur, sich gesund zu ernähren, in seinem Beruf einen Sinn und Segen für sich und andere zu finden, eine heilsame Balance zwischen Körper, Geist und Seele zu suchen, sondern hauptsächlich eine liebevolle Haltung zu sich selbst, zu anderen und zur Natur zu entwickeln. Vielleicht können wir das, was Jesus das »Leben im Überfluß« nennt, heute Lebenskunst oder Liebe zum Leben oder Kunst des Liebens nennen. Jesu gesamte Lehre läßt sich programmatisch so zusammenfassen: *Liebe das Leben und lebe die Liebe, dann erfährst du die Fülle des Lebens.* Oder noch einfacher: Lieben ist gesund und macht glücklich! Bedingungslose Liebe ist das Geheimnis eines glücklichen Lebens. Die Fülle ganzheitlichen Lebens wird erfahrbar, wenn eine Resonanz zwischen körperlichen, geistigen und seelischen Lebensenergien in uns stattfindet, welche als Lebenslust und Lebensmut entscheidenden Einfluß auf vitale Lebensentscheidungen hat.

Die Schweizer Psychiaterin Alice Miller sieht als Gegenteil von Depression nicht Fröhlichkeit, sondern Lebendigkeit. Und der Schüler von Carl Gustav Jung, Peter Schellenbaum, sieht in der Psychoenergetik den Schlüssel für diese Lebendigkeit. Viele Theologen müssen erst noch lernen, daß es auch ein Leben *vor* dem Tode gibt.

Ist die ökologische Krise nicht zuerst ein Ausdruck mangelnder Lebendigkeit? Ein Ausdruck mangelnder Lebenslust? Ein Ausdruck unserer kranken Seelen und ein Ausdruck unserer inneren wie äußeren Energiekrise? Wer das Leben liebt, zerstört weniger. Die Resonanz zwischen Körper, Geist und Seele, meint der Heidelberger Psychotherapeut Rolf Verres, macht uns offen für die notwendige Transformation oder Umkehr zur Lebendigkeit, wie Jesus sagen würde.

Ökologische Transformation oder ökologische Umkehr vieler Menschen: Was braucht unsere Zeit mehr! Daran entscheidet sich das Schicksal der Menschheit im 21. Jahrhundert. Wie für jede Transformation, so gilt auch für die ökologische Transformation: Moralische Entschlüsse, sich zu bessern, bewirken nicht viel. Wirklicher Wandel findet nur durch wirkliche Wahrnehmung und Achtsamkeit und Fühlempfindlichkeit (Peter Schellenbaum) statt.

Eine ökologische Religion, wie Jesus sie meint, ist nichts anderes als Heimatkunde für die Seele. Jedem Tal der Tränen folgt eine Zeit der Erneuerung. Jedem wolkenbedeckten Himmel folgt wieder strahlende Sonne.

In uns können wir nur gesund sein, wenn wir *um* uns gesund werden. Und umgekehrt! Die Gesundung der Seelen ist Voraussetzung für eine gesunde Umwelt. Es geht dem ökologischen Jesus immer und grundsätzlich um das Glück des Menschen. Dieses ist niemals gegen die Natur, sondern nur im Einklang mit der Natur zu haben. In jeder Krise, auch in der ökologischen, liegt der Kern einer Chance.

Der mittelalterliche Mystiker Johannes vom Kreuz empfahl seinen Lesern: Macht euch auf in die Tiefe! In der Tiefe finden wir den religiösen Urstrom, in dem alle religiösen Ströme zusammenfließen. Nur in der Tiefe finden wir die Rezepte zur Lösung der ökologischen Krise. An ihren Früchten werdet ihr sie erkennen, meinte Jesus von Nazareth, Das heißt: Eine Religion, die nichts mehr weiß von der Heiligkeit der Schöpfung, von der Heiligkeit der Böden, von der Heiligkeit des Wassers und von der Heiligkeit der Luft, kann nichts beitragen zur Bewahrung der Schöpfung. Eine Religion, die nichts beiträgt zur Bewahrung der Schöpfung, ist keine Religion. Eine solche scheinreligiöse Lehre ist in Wirklichkeit religionslose Leere, langweilig und sentimental. Sie hat mit dem wirklichen Jesus schon deshalb nichts zu tun, weil sie nicht auf der Höhe der Zeit ist. Wirkliche Religion erschafft geistige Wachheit auf der Höhe ihrer Zeit.

Ökologische Religion lehrt uns, daß wir Bürger einer 15 Milliarden

Jahre alten Geschichte sind, die vielleicht ihre Halbzeit erreicht hat und an deren Vollendung wir mitarbeiten sollen und können. Ökologische Religion lehrt uns, daß wir Bürger eines Sonnensystems unter Milliarden von Sonnensystemen in unserer Milchstraße sind und daß diese Milchstraße wiederum nur eine von Milliarden Galaxien im Universum ist. Unsere Erde ist nur ein verlorenes Staubkorn am Rande unserer Milchstraße. Welche Demütigung für den so stolz gewordenen naturwissenschaftlich geprägten Menschengeist. Ökologische Religion lehrt uns das Staunen vor diesem Geheimnis. Das alte Dogma »Der Mensch im Mittelpunkt« ist, gemessen an dem, was ist, nur noch lächerlich. Die Reaktion auf die Heiligkeit der Schöpfung ist die Ehrfurcht vor der Schöpfung und »die Ehrfurcht vor allem Leben« (Albert Schweitzer).

Die spirituelle Revolution

Heilig ist das Leben, das Leben von Walen und Delphinen, von Ameisen und Adlern, von Luft und Wasser, von Boden und Bäumen, von Gras und Giraffen, von Regenwürmern und Sonnenblumen, von Kosmos und Planeten, von Sternen und Galaxien. Alles, was ist, soll heilig sein, weil göttlichen Ursprungs. Der ökologische Jesus kann der heutigen Religion (Rückbindung an Gott), aber auch der heutigen Politik (Rückbindung an die Gemeinschaft) ihren Geist, ihren Sinn und ihren eigentlichen Auftrag zurückgeben. Vielleicht beruft der nächste Papst oder hoffentlich bald eine Päpstin ein wirklich ökumenisches Konzil ein, das sich verbindet mit den weltweiten Umweltbewegungen und alle Religionen und Konfessionen einlädt, dasselbe zu tun. Unser aller Mutter Erde lebt noch und wartet auf diese ökospirituelle Ökumene.

Zur Rettung der Menschheit und ihrer Mutter, der Erde, brauchen wir eine spirituelle, eine tiefenökologische Revolution. Das Schlimmste, was uns bevorsteht, können wir nur mit Hilfe des Besten und der Besten verhindern: mit Hilfe des ökologischen Jesus, des ökologischen Buddha, mit Hilfe der Weisheitstraditionen und Mystiker und Mystikerinnen *aller* Religionen. Die große Benediktinermystikerin des 12. Jahrhunderts, Hildegard von Bingen, schrieb: »So ist die Erde gleichsam die Mutter der verschiedenen Arten. Sie ist aller Mutter, weil alles, was nur immer Gestalt und Leben irdischer Natur hat, aus der Erde geschaffen wurde.«

Wenn Menschen aufhören, herkömmlich zu glauben, ist es ja nicht so, daß sie nichts mehr glauben. Ganz im Gegenteil – sie glauben dann an alles Mögliche und Unmögliche: an das Geld, an den Sport, an die Regierung, an die Sterne, an Filmstars oder an Sektenführer. Die religiös verwaisten Seelen werden rasch anders besetzt und häufig besessen. Und religiös besessene Seelen vertrauen immer weniger sich selbst.

Der ökologische Jesus könnte eine Epoche der Weisheit einleiten. Die ökologische Weisheit ist das, was alle Religionen verbindet. Weisheit und Mystik sind die Religion der Religionen, sie sind die wahre Religion, der Humus aller Religionen: »Das Herz aller Religionen«, schreibt der Dalai Lama, »ist eins.« Mystik und Weisheit heißt, der Stimme des Herzens und den Hinweisen unserer Träume zu folgen, ohne unseren Verstand zu verlieren. Aber, so meint der Weisheitslehrer Matthew Fox, in einer heutigen Universität über Weisheit zu sprechen ist etwa, als spräche man in einem Bordell über Keuschheit. Wer geht heute noch der Weisheit wegen zur Universität? Wenn Mutter Erde stirbt, stirbt auch die Weisheit. Ökologie wäre die neue Form einer weise gewordenen Ökonomie, so wie Mystik wahrscheinlich der künftige Name von Religion sein wird. Ich will mit diesem Buch aufzeigen, daß uns der ökologische Jesus Nachhilfeunterricht in ökologischer Weisheit und religiöser Mystik geben kann, wenn wir uns dafür öffnen.

Das erste Gebot einer ökologischen Weisheit heißt: Gott ist Schöpfer und Schöpferin – du bist geschaffen, oder im Geiste des ökologischen Jesus: Gott ist unser *aller* Vater und Mutter.

Das zweite Gebot des ökologischen Jesus: Du bist eingeladen zur Mitarbeit an der Schöpfung.

Diesen beiden Gebote oder Einladungen enthalten alle Weisheit des ökologischen Jesus: Gott liebt dich so, wie ein Vater und eine Mutter ihr Kind lieben. Diese Überzeugung war bei Jesus keine blutleere Theorie, sondern seine Tauferfahrung am Jordan. Jesus mußte nicht glauben, er *wußte* diese Wahrheit aller Wahrheiten. Die ökologische Wende ist viel mehr als nur eine technische oder intellektuelle Anstrengung. Es geht um ein emotionales Inne-Werden, um einen neuen religlös-ganzheitlichen Aufbruch, um einen Quantensprung zu einer neuen Qualität unseres Lebens.

Als drittes Gebot empfiehlt der ökologische Jesus: Habt Ver-Trauen und ver-ur-teilt nicht. Habt Vertrauen in das Leben! Wer verurteilt, teilt das Leben immer in Gute und Böse ein und verurteilt sich damit selbst. Die meisten ökologischen Probleme kommen daher, daß wir ständig ur-teilen, im Urgrund teilen. Das Leben ist aber eine Ein-heit.

Das Wort Ökologie steht in diesem Buch für Lebensfreundlichkeit, nicht für Askese oder Verzicht. Der ökologische Jesus ist ein lebensfreundlicher Jesus, ein Meister der Lebensfreundlichkeit – kein Verzichtsapostel.

Was heißt es nun, wenn *dieser* Jesus vom »Vater« spricht, was er ja ständig tut? Was heißt »Vater unser«? Welchen Gott meint Jesus wirklich? Das ist die Frage aller Fragen für alle, die sich für Jesus interessieren.

Meint er den »Gott der Vorsehung«, von dem Hitler faselte oder den »Allmächtigen«, der die Geschichte lenkt und der bis heute eine Projektionsfläche für Millionen Christen ist, die ihre eigene Verantwortung für ihr Leben leugnen oder den kriegerischen »Gott mit uns«, den die deutschen Soldaten des Ersten Weltkrieges noch auf ihren Koppeln trugen? Von alledem finden wir nicht die geringste

Spur beim wirklichen Jesus. Jesu »Vater« ist eher »allohnmächtig« als allmächtig. Der junge Mann aus Nazareth meinte mit seinem »Vater« eine *innere* Motivation für mehr Freiheit und Gewaltlosigkeit eines jeden von uns trotz aller Unfreiheit und Gewalttätigkeit um uns; eine *innere* Motivation für mehr Liebe und Gerechtigkeit eines jeden von uns trotz aller Lieblosigkeit und Ungerechtigkeit um uns; eine *innere* Motivation für mehr Wahrheit und Wahrhaftigkeit eines jeden von uns trotz aller Lüge und Untreue um uns und in uns; eine *innere* Motivation und Mitarbeit an der Bewahrung der Schöpfung trotz aller ökologischen Krisen um uns.

Zu lieben wider alle Lieblosigkeit, zu hoffen wider alle Hoffnungslosigkeit, zu vertrauen wider alle Treulosigkeit, mitzuarbeiten am Erhalt der Schöpfung wider alle Zerstörung – das ist das Programm und die Strategie Jesu. Er war tief davon überzeugt, daß diese Arbeit Sinn macht und grundsätzlich möglich ist. In diesem Gott-Vertrauen lebte, liebte und arbeitete er. Ohnmächtiger geht es gar nicht!

Aber diese Möglichkeit nannte Jesus das »Reich Gottes in uns« oder »Vater«. Das heißt: Nichts muß so bleiben, wie es ist. Frieden ist möglich, Liebe ist möglich, Freiheit und Gerechtigkeit sind möglich, aufrechter Gang ist möglich, das Bewahren der Schöpfung ist möglich, so wollte er uns sagen: »Alles kann, wer vertraut« (Jesus bei Markus 9,23).

Macht Nachfolge, die Jesus ja tatsächlich vorschlägt, nicht abhängig? Und wissen wir nicht, daß es Millionen religiös bedingte seelische Krankheiten gibt? Das ist leider wahr. Nur zu oft in der Religionsgeschichte wurden die Freiheit und die Machtlosigkeit, die Jesus meinte, mit der Abhängigkeit und Macht verwechselt, welche Kirche und Papst lehrten.

Religiöser Fanatismus, religiöser Fundamentalismus, religiöser Dogmatismus, religiös bedingter Personenkult, dem auch der jetzige Papst bei seinen Reisen gerne erliegt, religiöse Abhängigkeit haben nichts, aber auch gar nichts mit dem Freiheitsprogramm Jesu zu tun.

Mit Nachfolge meinte Jesus an keiner Stelle des Neuen Testaments Nachäffen oder Anbetung oder Personenkult. Im Gegenteil: Wer lernt, der Strategie Jesu zu vertrauen, lernt Vertrauen in seine eigenen Werte und in sein eigenes Wesen. Wer lernt, Jesus zu vertrauen, lernt den Glauben an sich selbst. Jesus hat uns zu vertrauen gelehrt, nicht damit wir abhängig von ihm werden, sondern einzig darum, daß wir unbefangener leben, intensiver lieben und mutiger hoffen können. Es geht ihm nie um eine neue Lehre, sondern immer um neues Leben, nicht um neue Abhängigkeit, sondern um tieferes Vertrauen und Zutrauen in Gott und das Göttliche in uns.

Das ganze Leben Jesu ist ein einziges, unermüdliches Werben um Vertrauen zum »Vater« und dessen Schöpfung. Im Johannes-Evangelium (14,27) fügt Jesus die Bedingung hinzu, welche die Basis aller Versuche der Psychotherapie des Freudschen Jahrhunderts ist: »Erschreckt nicht in eurem Herzen, habt keine Angst.« Oder positiv: »Habt doch mehr Vertrauen« (Matthäus 6,30).

Jede Leserin und jeder Leser dieses Buches weiß tief im Innern, daß *dieser* Jesus recht hat. Jede und jeder kennt Augenblicke, in denen diese Wahrheit uns sonnenklar ist.

In den Worten Eugen Drewermanns: »Gott als ein Antrieb in der Seele des Menschen, Gott als ein Grund, *mehr* zu wollen und zu ersehnen, als in den unmittelbaren Zielsetzungen der Biologie vorgesehen ist.«

Damit zeigt Jesus wahrscheinlich für lange Zeit den entscheidenden Schritt zur Menschwerdung des Menschen – wobei die Menschwerdung des Menschen vielleicht unser Heimweg zum »Vater« ist. Jesus schlägt also keine äußere Abkehr, sondern »nur« eine innere Umkehr vor. Eine größere Revolution freilich ist nicht vorstellbar. Wir können nach außen immer nur soviel bewirken, wie wir von innen her sind.

Während Sie dieses Buch lesen, drängt sich Ihnen vielleicht die Frage auf, ob der ökumenische Anspruch des ökologischen Jesus nicht intolerant gegenüber anderen Religionsgemeinschaften ist. Daß wir alle Kinder Gottes sind und damit auch verantwortlich gegenüber künftigen Generationen, daß sich Gottes Bild in jedem Atom und in jedem Lebewesen spiegelt, daß es wahrscheinlich zu unseren Lebzeiten keine größere Herausforderung gibt als die Bewahrung der Schöpfung: Dies ist ja keine allein christliche oder jesuanische, sondern eine allgemein gültige Erkenntnis jedes wirklich religiösen oder humanistisch gesinnten Menschen am Übergang zum 21. Jahrhundert. Darin sind sich – zumindest grundsätzlich – der Dalai Lama und der Papst, Rudolf Steiner und Carl Gustav Jung, die Vertreter von Naturreligionen, des Hinduismus und des Taoismus sowie Vertreter des Judentums und des Islam einig.

Wir müssen nicht Theologie studieren ...!

Das Konzept des ökologischen Jesus finden wir auch in der Weisheitstradition des Judentums – also lange vor Jesus. Ebenso sind sich Mystiker aller Zeiten und viele Physiker von heute darin einig. Der Physiker David Bohm drückte diese grundsätzliche Übereinstimmung so aus: »Das Ganze ist in jedem Teil anwesend, auf jeder Ebene der Existenz. Die lebendige Wirklichkeit, total, ungebrochen und ungeteilt, befindet sich in uns allen.«

Der Mystiker Matthew Fox meint in seinem Buch »Vision vom kosmischen Christus«: Sollte der Begriff »kosmischer Christus« für Nichtchristen unakzeptabel sein, dann sollten wir von »kosmischer Weisheit« sprechen. Ähnliches kann ich mir für den ökologischen Jesus vorstellen. Der ökologische Jesus ist identisch mit ökologischer Weisheit. Jesus selbst kommt es nie auf Begriffe an – die Inhalte und das Tun sind entscheidend. Entscheidend ist, daß wir als Christen und Nichtchristen schöpfungsorientiert leben und arbeiten.

Die ökologische Neugeburt, um die es heute weltweit geht, wird zu einer Neugeburt aller Kulturen und Religionen führen müssen und zu einem globalen politischen und religiösen Erwachen. Soll es ein gutes 21. Jahrhundert für unsere Mutter Erde und uns, ihre Kinder, geben, dann brauchen wir eine spirituelle Revolution, die sich am ökologischen Jesus, am ökologischen Buddha, am ökologischen Lao Tse orientiert. Auch und gerade die alte Ökonomie braucht ökologische Weisheit, sonst kann sie keinen Beitrag zum Erreichen des Schöpfungsziels leisten.

Was Jesus mit »Vertrauen in Gott« meint, ist keine intellektuelle, sondern vielmehr eine existentielle Angelegenheit. Wir müssen nicht Theologie studieren, um den ökologischen Jesus zu verstehen; es reicht völlig, wenn wir in uns hineinhören – dann verstehen wir seine ökologischen Bilder von der Sonne und dem Wind, vom Wasser und vom Wachsen, von der Liebe und vom Vertrauen. Jesus preist Gott geradezu dafür, daß er alles, was er über die Natur und über unsere Natur zu sagen hatte, den »Klugen und Gelehrten verborgen« hat, es aber »den Unwissenden« zeigt. »Ja, Vater, so wolltest du es haben«, fügt er schmunzelnd und wissend hinzu (Matthäus 11,25 und 26). Zum Entsetzen der Theologen und der Frommen wird der Mann aus Nazareth noch deutlicher: »Ihr plagt euch mit den Geboten, die die Gesetzeslehrer euch auferlegt haben. Kommt doch zu mir; ich will euch die Last abnehmen. Ich quäle euch nicht und sehe auf keinen von euch herab. Stellt euch unter meine Leitung und lernt bei mir, dann findet euer Leben Erfüllung« (Johannes 12,28–30). In der Taufe am Jordan, im Augenblick des Untergetauchtwerdens, erfährt Jesus eine bisher ungeahnte Geborgenheit. Hier entdeckt er das Grundgesetz, die Verfassung, einer neuen Welt: Gott als mütterlichen, liebenden Vater. Und alles, was er uns und aller Welt anschließend sagen will, ist dies: Es gibt keinen Grund, Gott zu fürchten. Im Gegenteil: Alles Leid dieser Welt kann durch Gottvertrauen überwunden werden. Es scheint auch historisch am wahrscheinlichsten, daß Jesus in einem einzigen Augenblick, in einer

Offenbarung bei seiner Taufe am Jordan das Grundgesetz eines neuen Lebens in Vertrauen und Freiheit erfahren hat. Anders wäre das Tempo, das er dann in seinen öffentlichen Auftritten einschlägt, kaum verständlich.

An dieser Stelle wollen wir nochmals das Markus-Evangelium zu Rate ziehen und fragen, was mit Jesus unmittelbar nach seiner neuen Gotteserfahrung am Jordan passierte: »Gleich danach trieb der Geist Gottes Jesus in die Wüste. Dort blieb er 40 Tage und wurde vom Satan auf die Probe gestellt. Er lebte mit den wilden Tieren zusammen, und die Engel Gottes versorgten ihn« (Markus 1,12 und 13).

Solche Aussagen können am ehesten tiefenpsychologisch verstanden werden. Jesus wurde hier in der »Wüste«, also in der Stille und Abgeschiedenheit, ein ganzer, ein ganzheitlicher Mensch. Er integrierte die tierische Natur seiner Vergangenheit und intensivierte seine Kontakte nach oben, in die metaphysische Welt, zum »Vater« und dessen Energien, den »Engeln«.

Danach war Jesus in seiner neuen öffentlichen Wirkungsweise nicht mehr zu bremsen. Was er jetzt gelernt hatte, mußte er aller Welt mitteilen. Doch zuvor war Jesus »vom Satan auf die Probe gestellt« worden (Markus 1,13). Bevor die »Engel ihm dienten«, hatte er es mit dem Teufel zu tun. Der Teufel oder Satan ließ erst ab von Jesus, als dieser ihn ohne Wenn und Aber abgewiesen hatte: »Weg mit dir, Satan« (Matthäus 4,10). Alle Lernenden dieser Welt machen solche Ur-Erfahrungen!

Auch Jesu Versuchungsgeschichte können wir am ehesten psychologisch verstehen. Der »Satan« wollte wissen, ob Jesus anfällig war für Geld und Macht. Der junge Mann aus Nazareth, der zweifellos über ein großes Charisma als Politiker verfügt hätte, wollte jedoch sein Gewissen und seine Seele nicht verkaufen, nicht für alles Geld der Welt und nicht für alle Macht aller »Reiche der Welt« (Matthäus 4,8). Die Macht und das Geld: Sie sollten später zu den großen Themen Jesu gehören, bei denen er so konsequent blieb wie zuvor »in der Wüste«. Bis heute will das Gerücht nicht verstummen, daß »der Teufel« den Menschen alles bietet, wenn sie ihm ihre Seele verkaufen. Jesus sagt dazu in großer Eindeutigkeit später in der Bergpredigt: »Ihr könnt nicht beiden zugleich dienen: Gott und dem Geld« (Matthäus 6,24) und: »Sammelt keine Reichtümer hier auf der Erde. Denn ihr müßt damit rechnen, daß Motten und Rost sie auffressen oder Einbrecher sie stehlen. Sammelt lieber Reichtümer bei Gott. Dort werden sie nicht von Motten und Rost zerfressen und können auch nicht von Einbrechern gestohlen werden. Denn euer Herz wird immer dort sein, wo euer Reichtum ist« (Matthäus 6,20 und 21). Jede und jeder hat es schon erlebt: Genauso ist es!

Nur ganzheitliche Menschen werden an der Heilung der Welt und Umwelt mitwirken können. Aus der alten Ökologie wird eine Tiefenökologie werden müssen, wenn wir ökologisch erfolgreicher werden wollen. Nur so werden wir unsere alten Kriege besiegen können – auch den Krieg gegen die Natur. Die Technik allein wird uns nicht retten. Aber ohne neue Technik wird es auch nicht gehen. Was also sind verantwortbare Zukunftstechniken?

Nüchtern und realistisch können wir Jesu existentielles Tauferlebnis und seine anschließende Wüstenerfahrung so verstehen: Durch diesen Menschen war ein neues Gottesbild auf unseren Planeten gekommen, ein guter Gott, der zu allen seinen Geschöpfen weiblich ist wie eine Mutter und männlich wie ein Vater. Dieser Gott will, daß seine Kinder in Freiheit und Verantwortung reifen. Er will nicht, daß wir uns infantil wie Babys benehmen, sondern reifen wie erwachsene Menschen und aus Fehlern lernen. Er will nicht, daß wir moralische Kommandos ausführen, sondern verantwortete Freiheit leben. Er will, daß wir im Leben das Lernen lernen. Gott will uns loslassen und will auch, daß wir das letzte Loslassen im Leben lernen, das Sterben. Der freie Gott Jesu hat uns zu freien Partnern seiner freien Liebe gemacht.

Jesus wurde neu, weil er dieses neue Gottesbild innerlich gehört und gesehen hatte. Jetzt liegt es ausschließlich an uns, selbst neu zu werden. Dies gilt, obwohl die Lehre der Kirche bisher weit hinter dem Leben Jesu zurückblieb. Es könnte ja sein, daß das Christentum seine eigentliche Bedeutung für die Welt erst in der Zukunft lernt. Der ökologische Jesus könnte dabei eine große Hilfe sein.

Jesus lernte also bei der Taufe keinen eifersüchtigen Gott kennen, wie er noch im Alten Testament zu finden ist, sondern einen nur liebenden – keinen bedrückenden, sondern einen beglückenden Gott. Das Gottesbild eines Menschen hängt ganz offensichtlich mit seinem psychischen Befinden zusammen. Jesu neue Gotteserfahrung bei seiner Taufe hat ihn von innen her, von der Seele her, zu einem neuen Menschen werden lassen. Angst frißt Seele auf. Jetzt aber hatte Jesus keine Angst mehr. Er war der glücklichste Mensch der Welt, weil er – geborgen im vertrauenspendenden Meer der Liebe seines Vaters – der wohl angstfreieste Mensch der Welt war.

Im Zusammenhang unseres Themas ist Jesu Angstfreiheit von fundamentaler Bedeutung. Unser heutiges Raubtierverhalten gegenüber Mensch und Natur hat den kollektiven Selbstmord möglich gemacht. In der sich immer deutlicher abzeichnenden kollektiven Krise auf unserem Planeten benötigen wir einen kollektiven Wechsel unseres Leitbildes: weg vom Leitbild der Angst und Aggression, hin zum neuen Leitbild von Vertrauen und Friedfertigkeit – Kreativität statt Zerstörung. Dieses Leitbild finden wir beim Schöpfergott Jesu. Der junge Mann aus Nazareth hat diesen Gott, der all seinen Geschöpfen väterlich-mütterlich, liebevoll vorsorgend und nachsorgend zugewandt ist, am Jordan bei Jericho während seiner Taufe erkannt. Nur in Einheit mit diesem Gott wird eine Rettung des Lebens auf unserem Planeten möglich sein. Deshalb ist die Entdeckung des ökologischen Jesus und seines neuen Gottesbildes von existentieller Bedeutung für uns und unsere Zeit.

Gottesbild und Menschenbild hängen also eng zusammen. Wenn nach Jesu eindeutiger Aussage Gott allein *in* uns zu suchen und zu finden ist, dann denken und empfinden wir über Gott so, wie wir über uns selbst denken und empfinden. Und dann denken und empfinden wir auch über *alle* unsere Mitgeschöpfe so, wie wir über uns und über Gott empfinden und denken. So entsteht in unseren Gedanken und in unserem Tun die Einheit *allen* Lebens. Diese Einheit *allen* Lebens ist das neue Überlebens-Paradigma unserer Zeit.

Die größte Krise der Menschheitsgeschichte, die ökologische Krise, war wahrscheinlich die Voraussetzung für dieses neue Paradigma von der Einheit *allen* Lebens. Deshalb können wir auch erst heute in den Zeiten der ökologischen Krise die Bedeutung der ökologischen Bilder Jesu erkennen.

Das Bild von Jesus als Heiler, wie ihn Eugen Drewermann faszinierend aufzeigt, wurde ja auch erst im Jahrhundert von Sigmund Freud und Carl Gustav Jung möglich. Diese Ungleichzeitigkeit zwischen dem Jesus vor 2000 Jahren und dem heutigen ökologischen Jesus bescheiden und realistisch anzuerkennen ist wahrscheinlich hilfreicher, als ewig darüber zu jammern, daß Jesus im christlichen Abendland nach 2000 Jahren so wenig verändern konnte.

Wer in einer Partnerschaft, in seinem Berufsleben oder auch im Verhältnis zu seinen Kindern erlebt, was Vertrauen bewirkt, erkennt leicht die Not-wendigkeit von Vertrauen in Gottes gute Schöpfung für ein neues lebensfreundliches und friedenschaffendes Paradigma für eine neue Zeit. Vertrauen verändert uns am meisten und radikal. Das Gefühl von Vertrauen und Geborgenheit ist der beste Schutz für Gesundheit an Körper, Geist und Seele.

Ich kann gut verstehen, daß traditionellen Christen vieles, was ich hier schreibe, gegen den Strich geht. Es ist einfach unerhört, weil es neu ist. Neues Denken hat sich schon immer gegen altes Denken erst durchsetzen müssen. Noch vor hundert Jahren war die Relativitätstheorie für die Physiker auch etwas Unerhörtes. Sie hat sich trotzdem durchgesetzt. Als vor 170 Jahren die erste Eisenbahn fuhr, war sie für viele »Teufelswerk«. Heute schreibe ich wesentliche Teile dieses Buches in der Bahn. Als vor 100 Jahren die ersten Flugbegeisterten, die Brüder Wright in den USA, ihre ersten Luftsprünge machten, hätte niemand darauf gewettet, daß zur nächsten Jahrhundertwende Millionen Menschen wie selbstverständlich mit Flugzeugen fliegen würden.

Im christlichen Denken hat sich bis heute weder eine Relativitätstheorie noch eine moderne Mobilität durchgesetzt. Dieses »neue Denken« steht dem Christentum noch bevor, wenn es nicht im Museum der Geschichte verschwinden will.

Jesus selbst hat seine Freundinnen und Freunde stets dazu ermuntert, sich für neues Denken zu öffnen – auch ihm gegenüber waren das alte Denken und vor allem die alten Denker nicht untätig. Sie treten nie freiwillig ab. Es ist eine gefährliche Illusion zu meinen, die Güte und ihre Verfechter würden je »gütig« und »gutmütig« erwartet.

Jesus hat bewußte Entscheidungen, Brüche mit Traditionen, Provokationen, angstfreies Denken und Risikobereitschaft in der kurzen Zeit seines öffentlichen Wirkens unentwegt vorgelebt. Nur deshalb wurde er eine Gefahr für das religiöse und politische Establishment seiner Zeit. Aber auch nur deshalb können und wollen ihn viele Menschen bis heute nicht vergessen.

Warum ist Jesus und besonders der ökologische Jesus für unsere Zeit so wichtig? Mehr denn je braucht der bedrohte Planet Menschen, die sich von Jesu Vertrauen in die gute Schöpfung des nur-guten Vaters, von seiner Hoffnungsfreudigkeit, seiner Liebesfähigkeit, seiner Verantwortungsbereitschaft und seiner Gewissensschärfe anstecken lassen.

Mit seinem Gottesbild des liebenden Vaters und dem damit korrespondierenden Menschenbild des vom Vater geliebten und sich selbst liebenden Menschen war Jesus seiner Zeit weit voraus. Selbst seine engsten Begleiter – zumindest die Männer unter ihnen – taten sich sehr schwer mit Jesu Gottes- und Menschenbild. Manchmal verzweifelte Jesus beinahe über seine besten Freunde. Auch Petrus, den Jesus den »Fels« nannte, hatte das Wesentliche des neuen Gottesbildes kaum begreifen können. Jesus hat ihn »Satan« gescholten, weil er »nicht die Gedanken Gottes, sondern die der Menschen dachte« (Matthäus 6,23). Jesus wirft ihm und seinen Freunden oft »Kleingläubigkeit« vor. Erst unsere Zeit scheint reif zu werden für den wirklichen Jesus.

Der Theologe Peter Sardy meint in einem unveröffentlichten Manuskript zu Recht: »Das ganze Gewicht einer geheiligten Tradition steht heute wie damals noch *gegen* den wirklichen Jesus.« Freilich: Das alte Gottes- und Menschenbild bröckelt, das neue Gottes- und Menschenbild Jesu beginnt erst heute sich durchzusetzen. Anders sind die globalen Veränderungen der letzten Jahrzehnte – verbunden zum Beispiel mit den Namen Michail Gorbatschow, Mahatma Gandhi und Nelson Mandela – gar nicht zu erklären. Wahrscheinlich erleben wir in den nächsten Jahren auch in Tibet und China ähnlich positive Veränderungen in Richtung Demokratie, Menschenrechte und Freiheit, dann verbunden mit dem Dalai Lama.

Auch Johann Wolfgang von Goethe plädierte schon am Beginn des 19. Jahrhunderts für die Tiefenökologie, die ich in diesem Buch am Beispiel des ökologischen Jesus aufzeige: »Wie anders sähe es mit uns allen aus, wenn die direkten Wege zum Heil nicht jedem Menschen ein Geheimnis blieben.« Wege zum Heil, Wege zum Gesundwerden – das ist es, was wir in den Zeiten der ökologischen Krisen vom ökologischen Jesus lernen können. Die theoretisch anmutende Behauptung will ich in den folgenden Kapiteln praktisch belegen.

»Wir müssen nicht Theologie studieren ...«, habe ich diesen Abschnitt überschrieben. Die drei Punkte stehen für die Worte: sondern das Leben. Darum geht es jetzt.

III. Kapitel

Das Solarzeitalter beginnt

>»Selig bist du,
wenn du weißt, was du tust.«
Jesus

Die Lösung steht am Himmel

Der Raketenforscher Wernher von Braun sagte am Schluß seines Lebens: »Wenn wir im 21. Jahrhundert die Sonne nicht nutzen, machen wir einen großen Fehler.« Der Chef der BP Solar Europe, einer Tochter des Mineralölkonzerns BP, Michael Pitcher, sagte im Juli 1998 der Sonnenenergie »eine große Zukunft« voraus: »Das 21. Jahrhundert wird das Jahrhundert der Sonnenenergie werden.« Die Entwicklung ist bereits eindeutig: Der Umsatz mit fossilen Brennstoffen stieg in den 90er Jahren um jährlich nur ein Prozent, die Windkraft hingegen um 26 Prozent und die Solarenergie um 15 Prozent. Tendenz zugunsten der Erneuerbaren steigend: 40 Prozent im Jahr 1998!

Daß auch die Industrie, die lange Zeit auf Kohle- und Atomenergie fixiert war, umzudenken beginnt, ist kein Wunder, denn in Mitteleuropa liegt die mittlere jährliche Sonneneinstrahlung bei rund 1000 Kilowattstunden Solarenergie (kWh) pro Quadratmeter. Solarenergie schont Umwelt und Ressourcen: Solaranlagen sind langlebig, emissions- und nahezu wartungsfrei; Betrieb und Entsorgung verursachen heute fast keine Umweltprobleme mehr. Heutige Photovoltaik-Anlagen erreichen Wirkungsgrade von 14–18 Prozent, ihre

Leistungsfähigkeit ist in vielen großen und kleinen Modellen erprobt. Doch um die Jahrtausendwende sieht der Weltenergieverbrauch immer noch so aus: 33 Prozent Erdöl, 25 Prozent Kohle, 18,5 Prozent Erdgas, 12 Prozent Holz, Biomasse und Holzkohle, 6 Prozent Wasserkraft, 5 Prozent Atomkraft und erst 0,5 Prozent Wind- und Sonnenenergie.

Warum eigentlich holen wir noch immer Erdöl aus Saudi-Arabien und Kuwait, Erdgas aus Sibirien und Uran aus Südafrika nach Mitteleuropa, anstatt die heimischen Sonnenstrahlen, die heimischen Windströme, die heimische Wasserkraft und die heimische Energie von Acker und Wald direkt vor unserer Haustür zu nutzen? Das 21. Jahrhundert wird ein solares Jahrhundert. Daran führt kein Weg vorbei, wenn wir eine gute Zukunft wollen. Die alten Energieträger – Kohle, Erdöl, Erdgas, Atomenergie – werden knapp und damit zu teuer. Außerdem sind sie umweltschädlich, gefährlich, laut und klimazerstörend.

Hingegen stehen uns Sonne, Wind, Wasser sowie Energie von Acker und Wald in beinahe unendlicher Fülle, für immer und weitgehend kostenlos zur Verfügung. Sonne, Wind und Wasser schicken uns keine Rechnung, und Biomasseenergie ist bald billiger als Kohle, Erdgas und Erdöl, wenn die Folgekosten der Naturzerstörung und des Klimaschutzes, wie es sich für marktwirtschaftliches Rechnen nach dem Verursacherprinzip gehört, mitgerechnet werden. Der ökologische Jesus ruft uns am Beginn des dritten Jahrtausends zu: »Selig sind diejenigen, die auf Sonne, Wind, Wasser und Biomasse-Energie setzen. Ihnen gehört die Zukunft. Sie sind die heute Sanftmütigen. Sie setzen Friedenszeichen im Krieg gegen die Natur.«

Das Problem der erneuerbaren Energien, Sonne, Wind, Wasser und Biomasse, ist nicht, daß sie zu teuer sind. Das kann auch gar nicht sein, wenn sie uns von der Natur weitgehend kostenlos zur Verfügung gestellt werden. »Die Sonne hat noch nie im Schatten gestanden«, hatte schon Leonardo da Vinci erkannt. Das größte Problem der heutigen Energiepolitik ist erstens, daß die Preise der alten Energieträger weder ökonomisch noch ökologisch die Wahrheit sagen. In Kohle- und Atomenergie stecken Hunderte Milliarden Mark Subventionen, und auch bei Erdgas, Erdöl und Benzin werden die Umwelt- und Klimabelastungen nicht, noch nicht, gerechnet. Und zweitens: Eine zentralistisch strukturierte Energiewirtschaft kann die Probleme einer künftigen dezentralen Energieversorgung niemals lösen. Die heutigen Energiekonzerne *sind* vielmehr das Problem. Die Lösung der künftigen Energieversorgung heißt: aus 24 Millionen Gebäuden in Deutschland werden 24 Millionen kleine, dezentrale Solarkraftwerke. Das dritte und größte Problem ist die Unwissenheit über die Alternativen.

Die Sonne ist unbegrenzt verfügbar. Keine andere Energiequelle ist so umweltfreundlich und so preiswert. Solaranlagen sind mit wenig Aufwand und ohne Eingriffe in das Landschaftsbild zu installieren, und zwar exakt dort, wo der Strom gebraucht wird: im eigenen Haus. Die dezentrale Energieumwandlung geschieht zum Nulltarif, regenerativ, geräuschlos, emissionsfrei und ohne Folgeprobleme. Einfacher geht es nicht: Licht rein, Strom raus!

Der Freiburger Sonnenphysiker Professor Wolfgang Maftig: »Etwa zehn Quadratmeter Sonnenoberfläche emittieren soviel Energie, wie ein mittleres Kraftwerk erzeugt. Diese Zahl gibt annähernd ein Gefühl dafür, welches enorme Kraftwerk die Sonne darstellt, insbesondere dann, wenn berücksichtigt wird, wieviel Quadratmeter die Sonnenoberfläche ausmachen.«

Die Sonne hat einen Durchmesser von 696 011 Kilometern. Professor Maftig schließt daraus, »daß die von der Sonne (auf die Erde) zugestrahlte Energie bei weitem ausreicht, um alle Bedürfnisse der Menschheit für immer zu decken.«

Jeden Tag liefert die Sonne der Erde 15 000mal mehr Energie, als alle Menschen verbrauchen – kostenlos, umweltfreundlich, klimaverträglich und für alle Zeiten. Sonne ist Leben, und Sonne schafft

Leben. Die Sonne hält – als Motor allen Lebens – alle Kreisläufe in Bewegung. Alles irdische Leben ist geprägt von der Sonne. Spätestens hier wird wohl deutlich, daß das Thema dieses Buches nicht Askese, sondern spirituelle Vernunft und ökologischer Reichtum ist.

Unsere Erde ist im besten Alter. Sie existiert seit fünf Milliarden Jahren und kann – so haben die Astrophysiker errechnet – gut noch einmal fünf Milliarden Jahre leben, denn so lange wird unsere Sonne noch scheinen.

Alle Energie kommt aus der Sonne. Die Kraft der Sonne bewegt und erwärmt etwa fünf Billionen Tonnen Luftmassen und etwa tausend Billionen Tonnen Wassermassen. Ohne die Energie der Sonne wäre dieses Wasser Eis. Die Sonne ist und war zu allen Zeiten der sichtbare Ausdruck der Schöpferkraft. Aus diesem Kraftzentrum ist alles gewachsen.

Unsere Vorfahren wußten von vielen Dingen weniger als wir. Aber von wenigen Dingen wußten sie meist viel mehr als wir. Ihnen war die Sonne noch als Ursprung allen Lebens bewußt.

Im Innern der Sonne herrscht eine Hitze von etwa 15 Millionen Grad. Aus diesem Urfeuer hat sich alles entwickelt. Der Kosmosforscher Karlheinz Baumgarth: »Der Mensch ist denkende Substanz der Sonne. Wir Menschen sind selber die Sonne, denn wir sind aus ihr gewachsen. Jeder von uns ist ein kleiner Teil von ihr. Die erkennende Menschheit ist gewissermaßen das Bewußtsein der Sonne.«

Ähnliche Empfindungen hat uns auch der Evolutionstheologe Teilhard de Chardin vermittelt. Der Sonnenkult war in allen Kulturen und Religionen der Urkult. »Der Ur-kult wurde zur Kult-ur« schreibt Karlheinz Baumgarth. Bis heute fühlen die Menschen in jedem Frühjahr neu eine beinahe andächtige Hinwendung zur Sonne. Millionen werden als Touristen im Sommer »Sonnenanbeter« und erfühlen das Göttliche in der Sonne. Bis heute ist im katholischen Kult die Monstranz eine stilisierte Sonne. Sie gilt als Licht des Lebens. Die Sonne verkörpert das Wesen des Unendlichen. Die Sonne scheint »unendlich« und ist auch als Erlebnis ohne Ende. Dem Staunen und der Ehrfurcht bei einem schönen Sonnenuntergang folgt das Staunen und die Ehrfurcht über den Sonnenaufgang.

Schönste Poesie ist der Sonnengesang des heiligen Franziskus über »Bruder Sonne«. Herkömmliche christliche Theologie diffamiert solche Gedanken oft als pantheistisch – alles ist Gott. Sie sind jedoch panentheistisch – Gott ist in allem. »Es ist unmöglich, daß ein Mensch in die Sonne schaut, ohne daß sein Angesicht hell wird« (Friedrich von Bodelschwingh). Den ökologischen Jesus können wir nur verstehen lernen, wenn uns klar wird, daß er Gott nie in Dogmen, sondern in Bildern beschrieben hat, in Bildern der Natur (Gottes Reich wächst wie ein kleines Senfkorn zu einem großen Baum), in Bildern der Landwirtschaft (Gott ist wie ein Sämann) und in Bildern des Kosmos (Gott läßt seine Sonne scheinen für alle). Der »Gott« der Schöpfung ist der »Vater« Jesu.

Allein nach Deutschland liefert die Sonne pro Jahr viermal soviel Energie, wie alle Menschen weltweit verbrauchen. Oder anders ausgedrückt: Alle acht Minuten bekommt die Menschheit von der Sonne soviel Energie, wie sie in einem Jahr benötigt.

Das Energiepotential aus erneuerbaren Energiequellen – außer der Sonne noch Wind, Wasser, Energiepflanzen, Holz, Gezeitenkraftwerke, Wellen, solarer Wasserstoff, Erdwärme, Abfälle, Biogas – ist unerschöpflich und reicht aus, jedes Land der Erde problemlos und preisgünstig, dauerhaft und umweltfreundlich, klimaschonend und nachhaltig mit heimischer Energie zu versorgen. Wir haben – wie fast alle Gesellschaften unserer Erde – alle Energie, die wir brauchen, direkt vor der Haustür oder auf dem Hausdach. Während ich diese Zeilen schreibe, sind in Deutschland die bereits erwähnten 1,8 Millionen Quadratmeter Solaranlagen auf Dächern installiert – im kleineren Österreich sind es aber schon viel mehr.

Die heutigen Umweltbewegungen propagieren zum Teil noch immer Askese und Opfer, wenn es um die Bewahrung der Schöpfung geht. Der ökologische Jesus empfiehlt aber, uns an Reichtum und Überfluß, an der Vielfalt und am Überschwang der Natur zu orientieren. Die Natur schöpft zu jedem Frühling aus dem vollen. Jesu Lehre ist keine Verzichtspredigt, wohl aber ein Hinweis auf die Naturgesetze, deren Beachtung allein zu einem guten »Leben in Überfluß« und zur »Freude in Fülle« (Jesus bei Johannes 17,13) führen kann. Johannes Müller, der Begründer von Schloß Elmau bei Garmisch-Partenkirchen, sagt: »Würden wir uns immer ganz geben wie die Natur, dann wären wir auch so reich wie die Natur.«

Die Umweltbewegung wird dann Erfolg haben, wenn sie klarzumachen versteht, daß Umweltschutz und Umweltpolitik ein Gewinn und nicht Verzicht ist, ein Reichtum für alle und nicht Verlust für fast alle wie unter der heutigen Diktatur einer kurzfristig verstandenen Ökonomie. Ohne diese Perspektive der Fülle, der Freude, des Reichtums und des Überflusses können die Umweltbewegung und eine effiziente Umweltpolitik niemals die Herzen der Mehrheit erreichen.

Das solare Informationszeitalter

Der Wunschtraum aller Menschen – das »Leben im Überfluß« und die »Freude in Fülle« – ist nur mit erneuerbaren, unendlich vorhandenen Energien zu realisieren. Um die knappen alten Energien wurden und werden Kriege geführt werden, wenn wir uns nicht umstellen. Die große Prophezeiung des ökologischen Jesus aber heißt: Es reicht für jedermanns Bedürfnisse. So wunderbar und großartig ist das Werk »unseres himmlischen Vaters« oder der Natur organisiert. Was heute hauptsächlich fehlt: eine mutige und konsequente Politik, deren Ziel es ist, die solare Energiewende in den nächsten 30 bis 50 Jahren zu vollenden. Nur dann kann es ein »Leben in Fülle« geben. Über eine Sonnenpolitik zu Arbeit und Wohlstand für alle, zur Fülle des Lebens für alles Leben: Das ist die Jesus-Strategie.

Die Regierenden und die Herrschenden behaupten immer wieder, die alles lähmende Investitions- und Innovationsblockade sei das große Problem »von uns Deutschen am Ende des 20. Jahrhunderts« (Roman Herzog). Das kann in einer Gesellschaft, die noch vor kurzem wegen ihres Wirtschaftswunders und wegen ihrer Sozialordnung von der halben Welt bewundert wurde, aber nur ein Teil der Wahrheit sein.

Die Hauptursache der ökologischen Krise sowie der Massenarbeitslosigkeit und der fehlenden Innovationsbereitschaft ist zweifellos das Politikversagen. Es fehlt hauptsächlich die große Energieperspektive für eine soziale und ökologische Politik. Wenn sich ein gewünschter Markt – wie der Markt für Solartechnologie – so langsam entwickelt, dann liegt dies primär an falschen oder fehlenden politischen Rahmenbedingungen auch bei einer rot-grünen Bundesregierung. Ich werde diese Behauptung an den positiven Beispielen aus der Schweiz, Österreich, Dänemark, Japan und den USA noch belegen. Diese Länder sind der solaren Energiewende mit Hilfe anderer politischer Rahmenbedingungen schon viel näher als Deutschland. In vielen Ländern geht bereits die Sonne auf, aber Deutschland hat noch immer ein Brett vor der Sonne. Die solare Energiewende bedarf einer politischen »Solarstrategie« (Hermann Scheer). Die heute Regierenden wurschteln sich durch, haben aber keine Strategie und keine Vision. Dies galt für Helmut Kohl, dies gilt für Gerhard Schröder.

Wenn sich ein gewünschter Markt nicht bildet, dann muß in der Marktwirtschaft der Ordnungsrahmen verändert oder geschaffen werden, der einen Massenmarkt ermöglicht: mit einem 100 000-Solardächer-Programm wie in Japan oder einem Eine-Million-Solardächer-Programm wie in den USA oder einer ökologischen Steuerreform wie in der Schweiz und in Dänemark, in Österreich und Holland, in England und Belgien, in Norwegen und Schweden. Niedrigere Lohnnebenkosten und höhere Energieabgaben sind der Kern einer Öko-Steuerreform. Überall, wo der kostenneutrale Einstieg in diese intelligentere Steuerpolitik gewagt wurde, gab es einen doppelt positiven Effekt: neue Arbeitsplätze *und* eine Entlastung der Umwelt durch Energiespartechnologien und den Einstieg in erneuerbare Energien. Doch zumindest beim SPD-Teil der neuen Bundesregierung haben sich diese Erkenntnisse immer noch nicht herumgesprochen. Die rot-grüne Bundesregierung hat zwar jetzt auch ein 100 000-Solardächer-Programm geplant, aber der Zeitrahmen ist so unsicher wie die Finanzierung.

Der Erfolg der sozialen Marktwirtschaft beruht in der Einsicht, daß Marktversagen kein Schicksal ist. Hauptsächlich die Ökologieblindheit der heutigen Politik in Deutschland verhindert Fortschritt auf dem Solarmarkt. Diese Blindheit trägt zur Massenarbeitslosigkeit und zur Klimakatastrophe bei.

Den Krieg gegen die Natur führen wir seltsamerweise nicht gegen äußere Feinde, sondern gegen uns selbst. Wir werden nach dem Ende des Kalten Krieges nicht mehr von außen bedroht, aber wir bedrohen uns selbst.

Spätestens seit dem Umweltgipfel von Rio 1992, auf dem *alle* Regierungen – beraten von Tausenden von Wissenschaftlern – die ökologische Krise realistisch analysiert haben, wissen wir, was wir tun. Es steht in allen Zeitungen, Radio und Fernsehen in der ganzen Welt berichten darüber. Tausende von Büchern und Fachzeitschriften klären auf.

Das Problem liegt tiefer: Es geht nicht nur um eine mentale Blockade, sondern um eine spirituelle, eine emotionale und politische. Deshalb der Versuch in diesem Buch, das Problem in seiner spirituellen, emotionalen und politischen Dimension zu verstehen. Weit schwieriger als ökologische Techniken zu entwickeln ist es, Ökospiritualität zu praktizieren.

Beinahe jährliche »Jahrhundertüberschwemmungen«, die Ausbreitung der Wüsten, das immer größer werdende Ozonloch, das Artensterben, der Treibhauseffekt, die Dürreperioden und die immer dramatischer werdende Unfruchtbarkeit von Menschen und Tieren beweisen: Die ökologische Krise zeigt ihre ersten Folgen, auch wenn es sich wahrscheinlich erst um Vorboten handelt. Was wir uns selbst antun, ist das Gegenteil der jesuanischen Fülle, der Freude und des jesuanischen Überflusses.

In Rio auf dem »Earth Summit« beschäftigten sich Politiker und Wissenschaftler 1992 noch mit der Analyse der Krise. Mit der Therapie wollten sie auf den Folgekonferenzen beginnen. Doch weder der Weltklimagipfel 1995 in Berlin noch die »Rio plus«-Konferenz in New York im Sommer 1997 brachten konkrete Ergebnisse für die ökologische Wende. Und das Ergebnis der Weltklimagipfel in Kioto 1997 und Buenos Aires 1998 ist mager. Fast alle ökologischen Krisen stehen im Zusammenhang mit der Energiekrise:

- Der Treibhauseffekt wird hauptsächlich bewirkt durch den Einsatz von fossilen Brennstoffen zur Wärme-, Kühlungs- und Stromerzeugung sowie durch das Verbrennen von Benzin in unseren Fahrzeugen.
- Bodenzerstörung und Wasserverschmutzung sind auch die Folgen von hochkonzentriertem Einsatz chemischer Energie.
- Die Ozonschicht wird hauptsächlich zerstört durch den Einsatz von FCKWs in Kühlenergieanlagen; FCKW ist aber auch ein Treibhausgas.
- Die Wüsten breiten sich auch deshalb aus, weil Menschen in Drittwelt-Ländern oft noch keine anderen Energiequellen nutzen können als Holz.
- Armut in südlichen Ländern hat ihre Hauptursache an fehlender Energie. Ohne Energie keine Entwicklung von Wirtschaft und Landwirtschaft.
- Das höchste Bevölkerungswachstum findet in den Ländern mit dem geringsten Energieverbrauch statt; in Ländern mit hohem Energieverbrauch wie USA, Kanada, Westeuropa, Nordeuropa und

Japan stagniert die Bevölkerungszahl oder nimmt bereits ab wie in Deutschland. Daraus ist zu folgern: Ohne neue Energiequellen ist das Bevölkerungswachstum nicht zu stoppen. Bevölkerungswachstum ist die Folge von Energiemangel. Und wir Menschen vermehren uns jeden Tag um 240 000. Seit dem Umweltgipfel von Rio kamen eine halbe Milliarde Menschen dazu. 90 Prozent aller Menschen unter 20 Jahren leben heute in Entwicklungsländern. 98 Prozent des Bevölkerungszuwachses findet in den Ländern statt, denen kaum Energieressourcen zur Verfügung stehen.

Landeflächen für den Heiligen Geist

Die Welt wird also im 21. Jahrhundert nicht nur andere Energiequellen brauchen, sondern auch viel mehr Energie. Woher soll diese Energie kommen, wenn nicht aus erneuerbaren Energiequellen? Die fossilen Energieträger gehen zu Ende. Nach Schätzungen der Fachleute reicht Erdöl noch etwa 40 Jahre, Erdgas und Uran für Atomkraftwerke noch 60 bis 80 Jahre, Kohle noch 150 Jahre – bei gleichbleibendem Energieverbrauch. Doch die wirtschaftliche Entwicklung in den armen Ländern wird dazu führen, daß schon in 25 Jahren wahrscheinlich doppelt soviel und in 50 Jahren weltweit dreimal soviel Energie verbraucht wird wie heute. Wer nach 1970 geboren ist, wird noch erleben, daß es kein Erdöl mehr gibt. Wer heute geboren wird, erlebt auch, daß es kein Gas und kein Uran mehr gibt.

Elektronisch betriebene Informationssysteme wie das Internet und die elektronischen Datenbahnen werden das 21. Jahrhundert mitgestalten. Woher soll der Strom kommen, wenn nicht aus regenerativen Energien? Das 21. Jahrhundert erlebt die wachsende Informationsgesellschaft als solare Informationsgesellschaft oder gar nicht.

Der Beruf des Solartechnikers ist ein Handwerk mit Zukunft. Er wird höchste Beschäftigungssicherheit im 21. Jahrhundert bieten.

Nach einer Studie des Emnid-Instituts im Auftrag des Bundesforschungsministeriums ist die Solartechnik die mit Abstand beliebteste Zukunftstechnologie für die unter 20jährigen. Mit 92 Prozent rangiert Solartechnik vor dem Computer oder dem Internet.

Das Problem in Übergangszeiten ist nie die Jugend, das Problem sind die mittleren Jahrgänge und vor allem die Älteren aus der Wirtschaftswunderzeit. Sie beherrschen heute noch die Institutionen und Chefetagen in Wirtschaft, Wissenschaft und Politik. Und sie tun sich allzuschwer mit neuem Denken und neuem Handeln. Sie verhindern heute den Durchbruch zu einer grenzenlosen solaren Kreativität. Sie vor allem haben noch immer ein Brett vor der Sonne.

Aber wehe uns, unseren Kindern und Enkeln, wenn wir den letzten Tropfen Öl, den letzten Kubikmeter Gas und die letzte Tonne Kohle verbrennen, die es gibt. Schon unsere Kinder werden uns verfluchen, wenn wir die wertvollen Rohstoffe, welche die Natur in Jahrmillionen angesammelt hat, in wenigen Jahrzehnten durch den Schornstein und den Autoauspuff jagen.

Wie viele Kriege ums Öl sollen eigentlich noch geführt werden? Es wird keinen Frieden geben unter uns Menschen, wenn wir keinen Frieden schließen mit der Erde und der Luft, dem Wasser und dem Klima. Polarforscher aus USA und Australien sagten im Februar 1998 in meiner »Querdenker«-Sendung: Der Meeresspiegel kann wegen der Eisschmelze an den Polen im 21. Jahrhundert um sechs Meter steigen, wenn der westliche Teil der Antarktis abschmilzt. Das ist eine Bedrohung für alle Küstenstädte der Erde. Und dort lebt etwa ein Drittel der Menschheit. In derselben Sendung sagte mir Klaus Töpfer: Das soeben festgestellte Abschmelzen des Eises an Nord- und Südpol ist »ein Frühindikator schlechthin für den Treibhauseffekt«. Dr. Adrian Huiskes vom niederländischen Öko-institut warnte: »Der Erwärmungsprozeß ist nicht mehr zu stoppen. Er beschleunigt sich. An der Westküste der Antarktis hat sich das Gras in den letzten zehn Jahren um das 25fache vermehrt. Früher ist hier gar nichts gewachsen.«

Der Antarktisdurchquerer Reinhold Messner in »Querdenker«: »Klimaveränderungen gab es immer. Unser heutiges Problem ist allerdings, daß sich die Zeiträume der Veränderungen enorm verkürzt haben.«

Es reicht also nicht aus, die erneuerbaren Energiequellen auf 10 oder 20 oder 50 Prozent am gesamten Energieverbrauch zu steigern. Eine solche Politik führt lediglich zur Verschiebung der ökonomischen und ökologischen Katastrophen. Zukunftsfähige Politik kann nur heißen: Wir müssen *alle* Energie aus erneuerbaren, umwelt- und klimaverträglichen Quellen gewinnen. Hermann Scheer fordert zu Recht: »Das Ziel im vor uns liegenden Jahrhundert muß das vollständige Ersetzen der herkömmlichen Energiequellen durch die stets aktuelle Sonnenenergie sein – also die vollständige solare Energieversorgung der Menschheit.« Nur so werden die Gesundung der Menschheit, die Heilung des Planeten, die Bewahrung der Schöpfung, das Leben im Überfluß und die Fülle der Freude möglich.

Die Klima-Enquete-Kommission des Deutschen Bundestags hält es für notwendig, die Treibhausgase bis zum Jahre 2050 um 80 Prozent zu reduzieren. Ich möchte in diesem Kapitel aufzeigen, daß dieses Ziel erreichbar ist.

Was aber hat das alles mit Religion, mit Christentum und mit Jesus zu tun? Ein Christentum, das ratlos ist gegenüber der ökologischen Krise, hat seinen jesuanischen Kern bereits verraten. Wenigstens einige Kirchengemeinden haben die Zeichen der Zeit verstanden: Kirchendächer sind oft nach Süden orientiert. Hier könnten Kirchengemeinden per Solaranlagen dem Heiligen Geist »Landeflächen« bieten und Zeichen setzen für die »Bewahrung der Schöpfung«.

Immerhin gibt es in München 1998 bereits auf sieben Kirchendächern Solaranlagen – auf vier evangelischen und auf drei katholischen Kirchen. In Nürnberg bieten schon vier Kirchendächer dem Heiligen Geist »Landemöglichkeit«, im Ruhrgebiet circa 15 Kirchendächer, in der Schweiz sind es noch mehr.

Die Nordelbische Kirche hat schon vor fünf Jahren beschlossen, daß in 15 Jahren alle Energie für Kirchengebäude regenerativ erzeugt werden soll: auf kircheneigenen Dächern über Solaranlagen, über Windräder und über Energiepflanzen. Ein Anfang.

Beginnen wir mit einer Vision vom solaren Deutschland und dem solaren Europa. Wir können damit beispielhaft die wichtigste Aufgabe des 21. Jahrhunderts verwirklichen: die Ökologisierung und damit die Humanisierung der industriellen Revolution. Nur mit Hilfe von erneuerbaren Energien können Politik, Wirtschaft und Gesellschaft in Deutschland und Europa zukunftsfähig werden.

Zur Sonnenpolitik gibt es keine Alternative. Beruhigend und tröstlich an dieser Aussage ist, daß wir bereits wissen, wie sie realisiert werden kann, und daß wir genügend erprobte Modelle haben, die beweisen, daß wir die solare Energiewende in einer oder in zwei Generationen schaffen können. Wir kennen also den Fluchtweg aus dem Treibhaus. Allerdings: Die Sonnenenergie ist hierfür *der* energetische Imperativ.

Das Schöpfungsziel erfordert eine grundsätzlich neue Energiepolitik. Die Europäische Union hat auf diesem Weg 1998 einen ersten Schritt zurückgelegt. Sie will – wie die USA – ein Eine-Million-Solardächerprogramm verwirklichen. Eine konsequente Sonnenstrategie wird zu einem Quantensprung der industriellen Entwicklung und unseres Bewußtseins führen, um die drohende Katastrophe noch abzuwenden.

Der Aufbruch ins Solarzeitalter

Die Internationale Energie-Agentur nimmt an, daß sich bis zum Jahr 2010 die Treibhausgase um 50 Prozent erhöhen werden. Die großen Energiemonopole behaupten, zu dieser Entwicklung gäbe es keine Alternative. Wer dies glaubt und gleichzeitig an die Folgeschäden denkt, muß fast zwangsläufig eine »No-Future«-Mentalität entwikkeln. Die für diese Entwicklung Verantwortlichen rauben der jungen Generation jede Zukunftsperspektive. Diese Haltung ist das größte Verbrechen an der heutigen Jugend.

Tatsache ist jedoch, daß – wie gesagt – die Sonne der Erde stets 15 000mal mehr erneuerbare und klimaverträgliche Energie anbietet, als die gesamte Menschheit an klimaschädlichen fossilen und gefährlichen atomaren Energieträgern zur Zeit verbraucht. Die solare Energiewende ist also möglich. Dazu sind freilich politische, ökonomische, kulturelle und private Initiativen im großen Umfang nötig. Verbunden damit können – nach einer Berechnung der Sonnenenergieorganisation Eurosolar – allein in Deutschland über eine Million Arbeitsplätze geschaffen werden. Mit fast allen in diesem Buch aufgezeigten Alternativen können nicht nur ökonomische und ökologische, sondern auch soziale Vorteile durch Millionen neue Arbeitsplätze erreicht werden.

Der entscheidende Vorteil ist jedoch der ethisch-moralische Aspekt des ökologischen Bauens, einer biologischen Landwirtschaft, der solaren Energiewende, der ökologischen Verkehrswende, des solaren Informationszeitalters und einer nachhaltigen Wasserpolitik. Gefördert wird mit den aufgezeigten Alternativen hauptsächlich das Vertrauen in die Zukunft. Der Münchner Diplomingenieur und erfolgreiche Unternehmer Ludwig Bölkow: »Die Wirtschaft, die den Umbau auf regenerative solare Energie zuerst schafft, wird in Zukunft stark sein, und nicht diejenige, die sich am längsten dagegen sträubt.« Als Wegweiser in eine Zukunft, der wir trauen können, ist der ökologische Jesus besonders hilfreich. Kaum ein anderes Wort an seine Freunde und Freundinnen ist uns so häufig überliefert wie sein ständiger Rat: »Habt doch Vertrauen.« Allein im Markus-Evangelium (1,15; 4,40; 5,36; 9,23; 11, 22–24; 16, 16–18) sechsmal.

Die Theologen übersetzen die Worte *pistis* und *pisteuein* im griechischen Urtext des Neuen Testaments meistens mit »glauben«. Sie heißen aber auch »vertrauen« und treffen in dieser Übersetzung nach unserem heutigen Sprachempfinden viel eher die Intention Jesu. »Glauben« wird meist als »für wahr halten« oder »blind glauben« empfunden. Jesus meinte das Gegenteil.

Woher also unser Vertrauen in die Sonne? Was berechtigt uns zur Annahme, daß wir in etwa ein bis zwei Generationen *alle* Energie über erneuerbare Energiequellen gewinnen können?

Sonnenfinsternis in Bonn

In Deutschland warten etwa 1000 Quadratkilometer südwärts geneigte Dachflächen auf eine sinnvolle Energienutzung – bisher weitgehend vergeblich. Denn auf Landes- und Bundesebene passiert zur Zeit nicht viel zugunsten der erneuerbaren Energien. Obwohl in Bonn, Berlin und in den meisten Landeshauptstädten die Sonne untergeht, geht wenigstens auf kommunaler Ebene und durch private Initiative bereits vielen ein Licht auf.

Landkreis Ebersberg bei München, im Sommer 1996: Landratsamt und Bund Naturschutz (BUND), Installationsbetriebe und mittelständische Sparkassen haben sich zum »Ebersberger Solarweg« zusammengetan. Hier kommt zusammen, was zusammengehört.

Landrat Hans Vollhardt und sein Solarreferent Franz Neudecker haben mich gebeten, den Startschuß für den »Ebersberger Solarweg« zu geben. Etwa 500 Besucher waren gekommen. Auf Prospekten rechneten die Installateure vor, daß Sonnenkollektoren für 5600 Mark zu bekommen sind und für ein Zweifamilienhaus 7950 Mark kosten. Wenn die künftig eingesparten Heizölkosten realistisch berechnet werden, dann werde sich eine solche thermische Solaranlage zur Warmwasseraufbereitung und Heizungsunterstützung nach etwa 10 Jahren gerechnet haben. »Eine solche Anlage läuft 30–40 Jahre. Damit können Sie nicht nur die Umwelt um jährlich 1,5 Tonnen

CO_2 entlasten, sondern auch noch Geld verdienen«, warb der CSU-Landrat für Sonne und Umwelt und Handwerk. Die Kreissparkasse sowie die Raiffeisen- und Volksbanken im Landkreis boten zinsgünstige Solarkredite für 5,5 Prozent Zinsen bei einer vierjährigen Laufzeit an. Außerdem gibt es staatliche Zuschüsse von 1500 DM für die Solaranlage auf einem Einfamilienhaus. Der Sprecher der 16 beteiligten Handwerksbetriebe, Richard Wockermaier, rechnete den erstaunten Besuchern vor, daß ein Solarkollektorbesitzer 500 Mark Heizölkosten pro Jahr einsparen und daß er selbst noch Mitte November letzten Jahres mit seiner Solaranlage das Brauchwasser auf 44 Grad Celsius erwärmen konnte.

Eine starke Gemeinschaft geht einen neuen Weg. Ökologie und Ökonomie kommen zusammen. Die Veranstalter und die Besucher haben an diesem Abend mehr vom ökologischen Jesus verstanden als bei vielen Sonntagspredigten. Jubel und Begeisterung, als der Landrat das erste Ziel des »Ebersberger Solarwegs« verkündete: 1000 Solardächer im Landkreis. »Jetzt fehlt nur noch, daß auch die Kirche mitmacht«, sagte mir ein Besucher nach der Veranstaltung.

Ein halbes Jahr später waren schon 50 Solaranlagen installiert. Die lokale Presse jubelte: »Als ob die Sonne durchbricht«, die Junge Union und der Bund Naturschutz machten Folgeveranstaltungen mit dem Thema »Sonnenenergie als Ausweg aus der Krise« und viele bayerische Kommunalpolitiker aller Fraktionen von Grün bis Schwarz gehen jetzt ähnliche Wege in ihren Kommunen. Das gute Beispiel ist so ansteckend wie das schlechte. Einer muß immer anfangen. Im Februar 1997 meinte der »Münchner Merkur«: »Ebersberger Solarweg ohne Schattendasein – Aktion für Solaranlagen erfolgreich.« Im März 1997 sagte Landrat Vollhardt: »Ich installiere selbst noch dieses Jahr eine Anlage auf mein Dach.« Und die »Süddeutsche Zeitung« schrieb: »Im Landkreis geht die Sonne auf.«

Sonnenkollektoren für 50 Mark

Der Repräsentant des größten Solaranlagenherstellers in Europa, Wolfgang Bauer von der Firma Ikarus, hat jetzt viel im Landkreis Ebersberg zu tun. Er rechnet vor, daß ein Sonnenkollektor bereits für 50 Mark monatlich zu haben ist. Automobilfirmen werben mit günstigen Finanzierungsangeboten, aber nur selten die Solarwirtschaft, obwohl die Deutsche Ausgleichsbank sehr günstige Solarkredite vermittelt. Mit diesen Krediten ist eine thermische Solaranlage tatsächlich für 50 Mark im Monat bei gleichzeitiger Einsparung von Warmwasserkosten leicht zu realisieren – auch für Familien, die nicht einige tausend Mark auf einmal übrig haben, ist dies ein einleuchtendes Kaufargument.

Diese Rechnung schien auch dem Landrat von Erding plausibel. Deshalb organisierte er den »Erdinger Sonnenaufgang« mit ähnlichem Erfolg wie sein Kollege im Landkreis Ebersberg. Xaver Bauer schrieb seinen Mitbürgern: »Vom gesamten Energieverbrauch entfallen ca. 75 Prozent auf die Heizung und etwa 13 Prozent auf die Warmwasserbereitung. Diese Energiemengen kosten nicht nur Geld, sondern verbrauchen weltweit unsere kostbaren Energievorräte. Als Alternative dazu bietet sich die zum Nulltarif erhältliche Sonnenenergie an. Die Sonnenkraft ist eine umweltschonende und ressourcensparende Energiequelle. Warum also sollten wir sie nicht nutzen?« Schon nach wenigen Monaten hatte sich die Zahl der Sonnenkollektornutzer verdreifacht. Einen ähnlichen Sonnenweg ging der Landkreis Landshut.

Nach einer Studie von Professor Herbert Jans an der Fachhochschule in Landshut sagen jetzt 73 Prozent der Heizungsbauer im Landkreis Landshut, Solartechnologie spiele in Zukunft eine wichtige oder sehr wichtige Rolle für ihr Geschäft. 91 Prozent der Solaranlagenbesitzer gaben Umweltschutz als Grund für ihre Kaufentscheidung an. Viele Sonnenmenschen wollen ganz einfach zu den

Fortschrittlichen gehören. Für sie ist die Solaranlage auf dem Dach schicker als ein BMW in der Garage.

60 Prozent der Installateure meinen, durch Solartechnik entstehen neue Arbeitsplätze. Diese Arbeitsplätze werden mit Sicherheit nicht ins Ausland verlagert. Professor Jans hat ebenfalls errechnet, daß allein im Landkreis Landshut 44 000 Tonnen Treibhausgase weniger produziert würden, wenn auf allen Häusern thermische Solaranlagen installiert würden. 94 Prozent der befragten Soloranlagenbesitzer sagten, sie seien zufrieden oder sehr zufrieden mit ihrer Anlage und würden sie wieder kaufen.

Was die Landkreise Ebersberg, Erding und Landshut vormachten, praktiziert auch der Landkreis Fürstenfeldbruck seit 1998. Es gibt also – gelegentlich auch in den alten Parteien – noch Politiker, die versuchen, das Unmögliche möglich zu machen und nicht das Mögliche vorschnell für unmöglich erklären. Was gut ist, wird kopiert.

Beispielhaft auch die Energiepolitik der Stadtwerke Schwäbisch Hall. Der Geschäftsführer Johannes von Bergen schrieb mir im Herbst 1997: »Wir brauchen dringend eine europäische ökologische Steuerreform, die jedoch auch deswegen noch in weiter Ferne ist, weil sie von maßgeblichen Parteien in Europa nicht gefordert wird. Unsere Politik in Schwäbisch Hall hat gerade diese kleine ökologische Steuerreform vollzogen, weil wir nach Wegfall des Kohlepfennigs einen Aufschlag auf die Strompreise von 0,5 Pf/kWh erhoben haben und damit immerhin 100 kW Photovoltaik und 1000 kW Wind realisiert haben und 300 kW Biogas bzw. Biomasse fördern werden. Ich persönlich bin ein entschiedener Verfechter der Biomasse in Form von Holz, weil dieser Rohstoff in Baden-Württemberg in großem Umfang verfügbar ist und hiermit nicht nur in erheblichem Umfang CO_2-freie Energie zur Verfügung gestellt werden kann, sondern die Problematik der Speicherung von Strom, worunter die Technologien Photovoltaik und Windkraft sowie auch die Wasserkraft etwas leiden, behoben werden kann. Aus diesem Grunde haben wir in ganz erheblichem Umfang Nahwärme- und Fernwärmesysteme errichtet und sind von der dezentralen Blockheizkraftwerkstechnik auf zentrale Blockheizkraftwerke (Motortechnik, Gasturbinen, Dampfturbinen) übergegangen und erreichen mit dieser Technologie eine Eigenstromerzeugung in Höhe von ca. 60 Prozent des gesamten Stromabsatzes in Schwäbisch Hall.«

Mit dieser Konzeption werden in der 36 000-Einwohner-Stadt Schwäbisch Hall kurzfristig die alten fossilen Energieträger Erdgas und Mineralöl durch Biomasse ersetzt. Die Stadtwerke Schwäbisch Hall betreiben schon heute 26 große Blockheizkraftwerke, die Wärme und Strom produzieren, ein Gas- und Dampfkraftwerk, sechs Wasserkraftwerke und eine Windkraftanlage und erzeugen damit 108 Millionen Kilowattstunden Eigenstrom pro Jahr. Durch diese umweltfreundliche Energiepolitik werden der Umwelt jährlich ca. 30 000 Tonnen CO_2-Treibhausgase erspart. Johannes von Bergen legt besonderen Wert darauf, daß mit dieser modernen Energiepolitik seine Stadtwerke auch wirtschaftlich sehr effizient und gewinnorientiert arbeiten. Außerdem fördern die Stadtwerke zahlreiche private Photovoltaik-, Windkraft-, Biomasse- und Biogasanlagen in ihrer Stadt. Das bedeutet, daß sich der Strompreis für jeden Einwohner der Stadt pro Monat um nur eine Mark erhöht hat.

Auf meine Frage nach der Akzeptanz dieser Strompreiserhöhung sagte der Stadtwerkedirektor: »Die Schwäbisch-Haller sind als sehr eifrige Leserbriefschreiber in der Lokalzeitung bekannt. Aber kein einziger protestierte gegen diese ökologisch wie ökonomisch sinnvolle Energiepolitik.« Würde das Beispiel Schwäbisch Hall in allen Städten der Bundesrepublik über 20 000 Einwohnern Schule machen, dann könnte bereits heute ein Viertel des gesamten Strombedarfs in Deutschland ohne Umweltbelastung zur Verfügung gestellt werden.

Die eigene Erfahrung mit der Sonne

Meine Frau und ich wollten es 1993 genau wissen. Bis dahin hatte ich in vielen Fernsehsendungen Sonnenkollektoren und Photovoltaikanlagen, Windräder und kleine Wasserkraftwerke, Biogasanlagen und Schilfgrasfelder vorgestellt. Es waren jedoch immer die Projekte anderer Menschen. Die großen Energiemonopole hatten und haben hauptsächlich zwei Einwände gegen erneuerbare Energiequellen. Erstens, sie seien viel zu teuer, und zweitens, wir hätten in Deutschland gar nicht genügend Fläche, um alle Energie regenerativ zu erzeugen.

Also beschlossen wir, daß zwei Solaranlagen auf unser Dach kommen: eine Sonnenkollektoranlage zur Warmwasseraufbereitung und eine Photovoltaikanlage, die Strom produziert.

Für beide Anlagen zusammen brauchen wir etwa 25 Prozent unserer Dachfläche. Das Flächenproblem, von dem die Energiemonopole immer so sehr besorgt reden, ist lösbar. Wir empfehlen jedem und jeder, es einfach selber auszuprobieren. Dann müssen Sie nichts mehr glauben, dann wissen Sie es.

»Und was macht, wer kein eigenes Haus besitzt?« werden wir immer wieder gefragt. Sie können sich an einer Gemeinschaftsanlage beteiligen, die zum Beispiel auf öffentlichen Gebäuden wie Schulen, Kirchen, Gemeindehäusern usw. installiert wird. Der Bundesligafußballverein SC Freiburg hat eine 1000 m² große Solaranlage auf seinem Stadiondach installiert. Die Fans dieses ökologisch vorbildlichen Fußballclubs haben die Anlage finanziert und sich dadurch ganz nebenbei noch eine Dauerfreikarte für die knappen Plätze im stets ausverkauften Dreisam-Stadion gesichert. Pfiffige Ideen sind gefragt, wenn es um den Durchbruch ins Solarzeitalter geht. Tausende von Investoren beteiligen sich bereits an Windparkanlagen. *Wo* sie umweltfreundlichen Strom erzeugen, ist gleichgültig, wichtig allein ist, *daß* immer mehr Menschen die ersten Schritte ins Solarzeitalter zurücklegen.

Wenn 24 Millionen Gebäude in Deutschland 24 Millionen kleine Solarkraftwerke werden, dann können wir problemlos allen Strom, den das hochindustrialisierte Deutschland braucht, mit Hilfe der Sonne erzeugen. Das brauchen wir aber gar nicht, denn wir haben ja noch weitere regenerative Energiequellen.

Eine Studie des Newcastle Photovoltaic Application Centre ergab: Wenn die Photovoltaik in die vorhandenen Gebäude integriert wird, reichen 10 Prozent der heute überbauten Fläche aus, um allen Strom Großbritanniens mit Hilfe von Sonnenstrahlen zu produzieren. Inzwischen können wir Photovoltaikanlagen nicht nur auf der Schräge unserer Dächer, sondern auch an den Senkrechten unserer Hauswände anbringen, wie es zum Beispiel die Stadtwerke in Aachen, das Umweltministerium in München, Greenpeace in Hamburg und viele Menschen an ihren Häusern schon getan haben. Das Flächenproblem ist in der Praxis längst widerlegt. Was für England gilt, gilt auch für Frankreich und Deutschland, für Österreich und die Schweiz, Norwegen und Schweden und erst recht für Spanien, Italien und Griechenland.

Unsere beiden Solaranlagen machen jetzt von April bis Oktober unser Wasser warm und bringen soviel Strom, wie eine durchschnittliche deutsche Familie verbraucht. Wenn wir sparsam sind, reicht es sogar noch für ein Solarauto.

Und wie ist es mit dem Preis? Zunächst einmal: Unsere Solaranlagen sind uns ihren Preis wert, denn sie ersparen der Umwelt jedes Jahr fünf Tonnen CO_2-Treibhausgase. Heutige Solaranlagen haben eine Laufzeit von 30 bis 40 Jahren. Unsere Sonnenkollektoranlage wird sich nach etwa zwölf Jahren gerechnet haben, danach verdienen wir noch 20 bis 30 Jahre gut Geld mit ihr. Ökonomie und Ökologie kommen zusammen. Wer sich keine Sonnenkollektoren kauft, verfeuert sein Geld durch den Schornstein.

Photovoltaikanlagen sind heute in Deutschland noch teuer. Sie rechnen sich allerdings in den 30 Kommunen, die bereits kostendeckende Vergütung für Solarstrom bezahlen wie z. B. Bonn und Berlin, Aachen und Freising, Pforzheim und Schwäbisch Hall, Lemgo und Nürnberg, Hammelburg und Remscheid, München und Heidelberg. Diese kostendeckende Vergütung beträgt zur Zeit etwa 1,60 DM bis 1,80 DM pro kWh. Fast jeden Monat gesellen sich weitere Kommunen zu diesen Pionieren, die der Solarenergie wenigstens auf kommunaler Ebene zum Durchbruch verhelfen. Nach Einführung der kostendeckenden Vergütung für Solarstrom hat sich in den zwölf Monaten danach die Quadratmeterzahl für Photovoltaikanlagen in Bonn verhundertfacht, in Lemgo verzehnfacht und in Aachen verdreißigfacht.

Daß Solarenergie eine Angelegenheit jenseits von Ideologie und Parteipolitik ist, haben auch die Wirtschaftsjunioren der Stadt Pforzheim – unterstützt von ihrem Bürgermeister, meinem 1998 gestorbenen Freund Siegbert Frank – bewiesen. Wem die Sonne aufgeht, der ist heute nicht links und nicht rechts, sondern einfach vorne. Die Vertreter und Anhänger der alten Energiewirtschaft sind hinten.

»Ich engagiere mich für Solarenergie, weil ich Kinder habe und an ihre Zukunft denke«, sagte mir die Umweltreferentin des Bundesverbandes der Wirtschaftsjunioren, Maité Frey. Sie hat viel vom Jesus-Wort »Werdet wie die Kinder« verstanden.

Maité Frey kam nach meinem Vortrag im Herbst 1995 bei den Wirtschaftsjunioren in Pforzheim zu mir und meinte spontan: »Ich organisiere jetzt hier ein 100-Solardächer-Programm.« Wie das gehen sollte, wußte sie am Anfang überhaupt nicht. Sie las Bücher, verhandelte mit Kommunalpolitikern und sprach beim Landeswirtschaftsminister vor. Nach drei Monaten stand das Programm. Und die Wirtschaftsjunioren Pforzheims erhielten dafür den deutschen und europäischen Innovationspreis.

Jetzt glaubte auch die Pforzheimer Kommunalpolitik reagieren zu müssen. Nachdem der Anstoß aus Kreisen junger Wirtschaftsvertreter gekommen war, beschloß der Stadtrat die Einführung der kostendeckenden Vergütung für Solaranlagen. Damit gehört Pforzheim zu jenen 30 Kommunen, die Solarstrom kostendeckend vergüten und den Mehrpreis auf alle Strombezieher umlegen.

Das macht im Jahr pro Einwohner nur wenige Mark aus, aber Solarstromproduzenten werden finanziell nicht mehr benachteiligt. Dieser »Solarpfennig« ist viel preisgünstiger als früher der »Kohlepfennig«.

Salzburg, im Herbst 1996: Die Deutsche Industrie- und Handelskammer in Österreich hatte mich zu einem Vortrag über »Energiewirtschaft im 21. Jahrhundert« eingeladen. Ich machte darauf aufmerksam, daß an erneuerbaren Energien schon deshalb kein Weg vorbeiführe, weil die letzte Weltenergiekonferenz festgestellt habe, daß es in 38 Jahren kein Öl mehr gebe. »Ihre Zahlen sind völlig falsch«, polterte der anwesende Vertreter von Aral-Österreich. »Es gibt im 21. Jahrhundert überhaupt kein Energieproblem – das Erdöl reicht mindestens noch 50 Jahre!« Auf diesem Niveau wird in vielen Vorstandsetagen der Energiemonopolisten das wichtigste Thema der Weltpolitik diskutiert. Wir verbrauchen in Jahrzehnten, was die Natur in Jahrmillionen angesammelt hat, und streiten schließlich darüber, ob die Reserven noch 38 Jahre oder 50 Jahre reichen!

Neues Leben in der Solarwüste Deutschland

Es gibt freilich auch Ausnahmen und Überraschungen. Der Mineralölkonzern Shell hat angekündigt, ab 1999 in Gelsenkirchen Solarzellen zu produzieren. Der Bund und die Länder Bayern und Nordrhein-Westfalen haben dafür 28 Millionen Mark bereitgestellt. Das ist nicht viel, gemessen an den 70 Milliarden Steuergeldern, welche bis 2005 für die Kohleförderung ausgegeben werden, aber immerhin ein bescheidener Anfang.

Auch der Energiekonzern RWE beschloß, seine Solarzellenproduktion im bayerischen Alzenau erheblich auszuweiten. Ob diese Solarstrategie freilich ernst gemeint ist oder nur ein Alibi sein soll, werden erst die kommenden Jahre zeigen.

Immerhin: Shell geht davon aus, daß weltweit bis zum Jahr 2010 die Photovoltaik-Umsätze um 600 Prozent gesteigert werden. Der frühere Hamburger Umweltsenator Fritz Vahrenholt, jetzt im Vorstand von Shell für regenerative Energien zuständig, soll seinem Konzern die Sonne anknipsen. In Freiburg baute der phantasiebegabte und mutige Mittelständler Georg Salvamoser eine neue Solarfabrik. In Wedel nimmt die Firma Solanova die Produktion von Solarmodulen auf. In Erfurt wurde das Solarunternehmen Ersol gegründet. In Konstanz wird eine Fertigungshalle für Solarmodule der Firma Sunways entstehen. In Wernigerode im Harz plant die Firma RAP-Mikrosysteme die Produktion von Solarzellen. Und endlich werden in Deutschland die ersten Aktiengesellschaften für Solarenergieanlagen gegründet. Neues Leben in der bisherigen Solarwüste.

Die alten Energieversorger werden nicht müde zu behaupten, Solarstrom sei zu teuer – er koste noch immer 1,60 DM pro kWh. Das ist leider wahr. Und schuld daran ist in erster Linie die zukunftsverschlafene deutsche Energiewirtschaft. Wahr ist aber auch, daß zur letzten Jahrhundertwende, also um 1900, eine Kilowattstunde Kohlestrom, umgerechnet auf die heutige Kaufkraft, 40 Mark gekostet hat.

Technische Visionen lassen sich heute jedoch viel rascher verwirklichen als noch vor 100 Jahren. Helmut Kohl sagte einmal in bezug auf die Einheit Deutschlands und Europas: »Die Visionen von heute sind die Realitäten von morgen.« Warum soll diese richtige Erkenntnis nicht auch im Bereich Energie und Umwelt gelten? Was wir einzig lernen müssen, ist, die Geschenke der Natur anzunehmen und zu nutzen. Aber diese naturvergessene Generation der heute »Verantwortlichen« will es einfach nicht begreifen. Schicken wir sie also bei allen Wahlen auf allen Ebenen in die Wüste. Vielleicht geht ihnen dort ein Licht auf.

»Das ist doch alles viel zu einfach«, sagen die »Verantwortlichen«. In Politik und Religion, in Wirtschaft und Wissenschaft wird das Einfache ständig verächtlich gemacht. Jesu Kreativität bestand aber im wesentlichen darin, das scheinbar Komplizierte in einfachen Geschichten so zu erzählen, daß wir jetzt nach 2000 Jahren noch davon fasziniert sind. »Das Wesentliche ist immer einfach«, hatte schon Konrad Adenauer gewußt.

Der amerikanische Vizepräsident Al Gore erinnert immer wieder an diese alte Indianerweisheit: Eine politische Entscheidung ist dann richtig, wenn sie vor der siebten Generation nach uns noch bestehen kann. Von dieser Philosophie eines nachhaltigen Wirtschaftens, zu der sich schon 1992 auf der Umweltkonferenz von Rio alle Regierungen bekannt haben, sind wir noch weit entfernt. Nachhaltiges Wirtschaften ohne nachhaltige Energiepolitik bleibt eine Utopie.

Zur Zeit organisieren die Energiekonzerne und ihre Handlanger in Regierungen und Parlamenten weltweit noch immer den ökologischen Selbstmord der Menschheit. Während ich diese Zellen schreibe, wird diese Behauptung vom wissenschaftlichen Beirat der Bundesregierung bestätigt.

Die weltweiten Überschwemmungen, die verheerenden Waldbrände, die zunehmende Bedrohung durch Stürme, Erdbeben und Dürren zerstören schon heute die Lebensgrundlagen von Millionen Menschen. Seit einigen Jahren werde ich von Versicherungen, die Hagelschäden in der Landwirtschaft übernehmen, zu Vorträgen eingeladen. Dort erfahre ich jedes Jahr aufs neue, daß die Hagelschäden in den 90er Jahren in Mitteleuropa beinahe Jahr um Jahr zunehmen und bald nicht mehr finanziert werden können. Die Bilder über Hagelschäden, die auf den jährlichen Versammlungen den anwesenden Landwirten gezeigt werden, werden immer trostloser. Rückversicherer wie die »Münchner Rück« mahnen seit langem, daß weltweit die klimabedingten Naturkatastrophen zunehmen. Die »Münchner Rück« investiert schon viel Geld in die Ausbildung von

Referenten zum Thema Klimaschutz. Von dort können auch wir Journalisten die unbestechlichsten Daten über die fortschreitende Klimakatastrophe erhalten – falls sich Journalisten für dieses Thema noch interessieren. In meinem Berufsstand breitet sich die Meinung aus: Was gibt es da noch Neues zu berichten! Dieses Thema wird für journalistische Zyniker allmählich langweilig. Und so wird jedes Sportereignis und jeder primitive Bonner Krach zwischen Opposition und Regierung wichtiger als die wichtigste Frage der Zukunft für die gesamte Menschheit. Die meisten Journalisten sind gegenwartsversessen und zukunftsvergessen!

Als einen wesentlichen Grund für die zunehmenden Naturkatastrophen nennt der Beirat der Bundesregierung den durch den Treibhauseffekt verursachten Klimawandel, der extreme Wetterkapriolen und die Verschiebung von Klimazonen mit sich bringe. Die steigende Verstädterung, das Bevölkerungswachstum und die Ausbeutung der Meere verstärken die ökologische Verwundbarkeit vieler Regionen.

Trotz alarmierender Daten und wissenschaftlich begründeter Ratschläge für politische Umkehr: Neues politisches Handeln, wie es ein Michail Gorbatschow in den 80er Jahren für atomare Abrüstung praktizierte, ist für unsere Zeit noch nicht in Sicht. Trotz vorhandener und ausgereifter ökologischer Technik: Ohne die Mobilisierung eines Umweltgewissens *kann* es gar nicht zu einer ökologischen Umkehr kommen, weder bei Politikern noch bei Ökonomen, noch bei jedem und jeder von uns.

Eine neue Umweltethik ist Voraussetzung einer neuen Umweltpolitik und eines neuen umweltverträglichen Handelns von Milliarden von Menschen. Und für diese neue Umweltpolitik brauchen wir die Entdeckung des ökologischen Jesus und des ökologischen Buddha und des ökologischen Lao Tse.

Meine beiden Schwestern und ich haben von unseren Eltern ein Achtfamilienhaus geerbt. Dieses Haus in Bruchsal war das Alterseinkommen unserer Eltern. Mein Vater, der Maurer war, hat dieses Haus

1968 gebaut. Es wurde mit einer Ölanlage beheizt, die jährlich ca. 38 Tonnen CO_2-Treibhausgase produzierte. 1997 haben wir auch in diesem Hause unsere private Energiewende gestartet: Auf das Dach kamen Sonnenkollektoren, die Ölheizung flog raus, ein Gasbrennwertkessel und ein Blockheizkraftwerk wurden installiert. Dadurch konnten wir die Treibhausgase auf unter ein Zwölftel verringern: Statt 38 Tonnen entstehen jetzt noch drei Tonnen CO_2 pro Jahr. Und ganz nebenbei produziert das Blockheizkraftwerk, das später auch auf Biogas umgestellt werden kann, jährlich 22 000 Kilowattstunden Strom, den wir an die Stadtwerke Bruchsal verkaufen. Mit diesem Projekt wollten wir aufzeigen, daß nicht nur bei Neubauten, sondern auch in Altbauten die solare Energiewende eingeleitet und Klimaschutz praktiziert werden kann. Meine Schwestern Ulla Klotz und Luise Reif: »Wir investieren in die Zukunft unserer Kinder.«

Was tun? Helft Siemens!

Wir können solar aktiv werden und die Sonne anzapfen, und wir können atomar passiv werden, indem wir dem Atomkonzern Siemens helfen, den Ausstieg aus der Atomenergie zu schaffen. Das geht am besten durch einen konsequenten Boykott von Siemens-Produkten. Wir können eine Sprache sprechen lernen, die Konzernbosse am besten verstehen.

In den letzten Jahren wurden zwar in Deutschland die Atomanlagen in Wackersdorf, Kalkar, Mülheim-Kärlich, Hamm-Uentrop und die Siemens-Plutoniumfabrik in Hanau gestoppt – hauptsächlich durch Druck von unten – aber 19 Atomkraftwerke laufen weiter. Nämlich: Biblis-A, Biblis-B, Brokdorf, Brunsbüttel, Emsland, Grafenrheinfeld, Grohnde, Gundremmingen B, Gundremmingen C, Isar-1, Isar-2, Krümmel, Neckarwestheim-1, Neckarwestheim-2, Obrigheim, Philipsburg-1, Philipsburg-2, Stade und Unterweser.

Alle diese unverantwortlichen Anlagen hat Siemens gebaut. Und nun entwickelt der Münchner Konzern den neuen »Europäischen Druckwasserreaktor« und hat in Garching den Forschungsreaktor FRM II errichtet. Weitere Siemens-Anlagen wurden gebaut oder sind noch im Bau in der Slowakei, in Argentinien, Brasilien, Iran, Niederlande, Schweiz und Spanien. Außerdem will Siemens ein neues Atomkraftwerk in Rußland bauen und plant ein Joint Venture mit British Nuclear Fuels.

Am 20. Oktober 1997 sagte der Siemens-Vorstandsvorsitzende Henrich von Pierer im »Spiegel«: »Das Nukleargeschäft macht etwa zwei Prozent des Umsatzes, aber 90 Prozent des Ärgers.« Auch viele Siemens-Mitarbeiter wollen keine weiteren Atomkraftwerke. Sie wissen, daß ihr Konzern auch der Welt größter Solarzellenhersteller ist.

Das Festhalten am Atomenergiegeschäft blockiert bisher den Durchbruch der regenerativen Energien. Bei Siemens laufen in Deutschland alle Fäden der Atomenergie zusammen. Der Konzern hat einen großen Einfluß bei der Industrie, bei den Großbanken und der Politik.

Im Sinne des ökologischen Jesus möchte ich auch der Firma Siemens vorschlagen, ihre Atompolitik jetzt zu ändern, sich an die Spitze des Fortschritts zu setzen und für eine Welt ohne zusätzlichen Atommüll zu arbeiten.

Wie kann jede Leserin und jeder Leser dieses Buches Siemens beim Umstieg helfen? Indem wir die Regeln der Marktwirtschaft nutzen und so lange keine Siemens-Produkte kaufen, bis der Konzern seine bisherige Atomenergiepolitik aufgegeben hat. Eine bessere Ausstiegshilfe für einen Konzern gibt es nicht. Schreiben Sie Ihre Entscheidung und Ihre Überlegungen dazu dem Siemens-Chef in München. Dies wird wirken. Tausende von Ärzten, die in der IPPNW (Internationale Ärzte zur Verhütung des Atomkriegs) organisiert sind und bereits keine Siemens-Geräte mehr kaufen, haben den Siemens-Vorstand schon sehr nervös gemacht. Vielleicht steigt der

Konzern aus, wenn nicht 90, sondern 95 Prozent des Ärgers auf das Atomgeschäft zurückgehen. Wir können also auf allen Ebenen aktiv werden: innen und außen, ökonomisch, ökologisch, politisch und beruflich – so wie Rolf Disch in Freiburg.

Das Sonnenbüro im Solarhaus

Einen Nachfolger des ökologischen Jesus habe ich in Freiburg kennengelernt.

»Energie sparen, die Sonnenkraft nutzen und dabei viel Lebensqualität haben«, heißt das Credo des Freiburger Sonnenpapstes Rolf Disch. Das »Heliotrop« – griechisch: der Sonne zugewandt – des genialen Solararchitekten am südlichen Stadtrand Freiburgs dreht sich einmal am Tag um die eigene Achse und bietet jede Stunde einen anderen Ausblick auf die sanft hügelige, grüne Umgebung des Schwarzwaldes.

Disch hat den richtigen Dreh gefunden. Seine Sonnenwohnung mit integriertem Solarbüro für sich und seine Frau Hanna wendet der Sonne mal die verglaste und mit Sonnenkollektoren bestückte Hälfte zu und mal die dick isolierte Rückseite mit den kleinen Fenstern. Mal Sonnenschutz, mal Sonnennutz – je nach Belieben. In Abwandlung des schönen ADAC-Slogans »Freie Fahrt für freie Bürger« feixt Disch: »Freie Wahl für die schönste Aussicht.«

Tatsächlich: Dieser richtige Dreh bringt dem Auge und der Seele bisher ungeahnte Lebensqualität. Ein neues Wohnerleben! Ästhetik und Komfort sind Rolf Disch besonders wichtig. Natur und Wohnen und Arbeiten sind nicht mehr getrennt – sie fließen ineinander.

Auf dem Dach dreht sich Dischs »Sonnensegel«, eine Photovoltaikanlage, die mit 55 Quadratmetern Fläche etwa fünfmal mehr Strom erzeugt, als in dem modernen Büro- und Wohnhaus mit seinen vielen technischen Geräten verbraucht wird. Dischs Solarhaus ist so konstruiert, daß es auch auf kleinem Grundstück gebaut werden kann. Das Haus läßt sich exakt so drehen, daß die Wohn- und Büroräume im Sommer im Schatten liegen und im Winter der wärmenden Außenstrahlung nachgeführt werden. An sehr kalten Tagen wird Erdwärme ins Haus geleitet. Dieser Mann »setzt neue Maßstäbe für künftiges Bauen«, urteilt die Fachzeitschrift »*Bauen mit Holz*«.

Der Solararchitekt und seine Art zu bauen sind der personifizierte Einspruch gegen die Propaganda der Energiemonopole und ihre abwehrende Haltung gegenüber der Solarenergie. Die RWE und Preussenelektra, die Energie Baden-Württemberg und die Bayernwerke behaupten nämlich noch immer: »Solarenergie ist viel zu teuer, und außerdem haben wir in Deutschland gar nicht genug Fläche für Sonnen- und Windanlagen.«

Rolf Disch rechnet ganz anders: »Ich hole mir durch Energiesparen wieder rein, was ich für die Solartechnologien investieren muß. Und außerdem lebe ich gerne mit einem guten Umweltgewissen«, sagt er strahlend. Lamentieren ist seine Sache nicht; Handeln ist ihm wichtiger!

Der Mann, der früher einmal Weltmeister in Solarautorennen war – sein Fahrzeug hatte er selbst gebaut –, gehört heute zur Avantgarde der deutschen Solararchitekten. Ihm kommt zugute, daß er Möbelschreiner gelernt und eine Maurerlehre absolviert hatte, bevor er Architektur studierte. »Man muß alles in Frage stellen. Nur dann kommen wir weiter. Wir brauchen Visionen«, sagt der Solarpraktiker und pragmatische Architekt und fügt nachdenklich hinzu: »Und vor allem ein neues Lebensgefühl, dessen Mittelpunkt wieder die Sonne ist.«

In Dischs Heliotrop dreht sich alles um eine zentrale Achse, die vollständig aus Holz konstruiert wurde. »Wir können künftig nur verbrauchen, was nachwächst – und Holz macht niemand krank!« Holz ist als nachwachsender Rohstoff ein umweltfreundlicher Baustoff. Holzhäuser sind solide und langlebig. Holz ist Natur und der einzige nachwachsende Rohstoff, der uns von Kindheit an vertraut ist.

Ein Baum ist während seiner gesamten Lebensdauer in der Lage, das globale Klima positiv zu beeinflussen – er speichert große Mengen CO_2 aus der Luft. Außerdem filtert der Wald die Luft und produziert das Lebensmittel Sauerstoff. Holz ist nach seiner Nutzung zu 100 Prozent abbaubar, es ist die Seele des ökologischen Kreislaufs. Stockwerke und Flure gibt es in Dischs Haus nicht, die Zimmer steigen absatzweise um die schöne Wendeltreppe an. Alle Räume sind miteinander verbunden. Ich empfinde diese Bauweise als ganz anderes, attraktives, beinahe gemütliches Raumerleben. Stolz erläutern Rolf und Hanna Disch Besuchern ihr Heliotrop. Das Kompostklo wird bald Blumentopferde liefern. »Kein Geruchsproblem«, erfahre ich auf meine besorgte Nachfrage. Ein Rotor sorgt für »Klodeckellüftung«. Das Abwasser wird durch zwei bepflanzte Teiche gereinigt. Hier wird das Bauen der Zukunft exemplarisch demonstriert: Komfort durch intelligenten Umgang mit Energie, Wasser, Raum, Fläche, Material, Abfall, Abwasser, Fäkalien und Kosten.

An neuen Ideen fehlt es diesem Mann nie. Sein Bemühen, zu bauen, daß die Kommunikation unter Menschen gefördert wird, hat dem phantasiebegabten Architekten zahlreiche Preise eingebracht – zuletzt den »Europäischen Solarpreis« und den Titel »Ökomanager des Jahres«. Er hat auch daran mitgewirkt, daß der Fußballbundesligaverein SC Freiburg die besagten 1000 Quadratmeter Solaranlagen auf dem Stadiondach hat. Die Fußballfans haben die Anlage finanziert. Und weil das beim SC Freiburg so gut funktioniert (»Unsere Spieler duschen mit der Sonne«), will es Schalke 04 nachmachen. Die Gelsenkirchener wollen im Jahr 2000 der zweite Sonnenverein im Fußballoberhaus werden und gleich 2000 Quadratmeter Solarmodule rund um die neue »Schalke-Arena« montieren. So strahlen die Schalke Farben Weiß und Blau im schönsten Licht.

Schon 1979 hat Rolf Disch sein erstes Haus mit einem Sonnenkollektor zur Wassererwärmung gebaut. In den 80ern kosteten seine Solarenergiehäuser mit 150 Quadratmetern Wohnfläche nicht mehr als 240 000 Mark. Disch denkt und arbeitet sozialökologisch.

Eine gute Isolierung der Außenwände, Wärmeschutzglas, Sonnenkollektoren und im Süden vorgebaute Wintergärten sind günstig für jede Energiebilanz. In Dischs Heliotrop wärmt eine Niedertemperaturheizung, die über Sonnenkollektoren gespeist wird, den Fußboden. Für sein Traumhaus war ihm keine Technologie zu teuer. In langjährigen Experimenten hat der Architekt alles, was er jetzt verkaufen will, selbst ausprobiert. In ihrem Sonnenhaus und in ihren Solarbüros fühlen sich Hausfrau und Hausherr selbst »sauwohl«.

Langfristig ist seine Solararchitektur billiger als konventionelle Bauweisen. Sein nach der Sonne drehbares Wohn- und Bürohaus mit 240 Quadratmetern Wohnfläche und 75 Quadratmetern Studiofläche bietet er für 750 000 Mark an. Bei diesem Haus sparen die Besitzer nicht nur jedwede Energiekosten, sie verdienen sogar Geld mit der Sonne. Der überschüssige erzeugte Strom wird ins öffentliche Netz eingespeist, wofür – nach dem Stromeinspeisegesetz – die Energieversorgungsunternehmen 17 Pfennig je Kilowattstunde bezahlen müssen. Dieses energieproduzierende Haus ist das erste »Plusenergiehaus« in Deutschland, die Spitze einer solaren Büro- und Wohnkultur der Zukunft. Dischs Heliotrop ist ein attraktives Solarkraftwerk.

Hausbesitzer sind hier zugleich Energieunternehmer. Sie erzeugen Energie mit einem Rohstoff, der – im Unterschied zu Kohle, Gas, Öl oder Atomenergie – nichts kostet. Denn: Die Sonne schickt uns nie eine Rechnung. Wenn sich das erst mal herumspricht ... O sole mio!

Die Solarenergie und die Solararchitektur kommen langsam, aber unaufhaltsam. In den letzten 25 Jahren hat sich die Produktion von Solarzellen auf das 25fache erhöht. Kann Öko auch schön sein? Schönheit und Vernunft, Ästhetik und Ökologie müssen keine Gegensätze sein. Rolf Disch ist ein Vertreter der neuen Eleganz des ökologischen Bauens.

Mit Müsli- und Wollsocken-Ästhetik hat seine Architektur nichts zu tun, eher mit einer guten Technologie. Wer sich einmal die Begrenztheit des heutigen Ressourcenverbrauchs klargemacht hat, der weiß: Ökologie ist für moderne Unternehmer ein Marketingfaktor, aber vor allem die Überlebensstrategie schlechthin.

Kluge Unternehmer wissen, daß sie in Zukunft hauptsächlich mit grünen Ideen schwarze Zahlen schreiben. Rolf Disch umschreibt diese Philosophie so: »Architekten sollten doch zuerst einmal das nutzen lernen, was nichts kostet, zum Beispiel die Sonne und die Luft.« Als Rolf Disch von der Wirtschaftszeitung »Capital« zum »Ökomanager 1997« gewählt war, nannte ihn die »Badische Zeitung« einen »Visionär mit Realitätssinn«. Er ist kein Ökoromantiker, sondern ein erfolgreicher Unternehmer. Rolf Disch ist nicht trotz seines Umweltengagements, sondern wegen dieses Engagements erfolgreich.

Hartnäckig hält sich das Vorurteil, daß Wohnen mit der Sonne viel technischen Aufwand mit Sonnenkollektoren, Photovoltaikanlagen und Wintergärten bedeute. Doch Solararchitektur ist älter als die heutige High-Tech.

Jeder Bauherr und jede Baufrau können die Sonne auch ohne großen technischen Aufwand »passiv« nutzen. »Ist es nicht angenehm«, so fragte schon vor 2500 Jahren der griechische Philosoph Sokrates, »im Sommer ein kühles Haus zu haben und im Winter ein warmes?« Der lebensnahe Denker fuhr fort: »Muß man also nicht die Seite gegen Süden niedrig bauen, damit der Wintersonne der Zutritt nicht verwehrt wird, die Seite gegen Norden hingegen höher, damit die kalten Winde nicht eindringen?«

Diese Empfehlung gilt natürlich vor allem für das antike Haus im milden Mittelmeerklima, aber auch heute noch, 2500 Jahre nach Sokrates, können Architekten, Bauherren, Stadtplaner und Kommunalpolitiker vom griechischen Meisterphilosophen lernen.

Solares Bauen ist soziales Bauen

Leben mit der Sonne ist gesund, spart Geld und schont die Umwelt. Wer sich im Einklang mit der Natur erleben will, baut mit der Sonne, öffnet sein Haus nach Süden, installiert mit wenig Aufwand technische Intelligenz, um die lebensfreundliche Sonnenenergie zu nutzen. Die Sonne liefert Tageslicht, behagliche Wärme und bietet als schönstes Geschenk Vitalität, Gesundheit und Lebensenergie. In den USA heißen Sonnenhäuser auch »vital buildings«. Das Sonnenlicht ist die Universalarznei aus der Himmelsapotheke. Wir sind Kinder des Lichts. Das natürliche Sonnenlicht unterstützt den inneren Stoffwechsel und stärkt unser Immunsystem. Natürliches Licht regt auch die Selbstheilungskräfte unseres Körpers an, indem es uns heilende Energie zuführt. Der Mediziner Jörg Tingelhoff drückt es drastisch aus: »Leben nach Nord ist Mord.« Feng-Shui-Weisheit aus China besagt: »Kommt die Sonne nicht ins Haus, kommt der Doktor.«

Ein nach der Sonne gebautes Haus schläft nachts und nutzt, optimal isoliert, die Restwärme des Tages. Bei Sonnenaufgang wacht das Haus auf. Die Sonne weckt unsere Lebensgeister. Menschen im Sonnenhaus sind Sonnenpartner statt Morgenmuffel. Wenn eine kreative Bauplanung – wie bei Rolf Disch oder zum Beispiel beim Solarhausproduzenten »Trisolar« – den Sonnenverlauf berücksichtigt, dann harmonieren auch Ökologie und Ökonomie.

Am Mittag hat sich ein nach der Sonne gebautes Haus wie eine Blüte komplett zur Sonne hin geöffnet. Und am Abend sorgt nicht eine Ölheizung, sondern ein moderner Wintergarten für mollige Wärme. Sonnenhäuser sind nicht teurer als konventionelle Gebäude – sparen allerdings riesige Energiemengen ein.

Solares Bauen ist soziales Bauen und ökologisches Bauen und gesundes Bauen. Viele wissenschaftliche Studien belegen, daß Menschen in Solarhäusern weit weniger krank werden als in herkömmlich gebauten Häusern. Sonnenlicht und frische Luft sind wichtige Lebensmittel. In der konservativen Architektur wird einfach übersehen, daß Licht ein existentielles Grundnahrungsmittel ist. Solares Bauen stößt aber in Deutschland noch immer auf unüberwindlich scheinende behördliche Widerstände. Ortssatzungen, Bauleitplanung und Bebauungspläne verhindern häufig energiesparendes und gesundes Bauen. Der Kampf gegen verknöcherte und versteinerte Bürokraten muß immer wieder neu geführt werden. Es gibt ein Menschenrecht auf Sonne, das wichtiger ist als viele überholte Bauvorschriften. Als ich Klaus Töpfer einmal fragte, warum in Deutschland das Bauen 30 Prozent teurer sei als in Holland, sagte der frühere Bundesbauminister: »Hauptsächlich wegen der Vorschriften.« Auch deshalb werden in Deutschland heute noch massenhaft Öl, Gas, Kohle und Strom vergeudet. Das müssen wir ändern und Konflikte in Kauf nehmen.

Langfristig war es für die Menschen zu allen Zeiten günstiger, mit der Natur zu leben als gegen sie. Solararchitektur und Solarenergie sind Voraussetzung dafür, daß die Erde für unsere Kinder bewohnbar bleibt. Die sauberste, umweltfreundlichste und langfristig billigste Energieversorgung der Welt läßt sich ohne nennenswerte Belastung auf fast jedem Haus bequem installieren. Jedes Dach ist ein potentielles Solarkraftwerk.

Nachdem Dischs eigenes »Heliotrop« so gut funktioniert und so ansteckend ästhetisch wirkt, sind bereits drei weitere Heliotrope gebaut. Das erste Heliotrop-Hotel mit 40 Betten ist in der Nordschweiz gerade geplant – es wird eine Touristenattraktion werden. Der Hotelier wird sich um genug Gäste keine Sorgen machen müssen. Ökonomie, Ökologie, Lebensqualität und Ästhetik verbinden sich harmonisch. Hier kann geahnt werden, was der ökologische Jesus wohl unter einem »Leben in Überfluß« verstanden haben mag: ein erfülltes Leben im Einklang mit der Natur! Hanna Disch organisiert ökologische Tagungen für die Katholische Akademie Freiburg. Beiden Dischs gilt auch Albert Schweitzer mit seiner »Ehrfurcht vor allem Leben« als Vorbild. Albert Schweitzer hat mit seinem Lebensmotto das Programm des ökologischen Jesus in diesen vier Worten zusammengefaßt.

Solarauto, Solarhaus, Heliotrop, Solarsiedlung, Plusenergiehaus: für Rolf Disch eine spannende Entwicklung. Wenn sich viele auf diesen Sonnenweg machen, entstehen Millionen neue Arbeitsplätze. Auf die Frage, ob und wie dieser Weg finanziert werden soll, sagt der Ökomanager ganz pragmatisch: »Dies ist gescheiter und billiger, als Arbeitslosigkeit zu finanzieren.«

Auf die Zukunft bauen

Wenn Architekten mal lernen, wo Süden ist, können wir allein durch diese schlichte Erkenntnis die Hälfte unserer bisherigen Heizenergie einsparen. Energiewende, Verkehrswende, Wasserwende – all dies wird nicht klappen ohne eine Wende beim Bauen. Ein Gebäude steht durchschnittlich 100 Jahre. Macht es heute noch Sinn, eine Ölheizung einzubauen, wenn bekannt ist, daß es in etwa 40 Jahren kein Erdöl mehr gibt?

37 Prozent aller Treibhausgase in Deutschland entstehen in privaten Gebäuden. Klaus Töpfer vertrat als Bauminister die Meinung, daß in etwa 20 Jahren der Abriß eines Hauses wegen unseres bisherigen falschen Bauens teurer sein wird als der Bau eines Hauses. Der Ökologe als Bauminister: »Wir müssen unbedingt billiger und ökologischer bauen.« Ist aber ökologisches Bauen nicht teuer?

In der Nachkriegszeit, hauptsächlich in den 60er und 70er Jahren, war Wärmedämmung ein Fremdwort und Energieverschwendung kein Thema. Wirtschaftswunder-Deutschland hatte den Plattenbau entdeckt. Für meine ARD-Reihe »Zeitsprung« haben wir in der Sendung »Auf die Zukunft bauen« mit einer Spezialkamera feststellen können, wieviel Wärme aus Altbauten entweicht. Noch heute wird zumeist die Straße mitgeheizt. Heutige Niedrigenergiehäuser sind um den Faktor vier bis zehn energiegünstiger. Welchen Beitrag können eine ökologische Baupolitik und die Solararchitektur außerdem zur Entschärfung der Klimakatastrophe leisten?

Ökologisches Bauen ist keine Modeerscheinung, sondern eine Herausforderung an unseren Überlebenswillen. Solararchitektur wird integraler Bestandteil einer zukünftigen regenerativen Energiewirtschaft sein. Solarpolitik und Solararchitektur bedeuten: Eine in der Geschichte der Menschheit noch nie dagewesene Anstrengung ist nötig, weil wir der größten Bedrohung in der Geschichte der Menschheit gegenüberstehen, dem Klimakollaps.

Jedes Ökohaus ist ein Kurort

Nicht zufällig steht heute auf fast allen Umweltmessen das ökologische Bauen im Zentrum des Interesses. Große Umweltmessen in Europa heißen heute konsequenterweise gleich »Ökobau«.

Wer vor 15 Jahren einen Architekten fragte, was ein Niedrigenergiehaus ist, bekam die Antwort: »Ein Haus, in dem etwa 20 Prozent der Energie eingespart wird.« Vor zehn Jahren waren schon 50 Prozent und vor fünf Jahren 80 Prozent weniger Energie nötig. Inzwischen sind wir beim »Nullenergiehaus« und beim solaren »Plusenergiehaus« angekommen. Ökologisches Bauen ist aber mehr als eine Solaranlage auf dem Dach. Ökologisches Bauen heißt baubiologische, soziale und raumplanerische Kriterien beachten.

1. Baubiologische Kriterien:
   - neben regenerativen Energiequellen natürliche Baustoffe wie Holz nutzen;
   - Wärmedämmung;
   - Kraft-Wärme-Kopplung durch Blockheizkraftwerke;
   - Einsparen von Trinkwasser durch Komposttoiletten;

- Regenwassernutzung;
- Kompostieren des Abfalls;
- Luft reinhalten, um auch Pflanzen wieder riechen zu können.
2. Soziale Kriterien:
   - Bürger beteiligen sich beim Planen und Bauen;
   - soziale Schichten und Generationen mischen;
   - variable Wohnformen.
3. Raumplanerische Kriterien:
   - autofrei/autoarm, Carsharing, öffentliche Verkehrsmittel;
   - die Wohnung einbinden in Kultur- und Naturlandschaft;
   - fußgänger- und fahrradfreundlich;
   - Politik der kurzen Wege: Wohnen, Arbeiten, Versorgen und Erholen miteinander verbinden;
   - Ruhe einplanen und Lärm reduzieren;
   - nach Süden bauen.

Das beliebteste Vorurteil heißt: Ökologisches Bauen ist zu teuer. Wenn jedoch die genannten Kriterien beachtet werden, macht die Architektur die Seele und den Körper der Menschen weniger krank. Die International Netherlands Bank baute in Amsterdam ein neues Gebäude nach den Kriterien der grünen Solararchitektur: viel Licht, viel Pflanzen, offen nach Süden, erneuerbare Energien, biologisches Baumaterial, transparente Räume, Ruhezonen und Meditationsräume. Die Mehrkosten waren nach knapp zwei Jahren amortisiert. Hauptgrund: Die Mitarbeiter waren nur noch halb so oft krank wie im alten Gebäude. Jedes ökologisch gebaute Haus ist ein Kurort.

In vielen Fällen heißt ökologisch bauen allerdings nicht bauen, sondern sanieren. Der Ökologe Klaus Töpfer legte großen Wert darauf, daß die Bundesregierung beim Umzug noch Berlin lediglich das Kanzleramt neu baut. Alles andere wird saniert. Auf die Regierungsgebäude in Berlin kommen 10 000 Quadratmeter Photovoltaikanlagen, der Reichstag wird mit Pflanzenöl beheizt.

Wer heute in Deutschland ein Fertighaus der Firma Schwörer baut, hat schon jetzt auf seinem Dach eine Solaranlage integriert, obwohl das Haus nicht teurer ist als ein herkömmliches Haus. Auch die 1998 vorgestellten Ökohäuser der Reihe »Övolution« von der Firma »Weberhaus« sind nicht teurer als herkömmlich gebaute Häuser. Noch einen Schritt weiter geht die Firma Dow Chemical Europe, die auf Verbesserung ihres Rufs bedacht ist. Ihr Ökohaus ist etwa 20 Prozent billiger als ein übliches Gebäude und bietet mit einem integrierten Innengarten viel Komfort.

Der Baumarkt ist mit über 600 Milliarden Mark Umsatz pro Jahr der größte Markt der Zukunft. Wer den Ökozug verpaßt, hat die Zukunft verschlafen. Bauen und Wohnen werden hauptsächlich dadurch billiger, daß sie umweltfreundlich werden.

Wissenschaftliche Studien belegen, daß in Ökohäusern und Solarhäusern die Bewohner bis zu 50 Prozent weniger krank sind als in herkömmlich gebauten Gebäuden. Gesundheitsminister plakatieren: »Rauchen gefährdet Ihre Gesundheit.« Analog dazu müßten Bauminister sagen: Heizungsabgase belasten die Luft im Haus und um das Haus, sie gefährden Ihre Gesundheit. Die Firmen »Baufritz« und »Weberhaus« zum Beispiel bieten Vollwerthäuser ohne herkömmliche Heizungen an: High-Tech-Holzbauten mit moderner Dämmung und alternativer Restheizung. Sie setzen auf die Patente der Natur – mit ökonomischem Erfolg. Niedrigenergiehäuser und Nullenergiehäuser werden in wenigen Jahrzehnten nicht mehr alternativ, sondern der ganz normale Standard sein. Die alte energieaufwendige Bauweise ist dann nicht mehr finanzierbar. Die Ökologie wird die intelligentere Ökonomie.

Ökologisches Bauen ist also gut für die Arbeitsplätze, gut fürs Klima und – mittelfristig – gut für den Geldbeutel. Ökologie ist Langzeitökonomie. Langfristig war es für die Menschen aller Zeiten günstiger, mit der Natur zu leben als gegen sie.

Die Firma Laumans im niederrheinischen Brüggen stellt die ersten

Solarziegel in Deutschland her – die Solarmodule werden ohne Aufbauten in die Dachziegel integriert. So wird die Solaranlage um etwa 30 Prozent billiger als bisher.

Die Instag AG gibt Anfang 1998 bekannt, daß Rolf Disch für sie in Freiburg 150 Solarhäuser baut. Die Solarenergie-Plus-Häuser werden doppelt soviel Energie erzeugen, wie sie verbrauchen. Der Clou: Diese Häuser sind nicht teurer als herkömmliche Häuser. Weil sie aber kleine Solarkraftwerke sind, deren Besitzer auch noch Energie verkaufen können, wird mit ihnen künftig Geld verdient. Kein Wunder also, daß sich nach sechs Wochen Ausschreibung 600 Interessenten für diese 150 Solarenergie-Plus-Häuser gemeldet hatten. Diese Solarsiedlung ist ein externes Projekt der Expo 2000. Wohnen im Solarkraftwerk. Was in Freiburg jetzt 150 Familien begonnen haben, wird für Millionen im 21. Jahrhundert selbstverständlich sein. Immer mehr Käufer werden Gefallen an ökologischen Gesamtkonzepten finden. In den Freiburger Solarhäusern wird Regenwasser genutzt, Abwasser- und Bioabfälle werden über Vakuumtoiletten entsorgt und in einem Biogasreaktor energetisch verwertet. Autoabstellplätze werden nur außerhalb der Siedlung angeboten, das Wohngelände bleibt autofrei.

Himmlische Gärten in Frankfurt

Kann man auch Hochhäuser ökologisch bauen? Diesen Ehrgeiz hat der englische Stararchitekt Sir Norman Forster. In London und New York, in Tokio und Hongkong, mit dem Reichstag in Berlin und mit dem Gebäude der Commerzbank in Frankfurt hat er Akzente für ökologisches Bauen im 21. Jahrhundert gesetzt.

Ursprünglich sollte das Commerzbank-Gebäude, mit 300 Metern 1997 das höchste Gebäude Europas, ein Nullenergiehaus werden. Das hat Norman Forster dann doch nicht – noch nicht – geschafft.

Aber immerhin 30 Prozent weniger Energie als die alten Hochhäuser braucht das neue Gebäude, in dem 2400 Menschen arbeiten. In diesem Haus am Frankfurter Kaiserplatz gibt es etwas Einmaliges: drei Jahreszeiten an einem Tag. Man schaut von der Höhe durch Gärten in die Frankfurter City.

An einem Augusttag ist im Ostflügel der Frühling eingekehrt: Magnolien, Azaleen und Bambus wachsen hier. Im Süden des Hochhauses ist zur gleichen Zeit Sommer. Es reifen Zitronen- und Orangenbäume, es duften Thymian und Lavendel, Oleander und Granatäpfel. Im Westen strahlen am gleichen Tag herbstlich Astern und Akazien, Sonnenblumen und Gräser. Wo immer auch die Angestellten sitzen, sie schauen ins Grüne.

30 Prozent weniger Energieverbrauch: Das bedeutet 400 000 Mark Einsparungen pro Jahr. Das wird hauptsächlich durch wärmedämmende Fassaden erreicht. Das gesamte Gebäude ist mit einer Glasschicht, einer zweiten Haut, überzogen, in der frische Luft zirkuliert. So können bis zum 50. Stockwerk alle 8000 Fenster geöffnet werden. Das Licht schaltet sich in jedem Zimmer aus, wenn eine Stunde niemand anwesend ist.

Norman Forster ist überzeugt, daß er demnächst in Japan und anderswo realisieren wird, wovon er seit Jahren träumt: Auch in Hochhäusern wird künftig mit Sonne und Wind mehr Energie erzeugt, als dort gebraucht wird.

Wer uns weiterhin aus den hochbezahlten Vorstandsetagen der alten Energiewirtschaft etwas von »Sachzwängen« erzählt, welche die solare Energiewende verhindern oder verzögern, darf künftig als Reaktion nur noch mit unserem Gelächter rechnen.

Wir müssen die polemische Kraft aufbringen, die lächerlichen und verlogenen Argumente der Atom-, Kohle- und Öllobby dem verdienten, vernichtenden Gelächter preiszugeben! Lacht sie aus und lacht sie tot! Moralisieren hilft gar nichts. Moralisieren erspart allenfalls das Denken. Und Entrüstungspessimismus ist eine weitverbreitete

Form von Denkfaulheit. Wir müssen unsere Gegner laut und unmißverständlich beim Namen nennen. Als ich bei einem Fernsehstreit-
gespräch den Präsidenten des Deutschen Atomforums heftig attak-
kierte, warf er mir vor, ich würde »Feindbilder aufbauen«. Der Mann
hat völlig recht. Wir müssen unsere »Feinde« beim Namen nennen,
sonst können wir sie weder lieben noch besiegen. Die Position Jesu
ist die Position der intelligenten Feindesliebe. Sentimentalität war
seine Sache nicht. Der ökologische Jesus ist ein Realo, kein Senti-
mentalo.

Leider haben die Kirchen aus diesem starken jungen Mann, der im
Tempel seinen Feinden gegenüber sogar handgreiflich wurde, einen
sentimentalen Jüngling gemacht. Wo nötig, ging der wirkliche Jesus
keinem Streit mit seinen Gegnern aus dem Wege.

Streiten mit der Denkfaulheit und Sturheit von beamteten Para-
graphenreitern in Behörden müssen Sonnenfreunde auch heute
noch. Häufig ist den Behörden Denkmalschutz wichtiger als Umweltschutz. Als könnte es je wirklichen Denkmalschutz ohne Umweltschutz geben! Sture Bürokratenärsche können selbst einem leib-
haftigen König, der gerne ein Sonnenkönig werden möchte, Solaranlagen verbieten. So darf der schwedische König Carl XVI. Gustav
keine Solarzellen auf dem königlichen Schloß in Stockholm installieren. Das zuständige »Reichsantiquaramt« begründet die Ableh-
nung mit »ästhetischen« Argumenten, obwohl die Solaranlagen
über dem Schloß nur für schwebende Ballonfahrer sichtbar wären.
Schwedens König wollte sechs Monate im Jahr sein gesamtes Schloß
mit der Sonne heizen.

Königliche Hoheit, schicken Sie Ihre Beamten vom »Reichsantiquaramt« in die Wüste, und bauen Sie Ihre Solaranlagen aufs Schloß
– der ökologische Jesus ist auf Ihrer Seite. Mehr können Sie gar nicht
erwarten!

Die Brücke ins Solarzeitalter

Warum lassen die solare Energiewende und das ökologische Bauen im großen Stil trotz aller Vorzüge so lange auf sich warten? Weniger als 0,5 Prozent der 600 Milliarden Mark, die zur Zeit jedes Jahr in Deutschland fürs Bauen und Sanieren ausgegeben werden, stecken wir in Ökobauten. Geld regiert die Welt, und Geld ruiniert heute die Welt. Das große Kapital ist noch immer auf der falschen Seite. Die eingespielten Interessen der Energiewirtschaft blockieren mit fadenscheinigen Argumenten, aber mit vielen Milliarden Mark im Hintergrund den Weg in die solare Energieversorgung. Denn: mit solaren Energien verlieren die alten Lieferanten von atomaren und fossilen Energien ihr Geschäft.

Wenn es um erneuerbare Energien geht, dominiert grundsätzlich Technikpessimismus. Kein Argument ist zu doof, um nicht gegen erneuerbare Energien ins Feld geführt zu werden; Photovoltaikanlagen sind angeblich nicht ästhetisch, Windräder töten angeblich Vögel, Wasserkraft behindert angeblich die Fische, und Biomasseenergie fördert angeblich die Monokulturen. Alle Argumente sind widerlegt, und vorhandene Probleme – wie früher die Lautstärke von Windrädern – gelöst oder als lösbar erkannt, dennoch gilt für deutsche Ideologen in allen Lagern häufig das Motto: Hauptsache dagegen!

Sie übersehen die Alternativen zur solaren Energiewende: viele Tschernobyls und die Klimakatastrophe, unverantwortliches Bevölkerungswachstum und Hungerkatastrophen, Millionen Arbeitslose und Dinosauriertechnik. Dennoch werden sich die erneuerbaren Energien durchsetzen wie ein Naturgesetz. Die Tochter des Mineralölkonzerns BP, BP Solar, zählt in einer Broschüre diese Vorteile der solaren Energiegewinnung auf:

- Die Sonne ist unerschöpflich,
- die Produktion ist lautlos und

- sie ist absolut emissionsfrei;
- Strom ist eine der universellsten Energieformen.

Wenn bereits ein Mineralölkonzern in dieser Broschüre schreibt: »Die Nutzung der Sonne als unerschöpfliche Energiequelle ist eine der vordringlichsten gesellschaftlichen Aufgaben«, dann ist der solare Fortschritt nicht mehr aufzuhalten.

Das deutsche Brett vor der Sonne

Meist werden knappe öffentliche Finanzen für die Schwierigkeiten beim Übergang ins Solarzeitalter verantwortlich gemacht. Tatsächlich fehlt der politische Mut. »Wir haben keine wirklichen Persönlichkeiten an der Spitze der heutigen Regierungen«, sagte mir Michail Gorbatschow. Wir werden von einer Generation politischer Feiglinge regiert, die unfähig ist, die offensichtlichen Interessen der Gesellschaft und der künftigen Generationen gegenüber dem Terror des großen Kapitals durchzusetzen. Für die heimische deutsche Kohle wird zur Zeit im Bundeshaushalt 400mal mehr Steuergeld zur Verfügung gestellt als für die Markteinführung erneuerbarer Energien. Die Erpressung mit der Grubenlampe funktioniert in Deutschland noch immer. Unter dem Druck einer großen Koalition aus SPD und CDU in Nordrhein-Westfalen, wo im Landtag etwa jeder dritte Abgeordnete von CDU und SPD im Dienst und Sold der nordrheinwestfälischen Energiewirtschaft steht, hat Altkanzler Kohl der Kohlewirtschaft bis zum Jahr 2005 70 Milliarden Mark Subventionen zugesagt. Nach dem Motto »Hauptsache Kohle« wird an den Strukturen und Technologien des 19. Jahrhunderts festgehalten und das 21. Jahrhundert schlicht verschlafen. Der Irrsinn unter Tage entpuppt sich als der Irrsinn unserer Jahre. Und Bundeskanzler Gerhard Schröder trägt den Wahnsinn mit. Wenn die rot-grüne Bundesregierung es wirklich ernst meint mit dem Ausstieg aus der Atomenergie, dann muß sie ganz rasch und im großen Stil in erneuerbare Energien einsteigen. Die Sonne ist die einzige wirkliche Energie-Supermacht. Daneben sind die fossil-atomaren Energieträger marginal.

1998 werden in Deutschland noch nahezu 3000 junge Männer zu Bergmännern ausgebildet. Es ist ein Verbrechen an der jungen Generation, wenn Politiker heute noch jungen Menschen einen Arbeitsplatz im Bergbau empfehlen. Eines gar nicht so fernen Tages müssen sie als letzte in ihrer Grube das Licht ausmachen. Aber bis 2005 wird jeder, der heute im Schacht ausgebildet wird, den deutschen Steuerzahler eine Million Mark Subventionen gekostet haben – bei Arbeitsplätzen, die keine Zukunft haben! So werden die Jungen und die Steuerzahler betrogen. Die Kohle kostet uns alle jede Menge »Kohle«! Werden damit wenigstens Arbeitsplätze geschaffen? Nein, sie werden im Kohlebergbau bis zum Jahr 2005 halbiert. Mit den 70 Milliarden Mark Steuergeldern werden Arbeitsplätze vernichtet, das Klima verpestet und die Zukunft verspielt. Die deutsche Politik hat zur Jahrtausendwende noch immer ein Brett vor der Sonne.

Man muß als Journalist die Dinge beim Namen nennen. Wer nicht Klartext schreibt, wird mitschuldig. Was ist der Hauptgrund dafür, daß die Manager der Klimakatastrophe noch immer ungehindert ihr verbrecherisches Spiel gegen die Interessen des Lebens weiter treiben können?

Die Manager der Klimakatastrophe

Die Strategie der Stromkonzerne wird von den großen Banken in Deutschland gefordert und gefördert. Energiemonopole und Großbanken sind an ihren Spitzen personell miteinander verfilzt. Diese Verfilzung sah zum Beispiel im Frühjahr 1995 – zum Zeitpunkt des Weltklimagipfels in Berlin – so aus:

- Ulrich Cartellieri, Vorstandsmitglied der Deutschen Bank, ist zugleich Aufsichtsrat von Siemens;
- Heinz Kriwet, Aufsichtsrat der RWE, ist zugleich Aufsichtsrat der Commerzbank;
- Friedhelm Gieske, Beirat der Preussenelektra, ist zugleich Beirat der Hypobank;
- Wolfgang Röller, Aufsichtsrat der RWE, ist zugleich Aufsichtsrat der Dresdner Bank.

Eine Handvoll eng miteinander verflochtener Banken und Großkonzerne bestimmen die Energie. Verfilzt und zugenäht! Ihre Rechnung: Die Lebensdauer eines Kraftwerks liegt zwischen 30 und 40 Jahren. Die Kraftwerksinvestitionen allein für die Jahre 1990–1995 betrugen 78 Milliarden Mark. Die müssen erst einmal verdient werden.

Eine solare Energiewende würde diesen Zyklus unterbrechen, die Konzerne müßten mit erheblichen Einbußen rechnen und könnten ihre Kredite nicht mehr zurückzahlen. Das heißt: keine Chance für Sonne, Wind und Wasser.

Ein weiterer Blick auf das real existierende Management der Klimakatastrophe zum Zeitpunkt des Weltklimagipfels in Berlin:

- Hilmar Kopper, Vorstandssprecher der Deutschen Bank, ist zugleich Aufsichtsrat der VEBA;
- Friedel Neuber, Vorstandsvorsitzender der Westdeutschen Landesbank, ist zugleich Aufsichtsrat der RWE;
- Dietmar Kuhnt, Beirat der Preussenelektra, ist zugleich Vorstandsvorsitzender der RWE;
- Walter Seipp, Aufsichtsratsvorsitzender der Commerzbank, ist zugleich Wirtschaftsbeirat der RWE.

Die Stromkonzerne setzen darauf, daß Kohle und Atom weiterhin subventioniert werden. Die Regierenden werden sie nicht enttäuschen.

Die Kosten für die zunehmenden Umweltschäden zahlen aber nicht Stromkonzerne, sondern Natur und Gesellschaft. Weniger als ein Prozent des gesamten Umsatzes von Siemens wird von Siemens-Solar erwirtschaftet. Den Hauptprofit machen die Atomkraftwerke der Siemens-Tochter KWU, der Kraftwerksunion.

Die Geburtsstunde des deutschen Stromkartells liegt weit zurück. 1935 monopolisierte Hitler die Energiewirtschaft. Das Gesetz galt bis zum Jahr 1998. In dieser Zeit war die Marktwirtschaft im Energiebereich abgeschafft. 1998 wurde zwar das Energiewirtschaftsgesetz liberalisiert – doch die Monopole sind nicht wirklich verschwunden.

Auch heute bestimmen wenige Kartelle die Energiepolitik, zum Beispiel die VEBA. Mit 20 Prozent Stimmrechtsanteilen ist die Deutsche Bank an der VEBA beteiligt, die Dresdner Bank hält 23 Prozent. Zusammen mit der Hypo-Vereinsbank und der Commerzbank kommen die vier deutschen Großbanken auf über 50 Prozent. Im Aufsichtsrat der VEBA sitzen die Deutsche Bank, die Dresdner Bank, die Commerzbank und Siemens. Im Vorstand sitzen die Deutsche Bank, RWE und die Commerzbank. Eine Tochtergesellschaft der VEBA, die PreussenElektra, versorgt ein Drittel Deutschlands mit Energie.

Wenn die Klimakatastrophe kommt und das Eis an den Polen schmilzt, dann hat auch die Verfilzung der deutschen Großbanken mit den Stromkonzernen etwas damit zu tun. Hier nämlich sitzen die Manager der Klimakatastrophe noch immer. Sie haben das große Geld, und ihr Geld regiert die Welt. Damit machen sie sich Wissenschaftler und Politiker gefügig. *Sie sichern sich die Macht der Experten, also die Wissenschaftler, und die Experten der Macht, also die Politiker.*

Bei jeder Wahl sollte ein wesentliches Entscheidungskriterium heißen: Wer setzt sich für die Perspektiven eines solaren Deutschlands und eines ökologischen Europas ein? Möglichst viele Bürgeraktionen – verbunden mit Volksentscheiden – können neue Maßstäbe für Politik und Wirtschaft setzen, so wie es heute schon viele lokale Initiativen tun.

Alle ethisch wachen und aufgewachten Bürgerinnen und Bürger können diesen Initiativen mit Hilfe der ethischen Dimension des ökologischen Jesus eine ganz neue Dynamik verleihen. Die Kirchen müssen mit ins Boot des Umweltschutzes – die Landwirte ebenso; sie sind die geborenen Naturschützer. Die alten Umweltverbände müssen sich öffnen für neue Koalitionen und für die ethische Dimension ihrer wichtigen Anliegen. Im Kampf gegen das geplante Braunkohle-Abbaugebiet Garzweiler II sind vor Ort beide Kirchen im Boot des Umweltschutzes und auf der Seite der 7500 Menschen, die wegen des Profits den Braunkohlebaggern weichen sollen. Hier wenigstens wird klar, was Kirchen meinen, wenn sie von der »Bewahrung der Schöpfung« sprechen. 7500 Menschen sollen ihre Heimat verlassen, damit vielleicht 7500 Arbeitsplätze entstehen. Diese Politik ist anachronistisch und schöpfungswidrig. Widerstand dagegen ist notwendig.

Endlich stehen die Kirchen einmal ohne Wenn und Aber auf der Seite der Schwachen und Bedrängten und auf der Seite der gequälten und ausgebeuteten Natur. Auch deshalb wird Garzweiler II vielleicht das Wackersdorf der Braunkohlenindustrie.

Fragen Sie doch mal Politiker und Vertreter der alten Energiewirtschaft, wie sie sich die Energieversorgung vorstellen, wenn die alten Energieträger aufgebraucht sein werden. Sie werden nur Bedenken, Abwehr, Rat- und Hilflosigkeit erleben. Hermann Scheer hat ausgerechnet, daß 6500 Windräder und die Nutzung von Biomasse in Nordrhein-Westfalen Garzweiler II überflüssig machen könnten. Garzweiler II soll Strom aus Braunkohle für 40 Jahre liefern. Die Alternativen würden Strom für alle Zeit liefern. Voraussetzung ist ein Urvertrauen in die kostenlosen Energiegeschenke der Natur. Noch aber herrscht ein notorisches Mißtrauen in die Möglichkeiten der natürlichen Energiequellen. Viele Entscheidungsträger leben total abgeschnitten von den Quellen der Natur. Hauptsächlich deshalb leben sie in sentimentaler Abhängigkeit von allem Alten und in Angst vor jeder Veränderung.

Sonne, Wind, Wasser, Wälder und Felder können uns freilich auch Energie liefern ohne Energiekonzerne. Das ist die Achillesferse der Energiewirtschaft; hier müssen und können wir unsere »Waffen« der Selbstversorgung, Selbstverantwortung und der Energieautonomie ansetzen. Der Geschäftsführer des Solarenergie-Fördervereins Aachen, Wolf von Fabeck, der sich große Verdienste um die Einführung von kostendeckender Vergütung für Solarstrom erworben hat, weiß, wovon er spricht, wenn er sagt: »Die Verantwortlichen verhalten sich wie Kleinkinder, denen die bequeme Flasche weggenommen werden soll. Lächerlich und hilflos sind ihre Argumente gegen eine Energiewende.«

Nach meiner Erfahrung ist dieser Vergleich noch eine Beleidigung für Kleinkinder. Diese verhalten sich nämlich meist klüger!

Wenn große Energieversorger heute noch behaupten, die solare Energiewende sei (leider! leider!!) noch nicht möglich, weil sich Solarstrom nicht speichern lasse, der Wirkungsgrad erneuerbarer Energien erst noch gesteigert werden müsse und die Energiedichte zu gering sei, dann müßten solche Argumente die sofortige Entlassung zur Folge haben, wenn es in der Energiewirtschaft halbwegs vernünftig zuginge. Meine Erfahrung in vielen Fernsehsendungen und Diskussionen: Je höher bezahlt die Energievertreter sind, desto unverantwortlicher ist der Unsinn, den sie über erneuerbare Energien von sich geben. Wahrscheinlich werden sie aber gerade deshalb so hoch bezahlt. Ich kann nicht mehr glauben, daß sie nicht wissen, was sie tun. Sie wissen es inzwischen sehr wahrscheinlich. Aber sie sind hochbezahlte Feiglinge, denen ihr Job wichtiger ist als ihr Gewissen.

Jede Leserin und jeder Leser dieses Buches kann im Geiste des ökologischen Jesus aktiv werden: sich informieren, Informationen weitergeben und selbst den Einstieg in den Umstieg organisieren. Es gibt niemand, der hier nicht mitmachen könnte. Der ökologische Jesus sagt in großer Eindeutigkeit: Ihr könnt, wenn ihr nur wollt und Vertrauen zu euch selbst und in die Schöpfung habt.

Die solare Energieversorgung kommt ohnehin – aus Gründen der Knappheit der alten Energieträger. Wolf von Fabeck: »Wer diese Herausforderung an Ingenieurskunst und Wirtschaftssachverstand zuerst anpackt, hat die Zukunft in der Tasche.« Wenn die Energiekonzerne nicht wollen und die Ingenieure noch nicht im großen Stil dürfen, dann fangen wir eben selber an. Jede und jeder kann zunächst mit einer Solaranlage heute schon einsteigen. Wolf von Fabeck organisiert für diejenigen, die kein eigenes Hausdach haben, jetzt auch eine Solardach-Vermittlung* *Wo* Sie solare Energie erzeugen, ist gleichgültig. Das Problem ist ein globales. Wichtig ist allein, *daß* Sie Solarenergie erzeugen.

Vorbild Schönau

Schönau im Schwarzwald hat 2600 Einwohner. Hier gibt es die bundesweit bekanntgewordenen Stromrebellen. Die kleine Gemeinde rüttelt an einem großen Monopol. Und das kam so: »Die Atomkatastrophe von Tschernobyl 1986 hat uns schlagartig gezeigt, welche Bedrohung für die gesamte Schöpfung die angeblich friedliche Nutzung der Atomenergie bedeutet«, sagte mir Ursula Sladek am runden Tisch ihres Wohnzimmers. »Auch in Deutschland«, fügt ihr Mann, der Arzt Dr. Michael Sladek, hinzu, »wird über die Strahlenbelastung der AKWs nicht richtig aufgeklärt. Sie kriegen es selbst von Kollegen nur unter der Hand, wenn Kinder zum Beispiel um das Atomkraftwerk Krümmel überdurchschnittlich bestrahlt sind und überdurchschnittlich an Krebs erkranken.«

Das Ehepaar gab den Anstoß für die »Bürgerinitiative Eltern für atomfreie Zukunft«. Zunächst organisierten sie Stromsparwettbewerbe. Doch bald spürten sie, daß das nicht reicht, denn die Kraft-

* Solarenergie-Förderverein e.V., Wolf von Fabeck, Herzogstr. 6, 52070 Aachen.

werksübertragung Rheinfelden (KWR) lieferte über 40 Prozent Atomstrom ins beschauliche Schwarzwaldstädtchen.

»Die Energiewende in Schönau schaffen wir nur, wenn wir das öffentliche Netz von der KWR abkaufen und unseren Strom selber produzieren«, sagte Michael Sladek, als ich ihn 1991 für »Report« interviewte. Die Stromrebellen hatten gerade ihren ersten Volksentscheid mit 55 Prozent gewonnen. Ihr Ziel: das Stromnetz in die Hand der Bürger; Freiheit statt Stromsozialismus! Daraufhin durfte der Bürgermeister den Konzessionsvertrag seiner Gemeinde mit dem alten Energieversorger KWR nicht mehr verlängern. Ein politisches Wunder. Jetzt aber ging die KWR in die Offensive. Sie wollten mit riesigem Kapitaleinsatz und einer Angstkampagne noch dem Motto »In Schönau gehen die Lichter aus« die ungeliebten Stromrebellen das Fürchten lehren und organisierten – unterstützt von der CDU und Teilen der SPD – selbst einen Volksentscheid. Das war Goliath gegen David. Doch wieder siegte David. Diesmal knapp mit 52 : 48 Prozent.

Inzwischen war nämlich ganz Schönau eine einzige Volkshochschule für regenerative Energien geworden. Die alten Energieversorger konnten den Schönauern jetzt kein X mehr für ein U vormachen. Die Menschen in Schönau waren aufgeklärt. Über die »Argumente« der alten Kraftwerksbetreiber wurde zunehmend gelacht. Die Schönauer hatten gelernt, daß Geld die Welt regiert und sonst gar nichts. Doch stärker als Geld sind Menschen, die aufwachen!

Als mir auf der Straße eine 82jährige Schönauerin vor laufender Fernsehkamera erklärt hatte, wie ein Blockheizkraftwerk funktioniert, hatte auch ich es endlich begriffen. Im Herbst 1996 beschloß der Schönauer Gemeinderat schließlich mit 6 : 5 Stimmen, der Bürgerinitiative die Stromkonzession zu übertragen. Die KWR wollte von den Stromrebellen erst acht Millionen Mark für das Netz, reduzierte dann aber – nach öffentlichem Druck – den Preis auf 5,8 Millionen Mark. Dieses Geld brachte die Bürgerinitiative in einer einmaligen bundesweiten Spendenaktion zusammen und hat am 1. Juli

1997 als Elektrizitätswerk Schönau das Stromnetz übernommen. Das ist einmalig und erstmalig in Deutschland. Und das kann Folgen für die gesamte Energieversorgung der Bundesrepublik haben.

Die Schönauer hatten erkannt, daß die Energie der Schlüssel einer wirklichen Umweltpolitik und der Zugang zu einer ökologischen Wirtschaftsweise ist. Sie wollen als erstes erreichen, daß der Energieverbrauch mit Hilfe von Blockheizkraftwerken halbiert wird. Die alte Energiewirtschaft macht noch immer Energie nach dem Motto: Wir leben nicht vom Energiesparen, sondern vom Energieverbrauchen. In 15 Jahren soll Schönau atomstromfrei werden. Schönauer Strom soll bald ausschließlich aus Sonnenstrahlen, Wind, Wasser, Biomasse und Blockheizkraftwerken gewonnen werden.

Dieses Ziel wirkt ansteckend. Als ich 1991 in einer »Report«-Moderation den Kommunalpolitikern, die sich für ein modernes Energiemanagement interessierten, empfohlen hatte, doch mal nach Schönau zu fahren, kamen in sechs Monaten 1500 Bürgermeister, Landräte, Stadträte und Stadträtinnen ins südliche Schwarzwaldstädtchen.

Auch Ursula und Michael Sladek gingen in die Schule des ökologischen Jesus: »Schöpfung bewahren darf doch kein Lippenbekenntnis bleiben. Dafür muß man was tun. Christentum ist eine Sache der Tat«, sagt der Katholik Sladek. »Unsere Kinder sollen eine Welt vorfinden, in der sie wieder Kinder haben können«, ergänzt seine Frau. Die beiden Sladeks sind für mich der personifizierte Beweis dafür, daß eins und eins mehr als zwei sein kann, wenn Frau und Mann, Partnerin und Partner wissen, was sie wollen, und sich gemeinsam an der richtigen Stelle für ein gutes Ziel engagieren. Hier wurde eine tiefe Liebe und schöpferische Liebesarbeit ganz konkret, praktisch und fruchtbar.*

---

* Netzkauf Schönau: Michael und Ursula Sladek, Postfach 61, 79675 Schönau, Telefon: 0 76 73 / 93 15 78, Fax: 0 76 73 / 93 15 80.

Schöpferische Zweisamkeit scheint mir – auch nach eigener Erfahrung – ein spannendes und wichtiges Zukunftsmodell zu sein. Wer die Sladek-Kinder kennt, weiß auch, wie aus schöpferischer Zweisamkeit eine schöpferische Familie entstehen kann. Wohl den Kindern, die sagen können, meine Eltern sind mir Vorbild für meinen Lebensweg. Und wohl den Eltern, die das Jesus-Wort verstehen: »Werdet wie Kinder!« Das heißt: Seid offen, werdet reif, wachst, lernt, öffnet euch wie Kinder! Auch zwischen Eltern und Kindern gilt: Menschen, denen wir eine Stütze sind, geben uns Halt im Leben.

Ursula und Michael Sladek sind sanfte Rebellen. Als einzelne sind wir oft nur ein Wort – als Partner können wir zum Gedicht werden. Michael Sladek ist Gemeinderat einer Liste »Freie Wähler«. Die Wählerinnen und Wähler in Schönau waren dann so frei, den Mächtigen in Politik und Stromwirtschaft einen Denkzettel zu verpassen. Die ökologische Wende wird von unten kommen – wie in Schönau – oder gar nicht. Ökologisch aufgewachte Menschen bewirken das Ende des Atomzeitalters und den Übergang ins Sonnenzeitalter. Was sanfte Rebellen wie Ursula und Michael Sladek und ihre Helferinnen und Helfer in Schönau anzettelten, wird Früchte bringen. Wer sich für erneuerbare Energien einsetzt, wird erneuerbare Energien ernten. Die solare Energiewende kommt, wenn viele Menschen sie wirklich wollen.

Allein in Baden-Württemberg wollen schon kurze Zeit nach der Schönauer Netzübernahme die Städte Lörrach, Weil am Rhein, Emmendingen und Umkirch ebenfalls das Netz übernehmen. Michael Sladek: »Wichtig ist, daß wir eins, zwei, ganz viele Schönaus schaffen.« Im Herbst 1998 beschließt der Gemeinderat der 20 000-Einwohner-Stadt Waldkirch einstimmig, es den Schönauern nachzumachen, eigene Stadtwerke zu gründen und das Stromnetz ebenfalls in eigene Regie zu übernehmen. Man sieht: Bis die Mächtigen weise werden und die Reichen ihr Geld an der richtigen Stelle anlegen, können wir schon mal etwas tun.

In Schönau wird jetzt die gesamte Energieproduktion und Energieversorgung demokratisiert. Demnächst wird in einer Volksabstimmung entschieden, ob in Schönau kostendeckende Vergütung für Solaranlagen eingeführt wird. In Schönau ist Solarenergie die Energie des Volkes und die Energie des Friedens mit der Natur. Auf dem Kirchendach gibt es jetzt eine riesige Solarstromanlage, das Schönauer Schöpfungsfenster genannt.

Schönau kann überall werden. Wem die Ohren nicht verstopft und die Augen nicht verklebt sind, der hört und sieht die Zeichen der Zeit:

- die solare Energiewende;
- die ökologische Verkehrswende;
- die biologische Landbauwende;
- eine nachhaltige Waldwirtschaft;
- eine ökologische Wasserwende;
- eine ökologische Steuerreform;
- ökologisches Bauen und Sanieren und
- eine nachhaltige Wirtschaftspolitik.

Die Bergpredigt des Jesus von Nazareth ist ein Fahrplan ins Reich der Freiheit und zum Paradies auf Erden. »Dein Reich komme«, hat Jesus dieses Ziel formuliert. In der Sprache unserer Tage können wir das Ziel vielleicht ein ökologisches Wirtschaftswunder nennen. Diese Zielvorgabe, von welcher der ökologische Jesus träumte, ist wohl die humanste Vision für ein gutes 21. Jahrhundert.

Mit seinem Wort von der Sonne, die der himmlische Vater für alle scheinen läßt, machte Jesus vor 1970 Jahren einen großen Zeitsprung nach vorn in unsere Zeit. Dieses beglückende Jesus-Wort bedeutet für uns heute: Legt all eure Atomkraftwerke still, baut all eure Ölraffinerien ab, schließt all eure Kohlekraftwerke, vergeßt Garzweiler II. All das braucht ihr nicht. Vertraut vielmehr dem himmlischen

Vater mit seiner Sonne, seinem Wind, seinem Wasser, seinen Bäumen und seinen Pflanzen. Jesus propagiert die kosmischen Energiequellen.

Der junge Mann aus Nazareth meint damit keine Utopie, sondern ein realistisches, positives Zukunftsprogramm, das heute umgesetzt werden kann. Jesus war mit diesem Programm weder rechts noch links, sondern vorn. Er war und ist ein Mann der Zukunft. Er propagierte ein Programm von atemberaubender Aktualität.

Mit seinem ewig gültigen Bild von der Sonne des Vaters und dem Vater als der Sonne hinter der Sonne legte Jesus den Grundstein für das Solarzeitalter. Die Brisanz dieser solaren Jesus-Strategie kann gar nicht überschätzt werden.

Drei unverdächtige Zeugen für den unwiderruflichen Beginn des Solarzeitalters

1. Der Chef des englischen Energiekonzerns BP sagte am 17. Oktober 1997 in der »Zeit«: »Der Energieverbrauch wird während der kommenden 50 Jahre stark wachsen – und es könnte durchaus sein, daß dann rund die Hälfte davon auf erneuerbaren Energien beruht.«
Der BP-Chef kündigte an, sein Konzern werde in den nächsten zehn Jahren den Umsatz von Solaranlagen verzehnfachen.

2. Der Präsident der Royal Dutch/Shell-Gruppe hat am 19. Juni 1996 in München bei den »Nymphenburger Gesprächen« vorausgesagt, daß die erneuerbaren Energien bis zum Jahr 2020 »voll wettbewerbsfähig« sein werden. »Die Stromerzeugung aus Biomasse und Windenergie ist in Nischenmärkten schon heute wirtschaftlich.« So seien die Kosten für Windanlagen seit 1980 pro Jahr um zehn Prozent gefallen.

3. Im BMW-Pressedienst 3/1997 lese ich unter der Überschrift »Die Sonne rechnet sich«: »Bei der Stromerzeugung sind regenerative Energien gefragt. Insbesondere die großtechnische Nutzung von

Sonnenenergie ermöglicht es, die für die Wasserstoffgewinnung notwendige Elektrizität in großen Mengen und zu kostengünstigen Preisen umweltfreundlich herzustellen.« Die BMW-Techniker haben errechnet: »Der gesamte Energiebedarf Europas und Afrikas ließe sich mit Solarkraftwerken auf einer Fläche von drei Prozent der Sahara decken.«

Das geht freilich auch viel einfacher und billiger. In Europa stehen über zweihundert Millionen Gebäude, an deren Dächern und Wänden problemlos das Mehrfache des Stroms gewonnen werden kann, den wir brauchen. Aus der Sonne kommt alles, die Sonne bewirkt alles. Die Sonne ist der sichtbare Ausdruck einer »ewig« wirkenden Schöpferkraft.

Energie aus der Sonne hat viele Gesichter:

- aus Biomasse wird Strom erzeugt;
- im Wald wächst Wärme;
- Biomasse wird in Wärme, Kühlung oder auch benzinähnliche Produkte verwandelt;
- Kollektoren fangen Wärme für Wasser und Heizung ein;
- Tageslicht wird über Photovoltaik-Anlagen zu elektrischem Strom;
- Wind treibt Stromgeneratoren an;
- Wasser wird durch Turbinen gejagt und erzeugt Strom.

Eindeutig ist das Ziel, das die Europäische Kommission in Brüssel in einer Studie von fünf namhaften europäischen Forschungsinstituten (IRED, Paris; Faculté Polytechnique de Mons, Belgien; Roskilde University, Dänemark; Wuppertal-Institut in Wuppertal und Zentrum für Europäische Wirtschaftsforschung, Mannheim) formulieren ließ. Danach ist die Energiewende technisch machbar und finanzierbar, wenn der politische Wille vorhanden ist. Die solare Energiewende sieht in diesem Europa-Szenario von 1990 bis 2050 so aus:

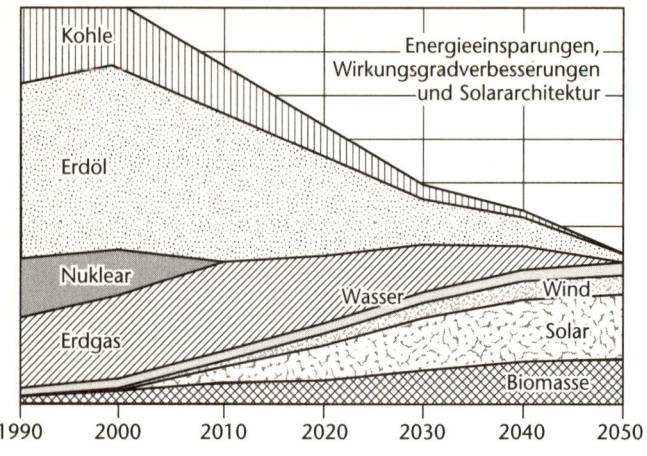

Energieverbrauch 1990–2050 in der Europäischen Union

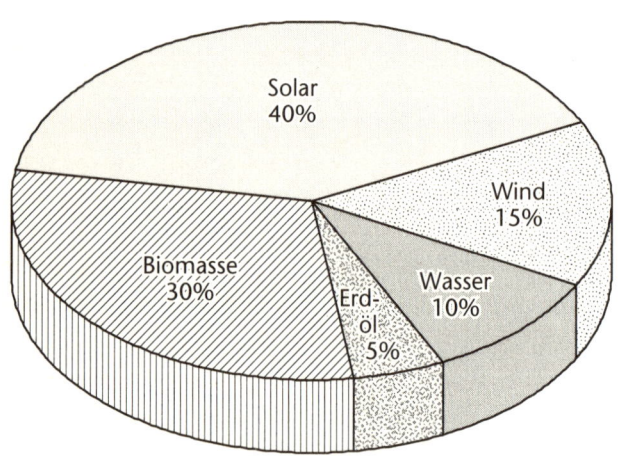

Energieszenario 2050 in der Europäischen Union

Das heißt: Ab dem Jahr 2000 geht der Energieverbrauch aus Erdöl und Kohle zurück. Im Jahr 2010 ist das letzte Atomkraftwerk abgeschaltet. Ab 2015 wird auch weniger Erdgas verbraucht. Bis 2050 werden durch Energieeinsparen, Verbessern der Wirkungsgrade und durch Solararchitektur etwa 60 Prozent des Energieverbrauchs von 1990 eingespart. Die noch benötigte Energie wird zu 95 Prozent aus Biomasse, Sonne, Wind- und Wasserkraft gewonnen und lediglich noch zu fünf Prozent aus Erdöl. Die Energiekosten sind nur leicht um knapp vier Pfennig pro kWh gestiegen. Diese Mehrkosten werden jedoch durch den geringeren Verbrauch mehr als ausgeglichen.

Diese konsequente Energiewende ist freilich nur gegen die massiven Widerstände der alten, kapitalstarken Energiemonopole durchzusetzen. Wir werden dies – wie Jesus zu seiner Zeit gegen heftige Widerstände der etablierten Mächte anzukämpfen hatte – nach der alten dialektischen Weisheit tun müssen: Wer sich *nicht* in Gefahr begibt, kommt darin um.

Sicher ist: Die Zukunft gehört den Sonnenmenschen. Wer dem ökologischen Jesus folgt, gelangt auf die Sonnenseite des Lebens. Wir haben Zukunft, wenn wir unser Gesicht der Sonne zuwenden und die Schatten der atomaren-fossilen Vergangenheit hinter uns lassen. Wer freilich kein Ziel hat, kann auch keines erreichen.

Regenbogenpolitik

Kinder malen gerne Regenbögen. Der Regenbogen ist ein allseits beliebtes Symbol für Visionen. Der in den Spektralfarben leuchtende Halbkreis entsteht, wenn die Sonne eine Regenwolke bescheint. Ein Regenbogen ist ein Zeichen des Übergangs: noch Regen, schon Sonne. Oder: Auch in der Krise liegt immer eine Chance.

Fünf Tatorte einer Regenbogenpolitik:

Erster Tatort: die Schweiz. Eine Regenbogenkoalition von grün über links bis christdemokratisch und freisinnig hat – angestachelt von Schweizer Unternehmern in der großen Parlamentskammer – einem Gesetz zugestimmt, von dem deutsche Umweltschützer in allen parteipolitischen Lagern bis jetzt nur träumen können: Danach wird in der Schweiz in 20 Jahren die Hälfte aller Energie aus umweltfreundlichen, regenerativen Energiequellen gewonnen. Die Instrumente für die Schweizer solare Energiewende: Die alten nichterneuerbaren Energien Erdöl, Erdgas, Kohle und Uran werden mit 0,6 Rappen (etwa 0,7 Pfennig) pro Kilowattstunde belastet. Das ergibt jährliche Zusatzeinnahmen von etwa 1,2 Milliarden Mark. Mit der Hälfte dieser Einnahmen werden die heimischen, umweltfreundlichen Energieträger Sonne, Wind und Biomasse gefördert, mit der anderen Hälfte das Energiesparen und die Energieeffizienz.

Der freisinnige Abgeordnete Marc Suter, der den Gesetzesantrag einbrachte, rechtfertigte sein Sonnenkonzept ausdrücklich mit dem Hinweis auf »die Wahrung des marktwirtschaftlichen Wettbewerbs im Energiebereich«. Bisher seien die alten Energieträger einseitig bevorzugt gewesen. Der Freidemokrat Suter erinnert die Parlamentarier in Bern daran, daß heute mehr als 60 Prozent aller Energie ungenutzt verlorengeht. »Von den 20 Milliarden Franken, die wir Schweizer jährlich für Energiekonsum ausgeben, entfallen 12 Milliarden auf Energieverluste. Diese ökonomische Verschwendung muß aufhören.« Mit dem neuen Energiegesetz würden ökonomische wie ökologische Ziele erreicht, Klimaschutz und Energieeffizienz. Die energetisch sanierten Betriebe könnten künftig billiger produzieren, würden konkurrenzfähiger gegenüber ausländischen Firmen und bis zu 84 000 neue Arbeitsplätze schaffen. Gerade das letzte Argument hat wesentlich dazu beigetragen, daß Suters Antrag mit 88 : 82 Stimmen parteiübergreifend durchkam. Auf Deutschland umgerechnet, wären dies knapp eine Million Arbeitsplätze durch eine solare Energiewende à la Schweiz. Es entstehen Arbeitsplätze im Bau- und Metallgewerbe, in der Haustechnik und Landwirtschaft (Holz- und Biomasse), bei Planern und Architekten, bei Ingenieuren und im Hightechgewerbe.

Zweiter Tatort: USA. Nur wenige Zeitungen haben hierzulande gemeldet, daß Präsident Clinton den US-amerikanischen Einstieg in die solare Energiewende ankündigte. Die US-Regierung will mit dieser Regenbogenpolitik in den nächsten Jahren ein Eine-Million-Solardächer-Programm realisieren. Diese Massenproduktion, deren Finanzierung 1998 freilich noch offen war, wird wesentlich dazu beitragen, daß Solaranlagen preiswerter werden. Schon heute gibt es in den USA große thermische Solarkraftwerke, die Sonnenstrom für etwa 11 Pfennig pro Kilowattstunde produzieren und ganze Großstädte versorgen. Die neue US-Solarstrategie heißt: Massenproduktion, Preise runter, Umwelt retten.

Zum Vergleich: In Deutschland, wo die weltweit beste Solartechnologie entwickelt wurde, hat die Bundesregierung 1990 ein 1000-Solardächer-Programm initiiert – es ist längst ausgelaufen. Die USA erhoffen sich von ihrer Solarstrategie etwa zwei Millionen und Japan mit einer ähnlichen Strategie langfristig eine Million neuer Arbeitsplätze. Wer wissen will, warum die Zahl der Arbeitslosen hierzulande steigt, bedenke die ökonomisch wie ökologisch und sozial katastrophale deutsche Energie. Hier sind Dinosaurier am Werk. Ihr Hauptmerkmal: viel Masse, wenig Hirn! Und keine Spur von Moral gegenüber unseren Kindern. Endlich will die neue Bundesregierung auch in Deutschland ab 1999 ein 100 000-Solardächer-Programm starten!

Dritter Tatort: In Dänemark wird schon heute 50 Prozent allen Stroms aus energieeffizienter Kraft-Wärme-Kopplung und aus regenerativen Energiequellen gewonnen. Jetzt bauen dänische Windstromproduzenten ihre ersten Windräder nicht mehr nur ans Meer, sondern *ins* Meer und produzieren klimafreundlichen Strom für etwa zehn Pfennig pro Kilowattstunde. Geplant sind 7000 Windmühlen im Meer, wo sie niemand stören. Mit einem unglaublich primitiven Trick verhindern die deutschen Energiemonopolisten diese »Off-shore«-Windtechnik hierzulande. Das Stromeinspeisegesetz sehe vor, daß nur solch regenerativer Strom ins Netz eingespeist werden dürfe, der »im Versorgungsgebiet« erzeugt werde. Windanlagen im Meer aber seien außerhalb des Versorgungsgebiets! Hier bestimmen nicht nur Umweltfeinde, hier bestimmen Technikfeinde die Politik. Peinlicher geht's wirklich nicht mehr!

Die dänischen Eisenbahnen haben beschlossen, 1000 Windräder aufzustellen und Strom, den die dänischen Züge brauchen, über Windmühlen zu gewinnen. Diese Regenbogenpolitik hat Folgen. Nicht deutsche, sondern natürlich dänische Windanlagenbauer haben 1997 einen Großauftrag über die Lieferung von 1000 Windrädern nach China abgeschlossen. Die Stromdinosaurier machen hierzulande viel kaputt – auch an zukunftsfähigen Arbeitsplätzen. Anderswo sterben sie bereits aus oder sind auf dem Rückzug. In Deutschland stehen sie noch voll im Saft. Und viele Politiker der Altparteien hängen am Tropf der Energiewirtschaft wie ein Junkie an der Nadel.

In Dänemark sagt der Minister für Umwelt und Energie, Svend Auken: »Dänische Energie heißt weniger Kohle und mehr Windenergie.«

Vierter Tatort: Auf europäischer Ebene gibt es zumindest Ansätze für eine Sonnenpolitik. Die Europäische Kommission in Brüssel unterstützt europaweit Solarprojekte und geht in einem Weißbuch davon aus, daß schon der Einstieg ins Solarzeitalter etwa eine Million neue Arbeitsplätze schaffen wird. In Straßburg haben 40 Europaabgeordnete eine fraktions- und länderübergreifende Aktion »Eurosun« gestartet. Sie engagieren sich für das »Eine-Million-Solardächer-Programm« in einer bunten Regenbogenfraktion.

Fünfter Tatort: Wer heute durch Israel fährt, sieht schon auf jedem dritten Haus eine Solaranlage. Energie aus der Sonne wird in Jesu Heimat genutzt: in Galiläa und in der Wüste Negev, in Haifa, Tel Aviv und Tiberias, in Eilat, Bersheba und in Jerusalem. Nach meiner Kenntnis ist Israel am Ende des 20. Jahrhunderts weltweit das Land mit den meisten Solaranlagen pro Kopf der Bevölkerung. Israel ist auf dem Weg ins Solarzeitalter an der Spitze und damit auf einem guten Weg ins 21. Jahrhundert. Von der Heimat des ökologischen Jesus wird ein Sonnensegen für das neue Jahrhundert ausgehen. Das Land, in dem Jesus die prophetischen Worte vom Vater sprach, der seine Sonne für *alle* aufgehen läßt, geht voran.

Das Faszinierende am Regenbogen ist, daß die wärmende Sonne sich schon bemerkbar macht, trotz des bedrohlichen Unwetters. Täuscht der Regenbogen? Er ist eher ein Angebot zur Hoffnung. Den Luxus der Hoffnungslosigkeit sollten wir uns nicht länger leisten.

Sonnenaufgang in Japan

80 Prozent der Deutschen sagen bei Umfragen, der Solarenergie gehöre die Zukunft. Doch politisch unterstützt und finanziell gefördert werden weit mehr die Dinosauriertechnologie Atomkraft und die 19.-Jahrhundert-Technologie Kohle.

Anders in Japan: Hier geht die Regierung davon aus, daß mit dem 100 000-Solardächer-Programm in fünf Jahren Solarstrom mit dem Preis für herkömmlichen Strom konkurrieren kann. Japan will den solaren Weltmarkt erobern – mit Hilfe deutscher Technik.

Für uns Deutsche besonders pikant ist nämlich, daß Japan in den letzten fünf Jahren sämtliche deutschen Solarpatente aufgekauft hat. Mit Hilfe deutscher Technik startet also Japan jetzt in das neue solare Zeitalter.

Wenn ich einem japanischen Politiker oder Manager die heutige deutsche Energie erkläre, ist er fassungslos. Was in Deutschland, dem Land des einstigen Wirtschaftswunders, heute politisch und ökonomisch geschieht, ist in seiner Irrationalität und Vergangenheitsfixiertheit im Ausland nicht mehr nachzuvollziehen. »Seid ihr total verrückt geworden?« fragte mich ein ausländischer Freund, als in Bonn die 70 Milliarden Investitionen für den Kohlebergbau beschlossen wurden. Ich mußte ihm recht geben. Noch herrscht das Dinosaurierprinzip.

Wir werden lernen müssen, uns am Schmetterlingsprinzip zu orientieren. Schmetterlinge sind leicht, bunt, vielseitig, transformativ. Schmetterlinge sind immer offen für Transformation, so wie die Natur es vorsieht: Ei, Larve, Raupe, Schmetterling. Schmetterlinge haben lange vor den Dinos gelebt und die Dinosaurier inzwischen um 65 Millionen Jahre überlebt. Ganz offensichtlich ist das Schmetterlingsprinzip ein Überlebensprinzip, während fett und unbeweglich gewordene Dinosaurier zum Aussterben verurteilt sind.

Dinosaurier mögen stark erscheinen durch Masse und Ausdauer – Schmetterlinge sind überlegen durch Vitalität und Unabhängigkeit. Nur wer sich ökonomisch am Schmetterlingsprinzip orientiert, wird erfolgreich sein können, wie der Ökomanager Maximilian Gege in seinem aufregenden Buch »Kosten senken durch Umweltmanagement« aufzeigt. Seine These belegt er durch 1000 Erfolgsbeispiele von 100 Unternehmern. In diesem Buch wird ebenso wie in »Faktor vier – doppelter Wohlstand, halber Naturverbrauch« von Ernst Ulrich von Weizsäcker und in dem Buch »Wieviel Umwelt braucht der Mensch? Faktor 10 und das Maß für ökologisches Wirtschaften« von Friedrich Schmidt-Bleek deutlich, daß Firmen, die sich nicht ökoeffizent verhalten, der Umwelt nicht mehr lange schaden können. Weil es sie schon mittelfristig nicht mehr geben wird!

Im Juni 1996 wurde im Deutschen Bundestag über einen Antrag der SPD-Fraktion, initiiert von Hermann Scheer, debattiert. Scheer hatte vorgeschlagen, es den Japanern nachzumachen und auch in Deutschland ein 100 000-Solardächer-Programm zu starten. Der damalige Forschungsminister der Industrienation Deutschland hat diese vernünftige Initiative schlicht »Wahnsinn« genannt. Der Mann, der entscheidend daran mitwirkte, daß Deutschland die solare Zukunft verschläft, ließ sich gerne Zukunftsminister nennen, und derselbe Mann hatte wenige Monate später bei einer Demonstration mit Bergarbeitern ein Schild in der Hand, auf dem stand: »Kohle hat Zukunft.« Dieselben Politiker, die uns von morgens bis abends erklären, es gelte jetzt, den Wirtschaftsstandort Deutschland zu sichern, verspielen ihn mit Dilettantismus, Ignoranz und Feigheit, die nicht mehr zu überbieten sind.

Die errechneten Kosten für ein klimafreundliches und arbeitsplatzförderndes 100 000-Solardächer-Programm von 1,5 Milliarden Mark hielt Minister Rüttgers für einen unzulässigen Griff in die Taschen der Steuerzahler; aber 70 Milliarden für die klimaschädliche Kohletechnologie, womit auch noch die Zahl der Arbeitsplätze im Bergbau halbiert wird, hielt er für gerechtfertigt.

Japan hat am Ende des 20. Jahrhunderts bereits zwei Millionen thermische Solaranlagen auf seinen Hausdächern. Deutschland etwa 300 000.

Die USA und Japan fördern Solartechnologien weniger aus umweltpolitischen als aus wettbewerbs- und industriepolitischen Gründen. Sie haben die Rolle der Solartechnik im Weltmarkt erkannt. Amerikanische Firmen sehen heute Deutschland als den interessantesten Markt in Europa für das 21. Jahrhundert. Hierzulande wurde zwar viel Geld für Solarforschung ausgegeben. Aber Produktion und Arbeitsplätze entstanden woanders. Gibt es für eine rot-grüne Bundesregierung ein besseres Markenzeichen, als technologisch und ökologisch endlich den Aufbruch ins Solarzeitalter zu wagen?

Solarstrom für sechs Pfennige?

Ist es möglich, Solarstrom für sechs Pfennige je Kilowattstunde zu erzeugen? Diese Vision soll nach den Vorstellungen des »Solar Century Fond« schon in wenigen Jahren im Sonnengürtel der Erde – also 35 Grad nördlich und südlich des Äquators – realisiert werden können. Kurz vor dem Druck dieses Buches durfte ich in München etwa 300 Interessierten den neuen Solar-Fonds präsentieren.

Dem Fonds liegt die technische Idee des Stuttgarter Ingenieurs Professor Jörg Schlaich zugrunde, große thermische Solarkraftwerke zur Stromerzeugung, sogenannte Aufwindkraftwerke, in Wüstengebieten zu errichten. Eines dieser riesigen Kraftwerke kann 800 Gigawattstunden Strom produzieren. Nach den Vorstellungen der Initiatoren des »Solar Century Fond« soll mit diesen Solarkraftwerken der »Einstieg in das Jahrtausend der Sonnenenergie-Nutzung« geschaffen werden.

Professor Schlaich machte den potentiellen Investoren diese Rechnung auf: Bei einer angenommenen Nutzungsdauer von 20 Jahren werde die Produktion einer Kilowattstunde Solarstrom 11 Pfennige, bei weiteren 20 Jahren acht Pfennige und »bei durchaus realistischen 80 Jahren« noch sechs Pfennige kosten. Damit sind wir auf dem besten Weg auch zur großtechnischen Nutzung der Solarenergie. Solche Kraftwerke sind vergleichbar dem Bau eines fossilen Kraftwerks mit einer integrierten unendlichen Kohlenmine oder mit einer niemals versiegenden Ölquelle.

Wenn es gelingt, diese Reserven effektiv und wirtschaftlich zu nutzen, hat man eine nahezu unendliche Energiequelle erschlossen. Wer hier investiert, investiert in den Zukunftsmarkt schlechthin. Solches Investment ist ethisch vertretbar – von ihm geht ein Segen und keine Zerstörung aus. So können aus den alten Ölscheichs neue »Sonnenscheichs« werden.

Wo wir heute noch Wüste finden, können künftig auf großen Solarfeldern reiche Sonnenernten eingebracht werden. Noch sind etwa zwei Milliarden Menschen in der Dritten Welt ohne Stromanschluß. Sie hoffen auf preiswerten Solarstrom ohne Umweltprobleme. In Kalifornien wird schon heute aus großen Solarkraftwerken Sonnenstrom für 19 Pfennige pro Kilowattstunde produziert. Auch die hier verwendete Technik thermischer Solaranlagen zur Stromgewinnung, sogenannte Parabolrinnenspiegel, wurde in Deutschland erfunden und entwickelt.

Der »Solar Century Fond« hat bereits die Unterstützung renommierter Forschungsinstitute, qualifizierter Betreibergesellschaften und führender Versicherungen, seine wichtigsten Partner freilich die Umwelt und die künftigen Generationen. Dieser Aufbruch ins Solarzeitalter liegt jetzt in der Hand von visionären und ethisch orientierten Investoren.

Schilfgras statt Atom

Wer im Allgäu hinter einem Lastwagen der Leutkircher Brauerei Härle herfährt, traut seiner eigenen Nase nicht: Kein rußiger Ölgestank mehr, sondern der süßliche Pommes-frites-Geruch von Biodiesel. Die Brauerei gehört zu den ersten Betrieben, die umweltfreundlich mit Öl aus Pflanzen fahren. Geschäftsführer Gottfried Härle rechnet stolz vor, daß seine Firma durch die Umrüstung seiner 12 Lkws und zwei Diesel-Pkws der Umwelt jetzt jährlich 40 000 Liter Heizöl und damit 130 Tonnen Treibhausgase erspart. Biertransport mit Biodiesel. »Das geht wunderbar«, bestätigt auch Hubert Fuchs, Zimmermeister im Kreis Unterallgäu. Er hat seine gesamte Wagenflotte auf Rapsdiesel umgerüstet.

Es gibt zwei Wege, die Sonnenenergie zu nutzen: den technologischen Weg über Solaranlagen, Windräder, Wasserräder und Blockheizkraftwerke und den biologischen Weg über nachwachsende Rohstoffe.

Der biologische Energieweg über die Photosynthese der Pflanzen und Bäume, den ich hier beschreibe, ist bisher in den Industriestaaten der am meisten vernachlässigte Energiepfad in die Zukunft. Der große Vorteil des biologischen Wegs: Die Photosynthese, die Umwandlung des Sonnenlichts in Pflanzenenergie, hat etwa 800 Millionen Jahre Erfahrung, die menschliche Technologie 200 Jahre.

Der ökologische Jesus gab uns mit seinen Gleichnissen vom Samen und Acker, von den Lilien des Feldes und den Früchten des Bodens, von Sonne und Regen viele Hinweise auf die Weisheit der Natur, von der wir heute lernen müssen und können.

Jeden Augenblick entsteht neues Leben aus dem Licht der Sonne. Die Sonne bildet jeden Tag so viel neue organische Substanz, daß man damit einen Güterzug füllen könnte, der eine Länge von der Erde bis zum Mond hat. Durch die Photosynthese wird jährlich so viel Biomasse produziert, daß wir theoretisch damit 10mal soviel Energie erzeugen könnten, wie heute alle Menschen verbrauchen.

Im Wald wächst wirklich Wärme! Bäume und Pflanzen sind die effektivsten Sonnenkollektoren, sie bestehen aus gespeicherter Sonnenenergie. Biomasse ist also ein enormer Sonnenenergieträger, der – nachhaltig und ökologisch bewirtschaftet – zeitlich unbegrenzt, speicherbar und weltweit zur Verfügung steht. Die immer wieder nachwachsende Biomasse liefert Energierohstoffe in allen Aggregatzuständen – fest, flüssig oder gasförmig:

- Biobrennstoffe wie Schilf, Stroh oder Holz können als Hackschnitzel, Pellets oder Staub durch Blockheizkraftwerke in Wärme und elektrischen Strom umgewandelt werden. In Bayern laufen 1999 bereits über 60 große Biomasse-Heizkraftwerke. Bald sollen es 100 sein. In Baden-Württemberg haben in den letzten Jahren 50 Gemeinden – hauptsächlich im Schwarzwald – beschlossen, öffentliche Gebäude und Neubaugebiete mit der Wärme aus Holz zu versorgen. Die meisten sind bereits in Betrieb.

- Biokraftstoffe werden als benzinähnliche Produkte in Verbrennungsmotoren eingesetzt. Es gibt 1999 in Deutschland nahezu 1000 Biosprittankstellen, wo man verestertes Pflanzenöl oder reines Pflanzenöl tanken kann.
- Biogas – ein Produkt aus Grünmasse oder organischen Reststoffen – aus Küche, Feld und Wald kann ebenfalls thermische, mechanische und elektrische Energie erzeugen.

Drei wesentliche Vorteile hat die Energie aus Biomasse in der Zukunft:

1. Da Pflanzen und Bäume beim Nachwachsen exakt soviel Kohlendioxid brauchen, wie beim Verbrennen, Vergasen oder Verstromen freigesetzt wird, belastet Biomassenergie nicht das Klima. Der entscheidende Unterschied zwischen Biomasse-Energie und Energie aus Erdöl, Erdgas, Kohle oder Benzin ist, daß der Einsatz von Biomasse CO_2-neutral, also nicht klimaschädlich ist. Bei Biomasse können wir in einem Jahr verbrauchen, was im nächsten Jahr wieder nachwächst. Bei Kohle, Erdgas und Erdöl verbrauchen wir heute in einem Jahr, was die Natur in 500 000 Jahren angesammelt hat. Das erste ist verantwortlich und zukunftsfähig, das zweite unverantwortlich, weil nicht zukunftsfähig.

2. Biomasse kann überall als heimischer Energieträger genutzt und außerdem so problemlos gespeichert werden wie Erdöl, Erdgas, Kohle oder Benzin.

3. In einer Zeit, in der in fast allen Industriestaaten das Bauernsterben fortschreitet, bietet umweltfreundliche Energie vom Acker und Wald den Bauern endlich eine existenzsichernde Zukunftsperspektive: Neue Arbeitsplätze entstehen im ländlichen Raum, die Vegetation wird gefördert statt vernichtet, die Landflucht wird gestoppt, ländliche Räume wirtschaftlich wiederbelebt, und organischer Müll, Gülle und Klärschlamm können sinnvoll und

gewinnbringend genutzt werden. Wenn die Land-Wirte der Zukunft auch Energie-Wirte werden, bekommt auch die Landjugend wieder eine Zukunftsperspektive.

Weniger als ein Prozent der Weltflora sind Pflanzen zur Nahrungsmittelerzeugung. Es ist sinnvoll, klimafreundlich und naturverträglich, unter den übrigen 99 Prozent Pflanzen zum Gewinnen von Energie diejenigen herauszusuchen, die schnell wachsen, hohe Erträge bringen und keine oder fast keine Düngemittel benötigen. Dafür sind sogenannte C4-Gräser wie Schilfgras am besten geeignet. C4-Pflanzen heißen so, weil die Moleküle der Pflanzen aus vier Kohlenstoffatomen bestehen im Gegensatz zu den bei uns heimischen C3-Pflanzen mit drei Kohlenstoffatomen.

Forchheim bei Karlsruhe: Hier pflanzt die Landesanstalt für Pflanzenbau in Baden-Württemberg seit 1988 Schilfgräser an und erntet jährlich pro Hektar bis zu 30 Tonnen Trockenbiomasse. Das ist soviel Energie, wie 14 Tonnen Steinkohle oder 12 000 Liter Erdöl erbringen. Wie gesagt: in einem Jahr auf einem Hektar! Der Leiter dieser Landesanstalt, Dr. Paul Schweiger, legt aufgrund seiner Forschungen dieses Modell vor: Wenn 15 Bauern jeweils 10 Hektar Schilfgras anbauen, dann können sie ein 1000-Einwohner-Dorf komplett mit Strom, Wärme und Fahrzeugsprit versorgen.

Zu ähnlichen Ergebnissen kommt Dr. El Bassam mit seiner Schilfgrasforschung in der Bundesanstalt für Landwirtschaft in Braunschweig.

Wenn nur auf der Hälfte der heute in Deutschland stillgelegten landwirtschaftlichen Flächen die schnellwachsenden C4-Gräser, von denen es 1745 verschiedene Arten gibt, angepflanzt werden, können damit alle 19 Atomkraftwerke in Deutschland ersetzt werden. Das hat der Chef des Münchner Technologie-Instituts, Dr. Wolfgang Ständer, im Auftrag des Europaparlaments ausgerechnet. Der Wissenschaftler hat bei Versuchen in Nordafrika und Griechenland herausgefunden, daß C4-Schilfgräser mit Hilfe einer einfachen unterirdischen Bewässerungsanlage pro Hektar bis zu 45 Tonnen Biomasse im Jahr erbringen können. Er hat daraufhin in einem Gutachten der nordrhein-westfälischen Umweltministerin vorgerechnet, daß Garzweiler II überflüssig ist. Durch den Bau von Kleinkraftwerken, in denen Biomasse eingesetzt wird, könnte Garzweiler II leicht ersetzt werden. Auf diesem Energiepfad könnten Zehntausende zukunftsfähige und umweltfreundliche Arbeitsplätze entstehen. Und das Klima würde geschont.

Schilfgras statt Atom – das ist keine Utopie, sondern eine realisierbare Vision. Bauern können die Ölscheichs des 21. Jahrhunderts werden.

In Österreich und Schweden werden heute schon 15 Prozent aller Energie aus nachwachsenden Rohstoffen gewonnen. In Bayern sollen es nach einer Regierungserklärung von Ministerpräsident Stoiber bis zum Jahr 2000 fünf Prozent sein. Diese Politik ist umweltfreundlicher und preiswerter, als Bauern Milliarden Mark Subventionen für Überschußproduktion und Vernichtung derselben zu bezahlen. Die Europäische Kommission schätzt, daß bis zur Mitte des 21. Jahrhunderts etwa ein Drittel aller Energie in der Europäischen Union aus Biomasse gewonnen wird – dies kann zu zwei Millionen neuen Arbeitsplätzen führen.

Für die Expo 2000 erstellen die Stadt Braunschweig und die Raiffeisengenossenschaften Leese eine Biogasanlage, in die Bauern aus der Umgebung jährlich 20 000 Tonnen Energiepflanzen, aber auch organische Reststoffe von Wäldern, Feldern und Haushalten anliefern werden.

Die Photosynthese der Pflanzen zeigt uns die ideale Lösung für die ökologische Energieproduktion. Wir können in der Schule des ökologischen Jesus lernen, der Natur über die Schultern zu schauen. Es gibt viel zu tun – pflanzen wir's an.

Schon heute werden Briketts aus Stroh, Wärme aus Schilfgras,

Strom aus Blockheizkraftwerken, Autosprit aus Pflanzenöl, Papier, Kleidung und Verpackungsmaterial aus Hanf gewonnen. Auf dem Ko-Hof im niederbayerischen Unterpaikertsham wird Biomüll in Dünger und Strom verwandelt. 2500 Tonnen Biomüll hat der Hof 1997 verarbeitet und daraus 600 000 Kilowattstunden Strom gewonnen – genug für 150 Einfamilienhäuser. Weil der Strom ausschließlich von regenerativen Energiequellen stammt, zahlt die ostbayerische Energieversorgungsgesellschaft 14,8 Pfennig pro eingespeiste Kilowattstunde. Ein wichtiger Beitrag zur Kreislaufwirtschaft und zur Existenzsicherung des Hofes. Die Kreislaufwirtschaft auf dem Ko-Hof sieht so aus: Aus Biomüll und Gülle entsteht Biogas. Als fester Rohstoff bleibt Dünger übrig, der auf Rapsfeldern ausgebracht wird. Raps liefert Biodiesel. Biodiesel und Biogas treiben ein Blockheizkraftwerk an, das Strom und Wärme liefert. Dabei entsteht keine Klimabelastung.

Wissenschaftler des Fraunhofer-Instituts in Stuttgart werden schon am Beginn des 21. Jahrhunderts in der Nordsee auf großen Flächen Algen zur Energiegewinnung züchten und pro Hektar mehr als zehnmal soviel Biomasse ernten wie auf derselben Hektarfläche an Land.

Landwirte gewinnen zunehmend Strom, Wärme und Autosprit aus Leindotter, Senf, Raps, Sonnenblumen, Hanf, Hederich und Öllein. Diese Ölfrüchte wachsen in Mitteleuropa zuhauf und problemlos. Aus Hunderten von Arten kann weltweit reines Pflanzenöl gewonnen werden.

Der wichtigste Lernprozeß für die Generationen im 21. Jahrhundert heißt: Nutzen, was nachwächst, und nutzen, was die Natur uns kostenlos und immer wieder zur Verfügung stellt – neben der Sonne und der Biomasse auch den Wind und das Wasser.

Klippklapp: Laßt Tausende Mühlen klappern!

Am 11. August 1997 wurde die Schriftstellerin Inge Aicher-Scholl 80 Jahre alt. Frau Scholl ist die Schwester der Geschwister Sophie Scholl und Hans Scholl, die am 22. Februar 1943 nach einem Schauprozeß von den Nazis hingerichtet wurden. Die Geschwister Scholl gehörten zu den wenigen Deutschen, die offen zum Widerstand gegen die Naziherrschaft aufgerufen haben.

53 Jahre später hatte ihre überlebende Schwester einen außergewöhnlichen Geburtstagswunsch an die politisch Verantwortlichen in Deutschland. Die mutige alte Dame, Autorin des Weltbestsellers »Die weiße Rose«, setzte sich für den Erhalt des Stromeinspeisegesetzes ein. Dieses Gesetz hat der Bundestag 1991 fraktionsübergreifend beschlossen. Seither müssen die Energiekonzerne regenerativ erzeugten Strom über ihre Netze abnehmen und etwa 17 Pfennig pro Kilowattstunde bezahlen. Dieses Gesetz war den Energiemonopolisten von Anfang an ein Dorn im Auge. Sie klagten vor mehreren Gerichten vergeblich gegen das Stromeinspeisegesetz. Doch der frühere Bundeswirtschaftsminister wollte das erfolgreiche Gesetz – es hat unter anderem dazu geführt, daß sich die Zahl der Windräder in sechs Jahren etwa verzehnfacht hat – auf Druck der Energiemonopole verwässern und den Einspeisepreis reduzieren. Seit diese Bestrebungen bekannt sind, ist das bisherige Wachstum in der Windbranche stark abgeschwächt. Viele Investoren sind irritiert und warten mit zusätzlichen Investitionen erst einmal ab. Auch der weitere Ausbau von Wasserkraftanlagen ist nahezu gestoppt.

In dieser Situation schrieb Inge Aicher-Scholl in einem offenen Brief: »Das Stromeinspeisegesetz hat kleine Wasserkraftwerksbesitzer dazu veranlaßt, ihre alten Turbinen zu sanieren. Und es hat Bauernfamilien dazu ermutigt, ihre Gülle in stromproduzierenden Biogasanlagen wesentlich umweltverträglicher (und zudem weniger stinkend) für ein beachtliches Zusatzeinkommen zu nutzen.«

Frau Aicher-Scholl betrieb im Allgäuer Dorf Rotis bei Leutkirch selbst ein kleines Wasserkraftwerk an ihrem Haus. Viele Mühlen klappern zwar nicht mehr »am rauschenden Bach«, aber sie erleben durch das Stromeinspeisegesetz eine Renaissance wie jene am Hause Aicher-Scholl. Die 80jährige schrieb an Politiker: »Wenn ich in meiner Wohnung im Allgäu das Licht oder den Herd einschalte, dann weiß ich: Der Strom für diese Geräte stammt nicht aus kohlendioxidverschleudernden Kohlekraftwerken und auch nicht aus Atommeilern, von denen uns bis Harrisburg und Tschernobyl versichert wurde, sie seien absolut ungefährlich. Nein – hier bei uns fließt die Elektrizität aus dem eigenen Generator unseres Kleinwasserkraftwerks. Das beruhigend regelmäßige Surren der Turbinen höre ich täglich, wenn ich mich nach dem Mittagessen ein paar Minuten aufs Sofa lege ... Die Turbine stammt von 1950. Damals hatte sie unsere Vorbesitzerfamilie zum Antrieb der damaligen Kornmühle und zur Stromerzeugung eingebaut. Erstmals wurde hier schon in den frühen zwanziger Jahren Elektrizität aus der Wasserkraft gewonnen. Da waren Pioniergeister am Werk.

Bis zum Stromeinspeisegesetz von 1991 versorgte die Turbine zwölf bis fünfzehn Personen in unserem Haushalt und teils im grafischen Betrieb meines Mannes Otl Aicher ... Seit der Sanierung kann ich täglich an den Meßgeräten sehen, was die Turbine leistet. Oft steht die Meßuhr auf 10 Kilowattstunden. In guten Jahren gewinnt unsere Kleinwasserkraftanlage fast 80 000 Kilowattstunden pro Jahr; im trockenen Jahren bringt sie etwa 65 000 Kilowattstunden ...« Frau Aicher-Scholl fährt fort:

- 65 000 Kilowattstunden – das ist etwa 18mal mehr, als ein durchschnittlicher, privater Drei-bis-vier-Personen-Haushalt im württembergischen Schwabenland pro Jahr verbraucht (nämlich rund 3500 Kilowattstunden pro Haushalt).
- 65 000 Kilowattstunden für etwa 50 bis 60 Leute – das bedeutet,

daß unsere kleine Turbine dank der (nach außen nicht sichtbaren) Sanierung jetzt fast fünfmal mehr Menschen mit umweltfreundlich gewonnenem Strom versorgt als vor der Sanierung.

- 65 000 Kilowattstunden – das bedeutet: mehr Strom, als die neun Haushalte unseres kleinen Allgäuer Dorfes im Privatverbrauch benötigen.

- 65 000 Kilowattstunden – die würden in einem Kohlekraftwerk etwa 65 Tonnen des Klimakillers Kohlendioxid (CO_2) verursachen. In einem kleinen Wasserkraftwerk: null CO_2 ...

Wenn politisch Verantwortliche wirklich den Klimakiller CO_2 reduzieren wollen, müssen sie Wasserkraftwerke, Windkraftanlagen, Biogasanlagen, Kraft-Wärme-Kopplungsanlagen, Biomassekraftwerke, Solaranlagen und viele, viele ähnliche umweltverträgliche Anlagen der Energiegewinnung fördern.

Die mit am kostengünstigste Förderung: das Stromeinspeisegesetz. Ohne einen Pfennig direkt aus der Staatskasse zeigt es verantwortungsbewußten Bürgerinnen und Bürgern, daß es sich lohnen kann, umweltgerechte Technik für erneuerbare Energien einzusetzen ... Und: die Sonne schickt uns keine Rechnung; der Bach rauscht kostenlos das Tal hinunter, und der Wind weht ohne Auftragsbestätigung. Dies sind die Energien der Zukunft. Wer sie aber behindert, sollte sich fragen, ob diese Behinderung nicht einer Kriegserklärung an unsere Kinder und Enkel gleichkommt.«

Dieser offene Brief war die letzte politische Aktion eines der Geschwister Scholl. Inge Aicher-Scholl starb im August 1998. Viele ihrer politischen Aktivitäten in der Friedens- und Umweltbewegung hatte sie unter das Motto eines der »Weißen-Rose«-Flugblätter gestellt: »Zerreißt den Mantel der Gleichgültigkeit.« Gleichgültigkeit – nicht Haß – ist das Gegenteil von Liebe. Ob die heute politisch Verantwortlichen mehr auf Inge Aicher-Scholl hören als die Nazis auf Hans und Sophie Scholl?

Zu Beginn des 20. Jahrhundert gab es in Baden-Württemberg und Bayern ca. 100 000 kleine Wasserkcrafträder. Heute sind es nur noch wenige hundert. Die Energiemonopole haben sie fast alle verdrängt. Monopole dulden grundsätzlich keine Konkurrenz – auch nicht die kleinste. Sie haben Angst vor den vielen Kleinen! Und so fließt bis heute viel ungenutzte Energie den Bach hinunter. Das Stromeinspeisegesetz in seiner bisherigen Form kann jedoch dazu beitragen, daß alte stillgelegte Wasserkrafträder – wie im Hause Aicher-Scholl – wieder reaktiviert werden; und zwar überall, wo Mittelgebirge sind: in Bayern und Baden-Württemberg, in Rheinland-Pfalz und Hessen, in Sachsen und Sachsen-Anhalt, in Thüringen und Nordrhein-Westfalen.

Politiker, die sich für bessere Rahmenbedingungen zugunsten regenerativer Energien einsetzen, können sich auf eine große Zustimmung bei ihren Wählern verlassen. Im Auftrag der »Wasserkraft und Regenerative Energieentwicklung AG« in Frankfurt wurde 1997 von Infas-Sozialforschung ermittelt:

- 68 Prozent der Bundesbürger sind dafür, daß der Anteil erneuerbarer Energien wesentlich ansteigt, und wollen dafür auch ein persönliches finanzielles Engagement eingehen;
- 71 Prozent sind bereit, dafür höhere Strompreise zu bezahlen;
- 74 Prozent befürworten, daß Bürger, die ihr privates Kapital für erneuerbare Energien einsetzen, steuerliche Vorteile bekommen, und
- 87 Prozent sind der Meinung, daß Stromversorgungsunternehmen mehr für erneuerbare Energie tun sollten.

Die Umfragen zeigen, daß die Behauptungen der Energiemonopole, die Bürger würden höhere Strompreise zugunsten erneuerbarer Energien ablehnen, falsch sind. Die Bürgerinnen und Bürger wollen freilich wissen, warum und wofür sie einen höheren Preis bezahlen sollen. So wie es die »Energie Baden-Württemberg« mit ihren Kunden treibt, werden die Kunden Widerstand leisten. Dieser Energieversorger, also »unser« Energiemonopolist in Baden-Baden, zahlt uns für unseren Solarstrom 1998 16,8 Pfennig je Kilowattstunde, die wir ins Netz einspeisen. Das Unternehmen bietet aber seinen Kunden Solarstrom für 1,60 DM an. Eine Frechheit.

Die großen Energieversorger setzen auf ein kurzes Gedächtnis ihrer Kunden.

»Soweit es unsere Flüsse erlauben«, schrieben sie kurz nach dem Unfall von Tschernobyl in einer Zeitungsanzeige, nutzen sie »die umweltfreundliche und kostengünstige Wasserkraft.«

Tun sie das wirklich? Der Weingartener Architekt Adalbert Hall hat Grund, dieser Versicherung nicht zu trauen. Er wollte in seiner schwäbischen Heimat 1990 eine stillgelegte Wasserkraftanlage reaktivieren. Drei Jahre mußte er mit den Behörden und Energieversorgern streiten, bis ihm erlaubt wurde, umweltfreundlichen Strom zu erzeugen. Doch heute liefert das kleine Wasserkraftwerk jährlich 700 000 Kilowattstunden Strom für etwa 700 Menschen – Strom, dessen Produktion nicht das Klima belastet. »Damit die Fische im alten Bachbett der Scherzach weiterleben können«, schreibt die »Schwäbische Zeitung«, die Heimatzeitung von Adalbert Hall, »strömen 70 Liter Scherzach-Wasser pro Sekunde an der Turbine vorbei in den früheren Lauf des Gewässers.«

Auch kleine Wasserkraftanlagen können unsanft in die Umwelt eingreifen: Wandernde Fische können behindert, Aale von Turbinen zerhackt und Mikroorganismen verhindert werden. Verbesserte Technik und geeignete Konstruktionen tragen aber dazu bei, diese Nachteile der Wasserkraftwerke zu reduzieren. Probleme entstehen also auch bei regenerativen Energien – doch gemessen an gefährlicher Atomenergie und klimazerstörender Öl-, Kohle- und Gasenergie, sind die Nachteile der Regenerativen allenfalls Problemchen. Aber auch sie müssen und können heute minimiert werden. Vögel können an Windkraftanlagen vorbeifliegen und Fische an Wasserkraftanlagen vorbeischwimmen.

In den USA sind heute Wasserkraftanlagen installiert, die jedes Jahr 86 Milliarden Kilowattstunden Strom produzieren. Das entspricht einer Leistung von 66 Stromkraftwerken – dreimal mehr als Deutschland AKWs hat.

Im südlichen Teil Deutschlands liegen riesige Reserven für Wasserkraft brach. Global liegen in Ländern der sogenannten Dritten Welt die größten Reserven, zum Beispiel in China, Indien, Indonesien, in Lateinamerika oder Bergstaaten wie Nepal. In nepalesischen Dörfern drehen sich mittlerweile 600 Kleinturbinen.

Mikrowasserkraft versorgt in abseits vom Stromnetz gelegenen Dörfern einige hundert Glühbirnen und einige Fernsehgeräte und Radios. Solche Beiträge zur Lebensqualität stoppen häufig die Landflucht der jungen Generation. Doch in vielen Entwicklungsländern sind die Regierungen eher an Millionenprojekten interessiert als an der Entwicklung der ländlichen Gebiete.

Die Großprojekte liegen auch eher im Interesse größerer Firmen in den Industriestaaten, die ihrerseits wieder von ihren Regierungen unterstützt werden. Auch in armen Ländern sind das große Kapital von außen und die fehlende Demokratie von innen häufig der große Hemmschuh für wirklichen Fortschritt zugunsten aller. Im Sinne des ökologischen Jesus handeln wir, wenn ökologische Fortschritte auch zu mehr Gerechtigkeit führen. Regenerative Energien für die armen Länder sind Voraussetzung für Gerechtigkeit, Demokratie und Wohlstand.

Je eher regenerative Energien bei uns zu Gerechtigkeit, Demokratie und Wohlstand führen, desto mehr werden sie es auch in den heute noch armen Ländern der Erde tun können. Vom Auftrag für ein neues Wasserkraftwerk bis zur Genehmigung vergehen in Deutschland heute bis zu zehn Jahre!

Dennoch ist Wasserkraft in Deutschland – trotz mangelnder Reaktivierung – die größte regenerative Energiequelle. 20 Milliarden Kilowattstunden Strom pro Jahr aus Hydroprojekten ersparen der Umwelt 20 Millionen Tonnen CO_2-Treibhausgase neben der Abwärme und anderen Schadstoffen. Weltweit liefert Wasserkraft 20 Prozent des Stroms. Länder wie Norwegen, Island oder Ghana gewinnen fast 100 Prozent ihres Stroms aus Wasserkraft, Österreich 72 Prozent, die Schweiz 50 Prozent.

Riesige Wasserkraftanlagen in China und Indien, Brasilien und Ägypten führen nicht nur zur Vertreibung von Menschen, sondern auch zu großen Umweltproblemen. »Small is beautiful« gilt auch hier. Viele kleine Hydroanlagen können auch powerful sein. Der ökologische Jesus mit seiner Aufmerksamkeit für das Kleine wie zum Beispiel in der Geschichte vom kleinen Samenkorn, das zu einem großen Baum wird, würde heute den Weg des »Small is beautiful« zeigen. Diese neue ökologische Ökonomie gilt für Wasserkraft, aber ganz sicher auch für die Windenergie.

IV. Kapitel

Wege zum Wind

>Der Wind bläst, wo er will.«
Jesus

Der Himmlische Vater macht viel Wind

Der »himmlische Vater« schickt nicht nur Sonne und Wasser als Energiequelle, sondern er macht auch viel Wind. Meteorologische Messungen haben ergeben, daß im ständig wehenden Wind theoretisch etwa 35mal soviel Energie steckt, wie die gesamte Menschheit verbraucht. Was heißt das aber in der Praxis? Ist Windenergie nur an den Küstenregionen zu gewinnen?

»Wenn der eine aus Wasserkraft Geld verdient, warum soll ein anderer nicht mit dem Wind Geld verdienen?« fragte sich der Architekt Roderich Rothdach und baute 1996 das erste Windkraftwerk in Babenhausen im Unterallgäu. Jetzt versorgt er damit 250 Haushalte mit elektrischem Strom. Die Kosten von 1,4 Millionen Mark, so der Architekt, werden nach etwa 10 Jahren abgedeckt sein. »Dann gehe ich in Rente, und der Rotor hier bringt mir 100 000 Mark im Jahr – umweltfreundlich«, meint er stolz. Das Geschäft ist gut für ihn und gut für die Umwelt, Ökologie und Ökonomie haben sich gefunden. Ökologie ist Langzeitökonomie.

Windenergie lohnt nicht nur an der deutschen Küste. Dort – an Ostsee und Nordsee – stehen inzwischen schon über 4500 Windkraftanlagen (WKA) und produzieren soviel Strom wie ein Atomkraftwerk (AKW) – WKA statt AKW, man muß die drei Buchstaben nur umdrehen.

Windenergie ist auch in Mittelgebirgslagen zu gewinnen. Deshalb plant auch Roderich Rothdach im Auftrag einer Betreibergesellschaft jetzt einen ganzen Windpark aus sechs WKAs.

Auf der Ostseeinsel Fehmarn, dem »sechsten Kontinent«, erzählt der Wind ein eigenes Lied. Dort stehen inzwischen 150 Windräder und bringen dreimal mehr Strom als alle 12 000 Einwohner der Insel und die drei Millionen Übernachtungsgäste zusammen verbrauchen. Ein Bürgermeister auf Fehmarn berichtete mir von anfänglichen Widerständen, die aber längst Geschichte seien.

Viele Fehmarner hatten einmal die Befürchtung, Touristen könnten Anstoß nehmen an den weithin sichtbaren weißen, schlanken Riesen. Doch – wie überall – sind die WKAs auch auf der Insel inzwischen eine Touristenattraktion. Die Anzahl der Übernachtungen stieg von jährlich zwei auf drei Millionen, seit sich die Windräder auf der Ostsee-Insel drehen. Eine wissenschaftliche Arbeit ergab: Über 90 Prozent der Touristen finden Windräder zur Stromerzeugung auch landschaftlich attraktiv. Das größte Windrad im deutschen Binnenland dreht sich zur Zeit in Stemwede bei Osnabrück. Die 112 Meter hohe Windmühle bringt pro Jahr ca. 2,3 Millionen Kilowattstunden Strom – soviel wie 2300 Menschen verbrauchen – ohne Klimabelastung.

Der Siegeszug der regenerativen Energien ist nicht aufzuhalten. Am 2. Oktober 1996 durfte ich den bislang größten Windpark Deutschlands mit einweihen: »Utgast II« in der Gemeinde Holtgast in Ostfriesland. Die 41 Windräder erzeugen ohne Schadstoffe pro Jahr etwa 50 Millionen Kilowattstunden Strom – Strom für 50 000 Menschen. Der Preis pro Kilowatt Windstrom beträgt heute etwa noch ein Fünftel gegenüber 1990.

Den 600 Besuchern konnte ich eine positive Umweltbilanz ihrer 41 Windräder in meiner Festrede präsentieren: Dieser Windpark erspart der Umwelt jährlich

- 355 Tonnen Schwefeldioxid,
- 140 Tonnen Stickoxid,
- 55 700 Tonnen Kohlendioxid (CO_2),
- 9 Tonnen Staub und
- 5 Tonnen Kohlenmonoxid.

An diesem sonnigen und windreichen Oktobertag wurde mir wieder einmal deutlich, mit welchen fadenscheinigen und unsinnigen Argumenten heute noch in Deutschland der Kampf gegen Windmühlen geführt wird. Die meistgenannten Argumente gegen Windstrom möchte ich hier anführen.

Kein Argument ist zu doof

Die wesentlichen Einwände gegen Windenergie sind leicht widerlegbar:

1. Windräder bringen angeblich nur wenig Strom. Doch die Windräder, die heute in Deutschland laufen, produzieren bereits mehr Strom als ein Atomkraftwerk.
   In Schleswig-Holstein wird heute 10 Prozent allen Stroms über Windmühlen erzeugt, 2005 werden es 25 Prozent sein. Windräder können im 21. Jahrhundert in Deutschland soviel Strom produzieren wie heute alle Atomkraftwerke zusammen. Das Energieministerium in den USA hat errechnet, daß in den Vereinigten Staaten der Wind ausreicht, um mehr Strom zu gewinnen, als 250 Millionen US-Amerikaner verbrauchen.
2. Windkraft ist angeblich zu teuer. An der Küste ist jedoch umweltfreundlicher Strom aus Windanlagen bereits konkurrenzfähig gegenüber umweltfeindlichem Strom aus alten Energieträgern. Wie bereits erwähnt: Die neuesten »Off-shore«-Anlagen in Dänemark, Windräder im Meer, erzeugen Strom für zehn Pfennige pro Kilo-

wattstunden. Und hierbei entstehen keine Folgeschäden für viele Generationen. Nach dem Abbau von Windrädern am Land bleiben grüne Wiesen!

Warum investieren immer mehr Unternehmer in Windräder? Weil sie erkannt haben, daß künftig hauptsächlich mit grünen Ideen schwarze Zahlen zu schreiben sind. Windstrom beweist, daß die Ökologie die intelligentere Ökonomie geworden ist. Im Gegensatz zur Kohle- und Atomenergie braucht die Windkraft nur eine Anschubsubvention und wird nicht ewig am Tropf von staatlichen Subventionen hängen. Hinzu kommt: Auch der Wind schickt keine Rechnung. Den Stoff zur Energieerzeugung stellt uns die Natur nicht nur abgasfrei, sondern auch kostenlos zur Verfügung.

3. Windräder sind angeblich zu laut. Das war ein ernst zu nehmendes Argument vor zehn Jahren. Heute ist das Problem gelöst. Der Wind ist lauter als jedes moderne Windrad. Als ich für Utgast II die Einweihungsrede hielt, liefen 40 der 41 Windräder. Die 600 Gäste saßen 200 Meter entfernt vom nächsten Windrad. Niemand fühlte sich durch Nebengeräusche gestört. Heutige Windräder schnurren so leise vor sich hin wie der Wind in einem Kornfeld. Jeder Pkw und jeder Lkw, der nachts an Ihrem Haus vorbeifährt, macht entschieden mehr Krach.

4. Windräder töten angeblich Vögel oder behindern den Vogelflug. Ich habe Hunderte von Windrädern gesehen, aber noch nie einen toten Vogel an einem Windrad. Vögel haben kein Problem, Windräder zu umfliegen! Vögel sind weit intelligenter als manche fundamentalistischen Naturschützer vermuten! Auch Vögel brauchen ein gutes Klima.

5. Windräder stören angeblich das Landschaftsbild. Meine Rückfrage: Wie sexy sind eigentlich Atomkraftwerke, Strommasten oder Kohleraffinerien in der Landschaft? Wie landschaftsverträglich ist Garzweiler II?

6. Windräder stören angeblich das Liebesleben der Mücken, habe ich jüngst gelesen. Kein Argument ist in Deutschland zu doof, um nicht gegen erneuerbare Energien ins Feld geführt zu werden. Darüber freuen sich hauptsächlich die Energiemonopolisten!*

Der heutige Kampf gegen die Windmühlen erinnert mich sehr an den irrationalen Widerstand gegen die ersten Eisenbahnen in Deutschland vor 160 Jahren. Über die ersten Züge schrieb der Dichter Flaubert im Januar 1838: »Die schnelle Bewegung muß bei den Reisenden unfehlbar eine Gehirnkrankheit, eine besondere Art des Delirium furiosum erzeugen. Wollen aber dennoch Reisende dieser gräßlichen Gefahr trotzen, so muß der Staat wenigstens die Zuschauer schützen, denn sonst verfallen diese beim Anblick des schnell dahinfahrenden Dampfwagens genau derselben Gehirnkrankheit.«

Deutsche Richter erklären im ausgehenden 20. Jahrhundert Windräder zu einer »Gefahr für Leib und Leben von Menschen ...« Nach dieser Logik müßten in Deutschland sofort 42 Millionen Pkw stillgelegt werden, denn mit ihnen werden tatsächlich Jahr für Jahr Tausende von Menschen getötet und Hunderttausende verletzt. Das Aufstellen von umweltfreundlichen Windrädern wird behindert, aber eine kriminelle Energie nach wie vor gerechtfertigt. So wird die Zukunft eines Wirtschaftsstandortes verspielt. Das Oberverwaltungsgericht in Münster hat schon 1992 eine von Privatleuten bereits gebaute Windenergieanlage wieder abreißen lassen. Wegen »optischer Einwirkungen« auf die Nachbarschaft und wegen »wandernden Schatten«, den die Anlage auf das Nachbargrundstück warf. Deshalb, folgerten die Herren Richter, seien Windräder rücksichtslos.

Diese Richter haben wohl noch nie ein fahrendes Auto gesehen!

* Mit den Argumenten gegen Windenergie beschäftigt sich ausführlich das Buch *Windiger Protest – Konflikte um das Zukunftspotential der Windkraft,* das ich zusammen mit Jürgen Claus und Hermann Scheer im Verlag Ponte Press herausgab.

Sind solche Richtersprüche im »Namen des Volkes«? Warum legen dieselben Richter nicht die wirklich lebensgefährlichen Atomkraftwerke still?

Einige Bürgermeister um Cuxhaven diskutierten im Sommer 1998 allen Ernstes die Einführung einer »Landschaftsbildbeeinträchtigungssteuer«, um über Windräder Geld in die Gemeindekassen zu bekommen. Noch eine Hürde für den umweltfreundlichen Wind! Das Wortungetüm »Landschaftsbildbeeinträchtigungssteuer« muß man sich auf der Zunge zergehen lassen. In Deutschland wird heute jeder wirkliche Fortschritt ausgebremst.

Trotz allem: 91 Prozent für Windkraft

91 Prozent der Schwarzwald-Touristen halten die Windkraftnutzung »generell für sinnvoll«. Das hat die Wissenschaftlerin Mareike Weber für ihre Examensarbeit ermittelt. Sie fragte Urlauber und Tagesgäste an den drei Windmühlen auf der Hornisgrinde im Nordschwarzwald. 26 Prozent der Besucher gaben sogar die Windkrafträder als Motivation für ihren Besuch an. Junge Leute lieben Windstrom besonders, ergab die Diplomarbeit.

»Besser als ein Atomkraftwerk«, argumentierten die Besucher häufig. Indizien dafür, daß Tiere oder Pflanzen durch die drei Windanlagen auf dem Baden-Badener Hausberg gelitten haben, gibt es nicht. Das Gelächter über die heutigen Windenergiegegner wird schon in wenigen Jahren größer sein, als unser heutiges Lachen über die Eisenbahngegner im Jahr 1838.

Vor allem junge Leute empfinden die Schönheit und Ästhetik von weißen schlanken Windenergieanlagen. Unweit vom Bodensee treffen sich vier 16- bis 18jährige Jugendliche nachts beim Vollmond am Windfeld Ilmensee. Was fasziniert sie so, daß sie manchmal nachts mit Taschenlampen unterm Rotor sitzen?

Christian Reuther: »Das sieht toll aus. Einfach im Vollmond so ein Riesending zu sehen. Das wirkt, wenn du dir vorstellst, wieviel Strom es macht. Dann liegt es ein Stück weg von der Straße. Da ist es richtig ruhig und dunkel.«

Melanie Rutzer: »Wenn man mit der Taschenlampe den Flügel raufleuchtet, sieht's noch toller aus. Man merkt dann richtig, wie klein man selber ist.«

Thomas Hausler: »Das ist echt cool.«

Christian Reuther: »Wenn man einen stressigen Tag hinter sich hat, kann man sich hier gut ausruhen.«

Und während der Windrotor kurz vor Mitternacht ein anderes Geräusch anstimmt, fügt der Schwabe Johannes Dalker hinzu: »Nachts wirken sie besser als tags. Ein bißle Graffiti würde da schon noch hinpassen.«

»Die Windräder sind überhaupt nicht laut«, meinte Melanie Rutzer. Und Christian Reuther ergänzt: »Es ist ein gutes Feeling, da raufzusteigen. Man sieht da oben wahnsinnig weit. Ich bin hier auch mal drübergeflogen mit dem Segelflieger. Da sieht das Windfeld irgendwie majestätisch aus.«

Melanie Rutzer nachdenklich: »Wenn ich Atomkraftwerke sehe, fühle ich mich bedroht. Die Windtürme hier finde ich schön.«[*]

Im Sinne dieser jungen Leute schreibt der Schriftsteller Peter Härtling: »Das Windrad muß stehen, für viele sichtbar. Ein Ausrufezeichen, ein Symbol für den Wind, der die Erde und unsere Köpfe streichelt, der nicht flau werden soll unter Schmutz und Gasen.«

Windräder können – nach etwa zwanzig Jahren Laufzeit – abgebaut und problemlos entsorgt werden. Das Material wird zum großen Teil für die nächste Windradgeneration wiederverwendet. Es

---

[*] Julian Aicher hat in seinem informativen, vierzehntäglich erscheinenden Mitteilungsblatt über regionale regenerative Energien »regenerativ regional« das Gespräch mit den Jugendlichen geführt.

gibt kein Müllproblem bei WKAs, wohl aber bei AKWs. Der Atommüll eines jeden der weltweit über 440 AKWs strahlt etwa 100 000 Jahre lebensgefährlich. 100 000 Jahre – das ist fünfzigmal so lang wie seit Jesu Geburt. 100 000 Jahre lang zahlen die uns nachfolgenden Generationen für unsere heutige Unfähigkeit in der Energiebeschaffung. Vertreter der alten Energiewirtschaft verteidigen Atomstrom noch immer mit dem Argument »preiswert«. In Wirklichkeit kommt uns keine andere Energiequelle so teuer wie die Atomenergie. Was kostet es, einen Pförtner zu bezahlen, der 100 000 Jahre lang ein Atommüllager zu bewachen hat? Erneuerbare Energien sind Voraussetzung für die nachhaltige Erneuerung unserer Wirtschafts- und Lebenskultur.

Der Wind weht, wo er will

Die Energiedinosaurier werden den Flug der Energieschmetterlinge zwar immer wieder zu stören versuchen, aufhalten jedoch können sie ihn nicht. Für alle Windenergiefreunde hat der ökologische Jesus ein besonders sinniges Wort parat.

»Der Wind weht, wo es ihm gefällt. Du hörst ihn nur rauschen, aber du weißt nicht, woher er kommt und wohin er geht. So ist es auch bei denen, die vom Geist geboren werden« (Johannes 3,8). Und niemand weiß, wo er ist, der Wind, wenn er nicht weht. In der griechischen Ursprache des Neuen Testaments ist *to pneuma* dasselbe Wort für Geist und Wind.

Alle von Gottes Geist Bewegten dürfen darauf vertrauen, daß – weil es mit dem Wind exakt so ist, wie von Jesus beschrieben – die alte Energiewirtschaft auch in Zukunft den Wind nicht abstellen kann. Der unsichtbare Wind birgt einen schöpferischen Atem und eine schöpferische Kraft. Die Heilkraft des Windes ist in allen Kulturen bekannt. In Tibet und bei den Navajo-Indianern, in China und Indien gibt es eine besondere Verehrung für die feine Form eines in jedem Lebewesen zirkulierenden Windes. Diese Lebenskraft heißt in China *chi*, in Indien *prana*, bei den Navajo *nillchi'i* und in Tibet *lung*. In allen Kulturen gilt der Wind als der zarteste Atem des Lebens. Die zarte Windkraft ist überall auf der Welt die Grundlage des Lebens. Windenergie ist Lebensenergie. Die Zukunft gehört dem Wind und dem Geist. Wir haben damit eine wertvolle und preiswerte, unendliche Energiequelle. Windenergie ist eine kosmische, eine geistige Energie.

Windenergie ist jesusgemäß, weil schöpfungsgemäß. Atomenergie ist jesuswidrig, weil schöpfungswidrig. Atomkraftwerke und Jesus gehen so wenig zusammen wie Atomraketen und Jesus. Entweder – oder! »Niemand kann zwei Herren zugleich dienen« (Jesus in der Bergpredigt bei Matthäus 6,24).

Wer noch immer bezweifelt, daß Jesus ökologisch und nachhaltig argumentierte, der bedenke meditativ den Zusammenhang, in dem Jesus den eben zitierten Satz sprach. Jesus in Matthäus 6,24–34: »Niemand kann zwei Herren zugleich dienen. Er wird den einen vernachlässigen und den anderen bevorzugen. Er wird dem einen treu sein und den anderen hintergehen. Wir können nicht beiden zugleich dienen: Gott und dem Geld.

Darum sage ich euch: Macht euch keine Sorgen um Essen und Trinken und um eure Bekleidung. Das Leben ist mehr als Essen und Trinken, und der Körper ist mehr als die Kleidung. Seht euch die Vögel an! Sie säen nicht, sie ernten nicht, sie sammeln keine Vorräte – aber euer Vater im Himmel sorgt für sie. Und ihr seid ihm doch viel mehr wert als alle Vögel! Wer von euch kann durch Sorgen sein Leben auch nur um einen Tag verlängern?

Und warum macht ihr euch Sorgen um das, was ihr anziehen sollt? Seht, wie die Blumen auf den Feldern wachsen! Sie arbeiten nicht und machen sich keine Kleider; doch ich sage euch: Nicht einmal Salomo bei all seinem Reichtum war so prächtig gekleidet wie irgendeine von ihnen. Wenn Gott sogar die Feldblumen so ausstattet, die heute blühen und morgen verbrannt werden, wird er sich dann nicht erst recht um euch kümmern? Habt doch mehr Vertrauen!

Macht euch also keine Sorgen! Fragt nicht: ›Was sollen wir essen?‹ ›Was sollen wir trinken?‹ ›Was sollen wir anziehen?‹ Damit plagen sich Menschen, die Gott nicht kennen. Euer Vater im Himmel weiß, daß ihr all das braucht. Sorgt euch zuerst darum, daß ihr euch seiner Herrschaft unterstellt, und tut, was er verlangt, dann wird er euch schon mit all dem anderen versorgen. Quält euch nicht mit Gedanken an morgen; der morgige Tag wird für sich selber sorgen. Ihr habt genug zu tragen an der Last von heute.«

Ein Text, dessen Wahrheit unvergänglich ist. In der spirituellen Sprache unserer Zeit läßt er sich so zusammenfassen: Lebt im Hier und Jetzt! Vertraut auf das Leben. Vertraut auf die Zukunft und auf die Schöpfung. Lernt das Alte loslassen! Begreift doch, daß eine Sicherheit, die primär auf Geld vertraut, sehr relativ ist. Jesus entzaubert die Magie des Geldes, indem er »dem Kult des Geldes die Grundlage entzieht« (Eugen Drewermann). So sehr wie gegen den Teufel predigt Jesus gegen das Geld. Seine Alternative ist eindeutig: Gott oder Geld – was ist wirklich wichtig? Wann wäre der Götze Geld mehr gegen Gott gewesen als heute in den Zeiten der Globalisierung des Kapitalismus! Nicht Geld, sondern Sorglosigkeit ist bei Jesus Voraussetzung des Glücks. »Seht euch die Vögel an« und »seht, wie die Blumen wachsen«. So wie Jesus argumentierte, kann nur ein der Natur sehr naher und mit den Schöpfungsgesetzen vertrauter Mensch argumentieren. Was Jesus sagen wollte, veranschaulichte er mit Bildern aus dem Alltag von Bauern und Hirten. Seine engsten Begleiter waren Hausfrauen und Fischer – Menschen also, welche die Kräfte der Natur und die damals chemiefreien Früchte des Bodens und Meeres kannten. Für heute heißt das: Habt eure Nase ganz weit vorn im Wind!

Für Jesus war klar: Der Geist (oder die Geistin) macht lebendig. Wie gesagt: Geist und Wind sind im griechischen Urtext des Neuen Testamentes identisch.

Die Griechen sagten *pneuma* (sächlich), die Römer *spiritus* (männlich). In der Sprache Israels, im Hebräischen, heißt Geist *ruach* (weiblich), und die syrische Bedeutung von *rucho* heißt: Luft in Bewegung, Wind. Die Kraft des Windes ist für Jesus eine geistige Kraft, eine Gotteskraft. Im Johannes-Evangelium sagt er: »Gott ist Geist« (Johannes 4,24), »Der Geist ist es, der lebendig macht« (Johannes 6,63), »Gott gibt den Geist (= den Wind) unbegrenzt« (Johannes 3,34). Jesus selbst war »erfüllt von der Kraft des Geistes« (Lukas 4,14) und sagte im berühmten Nachtgespräch mit Nikodemus: »Ich versichere dir, nur wer von Wasser und Geist neu geboren wird, kann in Gottes neue Welt hineinkommen« (Johannes 3,5). Der Wind ist eine unberechenbare Geisteskraft, und deshalb tun sich Materialisten so schwer damit.

Strom aus Windkraft können wir nicht nur an der Küste gewinnen, sondern auch im Binnenland. Am 26. September 1997 strahlt die Herbstsonne im Landkreis Mansfelder Land in Sachsen-Anhalt besonders schön. Bürgermeister Ernst Horn aus Hübitz ist sehr nervös, als er im Festzelt in der Nähe von vier neuen Windkraftanlagen 300 Gäste begrüßt: »Wir erzeugen nun soviel Strom mit dem Wind, wie unsere 3800 Einwohner verbrauchen«, stellt er stolz fest. Beifall – seine Anspannung ist jetzt wie weggeblasen, als er freudig hinzufügt: »Das machen wir für die Zukunft unserer Kinder.« Schon in einigen Jahren sollen vier Prozent des Stroms in Sachsen-Anhalt über WKAs erzeugt werden – bis zu 20 Prozent sind möglich. Hier in Sachsen-Anhalt erfährt Windenergie eine hohe Akzeptanz – wegen ihrer Umweltfreundlichkeit und weil Tausende von neuen Arbeitsplätzen entstehen. Die vier neuen Anlagen in Hübitz entlasten die Umwelt jährlich um 4600 Tonnen Kohlendioxid, 27,3 Tonnen Schwefeldioxid und 19 Tonnen Stickoxid.

Drei Tage vor diesem Ereignis gab es in Bonn die erste große Demonstration für erneuerbare Energien. Die Energiemonopole hatten mit Hilfe von Bundestagsabgeordneten der CDU/CSU und FDP versucht, das Stromeinspeisegesetz zu kippen. 5000 Menschen protestierten jetzt gegen diesen Versuch. Eine ganz neue große Koalition aus mittelständischen Firmen, Bauernverbänden, Umweltgruppen, Kirchen, einigen Abgeordneten der CDU/CSU, FDP-Staatssekretär Walter Hirche sowie vielen Abgeordneten der Grünen und einigen der SPD stemmte sich gegen die Absicht, das für die erneuerbaren Energien günstige Stromeinspeisegesetz zu verwässern. Auf der anderen Seite standen nur noch die ewig Gestrigen aus den Vorstandsetagen der Energiekonzerne, der Großindustrie sowie ihre Handlanger im Bundestag und in der Bundesregierung, die sich vor ihren Karren spannen lassen.

Das Stromeinspeisegesetz schreibt vor, daß die Energiemonopole regenerativ erzeugten Strom für ca. 17 Pfennig pro Kilowattstunde abzunehmen haben. Hauptsächlich dieses von allen Fraktionen beschlossene Gesetz hat die Voraussetzungen für den Boom der Windenergie in den neunziger Jahren geschaffen. Deshalb warten in Deutschland bereits über 6000 Windräder auf den Wind, wenn Sie dieses Buch lesen. Das Stromeinspeisegesetz war das weltweit erfolgreichste Gesetz auf dem Wege zu einer solaren Energiewirtschaft. Und deshalb wollten es die Energiemonopole 1997 auch zerstören. Dieser Versuch ging jedoch diesmal gründlich daneben. Die Demonstranten in Bonn machten auf Plakaten klar: »Wer heute die Windenergiebranche quält, wird morgen abgewählt.« Die Abgeordneten haben offenbar verstanden. Die Demonstration in Bonn hatte am 23. September 1997 um 10 Uhr begonnen. Um 13 Uhr desselben Tages gaben die Fraktionen der FDP und CDU/CSU bekannt: Das Stromeinspeisegesetz bleibt, wie es ist. Ein Sieg der Vernunft, der Umwelt und eine Entscheidung für zukunftsfähige Arbeitsplätze. Ein Sieg auch über die Unvernunft der Energiemonopolisten. Ein Jahr später, bei der Bundestagswahl am 27. September 1998, hat die alte

CDU/CSU-FDP-Koalition dann endgültig die Quittung erhalten – auch für ihre fatale Energiepolitik. Doch auch die neue rot-grüne Bundesregierung wird nur dann eine neue Energie organisieren, wenn dafür von unten ordentlich Druck kommt.

Allein in der Windbranche können in den nächsten Jahren 80 000 neue Arbeitsplätze geschaffen werden, wenn wir etwa soviel Windkraftanlagen exportieren, wie wir in Deutschland aufstellen. Es wird sich zeigen, daß Ökologie menschenfreundliche und lebensfreundliche Ökonomie ist. Eine Gesellschaft hat immer die Arbeitslosigkeit, die sie verdient und die sie toleriert.

Die größten Exportgeschäfte mit Windrädern können künftig wohl mit China gemacht werden. Im Reich der Mitte sollen nach einem Beschluß der Kommunistischen Partei bis zum Jahr 2000 5000 Megawatt Windkraftleistung installiert werden – ein moderner Atommeiler leistet 1300 Megawatt! Und das ist erst der Anfang und nur in China. Hauptsächlich die Länder der »Dritten Welt« brauchen im 21. Jahrhundert viel Energie, wenn sich ihre Landwirtschaft und Industrie so entwickeln werden, daß auch dort niemand mehr hungert und verhungert. Sie werden aber regenerative Energien im großen Stil nur dann aus den Industriestaaten importieren, wenn wir selbst künftig auf einen kompletten solaren Energiemix setzen. Nur mit Hilfe von erneuerbaren Energien sind die Probleme des Welthungers und des Bevölkerungswachstums zu lösen.

Die Armen in den »Drittwelt«-Ländern werden erst dann weniger Kinder bekommen, wenn die ökonomischen Voraussetzungen für ein Leben ohne Hunger vorhanden sind. Und das gelingt nur mit viel Energie. Woher soll aber neue Energie kommen, wenn nicht über billige, erneuerbare Energiequellen? Es scheint wie ein Naturgesetz für die ganze Welt: Arme Menschen, die existentiell gefährdet sind, haben viele Kinder. Menschen, die ohne materielle Not leben können, haben fast alle wenig Kinder oder nur noch ein Kind. Der Schlüssel zur Überwindung der Armut ist weltweit die Energie.

Windenergie ist eine kosmische und göttliche Kraft. Energie aus Sonne, Wind, Wasser und gespeicherter Sonnenenergie in Pflanzen und Bäumen ist göttliche Energie, ein Geschenk des Himmels, das wir bisher ausgeschlagen haben. Natürlich sind auch Erdöl, Erdgas, Kohle und Uran Geschenke des Himmels – wir haben sie ja nicht selbst gemacht. Aber ihre heutige Nutzung durch uns Menschen ist schöpfungswidrig. Wir verdrängen die Folgen dieser Nutzung. Wir müssen lernen, die Folgen unseres Tuns von Anfang an mitzubedenken.

Unsere Kinder und Enkel, deren Energiequellen wie selbstverständlich die kosmischen Kräfte aus Sonne und Wind sein werden, sind die eigentlichen Erben des Windes und der Sonne. Die Sonne ist der Hoffnungsträger einer neuen solaren Gesellschaft. Die Sonnenstrahlen, auf deren Kraft unsere Kinder voll setzen werden, haben eine Geschwindigkeit von 300 000 Kilometern pro Sekunde. Neben dieser stillsten aller stillen und zugleich schnellsten aller schnellen Kräfte werden unsere heutigen öl- und kohlebetriebenen Maschinen einschließlich unserer Atomkraftwerke einmal sehr alt aussehen. Wir werden lernen, ohne Verbrauch von Materie Energie zu erzeugen.

Im Johannes-Evangelium ist die ursprüngliche Bedeutung des *Ruach,* des Geistwindes oder Windgeistes, noch zu spüren. Die Geistin bläst, wo sie will. Mit Saus und Braus. Jesu Begegnung mit diesem Windgeist bei seiner Taufe am Jordan ist *das* Signal des Umbruchs, des Aufbruchs und der Umkehr. Die Windgeistin macht einen neuen Menschen aus ihm. Jede wirkliche Veränderung ist eine ziemlich stürmische Angelegenheit. Das weiß jeder und jede, die einmal Grund hatten, sich zu ändern. Die Geistin ergreift Jesus recht stürmisch und unvermittelt und macht ihn verrückt aus Liebe zu Gott. Der Wiener Theologe Adolf Holl vermutet in seinem Buch »Die linke Hand Gottes«, daß dem normalen deutschen Geist »mit seinem eher gesetzten Wesen« die stürmische hebräische Geistin, die Jesus zunächst am Jordan und später in der Wüste erfaßte, »so fremd bleiben muß wie ein orientalischer Markt«.

Was passiert denn, wenn die heilige Geistin einschlägt wie ein Blitz aus heiterem Himmel? Adolf Holl, der seinem Buch den Untertitel »Biographie des Heiligen Geistes« gibt: »Sobald *Ruach* herabregnet, fangen die Söhne und Töchter Israels mit dem Weissagen an, junge Männer haben Visionen, Ratsherren werden von Wahrträumen heimgesucht und Gott macht ein neues Testament«.

Wenn die Geistin mal einem Landeplatz gefunden hat, geht es Schlag auf Schlag. 41mal, so hat Adolf Holl gezählt, steht im Markus-Evangelium nach Jesu Taufe das unscheinbare Wörtchen *euthys:* sofort, gleich, jetzt! »Sofort« treibt die Geistin Jesus in die Wüste, zuvor schon hatte sich bei der Taufe »sofort« der Himmel geöffnet. »Sofort« verlassen Simon und sein Bruder ihre Netze, wenn Jesus ruft.

Das Reich Gottes bricht »jetzt« an, wird der geistbessene Nazarener verkünden. Jesu Tauferfahrung »Gott ist Geist« ist der Urknall einer neuen Zeit. »Jetzt« kann »alles neu« werden. Dafür ist es heute hohe Zeit.

Der heilige Geist oder die heilige Geistin sind immer und grundsätzlich gefährlich. Wer sich von der *Ruach* erfassen läßt, gerät rasch in die Nähe von Psychiatern. Noch heute passiert es ständig, daß Windradbetreiber zu »Verrückten« erklärt werden, denen man rasch das Handwerk legen müsse. Die oft verbeamteten Bedenkenträger aller Art und die Großverdiener der alten Energiewirtschaft halten erneuerbare Energien häufig noch für Teufelszeug. Den Vertretern des Neuen ging es schon immer so.

Jesus wurde von seiner Verwandtschaft – auch von seiner Mutter – für »verrückt« erklärt, als er sein Bündnis mit dem Windgeist einging und mit dem geistigen Heilen anfing und »Wunder« wirkte. Wer sich wie Jesus auf die Geistin und den Geist einläßt und »alles neu« machen will und zwar »sofort«, lebt immer gefährlich – bis heute.

Karrieresprung für den Heiligen Geist

Wo der Geist weht, bleibt es stürmisch. Doch die Zukunft wird denen gehören, die sich den Stürmen stellen und nicht gleich bei jedem Gegenwind Atembeschwerden bekommen. Windräder und Solaranlagen bedeuten einen Karrieresprung für den Heiligen Geist. Der direkte Draht nach oben macht deutlich, daß der Heilige Geist 2000 Jahre nach Jesus seine Tätigkeit noch nicht eingestellt hat.

Solare und windbetriebene Energien müssen auf hohem ästhetischem Niveau geplant und eingesetzt werden. Dann werden wir sie auch rasch als zukunftsfreundliche Kulturelemente lieben und schätzen lernen. Für eine solare und windige Ästhetik werden Künstler und Klimaforscher, Techniker und Landschaftsplaner, Städtebauer und Architekten, Ethiker und Kosmologen in Forschung und Praxis zusammenarbeiten müssen. Diese Teamarbeit hat erst begonnen. Wir werden lernen müssen, einen Dialog mit dem Wind und der Sonne zu führen. Der Künstler und Professor für Medienkunst, Jürgen Claus, träumt von einer Kunstschule, an der mit erneuerbaren Energien geforscht, gelehrt und gestaltet wird. Ihre Hauptaufgaben sind:

- »Entwurf und Ausführung neuer, ästhetischer Windräder, Windkraftanlagen, windorientierte Skulpturen, deren Materialien und Farbgestaltung Auswirkungen auf das ästhetische Empfinden der Menschen haben;
- Untersuchungen von Akustik und Klang, Klang- und Umweltgeräusch-Ökologie;
- Windenergie und urbane sowie Landschaftsplanung, Bezugssysteme Wald, Wiese, Gemeinde, Meer, See, Fluß, Straße für die ästhetisch gelungene Ortung von Windenergieanlagen.

Eine solche Reihe von Entwurfsstrategien mit der Umwelt kann man dem solar-ökologischen Design zuordnen.«* Sicher nimmt diese ästhetische Begründung – neben der ethischen – vielen pauschal-aggressiven Gegenspielern der erneuerbaren Energien den Wind aus den Segeln. Wind- und Sonnenenergie sind die Lösung des Energieproblems für alle Zeit. Jeder Tag, an dem wir die solare Energie noch nicht nutzen, ist für unsere Kinder ein verlorener Tag.

Während wir Deutschen uns mit Windkraft noch unnötig schwer tun, geht Dänemark mit seinen größten Windanlagen bereits raus aufs Meer, wo der Wind noch stärker bläst als an der Küste. Bis zum Jahr 2030 will Dänemark die Hälfte seines Stroms aus Windkraft gewinnen.

Sommer 1998 – das Bild ist noch neu. Ein Greenpeace-Schiff wird an Bug und Heck von je fünf in Reih und Glied in der Nordsee stehenden Windrädern eingerahmt. Auf diesen Augenblick haben die Fotografen und Kameramänner im benachbarten Schlauchboot lange gewartet. Jetzt sind sie mit ihren automatischen Kameras und ihren großen Teleobjektiven voll im Einsatz. Die Ökokraftwerke an Land, also »on-shore«, sind nichts Besonderes mehr. Aber »off-shore«, also einige Kilometer von der Küste entfernt, erregen sie noch Medienaufmerksamkeit.

Kein Vogel stört sich an den rotierenden Dreiflüglern – das stellen Ornithologen nach dreijähriger Beobachtung an Pilotanlagen fest. Greenpeace propagiert: »Off-shore wind, not oil.« Auch das ist neu. Die Regenbogenkämpfer sind nicht mehr nur »gegen« etwas wie gegen das Versenken von Ölbohrinseln, sondern »für« etwas – für Windenergie. Der dänische Energieminister an Bord des Greenpeace-Schiffes sagt: »Ich erlebe dies zum ersten Mal, daß Greenpeace nicht opponiert, sondern etwas aktiv unterstützt.« Eine ganz neue

---

* Näheres in dem bereits zitierten Buch *Windiger Prozeß – Konflikte um das Zukunftspotential der Windkraft.*

Strategie mit ganz neuen Chancen für alle Umweltaktivisten! Windmühlen aus Dänemark sind inzwischen das drittwichtigste Exportgut des kleinen Landes – mit bereits 20 000 Langzeit-Arbeitsplätzen.

Wer für die solare Energiewende arbeitet, braucht einen gesunden, tiefen und langen Atem. Er oder sie muß auch wissen: Eine solare Energiewende kann es nicht geben ohne eine ökologische Verkehrswende.

V. Kapitel

Die ökologische Verkehrswende

> »Selig die Sanften, denn sie
> werden die Erde erben.«
> *Jesus*

Die Todesstrafe auf den Straßen

Es ist unmöglich, über den ökologischen Jesus und sein Vertrauen in die Schöpfung zu schreiben, ohne immer wieder positive Beispiele dafür anzuführen, wie wir im 21. Jahrhundert schöpfungsgemäß leben, arbeiten, wirtschaften und reisen können. Dies gilt selbstverständlich und erst recht für dieses Kapitel, in dem es um schöpfungsgerechte Mobilität in der Zukunft geht.

Jesus selbst ging noch zu Fuß, ritt auf einem Esel und fuhr in einem Schiff. Das war die Mobilität seiner Zeit. Selbstverständlich würde er heute so reisen, wie auch wir reisen, aber er würde die Frage nach der Verantwortlichkeit unseres heutigen Reisens stellen und hauptsächlich nach dem Sinn der Autokultur. Von schöpfungsgemäßer Mobilität sind wir mit unseren heutigen Autos, die für 100 Kilometer Fahrt etwa zehn Liter Sprit verbrauchen, weit entfernt. Das gleiche gilt für Flugzeuge, die pro Passagier sechs Liter Kerosin für 100 Flugkilometer benötigen. Mit jedem Liter Benzinverbrauch verpesten wir 10 000 Liter Luft. 25 Prozent aller Treibhausgase in den Industriestaaten entstehen über unsere Autos, schon zehn Prozent über Flugreisen.

Welche Alternative gibt es? Können wir uns anfreunden mit dem zukunftsweisenden Motto: Mobil ohne Auto? Ist eine ökologische Verkehrswende möglich, so wie die solare Energiewende möglich ist?

Jährlich werden weltweit etwa 50 Millionen Autos produziert. Doch die heutigen Autos passen nicht in ein lebensfreundliches 21. Jahrhundert. Auch die rot-grüne Bundesregierung wird mit ihrer heutigen Verkehrspolitik ihr Ziel, die Treibhausgase bis zum Jahr 2005 um 25 Prozent zu reduzieren, nicht erreichen. Ökologische Verkehrswende heißt Abschied nehmen von einer Verkehrspolitik, die sich als Autopolitik versteht. Die Monokultur Auto ist so wenig lebensfreundlich wie jede Monokultur. Sie zerstört unsere Überlebenselemente Wasser, Luft und Boden und die Nerven der Menschen. Und sie führt exakt in die Immobilität. Manchmal sind im Radio die Staunachrichten schon länger als die Weltnachrichten. Jahr für Jahr gibt es neue Rekordmeldungen für Autostaus. Der bisherige Spitzenwert liegt bei 140 Kilometer Stau zwischen Hamburg und Flensburg. Der deutsche Mensch verbringt am Ende dieses Jahrhunderts mehr Stunden im Stau (67) als beim Sex (40) pro Jahr. Welch armselige Lebensqualität!

BMW-Forscher haben die Staukosten für die deutsche Volkswirtschaft jährlich auf 200 Milliarden Mark geschätzt. Rasender Stillstand. Mobiler Wahnsinn! In vielen Großstädten dienen bis zu 40 Prozent der Innenstadtfahrten der Parkplatzsuche. Stuttgarts früherer Oberbürgermeister Manfred Rommel spottet: »Die einen fahren in die Stadt und suchen einen Parkplatz, und andere kommen ihnen entgegen, weil sie keinen gefunden haben. So treffen sich die Menschen, das nennt man Stadtbelebung.«

Mit dem Ziel des ökologischen Jesus, die Schöpfung zu bewahren und die Fülle und Freude des Lebens zu leben, ist das heutige Auto nicht zu vereinbaren. Wenn alle Menschen soviel Auto fahren, wie wir Deutsche es heute tun, dann haben wir auf diesem Globus bald keine Luft mehr zum Atmen. Das heutige Auto ist eine Provokation für eine zukunftsfähige, ökologische Ethik – aus vielen Gründen. In Deutschland herrscht verkehrspolitisch Stillstand durch Denkstau:

- Es gibt immer mehr Lkws auf unseren Straßen, fast jede zweite Lkw-Fahrt ist leer;
- in immer mehr viersitzigen Pkws fährt ein Mensch;
- in zehn Jahren verdoppeln sich die Flugkilometer;
- der Bahnanteil am Güterverkehr sinkt.

Hitlers Verkehrsminister rechtfertigte den Autobahnbau 1935 so: »Keine Landschaft ist zu schade für die Straßen des Führers.« An dieser Philosophie, Verkehrspolitik sei Auto um jeden Preis, hat sich bis heute nichts Grundsätzliches geändert. Im Gegenteil. Dabei ist der Bau von Straßen in den wenigsten Fällen wirtschaftlich. Doch stillgelegt werden nur angeblich unrentable Bahnlinien, unwirtschaftliche Straßen gibt es dafür immer mehr.

Es ist längst bewiesen, daß öffentlicher Verkehr, wenn er richtig organisiert ist und attraktiv angeboten wird, wirtschaftlicher ist als Autoverkehr. Zum Beispiel die neuen Hochgeschwindigkeitslinien der Bahn zwischen Paris und Nizza oder Madrid und Sevilla oder auch der innerstädtische öffentliche Verkehr in Basel und Zürich, in Karlsruhe und Lemgo, in Straßburg, Manchester und Tokio, in Lindau und Dornbirn. Intelligente und kostenbewußte Menschen machen sich inzwischen klar, was es finanziell bedeutet, mit einem Auto mobil zu sein, das über 23 Stunden am Tag stillsteht und weniger als eine Stunde fährt. Wie gesagt: Kein ökonomisch denkender Unternehmer kann sich ähnlich ineffiziente Maschinen leisten. Autos sind weit unrentabler als jede Solaranlage.

Im gut ausgebauten öffentlichen Verkehrssystem in der Schweiz kostet ein Jahresticket für das ganze Land 2500 Franken. Autofahren ist etwa viermal so teuer. Die Rechnung geht freilich nur auf, wenn der öffentliche Verkehr insgesamt attraktiv ist. Der ADAC hat auch für Deutschland errechnet: Autofahren ist etwa viermal teurer als Bahnfahren.

Nach 1945 wurden in Westdeutschland 240 000 Kilometer Straßen gebaut oder ausgebaut und mehr als 15 000 Kilometer Bahngleise stillgelegt. Wer sich morgens ins Auto setzt, wird vom ersten gefahrenen Kilometer an vom Finanzamt belohnt: Durch die Kilometerpauschale, auch unter einer rot-grünen Bundesregierung, deren Chef eben ein irrationaler »Automann« ist. Wer läuft, Rad fährt, Bus oder Bahn benutzt, wird bestraft. Er kommt nämlich nicht in den Genuß einer ähnlich hohen Kilometerpauschale. Wer also die Natur belastet, wird belohnt; wer die Natur entlastet, wird bestraft. Es gibt noch weitere Widersprüche einer sogenannten Verkehrspolitik, die in Wahrheit und Wirklichkeit Politik für das Auto ist.

Im Grundgesetz für die Bundesrepublik Deutschland wurde vor 50 Jahren die Todesstrafe abgeschafft. Doch seither wird sie mehr praktiziert als je zuvor: Allein in der alten Bundesrepublik wurden seither im Straßenverkehr mehr als 600 000 Menschen umgebracht. Das sind mehr Menschen als in einer Großstadt wie Hannover leben. In derselben Zeit wurden mehr als 19 Millionen Menschen auf Westdeutschlands Straßen verletzt. Das sind mehr als im größten Bundesland, in Nordrhein-Westfalen, heute wohnen. Hunderttausende dieser Verletzten sind für ihr ganzes Leben behindert und sitzen im Rollstuhl.

Auf den Straßen sehen wir die Opfer der Automobilität dann kaum noch und können das, was wir mit unseren Autos anstellen, leichter verdrängen. Warum drängen sich so viele Menschen danach, unbedingt zu den künftigen Verkehrstoten oder Verletzten zu gehören? Jesus dazu im apokryphen Thomas-Evangelium: »Selig bist du, wenn du weißt, was du tust.« Wissen wir, was wir tun, wenn wir ins Auto steigen? Und wo bleibt im Autoverkehr das in allen Religionen und Kulturen gültige Gebot: »Du sollst nicht töten«?

Ich fahre – also bin ich?

Der Verkehrsclub für Deutschland (VCD) und das Bundesumwelt-
amt schlagen vor, in den Städten Tempo 30 als Regelgeschwindigkeit
einzuführen. Bei Tempo 30 verkürzt sich nämlich der Anhalteweg
um mehr als die Hälfte gegenüber Tempo 50 – von 28 auf 13 Meter.
Die Zahl der Schwerverletzten würde dadurch nach Berechnungen
des Verkehrsclubs sinken: in Hamburg zum Beispiel um 37 Prozent,
in Münster gar um 72 Prozent.

Zehn Jahre lang weigerte sich die Regierung Helmut Kohl, im Sommer bei hohen Ozonwerten ein Fahrverbot für Autos zu verhängen.
Die christdemokratisch geführte Bundesregierung machte Politik
nach dem Motto: »Leute, sperrt eure Kinder ein, damit die Autos
draußen ruhig weiterspielen können.«

Die politischen Versprechen waren zwar grün und hoffnungsvoll,
aber die Wirklichkeit ist grau und traurig.

Das Auto ist die unsicherste und gefährlichste Art aller Fortbewe-
gung. Wie im Krieg so ist auch im Autoverkehr das Gebot »Du sollst
nicht töten« außer Kraft gesetzt – noch mehr das ungeschriebene,
jesuanische Gebot »Du sollst niemanden verletzen«. Dem Auto zu-
liebe setzen wir unser Wertesystem außer Kraft. Zehntausende Kinder kommen durch die heutige Autopolitik im wahrsten Sinne des
Wortes unter die Räder. Autofahrer dürfen töten, verletzen, verstüm-
meln – wichtig ist, daß sie sich an die Verkehrsregeln halten. Und sie
dürfen andere Menschen krankmachen, indem sie krebserzeugende
Stoffe in die Atemluft blasen. Autofahren ist Krieg auf der Straße.
Tempolimit 100 km/h kann ein deutscher Mann noch weniger ak-
zeptieren als die Frauenquote.

In keinem Land Europas sind Kinder durch Autos so gefährdet wie
in Deutschland. 1996 sind 48 500 Kinder durch Autos verunglückt,
358 Kinder wurden getötet und über 12 000 schwer verletzt und
verkrüppelt. Wann endlich gilt der Schutz von Kindern mehr als die

»freie Fahrt für freie Bürger«? Wissen wir wirklich, was wir tun, wenn wir ins Auto steigen? Das heutige Auto ist in dreifacher Weise eine Fehlkonstruktion.

1. Es ist eine ökonomische Fehlkonstruktion. Keine Mobilität kommt uns alle so teuer wie die Automobilität. Mit Steuergeldern werden Straßen gebaut. Während die Bahn ihr Streckennetz weitgehend selbst finanzieren muß. Künftig wird gelten: Je mehr Autos in einer Stadt, desto schlechter für die wirtschaftliche Entwicklung. Der Liter Benzin müßte bei Anrechnung der Folgekosten etwa fünf Mark kosten und ein Parkplatz in der Innenstadt nach marktwirtschaftlichen Prinzipien pro Monat zwischen 700 und 800 Mark. Die USA sind das Mutterland des Staus. Sie investieren am meisten in den Autoverkehr und haben das ineffizienteste Verkehrssystem der Welt.

2. Das Auto ist eine ökologische Fehlkonstruktion. Wie die heutigen Flugzeuge so sind auch die heutigen Autos mit einem hohen Benzinverbrauch unverantwortlich. Unmittelbar nach der letzten Bundestagswahl hatte VW in zweiseitigen Zeitungsanzeigen das »erste 3-Liter-Auto der Welt« angekündigt. Sofort ließ ich mir den Prospekt für den neuen Lupo schicken. Dort wird angekündigt, daß das angebliche *3-Liter-Auto* tatsächlich zwischen *4,8 und 7,6 Liter* verbrauchen wird! Wie lange lassen sich Millionen Autofahrer von der deutschen Automobilwirtschaft noch für dumm verkaufen?

3. Das Auto ist eine technische Fehlkonstruktion. Die heutigen Autos sind technisch längst überholt. Nicht nur Greenpeace kann Drei-Liter-Autos bauen, auch die Autoindustrie kann das, wenn sie will.

Der Vorstandsvorsitzende von VW, Ferdinand Piëch, sagte schon 1994 zu Journalisten: »Wir haben Pläne in der Schublade für ein Auto, das 1,0 Liter Sprit für hundert Kilometer verbraucht.« Aber die Pläne bleiben in der Schublade. Angeblich sei solch ein Auto zu teuer.

Professor Fritz Indra ist bei Opel der Vordenker sparsamer Antriebstechniken für Serienwagen. Im Interview mit »Spiegel-Special« sagte er: »Wir fahren mit nur 1,8 Liter, wenn es sein muß.« Aber offenbar muß es nicht sein. Professor Indra meint, solch ein Auto würde 80 000 DM kosten und sei für die meisten Kunden zu teuer. Doch dieses Argument gilt für jede neue Konstruktion. Nur Massenproduktion macht neue Produkte billiger. Doch diese Massenproduktion ist nicht erwünscht. Selbstverständlich ist die Öl- und Benzinlobby nicht an einem Auto interessiert, das nur noch einen Liter Sprit auf 100 Kilometer verbraucht. Und vor dieser Lobby geht die Politik – links wie rechts – noch immer in die Knie.

Schuld an dieser Entwicklung sind natürlich nicht die Automaschinen, sondern die Automenschen. Das heißt: die psychischen Defizite von uns Menschen gegenüber den Verlockungen eines zweifelhaften Produkts. In unheiliger Allianz nutzen Industrie, Wirtschaft und Politik diesen Defekt brutal aus. Sie gehen dabei über immer mehr Leichen. Die Natur, die künftigen Generationen, Millionen Tote und noch viel mehr Verletzte bezahlen für den heute weitverbreiteten Autowahn. Wir alle, ob Autofahrer oder nicht, zahlen mit dem Verlust an Kultur, an Bindungen, an Lebensqualität und mit dem Verlust an historisch gewachsenen menschenfreundlichen Städten und Dörfern. Die gläubigen Apostel der alleinseligmachenden Autoreligion brauchen ihr »heiligs Blechle«. Für sie gilt das Credo: »Ich fahre – also bin ich.« Viele kommen erst durch einen Autounfall zur Vernunft – falls dies dann noch möglich ist.

Das Auto: vom Lustobjekt zur Frustmaschine

Es ist in der Verkehrspolitik ähnlich wie in der Energiewirtschaft: Wir kennen längst die Alternativen, aber Politik, Wirtschaft und viele von uns sind blind und wollen es bleiben. Wir tun nicht, was wir wissen. Sicherlich: Die Autobranche hat viel Geld und kann sich mit einem jährlichen Werbeetat von etwa 1,5 Milliarden Mark allein in Deutschland die besten und teuersten Werbefachleute leisten. Die doppelseitige farbige Werbung für ein knallrotes Cabrio-Auto in traumhaft schöner Landschaft hatte im Frühjahr 1997 diesen Text:

»Der Trend zur offenen Gesellschaft … Sie werden von allen mit neidischen, sehnsuchtsvollen Blicken verfolgt. Sie sind absolute, unwiderstehliche Verführer, Ihnen fliegen Frauen- wie Männerherzen zu. Sie sind das Synonym für Jugend, Freiheit und Lebensfreude …«

Das ist Lifestyle, das ist Erotik, das ist Humor, das kommt an. Nur etwas wird kaum hinterfragt: Stimmt dieser Text auch? Und hilft er uns?

Am selben Tag las ich die Schwarzweißanzeige einer deutschen Großstadtverwaltung, die für Fußgänger und Radfahrer Werbung machen wollte. Sie hatte den mitleiderregenden Text: »Fußgänger und Radfahrer sind auch Menschen.«

Für Autowerbung wird in Deutschland etwa 300mal mehr Geld ausgegeben als für das Bewerben öffentlicher Verkehrsmittel. Ganz offensichtlich wirkt diese Werbung. Anders ist unser irrationales Mobilitätsverhalten nicht zu erklären. Alternative Verkehrspolitik hat es schwer, aber dennoch hat sie erste bescheidene Erfolge.

Es geht auch anders

Positive Beispiele dafür, daß kluge Verkehrspolitik mehr sein kann als nur stupide Autopolitik:

- In der Schweiz gibt es nicht nur eine nostalgische Zuneigung zum öffentlichen Verkehrsmittel Bahn, die Schweizer benutzen die Bahn sogar! Und fahren dreimal mehr Bahnkilometer als wir in Deutschland – trotz schwieriger geographischer Voraussetzungen. Wo in der Schweiz mehr als zehn Häuser zusammen stehen, gibt es einen Bahnhof. Die Züge fahren in jedes Gebirgstal hinein. Wo sie nicht mehr weiterkommen, schlängelt sich anschließend eine Schmalspurbahn an Hängen entlang. Und wo sie steckenbleibt, wird eine Zahnradbahn gebaut, und wo selbst das nicht mehr geht, gibt es eine Seilbahn. Wenn es in der Schweiz ein Referendum zur Verkehrspolitik gibt, entscheidet sich das Volk meist gegen Straßen und gegen noch mehr Lkws und Pkws und für den Ausbau der Eisenbahn. Deshalb ist die Schweizer Eisenbahn die größte Modelleisenbahn der Welt. Die Schweizer fahren am liebsten mit dem Zug. Hauptsächlich deshalb, weil es in der Schweiz eine gute Eisenbahn gibt: Der Service stimmt, der Takt stimmt, die Vernetzung zwischen Bahn und Bus, zwischen Regionalbahn und Straßenbahn stimmt, und der Preis stimmt – hauptsächlich der für Familien.
- Die Stadt Karlsruhe betreibt seit Jahrzehnten die effektivste Straßenbahn in Deutschland. In Karlsruhes Hauptgeschäftsstraße fährt die Straßenbahn im Takt von 50 Sekunden. Deshalb sieht man in der Innenstadt der badischen Metropole weniger Autos als anderswo. Seit einigen Jahren fahren Karlsruhes Straßenbahnen auf den Schienen der Bundesbahn bis zu 50 Kilometer nach Nord und Süd und Ost und West aus Karlsruhe hinaus ins Umland. Die Nutzungsraten stiegen in drei Jahren um bis zu 600 Prozent. Seit

September 1997 wird in einigen Karlsruher Straßenbahnen den Gästen ein Frühstück angeboten. Vorbild für intelligenten Schienenverkehr mit gutem Service.

- Die Stadt Lemgo hat 1994 ihre alten Busse ausrangiert und durch moderne und bequeme Niedrigflurbusse ersetzt. Die Zahl der Haltestellen wurde versechsfacht. Die Busse fahren jetzt im Zehn-Minuten-Takt statt wie früher im Stundentakt. Eine gute Agentur übernahm die Werbung. Ergebnis nach drei Jahren: Die Automobilität ist stark rückläufig. Die Teilnehmerzahl am öffentlichen Verkehr hat sich verdreißigfacht! Aus 80 000 Teilnehmern am öffentlichen Verkehr jährlich wurden jetzt 2,4 Millionen!

- In der österreichischen Stadt Dornbirn hat sich die Kundenzahl mit demselben System in sechs Jahren sogar verfünfzigfacht. Aus 100 000 Benutzern des Bussystems wurden fünf Millionen.
  Ganz offensichtlich gibt es nicht nur Millionen autoverrückte Deutsche und Österreicher, sondern auch eine Riesensehnsucht nach intelligenten Lösungen der Verkehrsprobleme.

- Münster hat die meisten Radfahrer Deutschlands. Gelungene fußgängerfreundliche Planungen gibt es in Wismar. In Berlin und München floriert Carsharing, das heißt, mehrere Menschen oder Familien unterhalten gemeinsam ein oder mehrere Autos. Carsharing spart Geld und schont die Umwelt! Freiburg hat ein gut funktionierendes Verbundsystem von Fußgänger-, Fahrrad- und öffentlichem Verkehr.

- Die schöne Bodenseestadt Lindau drohte am Autoverkehr zu ersticken. Es gab nur Regionalbusse. Da hat sich die Stadtverwaltung ein neues Stadtbussystem geleistet mit dem beinahe unvorstellbaren Ergebnis, daß die Fahrgastzahlen auf das Hundertfache gestiegen sind: von 30 000 auf drei Millionen. Solche Erfolge sind nur möglich, wo sie wirklich gewollt werden und wo die Verantwortlichen daran glauben.

- Nordrhein-Westfalen hat schon in den 80er Jahren 1600 Hauptverkehrsstraßen stadtverträglich umgestaltet – ohne Tunnelbau oder Umgehungsstraßen. Durch Tempolimits, das Pflanzen von Bäumen, Mittelinseln und viele Fußgängerüberwege wurden von Autos zerstörte Räume wieder menschengerecht zurückgebaut.

- In Holland werden 50 Prozent aller Wege mit dem Fahrrad zurückgelegt, in Deutschland sieben Prozent. Bei unseren holländischen Nachbarn ist ein Fahrradfachgeschäft eine Mobilitätszentrale. Die Fahrräder der Zukunft müssen, um attraktiv zu sein, weitgehend wartungsfrei und wesentlich komfortabler sein. Das Zweit- und Drittfahrrad wird ebenso selbstverständlich werden wie Elektrofahrräder. Zum Einkaufen werden wir in Zukunft das City-Bike, für die Reise den Elektrotourer mit eingebautem Elektromotor benutzen.

Fahrradpolitik ist in den Niederlanden Bestandteil der Regierungspolitik. Die Regierung will, daß bis zum Jahr 2010 70 Prozent aller Fahrten per Fahrrad zurückgelegt werden. »Freie Fahrt für freie Bürger« gilt zum Beispiel im holländischen Groningen für Radfahrer. Wer den Fahrradverkehr dort studiert hat und in Deutschlands Städte zurückkommt, hat den Eindruck, in einem Entwicklungsland zu leben. In Holland gibt es überall im Land Fahrradparkhäuser mit integrierter Werkstatt. Arbeitgeber stellen Dienstfahrräder zur Verfügung. So sparen sie Parkraum fürs Auto, viel Geld und bekommen gesündere Mitarbeiter. Das ist mehr als Verkehrspolitik. Dahinter stecken ethische Überlegungen. Hollands Regierung hat beschlossen, bis 2010 die Treibhausgase gegenüber 1986 um 30 Prozent zu reduzieren – und tut etwas dafür.

Doch diese positiven Erfahrungen werden insgesamt viel zu wenig nachgeahmt und von uns Journalisten auch viel zu wenig beschrieben oder gefilmt. Die meisten Verkehrspolitiker planen blindlings mehr Parkraum und mehr Straßen und ernten so noch mehr Staus. Es ist ein verkehrspolitisches Grundgesetz: Wer Straßen baut, wird noch mehr Autos ernten. Man kann Alkoholismus nicht mit Schnaps bekämpfen. Wer aber Straßenbahnen und Radwege baut, reduziert den Autoverkehr. Geld ist genügend vorhanden – es wird nur an den falschen Stellen für die veralteten automobilen Systeme ausgegeben. Kommunalpolitiker zögern nicht, alle paar Jahre 70 Millionen Mark in einen neuen Tunnel oder 15 Millionen in neue Parkhäuser zu investieren. Wenn aber hunderttausend Mark für Rad- und Fußgängerwege gebraucht werden, verweigern sie dieses Geld häufig mit dem Hinweis auf die »knappen Kassen«. Japans Metropolen machen eine weit intelligentere Verkehrspolitik als die Deutschen. Dort beträgt der Anteil der Autos am Gesamtverkehr heute noch 18 Prozent, in Deutschland 55 Prozent. In Tokio ist 95 Prozent allen Verkehrs öffentlicher Verkehr.

Ständig wird behauptet und von willfährigen Journalisten brav publiziert, der öffentliche Verkehr sei leider defizitär und ökonomisch unrentabel. Richtig ist, daß die 100 neuen Stadtbussysteme in Deutschland Steigerungsraten bis zu 500 Prozent erreichen – in Lemgo und Lindau noch viel mehr – und jährlich nur noch Zuschüsse von je etwa 1,5 Millionen Mark benötigen. Das ist ein sehr geringer Betrag gemessen am 10- bis 100fachen für Tunnels, Parkhäuser und Kreuzungen für Autos. Der Verkehrsplaner Professor Heiner Monheim: »Die riesigen Defizite des Autoverkehrs werden von den Kassenwarten in Ländern und Kommunen blendend kaschiert.«

Das ökologische Verkehrswunder

Meine Vision ist eine Verfünffachung des öffentlichen Verkehrs in den nächsten 30 Jahren. Nur eine solche Politik löst die Umwelt- und Verkehrsprobleme eines Industriestaates wie Deutschland. Die Autos, die es dann noch geben wird – vielleicht 10 Millionen statt wie heute 40 Millionen –, sind Solarautos oder Autos, die mit Biosprit betrieben werden. Ihre Merkmale gegenüber den heutigen Autos: leichter, leiser, langsamer, langlebiger! Diese Produktion der »vier L« wird ergänzt werden müssen durch eine Verkehrspolitik der »vier V«: vermeiden, verlagern, verträglicher abwickeln und vernetzen.

Es ist höchste Eisenbahn für diese Verkehrswende. Sie ist möglich und schafft etwa eine Million neue Arbeitsplätze. Hauptsächlich in der Fahrzeugindustrie, in der Bauindustrie und ihren Zulieferbetrieben, beim technischen und kaufmännischen Servicepersonal. Durch die Erweiterungen des Bahnnetzes, die Produktionsweise moderner Züge, das Sanieren der Bahnhöfe, den Ausbau aller Bahnhöfe zu modernen Kommunikations- und Einkaufszentren und das Verbessern des Lärmschutzes gibt es unendlich viel Arbeit und viele sinnvolle Arbeitsplätze – auch für den Export dieser zukunftsfähigen Mobilitätssysteme der »vier L« und »vier V«.

»Visionen brauchen Fahrpläne« hat Ernst Bloch gesagt. Die wichtigsten Schritte für eine zukunftsfähige Mobilität:

- Ausbau des öffentlichen Verkehrs wie Umwandlung von Kfz-Spuren in Bus- und Taxispuren, 20 000 Kilometer Neu- und Ausbaustrecken für ein flächendeckendes Bahnnetz, Ausbau des Straßenbahnnetzes wie in Karlsruhe, bessere Vernetzung von Bus, Bahn und Straßenbahn, 250 neue Regionalbahnsysteme, bessere Kundeninformation, besserer Service.
- Rückgang des motorisierten Individualverkehrs durch eine moderate ökologische Steuerreform, Rückbau von Straßen zugunsten der Schiene, weniger Parkplätze, autofreie Innenstädte.
- Ausbau von Fahrradwegen, Öffnung aller Einbahnstraßen für Fahrräder in beide Richtungen, bequeme Radmitnahme in Zügen, Bussen und Straßenbahnen, mehr Fußgängerwege. Fahrradzentren in allen großen Bahnhöfen mit Fahrradausleihe, Fahrradkauf, Fahrradreparatur und Fahrradbewachung. Ein ordentliches Bewa-

chen von Fahrrädern ist wichtiger, als viele Leser vermuten. Einem meiner Bekannten sind am Heidelberger Hauptbahnhof in zehn Jahren sieben Fahrräder gestohlen worden.

Natürlich wird es auch in 20 und 30 Jahren noch Autos geben – aber andere als heute. PS-Protzerei, Elektronikklimbim und Höchstgeschwindigkeit sind die widersinnigen Merkmale der heutigen Autos.

Es ist aber technisch möglich, Pkws zu produzieren, welche den Komfort und die Sicherheit eines Mercedes, das Beschleunigungsvermögen eines BMW und den Preis eines VW-Passat in sich vereinigen. Dieses Zukunftsauto verbraucht ein bis zwei Liter Kraftstoff pro 100 Kilometer, der – wenn es sich um Biosprit handelt – null Treibhausgase produziert. Amerikanische Autohersteller haben, inspiriert vom genialen Leiter der Forschungsabteilung des Rocky Mountain Institute in Colorado, Amory Lovins, in der Entwicklung dieses Superautos einen großen Vorsprung vor europäischen Autoproduzenten.

Amory Lovins dazu in der »Frankfurter Allgemeinen Zeitung« vom 31. März 1998: »Die deutsche Automobilindustrie verfügt über alle Fähigkeiten, die erforderlich sind, um sich ihren Anteil an diesem neuen Billionen-Dollar-Geschäft zu sichern, agiert jedoch in bezug auf derart fundamentale Innovationen noch nicht schnell und flexibel genug. Ich hoffe, daß sich dies bald ändert, solange noch genug Zeit bleibt, sicherzustellen, daß es auch in der nächsten Generation noch eine deutsche Automobilindustrie gibt.«

Eleganter kann man den Dinosauriern der Automobilindustrie in Wolfsburg und Rüsselsheim, in Sindelfingen und München kaum auf die Füße treten. Aber die heutige Managergeneration wird es kaum noch begreifen, sie schläft weiter und verschläft die Zukunft. Man braucht nicht viel Phantasie, um sich das Leben in einer Welt vorzustellen, in der Russen, Chinesen, Inder, Brasilianer und Afrikaner ebenso viele heutige Autos fahren wie Japaner, Deutsche und US-Amerikaner. Das wäre der Öko-Supergau!

Nebenbei: Lovins' Institut steht auf 2200 Metern über dem Meeresspiegel. Dort in den Rocky Mountains wird es im Winter bis zu minus 44 Grad kalt, die Wachstumsperiode beträgt nur 52 Tage, und im Winter ist es 39 Tage lang ständig bewölkt. Doch in diesem Haus werden mit moderner Solartechnik 99 Prozent der durchschnittlichen Heizenergie und 90 Prozent des Stroms eingespart. Die Stromrechnung des Instituts beträgt monatlich für 372 m^2 Bürofläche acht Mark. Die Mehrkosten für die Solartechnik aus dem Jahr 1983 hatten sich nach zehn Monaten amortisiert. Klimaschutz, sagt Amory Lovins, muß ökonomisch profitabel sein. Der Mann versteht etwas davon, Visionen zu realisieren!

In etwa einer Generation, also bis zum Jahr 2030, kann die eben beschriebene Mobilitätsvision realisiert sein. Dieses Verkehrswirtschaftswunder wäre ein wesentlicher Baustein für ein gesamtes ökologisches Wirtschaftswunder, das wir für das 21. Jahrhundert organisieren können, so wie die Aufbaugeneration noch 1945 das klassische Wirtschaftswunder geschafft hat.*

Seltsamerweise zweifeln hauptsächlich Menschen, die es für selbstverständlich halten, daß wir auf den Mond fliegen können, daran, die Verkehrswende auf der Erde realisieren zu können. Natürlich können wir das! Unsere schlimmsten Feinde sind immer die Grenzen, die wir uns selbst stecken. Buddha hat einmal gesagt: »Du wirst morgen sein, was du heute denkst.«

Ein Schweizer Bahnchef meinte bei einer Diskussion: »Die deutschen Bahnchefs kennen ihr Produkt nicht, und sie lieben es nicht. Das ist das Haupthindernis der Verkehrswende in Deutschland.«

* Nähere Ausführungen dazu in meinem Buch *Das ökologische Wirtschaftswunder – Arbeit und Wohlstand für alle,* Aufbau-Verlag 1997.

Autofahren ist heilbar

Im Zug lerne ich immer mehr Autofahrer kennen, die darüber stöhnen, daß »Autofahren im Stau einfach keinen Spaß mehr« mache. Nicht die Sorge um die Umwelt, sondern hauptsächlich der zunehmende Frust im Auto wird die Lust auf einen attraktiven öffentlichen Verkehr fördern. Wenn dann etwa ab dem Jahr 2005 Autos auf der vollgestopften Autobahn per Satellit und Sensor im künstlich gesteuerten Stoßstangenabstand brav hintereinander herschleichen, was nützt dann noch der dickste Mercedes mit möglichen 250 km in der Stunde oder der schnellste Porsche mit 300 PS »von null auf 100 in 5,2 Sekunden«?

Grausame neue Autowelt – ohne jeden Spaß – nur noch etwas für Spießer! Wer heute noch nicht Auto fährt, gilt häufig als der »Letzte«. Jesus: »Die Letzten werden die Ersten sein« (Markus 10,31). Jesus macht hier auf den Unterschied zwischen Strategie und Taktik aufmerksam. Die Taktiker erscheinen vordergründig immer als »die Ersten« und die Strategen als »die Letzten«. Doch siegen werden die Strategen – weil sie tragfähige Zukunftskonzepte kennen und dafür arbeiten. Strategen haben ein Ziel und kennen die Wege dahin. Taktiker kennen oft noch nicht mal die nächsten Schritte!

Einen Vorgeschmack auf das Autofahren der Zukunft bietet Bangkok. Dort bewegen sich die sogenannten Automobile pro Stunde noch drei Kilometer. Wo bleibt die Mobilität? Wo bleibt die Lust? Wo bleibt der Spaß? Wo das Prestige? Und wo gar die Sportmaschine? »Freie Fahrt für freie Bürger« – wie einst der ADAC argumentierte? Drei Kilometer pro Stunde! Bangkok ist die Hauptstadt von Thailand.

Thai-land heißt »Land der Freien«. Fußgänger sind schneller und freier. Das Fahrzeug ist zum Stehzeug geworden! »Freie Fahrt für freie Bürger« – das geht nur noch mit Bahn, Bus, Fahrrad oder zu Fuß. Der ADAC hat mit seinem schönen alten Slogan aus den frühen 80er Jahren völlig recht. Er täuschte sich nur grundsätzlich über das Instrument moderner Mobilität. Die Umweltbewegung sollte den einstigen Autoslogan nicht länger attackieren, sondern aufgreifen und damit für öffentliche Verkehrssysteme werben. Keine Angst vor der Freiheit. Auch noch: »Pack den Tiger in den Tank«? Ja, klar doch! Die Umweltbewegung wird lernen müssen, den Stier bei den Hörnern zu packen und den Tiger zu reiten. Das ist wichtiger, als ewig mit den ängstlichen Hühnern im Stall zu gackern!

In Deutschlands Innenstädten erreichen Pkws 1998 gerade mal eine Durchschnittsgeschwindigkeit von 16,2 km/h. Pferdefuhrwerke im Mittelalter fuhren 17,2 km/h! Wer hat bei diesen Zuständen Grund, in die Defensive zu gehen und wer in die Offensive? Es wird wirklich höchste Eisenbahn für eine moderne ökologische Verkehrswende.

In Frankfurt moderierte ich eine Podiumsdiskussion. Acht Referenten waren angesagt. Sieben waren pünktlich. Sie waren alle mit öffentlichen Verkehrsmitteln angereist. Der achte kam, als die Veranstaltung gerade zu Ende war. Er entschuldigte sich mit »drei Stunden im Autobahnstau«.

Eine ökologische Verkehrswende, die diesen Namen verdient, ist nur über eine intelligentere Raumpolitik möglich: Arbeiten und Wohnen, Freizeit, Urlaub und Einkaufen müssen durch eine Verkehrsplanung der kurzen Wege enger miteinander verknüpft werden. Im Preis der Miete für eine Wohnung wird das Jahresticket für öffentlichen Verkehr künftig mitenthalten sein. Einkaufen wird für Fußgänger und Radfahrer zu einem Vergnügen werden, wenn unsere Städte weitgehend autofrei geworden sind und Kinder wieder auf den Straßen spielen können. Arbeitsplatz und Wohnung werden schon bald durch moderne Telekommunikationssysteme enger zusammenrücken und häufig sogar identisch sein. Das Surfen im Internet wird Milliarden von Autokilometern ersetzen.

Das Benutzen elektronischer Datenautobahnen ist bequemer, billiger, umweltfreundlicher und weniger stressig als das Fahren auf den alten Autobahnen. Nur mit diesen positiven Botschaften wird der Umstieg im großen Stil möglich werden. Eine Verkehrspolitik, die lediglich Autofahrer ärgert oder Autofahrer als Melkkuh der Nation sieht, wird die Wende nicht bringen.

Das Auto als Potenzersatz

Das Hauptproblem beim Auto ist ein psychologisches – hauptsächlich bei uns Männern stecken hinter der Abhängigkeit vom Auto und der Sucht, Auto zu fahren, Potenzprobleme. Es geht oft um männliches Imponiergehabe, Macht über Raum und Zeit und soziale Selbstdarstellung. Viele Männer pflegen ihr Auto gründlicher als ihre Partnerin. Auf ein mögliches Leben ohne Auto reagieren sie wie auf eine versuchte Kastration. Das Auto als Symbol phallischer Macht: Das brauchen Männer häufig als eine Stütze für ihr schwaches sexuelles Ego. Die rohe Gewalt eines Autos ist dann faszinierender als die tägliche Arbeit an liebevollen Beziehungen und echter, erlebter Lebensfreude.

Das Auto ist wie eine gesellschaftliche Droge – hauptsächlich für uns Männer. Es zerstört mehr städtisches Leben als die Bomben des Zweiten Weltkrieges.

Der frühere Vorstandsvorsitzende von BMW, Eberhard von Kuenheim, hat schon 1982 erkannt: »Die größte Gefahr für BMW ist die Entemotionalisierung des Autos.« Die höchsten Zuwachsraten haben heute in Deutschland die sogenannten Fun-cars. Da werden in einem Land mit einem der dichtesten Straßensysteme der Welt Geländewagen verkauft, die vorne einen »Kuhfänger« haben, obwohl Kühe auf Deutschlands Autostraßen etwa so selten sind wie Pottwale in den Alpen. Der Kauf eines Autos hat häufig mit vielem zu tun, aber nur wenig mit einem Transportproblem. Eher Potenzersatz als Rationalität.

Doch eine intelligente Verkehrspolitik muß mit diesen Süchten und Irrationalitäten rechnen. Es spricht sich allmählich herum, daß einer Sucht mit Verboten nicht beizukommen ist. Entscheidend sind die Lebensfreude und Lebensqualität sowie der Preis- und Zeitvorteil, welche die Alternativen bieten.

Es gibt eine soziale, humane und ökologische Vernunft, wie beim Thema Sexualität und Aids in den letzten Jahren erkennbar ist. Auch bei diesem weitgehend über unser Unbewußtes gesteuerten Triebverhalten zeigt sich, daß ein Wandel durch Aufklärung möglich ist. Das Schicksal der katholischen Kirche sollte für eine aufgeklärte Umweltbewegung abschreckendes Beispiel genug sein. Mit Verboten und dem Drohen mit Höllenstrafen werden eher die Kirchen leergepredigt, als daß rationale und humane Entwicklung gefördert würde. Die Minibar und das Telefon müssen in jeder Eisenbahn, in jeder Straßenbahn und in jedem Bus selbstverständlich werden.

Entscheidend für die ökologische Verkehrswende wird die Attraktivität des gesamten öffentlichen Verkehrs sein: Er muß überall und zu jeder Zeit verfügbar sein. Solange der letzte Bus um 21.00 Uhr fährt und die letzte Kinovorstellung um 23.00 Uhr endet, sitzen die Leute im Auto.

Die heutige Energie- und Verkehrspolitik ist ein Verbrechen an der Menschheit. Die Verbrecher sitzen nicht nur an der Spitze von Konzernen und Regierungen – wir alle sind Täter. Die solare Energiewende und die ökologische Verkehrswende sind Voraussetzungen für ethisch verantwortbares Wirtschaften. Dazu aber bedarf es einer anderen inneren Einstellung zur Mobilität – es bedarf nicht weniger als einer Umkehr der Herzen. Nur dann wird die Ökologie zur Ökonomie der Natur, die neue Hauswirtschaft im gemeinsamen Haus unserer Mutter Erde.

Eine ökologische Ethik ist für diesen Lernprozeß so wichtig wie neue Techniken. In der Schule des ökologischen Jesus können wir lernen wie Lebensfreude und Rücksicht auf die Natur bei knapper werdenden Kassen zusammenpassen: Weniger haben, besser leben! Nur so erreichen wir, was der ökologische Jesus »Fülle des Lebens« und »Überfluß der Freude« genannt hat. Nur wenn Kinder wieder angstfrei auf Straßen spielen können, lernen sie sich selbst kennen, machen neue Bekanntschaften, treffen eigene Entscheidungen und gewinnen so persönliche Autonomie. Wie sollen eingesperrte Kinder je verantwortliche Erwachsene werden? Kinder brauchen Straßen. Mangelnde Bewegung führt zu Lernschwierigkeiten. Kinder haben ein Recht zu sagen: »Ich spiele dort, wo ich wohne.« Wir aber muten unseren Kindern eine permanente Freiheitsberaubung zu. Schließlich gibt es in Deutschland heute viermal mehr Autos als Kinder. Und der Verkehr muß fließen!

Luftqualität ist Lebensqualität

Auch die sogenannte »Erste Welt« braucht eine Befreiungstheologie, nicht nur die »Dritte Welt«. Eine ökologisch sensibel werdende Theologie ist die Befreiungstheologie für die Reichen. Im Sinne des ökologischen Jesus sind Verkehrsgestaltung und Verkehrsverhalten nur dann ethisch verantwortbar, wenn sie die natürlichen Lebensgrundlagen nicht zerstören. Das heißt konkret und praktisch: Autofahren mit einem Ein-Liter-Auto ist vertretbar, nicht aber das Zehn-Liter-Auto. Wer das Auto, das mit einem Liter Sprit 100 Kilometer fahren kann, für eine Illusion hält, den verweise ich – nochmals – an den VW-Chef Ferdinand Piëch. Der Autochef sagte 1998 dem »Stern«: »Wir bauen jetzt das Drei-Liter-Auto, danach das Zwei-Liter-Auto und dann das Ein-Liter-Auto.« Einen Termin nannte der VW-Chef für das Ein-Liter-Auto freilich nicht. Ob Greenpeace oder ein Autokonzern als erster das Ein-Liter-Auto bauen wird? Beim Drei-Liter-Auto war Greenpeace mit zwei Ingenieuren schneller als die gesamte deutsche Autoindustrie mit 20 000 Ingenieuren. Diese Ingenieure könnten schon längst, aber sie dürfen halt nicht – noch nicht!

Öffentliche Verkehrssysteme, das Ein-Liter-Auto, Solarautos und Autos, die mit Pflanzenöl betrieben werden, sind zukunftsfähig, das heutige Zehn-Liter-Auto ist es nicht. Große Fahrzeuge wie Lkws, Busse oder Flugzeuge können im 21. Jahrhundert mit solarem Wasserstoff betrieben werden. Reines Wasser wird dann das einzige »Abfall-Produkt« sein. Auch für die Verkehrswende gilt: Voraussetzung ist eine neue ökologische Ethik, zum Beispiel in der Schule des Jesus von Nazareth.

Das Fahren mit einem Zehn-Liter-Auto ist nicht schöpfungsgemäß. Wer den ökologischen Jesus entdeckt, mobilisiert seine ökologische Kreativität. Dadurch wird Autofahren wirklich heilbar und schöpfungsgemäßes Leben sowie verantwortbare Mobilität möglich. Ökologische Kreativität heißt: Sonnenenergie ernten, Regenwasser nutzen, sich gesund und geschmackvoll ernähren, umweltfreundlich und bequem reisen. Das tut uns und unseren Kindern gut und erfreut unseren Schöpfer, den Vater im Himmel, und die Mutter Erde.

Über solch einem Leben liegt Segen. Mit schöpfungsgemäßem Leben preisen wir Gott. Wenn wir glücklich sind, machen wir Gott ein wundervolles Geschenk und beschenken uns selbst: mit Gesundheit und Gelassenheit, mit einem guten Appetit, einem gesunden Schlaf und entspannter, lustvoller Sexualität. Autofahren auf verstopften Straßen bringt immer mehr Frust, ein attraktiver öffentlicher Verkehr aber immer mehr Lust.

Der Dalai Lama: »Ich bin zutiefst davon überzeugt, daß der Mensch von Grund auf eine starke Bereitschaft hat, Mitgefühl und Zuneigung zu empfinden. Im Grunde seines Wesens ist der Mensch sanft, nicht aggressiv oder gewalttätig.« Zumindest wurden wir alle einmal als sanfte Wesen geboren. Das heutige Auto und der real existierende PS-Fetischismus sind aggressiv und machen aggressiv. Sie sind gewalttätig gegen das Leben.

Zu wirklicher Lebensqualität gehört aber auch eine entspannte Mobilität. Noch vor 15 Jahren fuhr ich mit dem Pkw pro Jahr bis zu 60 000 Kilometer. Heute vielleicht noch 4000 Kilometer. Dabei geht es mir wesentlich besser.

Jemand sagte mir einmal: »Ein gemachter Mann braucht ein großes und schnelles Auto.« »Gemachte« Männer vielleicht! Im Sinne Jesu kommt es darauf an, wie wir geworden sind, nicht was die Autoindustrie aus uns »gemacht« hat. Mensch-Sein heißt Mensch-Werden.

Mediziner sind immer besorgter über die heutige Qualität der Luft. Die Luft, die wir atmen, ist stark belastet durch Industrialisierung, Energieverbrauch, Müllverbrennung, Flug- und Autoverkehr. Die Qualität unseres Lebens hat wesentlich zu tun mit der Qualität der Luft, die wir atmen, aber auch mit der Qualität des Wassers, das wir trinken.

VI. Kapitel

Die ökologische Wasserwende

»Wenn jemand nicht aus Wasser
und Geist neu geboren wird, kann er
nicht in das Reich Gottes kommen.«
Jesus

Wasser ist mehr als H₂O

Was hat die Qualität des Wassers mit dem ökologischen Jesus zu
tun? Ein ganz wesentlicher Teil der guten Botschaft des ökologischen Jesus ist sein Vertrauen darauf, daß unser Heimatplanet ein
lebensfreundlicher Ort ist. Doch ohne genügend Wasser von guter
Qualität kann die Erde nicht lebensfreundlich bleiben.

Ohne Wasser können wir nicht lange leben. Wer wissen will, wie
heilig Wasser ist, kann vielleicht folgenden Versuch wagen: vier Tage keine Flüssigkeit zu sich nehmen und dann den ersten Schluck
Wasser genießen. Wahrscheinlich kehrt bei diesem Experiment unsere Dankbarkeit für die heilmachende Kraft des Wasser sehr schnell
zurück.

Neben Luft ist Wasser unser wichtigstes Lebens-Mittel. Doch heute
haben wir Menschen mit dem Wasser etwas angestellt, was Jahrmillionen undenkbar war. Wir haben die Natur so zerstört, daß sauberes
Wasser immer knapper wird. Seen, Flüsse, Bäche, sogar das Regenwasser sind so stark belastet, daß wir nur über hochkomplizierte,
mehrfache chemisch-technische Verfahren Wasser wieder trinkbar
machen können.

Ein schöner Augustmorgen am Wetterstein. Der Bergbach hinter Schloß Elmau führt noch klares, reines Wasser. Ich schöpfe das Wasser mit den Händen und trinke es. Es schmeckt köstlich und erfrischt. Zwei etwa fünf- bis sechsjährige Jungen, die hier bei Garmisch-Partenkirchen wohl in den Ferien sind, kommen an den Bergbach und können es nicht fassen: Darf man Wasser einfach aus dem Bach trinken? Vergiftet man sich da nicht? Erst ihre hinzukommende Mutter kann sie wieder beruhigen: Nein, nein, der Mann stirbt nicht.

Wie schlimm muß es um unser Lebensmittel Wasser bestellt sein, wenn Kinder sich nicht mehr vorstellen können, daß man es aus einem Bergbach einfach trinken kann! Und unter welch naturentfremdeten Voraussetzungen wächst diese Generation auf! Woher soll sie die Kraft und Motivation haben, sich einmal für etwas einzusetzen, das sie gar nicht mehr kennt, nämlich natürlich reines Wasser!

Wasser ist eine Meisterleistung der Natur und eine einzigartige Schöpferleistung unseres Planeten. Wasser ist Leben und Urgewalt und unser ständiger Begleiter – vom Mutterleib bis zu unserer letzten Sekunde. Früher betrachteten die Menschen aller Kulturen das Wasser als etwas Besonderes, ja als etwas Heiliges. Das heißt: als etwas Heiles und Heilendes. Meere, Flüsse und Seen waren von guten und bösen Geistern bewohnt. Unsere Vorfahren opferten den guten Geistern, bevor sie einen Fluß überquerten oder eine Reise antraten. Wir Heutigen lächeln über diesen »Aberglauben« und werfen unsere Abfälle und unseren Überfluß in Bäche, Ströme und Seen. Allein die Menschen in den USA werfen jährlich 40 Millionen Tonnen Giftmüll in das Lebensblut ihrer Erde, in das Wasser. Unsere Ehrfurcht vor den Elementen ist fast verlorengegangen. Wirtschaft, Technik, Wissenschaft und Politiker als deren Handlanger haben sich des Wassers bemächtigt. Eine Heilung des Planeten wird es ohne ein neues Wasserbewußtsein und ohne eine neue Wasserpolitik und Wasserethik nicht geben.

»Sind die noch ganz sauber?« fragte die Bild-Zeitung 1994, zu Recht empört über Pläne der Europäischen Union, die Pestizidgrenzwerte im Trinkwasser auf das 20–90fache zu erhöhen. Nicht nur Frankreich, Spanien und Portugal plädierten für mehr Gift in unsrem wichtigsten Nahrungsmittel, sondern auch Vertreter der deutschen chemischen Industrie sowie die Bonner Wirtschafts- und Agrarminister. Der Leiter der Pflanzenschutzmittel-Zulassung beim Chemieunternehmen Bayer, Friedrich Kolb, forderte die Aufhebung der jetzigen EU-Richtlinie, die höchstens 0,1 Mikrogramm an Pestizidrückständen pro Liter Trinkwasser erlaubt. Andernfalls wäre »Landwirtschaft bei uns praktisch nicht mehr möglich.« Dagegen Lorenz Petersen von Greenpeace: »Pestizide gehören nicht ins Trinkwasser.« Innerhalb der Bonner Koalition standen der damalige Umwelt- und der Gesundheitsminister auf der Seite von Greenpeace. Klaus Töpfer: »Beim Trinkwasser muß der Vorsorgegedanke oberstes Gebot sein.«

Im Mittelalter wurden Brunnenvergifter mit dem Tode bestraft. Heute bestimmen sie an der Spitze von Chemiekonzernen und an Kabinettstischen die Politik. 1994 haben die Umweltminister der meisten EU-Staaten eine Anhebung der Pestizidgrenzwerte des Wassers gerade noch mal verhindert, aber schon im Frühjahr 1995 hat ausgerechnet der deutsche Wirtschaftsminister erneut einen Vorstoß im Sinne der chemischen Industrie gegen die Gesundheit der Gesamtbevölkerung unternommen. Politiker als Handlanger der Brunnenvergifter!

Der Streit in Brüssel ist noch lange nicht entschieden. Er weist auf eine Umweltkatastrophe hin, die sich lautlos, aber seit langem anbahnt. Schon heute läßt sich der Wassernotstand exakter berechnen als die Klimakatastrophe.

Eine noch intakte Wasserethik sagt uns: Pestizide haben im Grundwasser grundsätzlich so wenig verloren wie im Trinkwasser. Es ist rational nicht nachzuvollziehen, warum die Allgemeinheit über teure Aufbereitungsanlagen das bezahlen soll, was nach dem marktwirtschaftlich doch gültigen Verursacherprinzip die chemische Industrie oder die Landwirte zu bezahlen hätten. Das Prinzip Verantwortung ist die Bedingung einer ökologischen Wasserwirtschaft und jeder wirklichen Marktwirtschaft.

Weltweit sind zwei Milliarden Menschen von Wasserknappheit bedroht. Jedes Jahr sterben zehn Millionen an Wassermangel und an verseuchtem Wasser. Am Tag, an dem Sie diese Zeilen lesen, sind das 27 000 Menschen. Die meisten Hungerkatastrophen sind Wasserkatastrophen. »Ohne Wasser ist kein Heil«, schrieb Goethe im Faust II. Heute schleicht sich die Wasserkatastrophe von Süd nach Nord.

Im südspanischen Andalusien hatte es in der ersten Hälfte der 90er Jahre nicht mehr richtig geregnet. Ende April 1995 prügelten sich deutsche Urlauber und spanische Bauern an der Costa del Sol um Brunnenwasser. UNO-Experten sagen voraus: Wasser wird bald kostbarer als Gold. Und im Sommer 1995 stritten Ägypten und der Sudan so heftig um Nilwasser, daß sogar ein Krieg befürchtet wurde. Der frühere UN-Generalsekretär Butros Ghali hat schon 1990 als ägyptischer Außenminister gesagt: »Der nächste Krieg im Nahen Osten wird ums Wasser geführt.«

Der Jordan führt heute nur noch ein Drittel seiner früheren Durchlaufmenge ins Tote Meer. In Syrien, Jordanien, Irak und in ganz Nordafrika trocknen weite Gebiete aus. Vor allem an den Flußläufen werden die Konflikte zunehmen.

Die Zeitschrift »Natur« hat errechnet, daß:

- 40 Prozent der Weltbevölkerung an grenzüberschreitenden Flußsystemen leben;
- 120 der 200 größten Ströme wesentliche Teile ihres Wassers aus mehr als einem Staat beziehen;
- der Wasserbedarf doppelt so schnell steigt wie die Weltbevölkerung;

- Treibhauseffekt und Wassermangel zur Versalzung der Erde führen. Jeden Tag breiten sich die Wüsten zur Zeit um mehr als 20 000 Hektar aus.

Auch die Weltbank befürchtete Anfang 1997, daß es bald Kriege ums Wasser geben wird, und nannte drei Beispiele eines »Krisenszenarios, das ganz Asien bedroht«:

- Thailands Hauptstadt Bangkok wird im Jahre 2025 nicht mehr in der Lage sein, den Trinkwasserbedarf seiner Einwohner sicherzustellen.
- In Indonesiens Hauptstadt Jakarta ist schon heute das Wasser aus dem städtischen Wassernetz mit Fäkalbakterien und Ammoniak verseucht.
- In der philippinischen Hauptstadt Manila werden in fünf Jahren alle Grundwasserreserven kontaminiert sein.

Bevölkerungswachstum und Industrialisierung haben die für jeden Einwohner Asiens verfügbaren Wasserreserven allein zwischen 1990 und 1995 um die Hälfte schrumpfen lassen, errechnete die Weltbank. Das »World Watch Institute« in Washington ergänzt: »Unsere Prognosen zeigen, daß um 2025 fast alle asiatischen Städte Wasserprobleme haben werden.«

Wasser und Seele

Die historischen Hochkulturen stehen in engem Zusammenhang mit reichlich vorhandenem Wasser: am Euphrat und Tigris, am Nil, im Industal, in China im Tal des Houngho und an den Flußläufen des peruanischen Küstenlandes. Ohne Wasser keine Kultur.

Neben Holz war Wasser bis in die Neuzeit hinein die einzige Energiequelle. Ende des 11. Jahrhunderts waren in England bereits 5600

Wassermühlen in Betrieb. Bis zur Verbreitung der Eisenbahn waren Wasserstraßen wichtige Transportwege, sicherer als der oft beschwerliche Landweg.

In meiner ARD-Serie »Zeitsprung« haben wir in einem Film das Thema »Wasser in Not – Wege einer neuen Wasserpolitik« behandelt. Viele Fernsehzuschauer waren besonders davon beeindruckt, daß für frühere Generationen das Wasser auch eine religiöse Dimension hatte. Wir haben es heute vergessen: In der Heilkraft des Wassers war immer auch das Göttliche präsent. Das Taufwasser verkörpert geradezu die Kraft und Wirksamkeit Gottes selbst. Im Johannes-Evangelium sagt Jesus zur Frau am Jakobsbrunnen: »Wer von diesem Wasser trinkt, wird wieder Durst bekommen. Wer aber von dem Wasser trinkt, das ich ihm geben werde, wird niemals mehr Durst haben; vielmehr wird das Wasser, das ich ihm geben werde, in ihm zur sprudelnden Quelle werden, deren Wasser ewiges Leben schenkt.«

Der zweifache Charakter des Wassers in seiner materiell-chemischen und in seiner seelisch-spirituellen Dimension kommt hier sehr deutlich zum Ausdruck. Wasser gilt in allen Religionen als ein Gottesgeschenk. Gott wirkt durch das Wasser, mit dessen Hilfe er Leben erzeugen und Leben erhalten kann, Wasser ist mehr als H_2O. Denen, die Jesus wirklich nachfolgen wollen, hat der Meister über die Jahrtausende zugerufen: »Seid Quellen lebendigen Wassers« (Johannes 4,13).

Der ökologische Jesus sagt in der Bergpredigt nicht nur: »Unser himmlischer Vater läßt die Sonne scheinen auf böse wie auf gute Menschen«, sondern er fügt hinzu: »Und er läßt es regnen auf alle, ob sie ihn ehren oder verachten« (Mt. 5,45). Nicht nur die Solarenergie, auch das Wasser mit seiner Wirk- und Wandlungskraft gehört allen. Wasser ist für Jesus das Symbol der Wandlung. Er selbst erfährt die wohl entscheidende Wandlung seines Lebens im Wasser, bei seiner Taufe am Jordan (siehe Kapitel II).

Die Essener, zu denen Jesus Kontakt hatte, sangen: »Wir verehren das Wasser des Lebens und alles Wasser auf Erden, das stehende, fließende und quellende Wasser, die Quellen, die dauernd fließen, die gesegneten Regentropfen, immer ehren wir die guten und heiligen Gewässer.«*

Der ökologische Jesus hat vorgeschlagen: »Wer durstig ist, soll zu mir kommen und trinken – jeder, der mir vertraut! Denn in den heiligen Schriften heißt es: Aus seinem Innern wird lebendiges Wasser strömen« (Joh. 7,37,38).

Ströme sollen fließen aus denen, die ihm vertrauen, meint Jesus. Nicht Bächlein oder gar nur Rinnsale! Und lebendiges Wasser – nicht totes! Wie anders könnte die Welt schon sein, wenn wir Christen das Jesus-Programm wirklich begriffen hätten. Aber in diesem Buch geht es ja um Zukunftsmusik. Was noch nicht ist, kann noch werden. Es liegt an uns. An wem denn sonst?

»Wasser ist das Beste«, schrieb der griechische Philosoph Pindar. Sein Landsmann Thales sagte: »Das Prinzip aller Dinge ist das Wasser; aus Wasser ist alles; ins Wasser kehrt alles zurück.« Alle heiligen Schriften der Menschheit bestätigen die reinigende Kraft des Wassers auf Körper, Geist und Seele. Weil auch unser kollektives Unbewußtes am Ende des 20. Jahrhunderts diese tiefe Wahrheit noch kennt, zieht es jährlich Millionen Menschen in den Ferien ans Wasser. Als Jan Ullrich, der Gewinner der Tour de France im Juli 1997, nach seinem Sieg in Paris von einem Fernsehreporter gefragt wurde, was jetzt sein größter Wunsch sei, sagte er: »Duschen.« Kurz danach fragte ihn ein anderer Reporter dasselbe, und seine Antwort hieß nochmals: »Duschen.« Wasser erfrischt Körper, Geist und Seele. An seinem 100. Geburtstag wurde der Schriftsteller Ernst Jünger nach dem Geheimnis seines hohen Alters gefragt. Seine Antwort: »Jeden Morgen im kalten Wasser baden.«

---

* Edmond B. Szekely (Hrsg.): *Das Friedensevangelium der Essener,* Mandala Media 1996 (Bd. 3 der »Schriften der Essener«)

Franz von Assisi preist in seinem Sonnengesang »Schwester Wasser«. Pfarrer Kneipp brachte die Heilerfahrung seines ganzen Lebens auf die Formel »*Aqua sanat* – Wasser heilt«. In Afrika sind eingeborene Seher und Medizinmänner bis heute eng mit der Mythologie des Wassers verbunden. In vielen afrikanischen Dörfern gilt Wasser als »der Segen Gottes«. Erst der abendländisch-christliche Fortschritt führte mit oft zweifelhaften großtechnischen Projekten zu Wassermangel und Wasserverschmutzung.

Wer auf hoher See unterwegs ist, erhält in stillen Stunden tiefe Eindrücke durch die Kraft des Wassers. Wassermassen, tropischer Regen und Dammbrüche können aber auch große Ängste in uns auslösen. Wasser kann Weihwasser sein, aber auch Rinnsteinbrühe.

Wasser ist einmalig. Es ist zugleich Sinnbild für Kraft und Gewalt, für Güte und Hoffnung. Wasser ist zwiespältig: Dem verdurstenden ist es Lebensrettung, dem Ertrinkenden Tod. Neben Luft und Erde ist Wasser unser wichtigstes Nutzelement. Wellen und Sonne heilen auch kranke Seelen. *Aqua vitae* – das Wasser des Lebens symbolisiert jeden spirituellen und psychischen Wandlungsprozeß. Nach einer heftigen Ehekrise hatte ich vor dem Neubeginn mit meiner Frau einen Wassertraum. Wasser ist das Symbol lebendiger Seelenkraft. Mein Wassertraum war ein Schlüsseltraum für die zweite Hälfte meines Lebens.

Die Sehnsucht nach Wasser ist freilich widersprüchlich. Millionen, die es zur Urlaubszeit an Meere und Flüsse, an Bäche und Seen zieht, haben sicher andere Vorstellungen vom »paradiesischen Wasser« als die bayerische Staatsregierung, als sie die letzten Donauauen bei Passau zugunsten einer »modernen leistungsfähigen Wasserstraße« verschwinden lassen wollte. Der bayerische CSU-Fraktionsvorsitzende Alois Glück meinte, der geplante Donauausbau hätte nichts mit der Bibel zu tun. Das Kreuz des Lebens, das der Niederalteicher Abt Emmanuel Jungclaussen segnend in die Donau hielt, haben die christlichen Politiker in Bayern nie so ernst genommen wie die Kreuze mit dem toten Jesus in den Schulzimmern, um die sie tatsächlich gekämpft haben.

Jesus aber, er hat es selbst gesagt, ist nicht bei den Toten, er ist nur bei den Lebenden zu finden. Das gilt erst recht für den ökologischen Jesus. Doch jetzt ist die Fehlplanung an der Donau – zunächst mal bis zum Jahr 2000 – aufgeschoben. Manchmal hilft der Charme der leeren Kassen mehr bei der Verhinderung ökologisch und ökonomisch unsinniger Projekte als alle rationalen und ethischen Argumente. Neben der Ebbe in den Kassen mußten Politiker mit einer »Flut von Bürgerprotesten« (Hubert Weinzierl) rechnen. Diese Flutwelle war stärker als der geplante Beton. Aus Fehlern kann man ja lernen! Auch auf den Ausbau der Elbe zu einer schnelleren Wasserstraße mußte der frühere Verkehrsminister Matthias Wissmann wegen heftigen gemeinsamen Drucks von Naturschutzverbänden und des Otto-Versandhauses schließlich verzichten. Manchmal geschehen noch »Wunder« – vor allem dann, wenn engagierte und ökologisch inspirierte Menschen daran arbeiten. Dabei kann der ökologische Jesus entscheidende Impulse geben. In Bayern haben sich hauptsächlich ökologisch gesinnte Christen gegen das Verschwinden der letzten Donauauen gestellt – erfolgreich schließlich.

Unsere »Schwester Wasser« ist unsere Lebensgefährtin von der ersten bis zur letzten Sekunde unseres Hierseins. Sie will gut behandelt werden. Denn sie gibt uns Nahrung und Trinkwasser, sie wäscht unsere Wäsche, tränkt Wiesen und Bäume, Blumen, Vieh und Menschen, sie trägt unsere Lasten, sie ist uns Strom und bringt uns Strom und verarbeitet – zumindest bis zu einem gewissen Grad – sogar wie selbstverständlich unsere Abfälle. Wir dürfen nur nichts übertreiben. Und exakt hier liegt heute unser Problem. Wenn das Wasser sich nicht mehr selbst reinigen kann, ist alles Leben bedroht. Solange das Wasser gesund ist, findet unaufhörlich Schöpfung statt. Hermann Hesse nennt Wasser die Stimme des Lebens, die Stimme des Seienden, des ewig Werdenden.

Für mich ist Wasser immer mit einem kleinen Bach in meinem badischen Geburtsort Untergrombach bei Bruchsal verbunden. Wasser hieß in Kindheitstagen: spielen und Sonnenschein, Abenteuer und Aufregung, Freude und Freunde, glückliche Versunkenheit am kühlen kleinen Bachlauf von Ober- nach Untergrombach; Wolken, Wiesen und Wunder im Wasser.

Das Wasser des Lebens brauchen wir nicht nur für unsere Körperfunktionen, sondern auch für Fruchtbarkeit und das Wachsen der Seele im Innern. Es ist Tiefenökologie, wenn Jesus im berühmten Nachtgespräch zu Nikodemus sagt: »Wenn jemand nicht aus Wasser und Geist neu geboren wird, kann er nicht in das Reich Gottes kommen« (Johannes 3,5).

Für den ökologischen Jesus gilt selbstverständlich die Tiefenerkenntnis aller Mystiker: Wie außen so innen, und wie innen so außen. Vergiftetes Wasser ist der Ausdruck kranker Seelen. Und: kranke Seelen produzieren vergiftetes Wasser.

Der sechste Weltkongreß für Wasserreserven richtete an alle Regierungen den schlichten Aufruf: »Schafft die Hochrüstung ab; nutzt das Geld zum Leben, nicht zum Töten.« Der Zugang zu sauberem Wasser ist ein Menschenrecht. In Europa haben wir noch genügend Wasser, um alle Menschen, Tiere und Pflanzen ausreichend zu versorgen. Aber in welcher Qualität? Und wie lange noch? Wie könnte ein Wasserwirtschaftswunder aussehen?

In der gesamten europäischen und nordamerikanischen Umweltpolitik ist der Wasserschutz ein vernachlässigtes Thema. Nach Klima-, Energie- und Verkehrspolitik muß endlich intensiver über eine andere Wasserpolitik nachgedacht und gestritten werden.

Ehrfurcht vor dem Wasser

Albert Schweitzers »Ehrfurcht vor allem Leben« gilt fundamental und aktuell gegenüber dem Lebenselement Wasser, aus dem alles Leben kommt. Alle Lebewesen – Mensch, Tier und Pflanze – bestehen überwiegend aus Wasser. Überall, wo Wasser vorhanden ist, bildet sich reichhaltig Leben; in Trockenphasen hingegen wird Leben beeinträchtigt und dezimiert. Obwohl wir dies wissen, gibt es keine allgemeingültige und akzeptierte Wasserethik. Wir nutzen das Wasser weitgehend gedankenlos, ohne an die Folgen zu denken.

Die Ostsee und die Adria sind streckenweise bereits biologisch tot, und die Nordsee steht kurz vor dem Umkippen. Trotz dieser katastrophalen Lage hat im Sommer 1995 nicht die Politik, sondern allein der kluge Boykott von Autofahrern zusammen mit der mutigen Aktion von Greenpeace gegenüber dem Shell-Konzern das Versenken einer Ölbohrinsel in der Nordsee verhindert.

Auch im wasserreichen Mitteleuropa steuern wir auf einen Wassernotstand zu. Gifte im Wasser, Chemiemüll, Düngemittel und Luftverschmutzung verseuchen unser wichtigstes Überlebensmittel.

Ein Teil unseres Trinkwassers wird bereits aus Tiefengrundwässern gewonnen, die sich erst in späteren Generationen erneuern. Einmal eingetretene Verunreinigungen sind nur schwer oder gar nicht sanierbar. Vor allem unser oberflächennahes Grundwasser ist fast flächendeckend starken Belastungen durch Schadstoffe ausgesetzt. Nitratbelastungen aus der Landwirtschaft stellen neben dem Schadstoffemissionen durch den Autoverkehr das größte Wassergefährdungspotential dar. Hinzu kommen viele andere Agrarchemikalien wie Pestizide und Phosphate.

Wir leben zum Teil schon von unserer eisernen Reserve. Wie kommt das? Steht Wasser nicht unbegrenzt zur Verfügung? Sicher – doch wir verschwenden und vergiften unseren Wasserschatz systematisch und zerstören das Leben in Wäldern und Seen.

Die deutsche Industrie verbraucht und belastet jährlich 16 Milliarden Kubikmeter Wasser. Jeder von uns verbraucht heute achtmal soviel Wasser wie seine Großeltern vor 80 Jahren. Unser Wasser ist qualitativ, aber auch quantitativ bedroht. Wasser wird heute verschmutzt, verschwendet und vergiftet. Wasser wird bald zur knappsten natürlichen Ressource. Wir werden Kriege ums Wasser erleben – sie drohen nicht nur in Nahost und Afrika, sondern auch auf dem indischen Subkontinent und im nachkommunistischen China.

Die Menschen versuchen alles, um zu Wasser zu kommen:

- US-Forscher wollen Eisberge vom Südpol mit Spezialschiffen in Durstregionen schleppen.
- Urlauber auf Mallorca können nur noch mit Frischwasser vom Festland versorgt werden, das auf riesigen Tankschiffen transportiert wird.
- Libyens Gaddafi ließ einen unterirdischen Fluß 1400 km weit für 27 Milliarden Dollar durch die Wüste bohren.

Wasser ist unverzichtbar und unersetzbar – es ist ständig und weltweit ein Thema. Die UNO fordert eine Erhöhung des Wasserpreises, um zum sparsamen Umgang mit den knappen Vorräten des Süßwassers zu zwingen. Den »Schutz der Wasserreserven« nennt die UNO eine der »vordringlichsten Aufgaben der Welt«. Die Vereinten Nationen nennen bei ihrem Appell zur Sparsamkeit die Wassersünder beim Namen: Die Landwirtschaft verbraucht weltweit mit 70 Prozent das meiste Wasser.

Dabei geht zwei Drittel des Wassers in der Landwirtschaft durch unsachgemäße Technologie verloren. Die Industrie braucht 21 Prozent und die privaten Haushalte weltweit nur 6 Prozent des Wassers. Die Landwirtschaft ist also weltweit nicht nur Hauptwassernutzer, sondern auch Hauptwasserverschwender.

In Deutschland ist es anders. Hier verbraucht die Industrie einschließlich der Kraftwerke am meisten Wasser. Da Wasser die Industrie fast nichts kostet und scheinbar unbegrenzt zur Verfügung steht, wird diese Ressource als Standortvorteil genutzt. Tatsache ist jedoch, daß Wasser in Ballungsgebieten wie dem Raum Köln, dem Rhein-Neckar-Raum, dem Rhein-Main-Gebiet, in Halle, Leipzig, Hamburg und Berlin längst Mangelware ist.

Wasser und Industrie

Die Scheinlösungen gegenüber der Wassernot: Wir gehen in die Ferne und in die Tiefe. So werden jedoch die Wasserprobleme nicht gelöst, sondern verdrängt, verschärft und zeitlich wie räumlich verlagert. Der vermeintlich unbegrenzte Wasserschatz der Natur wird auf diese Weise zerstört und verschmutzt. Aus der Sicht der Industrie ist das vernünftig, weil billig. Sie sitzt häufig auf sicheren Wasserrechten, die wenig kosten und Jahrzehnte festgeschrieben sind.

Die Politik hat Scheu vor einer Lösung des Problems »Industrie und Wasser«. Statt dessen gilt es als fortschrittlich, sich politisch fürs Wassersparen in privaten Haushalten und Regenwassernutzung einzusetzen. Dabei sind es hauptsächlich die naturfremden Chemikalien, die das Wasser in Flüssen, Bächen und Seen so verschmutzen, daß wir aus ihnen nicht mehr trinken können.

Thomas Kluge und Aicha Vack vom Frankfurter Institut für sozial-ökologische Forschung stellen fest: »Für eine lebenswerte Zukunft muß eine Industriegesellschaft und das heißt auch die Industrie ihren Umgang mit dem Lebenselement Wasser grundsätzlich ändern. Eine zukunftsoffene Wasserpolitik muß räumliche Grenzen und mengenmäßig begrenzte Ressourcen anerkennen.« Es wird sich zum Beispiel ändern müssen, daß das meiste Wasser, das in einen Betrieb fließt, diesen nicht mehr als Wasser, sondern als »Abwasser« verläßt. Über das Modell einer regional nachhaltigen Wasserpolitik werden wir lernen müssen, daß es verhängnisvoll und unverantwortlich war, zwischen Wasser und Abwasser zu unterscheiden. Es gibt nur *ein* Wasser.

Kein Tier und keine Pflanze produziert »Abwasser« – nur der sogenannte »Homo sapiens« kann sich zur Zeit nicht anständig benehmen. Wir werden, wenn wir uns nicht ändern, mit Sicherheit nicht als »Homo sapiens« in die Geschichte eingehen, sondern eher als »Homo müllensis«, als einziges müllproduzierendes Wesen des Planeten. Kein anderes natürliches Wesen erlaubt sich, was wir uns erlauben. Auch extremes Sportverhalten werden wir ändern müssen. Ein Beispiel: Immer mehr deutsche Golfer fliegen zum Ausüben ihres Rasensports immer öfter für einige Tage noch Mallorca. Das Fliegen hat vielen Hamburgern das Mittelmeer näher gebracht als die Nordsee.

In der sommerlichen Trockenheit stirbt auf den Mittelmeerinseln die Natur und erwacht erst im Herbst wieder. Doch die dann einsetzenden Regenfälle reichen beispielsweise auf Mallorca nicht mehr aus, um ausreichend Trinkwasservorräte zu sammeln. Außer den Golfplätzen, für die immer genügend Wasser da ist, ist die Insel im Sommer braun und ausgebrannt. Nur die Golfplätze strahlen im frischem Grün. Sie wurden im Jahr 1995 mit 60 Millionen Liter Wasser am Tag bewässert. Mallorca hat zur Zeit elf Golfplätze. Vier werden mit Trinkwasser, drei mit nicht benutztem Wasser und vier mit Abwässern begrünt, hat der deutsche Touristenpfarrer auf Mallorca, Heiner Süselbeck, beobachtet. Vier weitere Golfplätze sind im Bau und noch mal acht geplant. Wenn diese Plätze gebaut sind, dann ist zu ihrem Unterhalt täglich halb soviel Wasser nötig wie die 400 000 Einwohner der Hauptstadt Palma verbrauchen.

Diese Wasserperversion findet auf einer Insel statt, deren Wasserversorgung nur mit Hilfe von Tankschiffen aus dem spanischen Festland aufrechterhalten werden kann, wo es ebenfalls Wassernot gibt. Es ist auf unserem Planeten so viel Wasser vorhanden, daß jedermanns Bedürfnisse gestillt werden können. Es reicht allerdings nicht für jedermanns Habgier und Dummheit!

Wie können wir anders als bisher und solidarischer mit dem kostbarsten Lebensmittel umgehen? Gibt es Wege zu einem veränderten Wasserbewußtsein und einer neuen Wasserethik? Was ist eine sozialökologische Wasserpolitik?

Vor 100 Jahren mußte das Wasser in Deutschland einmal gefiltert werden. Heute setzen wir, um das verschmutzte Wasser wieder zu reinigen, zunehmend auf Großtechnologie und auf die Chemie. In Deutschland sind zur Zeit acht chemische Behandlungsstufen notwendig, damit das Wasser wieder trinkbar wird. Wasser wird gechlort, gefiltert und UV-bestrahlt. Das Aufbereiten des Trinkwassers ist bald aufwendiger als Bierbrauen. Und das heißt etwas in Deutschland!

Benzol, Xylol, Toluol: Aus den Papier- und Chemiefabriken fließen täglich 230 Tonnen schädliche Kohlenstoffverbindungen in den Rhein und ins Trinkwasser. Dieses »Abwasser« ist in Wirklichkeit ein Giftcocktail der organisch-chemischen Industrie. Chlor ist Bleichmittel für Papier. Die Abwässer der Papierwerke vergiften Flüsse und Meere.

Gülle, Herbizide, Insektizide: Damit vergiften Landwirte das Wasser. Nitrate und Ammoniak werden vom Wind in die Wälder und aufs Meer getragen. Allein der Ostsee muten die Anrainerstaaten jährlich über eine Million Tonnen Stickstoff und fast 80 000 Tonnen Phosphat zu. Immer mehr Dreck und Gift gelangen dabei über den Luftweg ins Meer.

Die Washingtoner Zoologin und Toxikologin Thea Colborn weist darauf hin, daß Chemikalien im Wasser Fruchtbarkeitsstörungen nicht nur bei Fischen und Vögeln, sondern auch bei Menschen hervorrufen: »Leider entdecken wir gerade, daß einige dieser Schadstoffe die Gebärmutter durchdringen können. Sie sind also präsent, während das Baby im Bauch der Mutter heranwächst.«

Es handle sich dabei nicht mehr um Einzelfälle, sondern um »ein globales Problem ... Viele Chemikalien, die wir in der Vergangenheit verwendet haben, liegen da draußen in der Natur noch lange, sehr lange herum. Sie sammeln sich im Gewebe von Tieren und Menschen an, bei jedem einzelnen, vom Nordpol bis zum Südpol, von Ost bis West, und zu dieser Grundbelastung kommen neue Schadstoffeinflüsse hinzu, und das addiert sich immer weiter«, analysiert Frau Colborn. Weltweit hat sich die Zahl der Spermien bei Männern in den letzten 50 Jahren etwa halbiert. Viele Tiere in Seen, Flüssen und Meeren haben schon heute keinen Nachwuchs mehr. Vielleicht müssen wir Menschen die biblische Botschaft »Wachset und mehret euch« bald aktualisieren durch den Zusatz: »... solange ihr noch könnt«.

Die dramatisch abnehmende Fruchtbarkeit von Mensch und Tier ist noch eine weitgehend unbeachtete und wenig erforschte Konsequenz der globalen Umweltzerstörung – eine tickende Zeitbombe.

Wasserschutzgebiet oder Wasserschmutzgebiet?

Das Wasser in den neuen Bundesländern ist besonders belastet. Aber nicht nur Ostdeutschland, sondern ganz Deutschland ist ein Wasserschmutzgebiet. Wie können wir wieder zu einem Wasserschutzgebiet werden?

An vier Tatorten muß viel geschehen, damit auch ein ökologisches Wasser-Wirtschaftswunder stattfinden kann:

- in privaten Haushalten und
- in der Kommunalpolitik,
- in der Industrie und
- in der Landwirtschaft.

Die Bundesrepublik ist ein großes Wasserüberschußgebiet mit einem riesigen Grundwasservorkommen. Der Randbereich des Atlantiks und die Nordsee schicken uns reichlich Regenwolken. Aber wir haben zunehmend Probleme mit der Wasserqualität. Das heutige – überwiegend technisch orientierte – Krisenmanagement verschärft die Wasserkrise:

- Seit Jahren kann in den meisten Flüssen nicht mehr gebadet werden;
- Randbereiche des Atlantiks, Nord- und Ostsee sind auch durch unsere Zivilisationsgifte weitgehend verseucht, das Schlagwort vom »Meeressterben« hat zu Recht Konjunktur;
- das Trinkwasser stammt zum Großteil aus dem Grundwasser und nicht mehr aus der fließenden Welle der Flüsse;
- wenn die Flüsse in Trockenzeiten wenig Wasser führen, sind in ihnen die Gifte hochkonzentriert;
- oberflächennahes Grundwasser bis zu 20 m Tiefe ist durch Schadstoffe stark belastet;
- der Treibhauseffekt verstärkt die Wasserkrise;
- die offizielle Wassernorm orientiert sich zwar noch an sinnlich-ästhetisch erfahrbaren Qualitäten wie kühles, klares, wohlschmeckendes und schadstofffreies Wasser – doch in der Praxis wird Leitungswasser vielfach chemisch aufbereitet und auf toxische Grenzwerte eingestellt;
- anstatt reines Wasser aus dem natürlichen Kreislauf trinken wir ein künstlich hergestelltes Industrieprodukt aus der Aufbereitungsfabrik;
- viele Gifte können schon gar nicht mehr aus dem Trinkwasser herausgefiltert werden. In Baden-Württemberg weist mehr als ein Viertel des Trinkwassers Nitratbelastungen zwischen 25 und 50 Mikrogramm je Liter auf. Tausende von Brunnen mußten geschlossen werden wegen zu hoher Nitratbelastung.

Wenig Trost bietet das Argument: Wir leben nun mal in einer modernen Industriegesellschaft, und da müssen wir halt neben einem atomaren auch noch ein chemisches Restrisiko eingehen! Restmengen einiger Chemikalien seien nun mal der Preis der modernen Zivilisation. Wenn wir Brunnen schließen müssen, weichen wir eben in die Ferne aus.

So wird argumentiert, obwohl wir nur wenig gesichertes Wissen über die mittel- und langfristigen Wirkungen vieler Tausend Chemikalien im Wasser haben. Durch das Ausweichen in die Ferne säuft zum Beispiel Hamburg seit Jahren die Heide leer und Frankfurt den Vogelsberg!

Die Wasserwirtschaft flieht aber nicht nur in eine Richtung – in die Ferne – sondern immer mehr auch in die Tiefe. Besonders problematisch und zunehmend unverantwortlich ist unser Umgang mit den Tiefengrundwässern. In Rhein und Elbe wurde in den letzten Jahren viel für die Verbesserung der Wasserqualität getan und auch erreicht. Doch verseuchtes Grundwasser läßt sich im Gegensatz zum Rhein nicht in einem überschaubaren Zeitraum von 20 Jahren durch Austausch des Wassers wieder sanieren. Die Fließbewegungen im Tiefengrundwasser sind nämlich sehr langsam. Ein Grundwasserkörper, in dem Wasser mit einem Alter von circa 40 000 Jahren fließt, bewegt sich vielleicht 30 Meter pro Jahr. Wasser im Oberflächenfluß bewegt sich mit einer Durchschnittsgeschwindigkeit von 0,2 bis 0,5 Metern pro Sekunde. Das Tiefengrundwasser macht etwa 80 Prozent der gesamten Grundwassermenge aus.

Unser Wasserhaushalt ist akut gefährdet. Sinkender Grundwasserspiegel, Trockenheit und Überschwemmungen werden dem Sterben der Wälder folgen. Wasser fällt zwar vom Himmel, aber es steht uns nicht unbegrenzt zur Verfügung. Seit 1900 ist die Weltbevölkerung von 1,6 auf 6 Milliarden Menschen angewachsen – doch die Wasservorräte sind gleich geblieben.

Heute verbraucht jeder und jede von uns in Deutschland pro Tag 127 Liter Wasser. Wasser, das so rein ist, daß man es trinken kann. Aber fürs Kochen und Trinken brauchen wir nur drei Liter pro Tag. 46 Liter Trinkwasser pro Kopf spülen wir täglich die Toilette hinunter, 52 Liter Trinkwasser brauchen wir fürs Baden und Duschen und nochmals 26 Liter Trinkwasser fürs Waschen und Spülen. Der Wasserverbrauch in Deutschland ist zwar seit einigen Jahren leicht zurückgegangen, aber noch immer verbrauchen wir sechsmal soviel Wasser wie ein Inder und 15mal mehr als ein Mensch in Somalia.

Amerikaner verbrauchen pro Tag durchschnittlich sogar 400 Liter Wasser, auch sie das meiste für Toilettenspülung und Autowaschen. Jeder unserer immer zahlreicher werdenden Golfplätze braucht täglich mehr Wasser als 1000 Menschen hierzulande.

Und für die Produktion eines Autos ist etwa das Fünfzigfache seines Gewichts an Wasser nötig – das sind 60–70 Tonnen Wasserverbrauch für ein deutsches Mittelklasseauto. Ein typischer kalifornischer Rindermastbetrieb benötigt zur Produktion von einem Kilogramm Rindfleisch für Hamburger und Steaks rund 20 500 Liter Wasser. Zur Produktion von einem Kilogramm Korn werden nur 1000 Liter Wasser benötigt. Vegetarier sparen viel Wasser.

Die heutigen Eßgewohnheiten der Reichen haben sehr viel mit dem Hunger, dem Verhungern und dem Verdursten der Armen zu tun. Wasserethisch ist weniger Fleischkonsum geboten. Mit »Verzicht« hat auch diese Ethik nichts zu tun, eher mit Gewinn. Wenn wir in Deutschland unseren Fleischkonsum halbieren, kommt dies in erster Linie unserer Gesundheit zugute und bedeutet mehr Lebensqualität.

Eine neue Wasserethik für die Zukunft

Seit dem Umweltgipfel in Rio besteht unter fast allen Regierungen Einigkeit über *sustainable development,* also darüber, daß unsere Verantwortung nicht nur für unsere Generation gilt. Diese generationenweite Verantwortung bedeutet, daß wir auch die Wasserqualität unseren Nachkommen so zu überlassen haben, wie wir sie von unseren Vorfahren übernommen haben.

Helmut Kohl formulierte dieses politische Prinzip Verantwortung so: »Politiker ist, wenn er an die nächste Wahl denkt, Staatsmann ist, wer an die nächste Generation denkt.« Warum nur wollte der frühere Bundeskanzler so wenig Staatsmann sein?

Analog zum Ausstieg aus der Atomwirtschaft, deren Abfallstoffe unverantwortlich lange Zerfallszeiten von vielen 10 000 Jahren haben, gilt es, ein Ausstiegsszenario aus der heutigen Wasserwirtschaft zu entwickeln, die mit dem Gebrauch von Tiefengrundwasser ebenfalls »wissenschaftlich-technische Eingriffstiefen« entwickelt hat, deren »Raum-Zeit-Dimension kein Mensch nachempfinden, geschweige denn verantworten kann« (Thomas Kluge).

Die technische Flucht der Wasserwirtschaft in die Tiefe ist so unverantwortlich gegenüber künftigen Generationen wie die Flucht der Energiewirtschaft in die Kernspaltung. Doch die Wasserwirtschaft geht frisch, fröhlich, frech und gar nicht fromm an die letzten Reserven. Wenn das 11. Gebot des Atomzeitalters heißt: »Du sollst den Kern nicht spalten«, so heißt das entsprechende Gebot einer neuen Wasserethik: »Du sollst nicht fliehen in das Tiefengrundwasser.« Die technische Flucht in die Tiefe zerstört Grundwasserlandschaften für geologische Zeiträume von vielen 10 000 Jahren.

Die Folgen der Tiefengrundwasser-Ausbeutung sind bereits evident: Zwar wird für eine kurze Zeit bestes Trinkwasser gefördert, das aus anderen Jahrtausenden stammt und deshalb keine anthropogenen Schadstoffe enthält, aber die Folgen sind katastrophal und schon mittelfristig unverantwortlich:

- Auenwälder und Flüsse vertrocknen;
- Schäden an Gebäuden werden bereits sichtbar und bringen – zum Beispiel im hessischen Vogelsberg – den Wasserwerken die ersten Prozesse ein;
- Wälder, Tier- und Pflanzenarten werden lautlos und über lange Zeiträume aussterben;

- Treibhauseffekt und Wassernotstand werden sich gegenseitig zu einem Katastrophenszenario im 21. Jahrhundert verbinden, dessen Auswirkungen wir uns noch kaum vorstellen können. Das Internationale Rote Kreuz schätzt, daß wegen der bevorstehenden »Naturkatastrophen« schon in zehn oder fünfzehn Jahren bis zu 500 Millionen Menschen auf der Flucht sein werden.

Ich möchte nun in zwei Zeitsprüngen meine Vision für eine nachhaltige Wasserwirtschaft und für ein ökologisches Wasserwirtschaftswunder im 21. Jahrhundert beschreiben. Zunächst machen wir einen Zeitsprung ins Jahr 2010 und danach ins Jahr 2030.

Erster Zeitsprung: Wasser 2010

Eine Vision für die Zukunft: Wenn Parlamente und Regierungen ein Wasserspargesetz verabschieden, das Bauherren vorschreibt, sparsame Armaturen zu installieren, das private Nachrüstungen wie Sparduschen, Wasserspartoiletten, Wasserspar-Waschmaschinen und Wasserspar-Spülmaschinen fördert und Großverbrauchern einen Wasserpfennig abverlangt, dann werden wir schon 2010 nur noch halb soviel Wasser verbrauchen wie heute.

Jedes Jahr würden so pro Kopf 25 000 Liter Wasser gespart. In zehn Jahren also 250 000 Liter. Das wären bei einer vierköpfigen Familie eine Million Liter Wasserersparnis ohne Komforteinschränkung. Eine neue Wasserethik heißt konkret und praktisch:

In jeder Wohnung sollten künftig Wasseruhren den Verbrauch messen. Dann würden die Wassergebühren nicht mehr auf alle Mieter umgelegt. Wer viel Wasser verbraucht, muß einen Sondertarif bezahlen. Nur über den Geldbeutel läßt sich eine sparsamere Wasserpolitik durchsetzen. So sind wir. Das sind die Gesetze der Marktwirtschaft. In wenigen Jahren können Grauwasserfilter im großen

Stil das Wasser aus Dusche und Waschmaschine wieder reinigen. In jedem Mietshaus können Grauwasserfilter eingebaut werden. Statt Trinkwasser fließt dann Grauwasser durch die Toilette. Auch Regenwasser kann fürs WC genutzt werden.

In Großsiedlungen kann das Schmutzwasser in Seen gereinigt werden. Schulen, Universitäten und Behörden werden mit Regenwasser versorgt, das in Tanks aufbereitet wird. Durch konsequente Sparprogramme können Moore, Auen und Wälder gerettet werden. Ein Flughafenhotel in Frankfurt braucht heute für dieselbe Gästezahl halb soviel Wasser wie noch vor fünf Jahren. Die Wasserspartechnologien haben sich für dieses Hotel schon nach drei Jahren gerechnet.

Ist es ein realistisches politisches Ziel, den Wasserverbrauch in Deutschland in den nächsten zehn Jahren zu halbieren? Das Ziel ist erreichbar über eine Verdoppelung des Wasserpreises. Die Wasserrechnung wird durch den doppelten Wasserpreis nicht höher als heute, wenn ich nur noch halb soviel verbrauche wie heute.

Die Industrie wird – durch politische Bestimmungen – lernen, Wasser zu recyceln. Gebrauchtes Wasser kann zehn- und mehrmal verwendet werden. Wir brauchen Wasserkreisläufe. Die Landwirtschaft könnte – mit heute verfügbarer Technik – ihren Wasserverbrauch halbieren, die Industrie gar um 90 Prozent senken. Diese Einsparungen durch effizientere Technologien würden nicht die wirtschaftliche Leistung mindern, sondern zu mehr Lebensqualität führen. Abwasser muß als Ressource erkannt werden, die sich produktiv einsetzen läßt.

Die Chemiewerke werden in zehn Jahren nur noch Stoffe einsetzen, die sie in ihren Klärwerken abbauen können. Chlor ist in unserem Zukunftsmodell verboten. Durch Kreislaufsysteme wird der Wasserverbrauch pro kg Papier auf ein Zehntel gegenüber 1999 reduziert. Es gibt funktionierende Modelle, die beweisen, daß diese Einsparung technisch ohne Probleme machbar ist. Das Kühlwasser der Großkraftwerke darf keine Schwermetalle mehr enthalten. Dezentrale und umweltfreundliche Energieformen sorgen dafür, daß die wasserschluckenden Großkraftwerke überflüssig werden (siehe Kapitel III).

Zweiter Zeitsprung: Wasser 2030

In der Landwirtschaft des 21. Jahrhunderts wird Gülle nicht mehr wie früher verspritzt, sondern direkt über dünne Schläuche in die Böden eingebracht. Somit kann der Wind das giftige Ammoniak nicht mehr auf Meere und Wälder tragen. Vielleicht wird auch die Vision von Wolfgang Ständer wahr, wonach die gesamte Landwirtschaft unterirdische Bewässerung über ein System mit dünnen Schläuchen lernt. Über dieses computergesteuerte Schlauchsystem läßt sich umweltfreundlich mit exakt dosierten Wassermengen auch natürliche Pflanzennahrung verteilen. Ein Computer ruft ab, was die Pflanzen an Wasser und Nahrungsmitteln brauchen. Professor Ständer hat erfolgsversprechende Versuche in Deutschland, Griechenland und Nordafrika durchgeführt.

Nitrat kann nicht mehr in Boden und Grundwasser gelangen, wenn der Dünger sparsam dosiert wird. In den 90er Jahren war das Nitratproblem das größte Wasserqualitätsproblem innerhalb der Europäischen Union. Inzwischen wurde erkannt, daß die Böden nicht zur Schadstoffsenke und nicht zur Schadstoffquelle werden dürfen. Den Dünger liefern übrigens im 21. Jahrhundert nicht mehr die Chemiekonzerne, sondern die eigenen Kühe.

Wir brauchen in ganz Europa endlich wirksamere Bodenschutzgesetze. Diese bewirken den dringend notwendigen vorsorgenden Grundwasserschutz. Da die chemisierte Landwirtschaft das Grundwasser belastet, ist eine ökologisch betriebene Landwirtschaft (siehe Kapitel VII) wesentliche Voraussetzung für eine zukunftsfähige Landwirtschaft.

Ökologischer Landbau ist die preiswerteste und sicherste Art, die Wasserressourcen zu schützen. Dazu kann auch jeder Verbraucher beitragen. Wer einen Liter Ökomilch oder 100 Gramm Ökokäse aus seinem Wassereinzugsgebiet genießt, hilft mit, 10 000 Liter seines Trinkwassers sauber zu halten. Der Bauernverband Ökoland hat vorgerechnet: Eine Ökokuh gibt 5400 Liter Milch im Jahr. Weil Ökobauern umweltverträglich wirtschaften und jeder Liter Ökomilch nicht wie normale Milch 10 000 Liter Trinkwasser chemisch belastet, steht eine Ökokuh für 54 Millionen Liter sauberes Trinkwasser pro Jahr.

Ökologischer Landbau ist billiger als aufwendige Wasseraufbereitung, mit der zum Beispiel Pestizide oder überhöhte Nitratwerte, die aus der konventionellen Landwirtschaft stammen, ausgefiltert oder gesenkt werden müssen.

In einigen Städten Deutschlands werden deshalb schon heute Ökobauern von den Wasserwerken finanziell unterstützt. Die Zusammenarbeit rechnet sich für beide Seiten. Ökolandbau hält das Wasser dauerhaft sauber. Die bessere Wasserqualität im Rhein gegenüber den 60er und 70er Jahren beweist, daß bei vorhandenem politischen und gesellschaftlichen Willen sehr wohl eine ökologische Sanierung von Flußgewässern möglich ist. Die Oberflächengewässer sind allerdings entschieden leichter zu sanieren als die beschädigten Grundwässer.

Eine Wasserschutzpolitik wird dafür sorgen, daß nur noch Stoffe produziert werden dürfen, die biologisch abbaubar sind oder in die Produktion neu integriert werden können. Wasserkreisläufe müssen sich schließen. Die Zukunftsfähigkeit der Wirtschaft wird nicht zuletzt davon abhängen, ob sie lernt, in Kreisläufen zu produzieren. Eine wertvolle Hilfe ist die Rückbesinnung auf Vorbilder der Natur. Dort, wo früher natürliche Landschaften mit funktionierenden Gewässersystemen zu finden waren, war in aller Regel auch eine hohe Ästhetik und Harmonie spürbar. Viele Städte verdanken dem Wasser die Qualität und Originalität ihres Stadtbildes: Venedig, Amsterdam,

Bergen, Freiburg, Rio de Janeiro, San Francisco, Chicago, Detroit, Aachen, Friedrichshafen, Konstanz, Hamburg und Baden-Baden – zum Beispiel.

Wasser hat einen großen Einfluß auf das Stadtklima und damit auch auf die Frische und das Wohlbefinden des Lebens in einer Stadt, auf die Atmosphäre und die Psyche seiner Bewohner. Architekten haben in unserem Zeitsprungmodell wieder begriffen, daß abfließendes Regenwasser nicht versteckt werden muß, sondern sichtbar sein kann. Sein Perlen, sein Strömen, seine Lichtbrechung können als natürliches Kunstwerk begriffen werden. Wellenspiele und Lichtreflexionen ermöglichen Stadtbewohnern eine emotionale und bewußte Beziehung zum Naturelement Wasser.

In unseren Stadtbildern der Zukunft bereichern Wasserkunstwerke wieder öffentliche Plätze, Gärten und Parks. Offene Rinnen können – wie in Freiburg schon lange – der Verkehrsberuhigung dienen. Sie können mit Regenwasser betrieben werden oder auch Teile des Abwasserssystems sein.

Wenn diese alternative Wasserpolitik konsequent umgesetzt wird, dann ist die Wasserwende bis zum Jahr 2030 vollendet: Die wasserverschmutzenden und wasserintensiven Großkraftwerke sind dann durch Windräder, Solaranlagen, Biomasse-Energie und Blockheizkraftwerke ersetzt, die den Energiebedarf fast vollständig decken. Wasser, das früher in Kühltürmen verdunstete, treibt Mühlräder an.

Das Grundwassser ist sauber, und der Grundwasserspiegel steigt wieder. Wir haben dann eine Politik der kurzen Wasserwege und eine regionale Wasserversorgung, während früher manche Wasserwege bis zu 200 km lang waren. Die Fernwasserleitungen sind verschwunden. Die Kommunen haben die früher verseuchten Brunnen saniert. Statt der alten WCs nutzen wir moderne Komposttoiletten. Die Wasserwerke entnehmen überwiegend Flußwasser. In den Flüssen werden unsere Enkel wieder baden können – Störche und Reiher werden sich ihre Reviere zurückerobern, in den Bächen fließt wieder kristallklares Wasser. Ein neues Verhältnis zum Wasser ist nicht nur aus ökologischen und ökonomischen Gründen nötig, sondern Voraussetzung für Sicherheit und Frieden in einer begrenzten Welt. Wasserpolitik ist Friedenspolitik.

Eine Illusion? Nein, eine realisierbare Vision. Alle technischen Mittel dazu sind vorhanden. Was fehlt, sind ein neues Wasserbewußtsein von unten und eine entsprechend verantwortbare neue Wasserpolitik von oben. Früheren Kulturen war das Wasser heilig. Und heiliges Wasser war sauberes Wasser. Diese neue, uralte Erkenntnis ist die Basis einer neuer Wasserethik. Das Rezept heißt sparen, schützen, sanieren.

Für einen Wasser-Generationenvertrag

Die hier beschriebene neue Wasserpolitik erfordert – nach einer Rechnung des früheren CDU-Umweltsenators von Berlin, Volker Hassemer – für Deutschland etwa 250 000 neue Arbeitsplätze. Eine realistische Umwelt geht davon aus, daß sich soziale, ökonomische und ökologische Interessen schon mittelfristig verbinden können. Ohne neues Wasserbewußtsein und entsprechendes persönliches und politisches Verhalten, so sagen UNO-Mitarbeiter voraus, wird es nicht nur Kriege ums Wasser geben; Wasser wird weltweit rationiert werden, wenn der Raubbau so weitergeht!

Wenn auch wir erst mal beten müssen: »Und gib uns unser täglich Wasser«, kann es schon zu spät sein. Der Schutz von Wasserökosystemen muß zu einem wesentlichen Ziel unserer Umweltpolitik werden.

Praktizierte Wasserethik heißt: Nur solche Grundwässer dürfen bewirtschaftet werden, die sich innerhalb einer Menschengeneration, also in etwa 30 Jahren, wieder erneuern. Nur in dieser Konsequenz können wir das Nachhaltigkeitsgebot einer neuen Wasserwirtschaft einhalten.

Wir müssen den Trend hin zum Fernverbrauch, zum Tiefenwasser und zur chemisch-energetischen Wasseraufbereitung brechen und neue Wege zu einer nachhaltigen, regionalen Wasserversorgung finden.

Wir müssen wieder tief empfinden lernen, daß

- Wasser der Ursprung allen Lebens ist. Ohne Wasser gibt es keine Tiere, Pflanzen und Menschen;
- Wasser die Felder fruchtbar macht. Es verhungern jeden Tag 100 000 Menschen, weil es in ihrer Nähe nicht genügend sauberes Wasser gibt;
- Wasser durch nichts zu ersetzen ist. Wasser kehrt in den Kreislauf der Natur zurück. Kein Tropfen geht verloren;
- Wasser unser wichtigstes Lebensmittel ist. Wasservergiftung ist unmoralisch.

Eine verantwortliche Wasserpolitik muß so konzipiert sein, daß wir unseren Kindern einmal guten Gewissens sagen können: Kinder, das ist euer Wasser! Die Flüsse sind wieder so, daß ihr in ihnen baden und schwimmen könnt. Die Flüsse sind wieder so, daß es in ihnen viele Fische gibt. Und die Fische sind auch nicht mehr krank. Denn wir haben inzwischen gelernt, daß das, was die Fische krankmacht, auch die Menschen krankmacht. Kinder, das Wasser ist wieder euer Wasser! Wir sollten mit unseren Kindern symbolisch einen Wasser-Generationenvertrag schließen.

Für alle Menschen aller Generationen gilt die Erkenntnis: Wasser ist Leben, Wasser ist Glück, Wasser ist Wohlstand. Wasser ist aber auch Freiheit, Gerechtigkeit und Geborgenheit. »Stirbt der Fluß, stirbt das Volk«, sagt ein brasilianisches Sprichwort. Genauso gilt aber auch: Lebt der Fluß, lebt das Volk. Wir haben die Wahl. Auch ein ökologisches Wasserwirtschaftswunder ist möglich. Die Weisheit der Maori, der Ureinwohner Neuseelands, lehrt uns: »Man schlägt, schneidet, beleidigt einen Fluß nicht; man umsorgt ihn wie ein lebendiges Wesen.«

Doch Warnungen und Mahnungen nutzen nicht viel. Politiker, Landwirte und Manager sind eingespannt in ein Koordinatensystem von sogenannten Sachzwängen, Formeln, Zahlen vom Wirtschaftsstandort und Maximierung der Schiffahrt. Was soll hier die Qualität lebendigen Wassers! Was der Wert einer Flußlandschaft, das Leben in Auwäldern, die Schönheit von Schwertlilien und Teichrosen oder gar der geheimnisvolle Ruf des seltenen Eisvogels, wenn es wie Mitte der 80er Jahre um eine Mercedesansiedlung an einer der letzten Rheinauen bei Rastatt geht! Autos statt Eisvogel. Arbeitsplätze statt Lebensplätze.

Im Konflikt zwischen Naturschutz und Industrialisierung scheinen Arbeitsplätze allemal wichtiger zu sein. Wie und wo aber sollen dauerhaft Arbeitsplätze entstehen, wenn wir immer weniger Lebensplätze haben! Lebensplätze für Menschen, Tiere und Pflanzen!

Allein über den Verstand kommen wir nicht zu ökologischer Vernunft. Die Schöpfungstheologin Beate Seitz-Weinzierl schreibt: »Eine lebendige Ethik wurzelt in der Wahrnehmung von anderen Lebewesen, im Gespräch *mit* der Natur, statt im Gespräch über sie.«

Über das Leben im Fluß steht wenig in einem Gutachten, wenn es um seine Schiffbarmachung geht. Aber welcher Politiker und Wirtschaftler setzt sich schon in ein Boot, um mit den Inseln im Strom, mit dem Leben im Wasser und mit Silberweiden am Ufer in Berührung zu kommen, bevor er gegen sie entscheidet! Nur was wir lieben, werden wir bewahren wollen. Wie aber sollen wir etwas lieben, wenn wir es nicht mehr kennen!

Über die Verse im Psalm 96 des Alten Testaments: »Der Himmel soll sich freuen, die Erde jauchzen, das Meer soll tosen mit allem, was in ihm lebt, der Ackerboden soll fröhlich sein samt allem, was darauf wächst; alle Bäume im Wald sollen jubeln!« – darüber lächeln die Verantwortlichen.

Doch verantwortlich im Sinne des ökologischen Jesus sind wir alle. Nur wenn wir uns mehr Zeit nehmen, die Schöpfung zu erleben, zu erspüren und über sie zu staunen, werden wir einen Beitrag zum Überleben des menschlichen Lebens leisten können. Auch Jesus wurde erst in der Stille seiner »40 Tage in der Wüste« ein ganzheitlicher Mensch, der nach dieser Erfahrung konsequent seinen eigenen Weg gehen konnte. Dann werden wir wie »Ströme lebendigen Wassers«.

Eine ökologische Ethik in der Schule des ökologischen Jesus lehrt uns: Achtsam sein, wach sein, spirituell sein, alles Leben lieben lernen! So kommen wir in Kontakt mit dem Kraftstrom des Lebendigen! So lernen wir Lust am Leben. So wird Ökologie zu einer »Befreiungsökologie« (Beate Seitz-Weinzierl). Die Qualität unseres Lebens hängt ganz wesentlich von der Qualität der Luft und des Wassers ab, so haben wir gesehen – aber auch von der Qualität des Bodens, wie wir sehen werden.

Reines Wasser, saubere Luft und fruchtbarer Boden werden auf unserer Erde bald zu den erlesensten Kostbarkeiten gehören.

VII. Kapitel

Die ökologische Landbauwende

> »Denn *von selbst* bringt die Erde Frucht,
> zuerst den Halm, danach die Ähre, da-
> nach den vollen Weizen in der Ähre.«
> *Jesus*

Die alte Landwirtschaft ist am Ende

Die größte Krankheit unserer Zeit ist die Zukunftsblindheit der Gesellschaft. Der Zukunftsforscher Robert Jungk meinte dazu: »Ein besonders eklatantes Beispiel für dieses Versagen ist der mangelnde
Schutz für das, was wir Europäer von den vorhergehenden Generationen erbten und den kommenden Generationen weitergeben sollten: Luft, Wasser, Boden, Kulturdenkmäler.«

Boden, Wasser, Luft: Ihre Qualität hängt wesentlich ab von der
Qualität der Landwirtschaft. Die Qualität des Bodens ist die Qualität
jener dünnen Schicht von vielleicht 25 bis 30 Zentimeter Humus,
von der alles Leben auf der Erde lebt. Vertrauen in die Kraft der Erde
– das war einmal das Grundkapital der Landwirtschaft. Der ökologische Jesus war voll von diesem Urvertrauen. »Denn *von selbst* bringt
die Erde Frucht« (Markus 4,28). Inzwischen glauben wir, mit Chemie, Pestiziden, Fungiziden und Gentechnik kräftig nachhelfen zu
müssen.

Bis vor etwa fünfzig Jahren war Gott der eigentliche Partner der
Landwirte – der Gott der Natur und des Kosmos, des Lebens, des
Wassers und des Bodens. Landwirtschaft war weitgehend ökolo-

gisch. Doch wegen der fatalen Landwirtschaftspolitik der Europäischen Union haben die Bauern heute ihren Chemiedünger- und Pestizideinsatz mehr als verfünffacht. Sie mußten rationalisieren und mechanisieren, vergrößern und erweitern oder – aufgeben.

Dagegen ist jedes Stück Land, das heute ökologisch bewirtschaftet wird, jedes Feld, auf dem kein Gift gespritzt wird, eine Fläche der Hoffnung. Feuerroter Mohn, zartblaue Kornblumen, sonnengelbe Kamille: Auf Bioäckern können wir sie noch finden. Biobauern pflegen Ackerraine und Feldhecken naturgemäß. Sie wissen, daß von jeder Ackerwildblume 13 Insektenarten leben. Biologisch bewirtschafteter Boden ist wichtiger Lebensraum für bedrohte Arten, Oasen für Schmetterlinge und Singvögel, Rebhühner und Igel.

In den obersten 25 Zentimetern eines Hektar Ökolandes leben bis zu 30 Tonnen Regenwürmer, Pilze, Algen, Mikro- und Makrofauna – bis zu hundertmal mehr als in einem mit Giften und synthetischen Mineraldüngern traktierten Boden. Nur auf einem gesunden Boden wachsen Lebens-Mittel für gesunde Menschen und Tiere. Hier gilt wortwörtlich Jesu Hinweis, daß wir nur ernten können, was wir säen.

Biobauern ersetzen Chemie durch Wissen und Arbeit. Wer weiß, wie in der Natur alles aufeinander wirkt, kann leichter auf chemische Hilfsmittel verzichten. Er versteht, daß nur in einem gesunden Boden gesunde Lebens-Mittel wachsen können. Statt Chemie einzusetzen, lassen Biobauern die Natur arbeiten, zum Beispiel in Form von Nützlingen wie der Schwebefliege. Deren Larven ernähren sich von Blattläusen, sie schützen also die Pflanzen. Eine abwechslungsreiche Fruchtfolge, organische Düngung und schonende Bearbeitung erhalten die natürliche Fruchtbarkeit der Blüten.

Es ist Sommer. Goldgelb und reif steht das Getreide auf den Feldern, Ich fühle mich wohlig-warm bei einem gemütlichen Spaziergang in meiner badischen Heimat. Und doch muß ich im Angesicht der meisten Felder das zwiespältige Gefühl haben: Auch auf diesen

Äckern sind vielleicht zentnerweise Chemie und Gifte versprüht worden.

Der biologisch-dynamische Landbau, die konsequenteste Form ökologischer Landwirtschaft, bezieht die Kräfte mit ein, die aus dem Kosmos auf die Erde kommen. Zum Beispiel das Licht oder die Kräfte des Mondes, die eine gewaltige Wirkung auf den Wasserhaushalt der Erde haben, wie bei Ebbe und Flut sichtbar wird. Biologisch-dynamischer Landbau dient dem Leben und zwingt es nicht zu künstlich ungesundem Wachstum. Biologisch-dynamisch arbeitende Biobauern beweisen in der Schule Rudolf Steiners seit über 75 Jahren, daß auch die Sterne Einfluß nehmen auf Fruchtbarkeit, Gesundheit und Ertragskraft von Pflanzen und Tieren. Demeter-Bauern haben nicht nur bewiesen, daß Kräuterkraft Gesundheit schafft – sie haben auch die Sterne vom Himmel geholt.

Die biologisch-dynamische Wirtschaftsweise hat ganz im Sinne des ökologischen Jesus drei Ziele:

- die Pflege der Erde und allen Lebens;
- die Förderung der Umwelt und
- die Erzeugung gesunder Lebensmittel.

Landwirt: Das ist und bleibt der Urberuf aller Berufungen. Von Aldi können wir nicht leben, Computer können wir nicht essen und Benzin nicht trinken. Weil uns diese Ur-Sachen zu wenig bewußt sind, geht es heute vielen landwirtschaftlichen Betrieben so schlecht und der Erdölindustrie noch so gut.

Mit der Verelendung der Landwirtschaft sind auch unsere Lebensrhythmen und unsere Zeitrhythmen durcheinandergeraten: Wir wollen zwar ernten, aber nicht mehr säen. Wir wollen uns zwar erholen, aber uns kaum noch anstrengen. Wir wollen zwar rund um die Uhr versorgt werden, aber wir wollen nicht mehr einen eigenen Beitrag zur Versorgung leisten.

Wer aber nur noch ernten will, ohne zu säen, kann bald überhaupt nichts mehr ernten. Unsere falsche Wirtschaftsweise ist auch Ausdruck des zu geringen Stellenwerts der Landwirtschaft in den Industriegesellschaften. 99,9 Prozent der Gesellschaften vor uns haben in Kreisläufen gewirtschaftet; das heißt, sie haben die Lebensgrundlagen für die folgenden Generationen bewahrt.

Doch seit etwa 200 Jahren wirtschaften wir nicht mehr, um zu leben, wir leben eher, um zu wirtschaften. Wer wirtschaftet, um zu wirtschaften, verspielt die wirtschaftlichen Grundlagen. Wir produzieren unsere Wegwerfprodukte um der Produktion willen. Die Frage nach dem Sinn des Wirtschaftens und nach dem Sinn des Produzierens ist beinahe tabuisiert. Natürliche Grenzen erkennen wir kaum noch an. So wird zwar unser Geld permanent vermehrt – aber häufig ohne Sinn und Verstand. Die Konsequenzen einer Geldvermehrung um der Geldvermehrung willen:

1. Alle Hindernisse müssen beseitigt werden, welche der Geldvermehrung und Geldbeschleunigung im Wege stehen. Die Natur muß für neue Straßen und neue Transrapidstrecken plattgemacht werden.

2. Die natürliche Trägheit und die natürliche Genügsamkeit des Menschen müssen beseitigt werden. Produktion wird viel wichtiger als Reproduktion.

3. Materieller Wohlstand ist das einzige, was zählt. So geben wir zur Zeit in der Bundesrepublik genausoviel Geld für Werbung aus wie für Schul- und Berufsbildung. Und Werbung will zum großen Teil Bedürfnisse wecken, die ohne diese Werbung überhaupt nicht existieren würden. Was aber ist Fortschritt: mehr Werbung oder mehr Bildung? Wenn menschliches Glück identifiziert wird mit materiellem Wohlstand, dann müssen die Menschen zwangsläufig unglücklich werden – was jede und jeder von uns täglich erleben kann, an uns selbst und an anderen.

Wer in einem Betrieb zu langsam funktioniert, wird wegrationalisiert. Der Verschlankungswahn unserer Zeit – in Staat und Wirtschaft, in der Gesellschaft und bei einzelnen – ist zum Beispiel der Versuch, alle Behinderten und alle nicht an die allgemeinen Normen Angepaßten auszugrenzen. Schlanke Menschen sind selbstverständlich schnelle Menschen, so werden die Schnellen immer schneller und die Langsamen immer langsamer. Das ist die moderne Variante der alten Verelendungstheorie von Karl Marx, wonach die Reichen immer reicher und die Armen immer ärmer werden.

Welches Tempo braucht die Natur?

Die neue Destruktivität der Beschleunigung verdrängt die Kreativität der Langsamkeit. So bleibt die angemessene Geschwindigkeit einer natürlichen Entwicklung auf der Strecke – in der Landwirtschaft und in der gesamten Volkswirtschaft und Gesellschaft. Wenn ich von einem Apfelbaum nur ernten will, ohne ihn zu pflegen oder den Äpfeln wenigstens genügend Zeit zum Reifen zu lassen, werde ich über kurz oder lang gar nichts mehr ernten können. Dasselbe gilt für das Wachsen und Reifen eines Kindes.

Das Tempo, das wir heute der Natur und den Kindern zumuten, verkraften weder die Natur noch die Kinder. Auch die Alten werden ein unnatürliches Tempo nicht lange verkraften – sie werden krank. Die paar Jahre, die wir heute länger leben als früher, bringen insgesamt nicht mehr Lebensqualität, wenn wir im Alter fast alle siechen, anstatt zu leben – wie auch nur ein einziger flüchtiger Blick in jedes beliebige Altersheim zeigt.

Ein Großteil der ökologischen Probleme unserer Zeit sind Beschleunigungsprobleme: Wir beuten die Natur und ihre Schätze viel zu schnell aus; auch die vielen Informationen, die uns heute in immer kürzeren Abständen erreichen, können viele Menschen gar nicht mehr verarbeiten. Im ausgehenden 20. Jahrhundert haben wir mehr Informationen angesammelt als in allen früheren Jahrhunderten zusammen. Weltweit verdoppeln sich unsere Informationen zur Zeit etwa jedes Jahr. In etwa 20 Jahren sollen sich unsere Informationen jeden Tag verdoppeln. Führt diese Entwicklung automatisch zu mehr Wissen oder gar zu mehr Weisheit?

Jede natürliche Entwicklung braucht ihre natürliche Zeit und ihren Rhythmus: das Einatmen und das Ausatmen, das Ernähren und das Ausscheiden, das Säen und das Ernten, das Wachen und das Schlafen, das Arbeiten und das Meditieren, das Faulenzen und das Konzentrieren, das Leben und das Sterben, das Anstrengen und das Ausruhen. Erwachsene brauchen ihre Zeit zum Reifen und Kinder ihre Zeit zum Wachsen.

Rinder werden wahnsinnig, wenn sie durch das Füttern von Knochenmehl schneller wachsen sollen, als es die Natur vorgesehen hat. Und Menschen, die dieses Fleisch dann essen, werden ebenfalls wahnsinnig. Erst vergiften wir die Tiere und dann die Tiere uns. Inzwischen stellt sich bereits heraus: Immer schneller ist gar nicht schneller. Neuer Wohlstand entsteht an vielen Stellen bereits eher durch »Entschleunigung« als durch Beschleunigung. Auch der Geschwindigkeitswahn hat selbst auf den Straßen seine Grenzen erreicht, wenn die Autos zwar immer schneller werden, aber im Stau immer langsamer vorwärtskommen.

Streß tut uns so wenig gut wie der Natur. Dem zunehmenden Zeit-Streß können wir durch drei Fragen entgegenwirken:

- Was tut mir gut?
- Was tut uns gut?
- Was tut der Natur gut?

Wem – außer den Vertretern der Chemie-Industrie – tut es wirklich gut, die Böden so intensiv mit Chemie zu traktieren, wie es die meisten Landwirte heute noch tun? Zu wirklichem Wohlstand gehört ein Gleichgewicht der Zeitökologie.

Die jesuanische Sanftmut der Bergpredigt neu entdecken heißt auch, gegenüber der McDonald's-Fastfood-Industrie eine hast- und streßfreie Essenskultur wiederzuentdecken. Von Italien ausgehend – natürlich! – gibt es inzwischen weltweit eine Slowfood-Bewegung. Essen ohne Hektik und Nervosität ist gefragt. Mit Genuß schlemmen – aber ökologisch. Carlo Petrini, einer der Begründer der Slowfood-Kultur, sagt: »Wir müssen uns darüber im klaren sein, woher die Grundstoffe für unsere Nahrung kommen und wie sie produziert werden. Genießen und Bescheid wissen – das ist unser Motto.«

Die McDonald's-Strategie ist schnelles schlechtes Essen. Genießen können wir nur langsam, bedächtig, bewußt und ökologisch. Wenn eine Tomate so aussieht wie die andere und ein Apfel wie der andere, dann ist dieses Aussehen das Produkt von Akkordarbeit. So schmekken sie dann auch – oft eine etwas aufwendige Art, Wasser aufzubereiten.

Gemessen an unserem Einkommen, haben wir in den Industriegesellschaften noch nie so wenig Geld für unser Essen ausgegeben wie heute – circa 14 Prozent. Manche Menschen geben für absurde Diäten mehr Geld aus als für gesunde Nahrungsmittel. Vor lauter »gesunder Ernährung« werden sie ganz krank!

Kaum etwas verändern wir so langsam wie Essensgewohnheiten. Aber langsam und sicher verändern Essensgewohnheiten auch uns. Das ist eine wichtige politische Botschaft der neuen weltweiten Slowfood-Bewegung. Carlo Petrini sagt: »Der Geschmack des Abenteuers der 68er-Revolution war auch das Aroma der Freiheit und Kreativität. Heute gilt es, ganz andere Werte zu entdecken: die Sanftmut und die Ruhe.« Daß Sanftmut stärker sein kann als revolutionäres Pathos, wußte schon der ökologische Jesus. Die Sanftmütigen hat er selig gepriesen, »denn sie werden alles besitzen, was sie zum Leben brauchen« (Matthäus 5,5).

Nur Menschen, die sich gerne über gutes Essen selbst etwas Gutes tun, werden auch die Kraft haben, an der Bewahrung der Schöpfung mitarbeiten zu wollen. Jesus war kein Asket wie Johannes der Täufer. Wegen seiner Vorliebe für gutes Essen und Trinken haben Jesu Gegner ihn beschimpft: »Seht ihn euch an, diesen Vielfraß und Säufer« (Matthäus 11,19). Gutes ökologisches Essen ist mehr als karge Kraut-und-Körner-Kost.

Im Sinne des ökologischen Jesus ist die heutige Chemielandwirtschaft unverantwortlich, weil nicht lebensfördernd und nicht im Rhythmus der von der Natur vorgegebenen Zeiten des Wachsens und Erntens. Ökologischer Landbau ist unabdingbar für gesunde Luft zum Atmen, reines Wasser zum Trinken und fruchtbaren Boden für gesundes Leben. Wir werden in den nächsten zehn Jahren weltweit etwa eine Verzehnfachung des ökologischen Lebensmittelmarktes erleben.

Vorbild Waldviertel

Lange Zeit galt das »Waldviertel« im Norden Österreichs an der tschechischen Grenze als rückständig, weil ohne Industrie.

Diese Einschätzung hat sich inzwischen gründlich geändert, obwohl hier immer noch 25 Prozent der Bevölkerung in der Land- und Forstwirtschaft beschäftigt sind.

Heute gilt das Waldviertel als Delikatessengeschäft Europas. Eine geglückte Verbindung von ökologischem Landbau, sozialverträglichem Tourismus, unzerstörter Natur, gesunder Küche und dem Bekenntnis zur eigenen kulturell-religiösen Tradition hat das Waldviertel inzwischen zu einem touristischen Geheimtip, zur europäischen Musterregion und zu einem Prototyp für ländliches Wirtschaftswunder werden lassen. Das Waldviertel ist eine einmalige Kulturlandschaft aus großen Wäldern, grünen Wiesen, fruchtbaren Äckern, Flüssen, Teichen und Schilfseen. Im Mai beeindruckt das Gelb der

Rapsfelder, im Juni das zarte Blau des Flachs und im Juli das Rot des Mohns. Die Tourismusmanager des Waldviertels wissen: »Stille, Zeit, Aufmerksamkeit – das sind die Qualitäten der Zukunft.«

Das einstige Armenhaus Österreichs hat den Ruf der Rückständigkeit abgelegt und arbeitet heute gut mit seinem grünen Kapital. Wo das Wasser noch klar fließt, wo der Himmel noch strahlend blau ist: Dorthin wird es die Touristen des 21. Jahrhunderts ziehen.

Die Jesus-Dimension kann für eine neue ethisch-ökologische Politik sehr hilfreich sein. Wir können lernen, die Natur im Geiste Jesu auf neue Weise zu sehen. Ich will jetzt am Beispiel Landwirtschaft diese große Herausforderung verdeutlichen. Wir haben gesehen, daß Jesu Bilder und Botschaft durch und durch landwirtschaftlich geprägt waren.

Wenn das Bauernsterben so weitergeht wie bisher, dann gibt es in Deutschland in 30 Jahren keinen einzigen Bauern mehr. Nach dem Motto »Wozu brauchen wir Bauern, wir haben doch Supermärkte« hat die Europäische Union in den letzten 40 Jahren eine Landwirtschaftspolitik der Konzentration, Spezialisierung und Intensivierung betrieben. Das Ergebnis ist bekannt. In Deutschland gab es 1950 noch vier Millionen Bauern, heute noch etwa 650 000. Viele Böden sind kaputt, das Trinkwasser ist gefährdet, und immer mehr Lebensmittel werden unappetitlich. Hinter der Dürre des Bodens steht die Dürre des politischen Willens, den Boden zu schützen.

Die falsche Politik wird und wurde flankiert mit Hunderten Milliarden Mark Subventionen. Diese Landwirtschaftspolitik war zwar von Vorteil für die Nahrungsmittelfabriken, für die chemische Industrie und für unser aller Geldbeutel, doch auf der Strecke blieben die Lebensmittelqualität, die Gesundheit (jede zweite Krankheit ist heute ernährungsbedingt), Millionen gequälte Tiere, die Umwelt und Millionen von kleinen Bauern. Obwohl die Europäische Union noch immer die Hälfte ihres Haushalts für landwirtschaftliche Subventionen ausgibt, sinken die Realeinkommen der kleinen und mittleren

Bauern ständig. Die industrialisierte Landwirtschaft produziert Skandale am laufenden Band: Gift im Trinkwasser, Fischsterben, Schadstoffe in der Nahrung, Rinderwahn, Schweinepest.

Noch bis zur Jahrhundertmitte war ein Bauernhof weitgehend ein sich selbst versorgendes System: Er produzierte sein Saatgut und seine Energie, seinen Dünger und seine Rohstoffe selbst. Was übrig war, wurde verkauft. Inzwischen sind die meisten Bauern von der Industrie abhängig – deshalb mußten viele aufgeben. Der frühere brasilianische Umweltminister und heutige Ökobauer José Lutzenberger schreibt:

»Früher, als die Hühner frei auf dem Hof herumliefen und sich von Regenwürmern, von Heuschrecken, von anderen Insekten oder von Körnern ernährten, brachte das Huhn den Menschen viel Ertrag bei geringem Aufwand: Eier und Fleisch. Heute bekommen die Hühner – auch im armen Brasilien – Nahrung, die eigentlich menschliche Nahrung ist und damit dem Menschen fehlt: Weizen, Gerste, Hafer, Hirse oder Soja. Inzwischen wird auf den großen Hühnerfarmen von Amazonien Trockenmilch aus der Europäischen Union verfüttert – während nebenan in den Slums die Kinder verhungern. Summiert man den extrem hohen Bedarf an Energie und Wasser für die Herstellung und Nutzung von Trockenmilch, dann verfüttert man an die Hühner rund 20mal soviel Nahrung, wie über Eier und Fleisch wieder herauskommt. Fazit: Die moderne Landwirtschaft eröffnet keinen Ausweg aus der Hungersnot, sie ist sogar eine Ursache für die weltweit zunehmende Hungersnot.

Ebenso falsch wie der Umgang der modernen Landwirtschaft mit Tieren ist der Umgang mit den Pflanzen. Er krankt vor allem an einem Dogma: Schädlinge, ob es sich um Insekten, Milben, Nematoden, Pilze, Bakterien oder Viren handelt, werden als willkürliche, tollwütige Feinde dargestellt. Man richtet Meldedienste ein, um die Landwirtschaft rechtzeitig vor dem Anrücken der feindlichen Heere zu warnen. Kalender empfehlen vorbeugende Spritzungen gegen die vielen Feinde, die auftauchen könnten. Es wird gar nicht erst gewartet, bis tatsächlich eine Attacke stattfindet. Der Schädling, falls er kommt, soll gleich in einem vergifteten Feld umkommen.«

Schädlinge sind aber keine willkürlichen Feinde, wohl aber Indikatoren dafür, daß eine Pflanze nicht in Ordnung ist. So beobachten Ökobauern immer wieder, daß ihre Kartoffelfelder vom Kartoffelkäfer verschont bleiben, während chemisch behandelte Nachbarfelder befallen sind und nur noch mit Insektiziden »gerettet« werden können. Studien haben bewiesen, daß nur solche Pflanzen angegriffen werden, deren Stoffwechsel sich nicht im Gleichgewicht befindet. Damit aber beginnt der Teufelskreis: Je mehr die Bauern spritzen, desto häufiger kommen die Schädlinge. Weil aber die Schädlinge häufiger kommen, müssen die Bauern öfter spritzen. Die Pflanzen werden immer häufiger krank – der Absatz an chemischen Produkten wächst.

Der ökologische Landbau geht genau den umgekehrten Weg: Verluste durch Schädlinge gehen folglich ebenso zurück wie die Kosten für das giftige Spritzen. Die Früchte werden schmackhafter und haltbarer. Gibt es diesen Ausweg nur für wenige Idealisten oder für die gesamte Landwirtschaft? Ist die gesamte Landwirtschaft ohne Gift und Gülle und mit Liebe zu Fauna und Flora überhaupt denkbar? Müssen wir beten lernen: »Unser kläglich Brot gib uns heute«? Oder können wir im Sinne des ökologischen Jesus wieder guten Gewissens beten: »Unser täglich Brot gib uns heute«?

Wenn Land-Wirte zu Lebens-Wirten werden

Die gesamte Umstellung der konventionellen Landwirtschaft auf ökologischen Landbau innerhalb der nächsten 35 Jahre hält der Direktor des Zukunftsinstituts Barsinghausen, Professor Arnim Bechmann, technisch und finanziell für möglich. In einer Studie für meine »Zeitsprung«-Serie rechnet Bechmann so: In den letzten 15 Jahren wurden in Deutschland etwa zwei Prozent der Höfe auf Ökolandbau umgestellt. Nun soll es freilich schneller gehen.

Durch entsprechende Anreize, wie sie heute schon in Österreich und in der Schweiz, zum Teil auch in Baden-Württemberg, dem Saarland und Mecklenburg-Vorpommern und von Brüssel aus gegeben werden, soll die Landbauwende eine Eigendynamik entwickeln:

- ab 2000 sollen *jährlich* 1 Prozent,
- ab 2010 *jährlich* 2 bis 3 Prozent und
- von 2020 bis 2030 dann *jährlich* 5 bis 7 Prozent der konventionellen Bauern umsteigen.

Nach diesem Szenario ist im Jahr 2030 die Landbauwende vollendet. Es gibt jetzt nur noch Ökobauern und gesunde Lebensmittel. Freilich: Um dieses Ziel zu erreichen, müssen Politiker ihr Umweltgewissen entdecken.

Subventionen für die Landwirtschaft werden nach Bechmanns Vorstellungen künftig nicht mehr wie bisher an Produktionsmengen gebunden, sondern an ökologische Leistungen. Der künftige Ökolandwirt erhält dann vielleicht ein Drittel seiner Einnahmen für seine natur- und landschaftspflegende Tätigkeit. Dies wäre allemal vernünftiger und gesellschaftlich akzeptabler als die alte Subventionspolitik zugunsten von Überschüssen und deren skandalöser Vernichtung.

Wenn die Kosten der Umweltzerstörung mitberechnet werden, dann ist schon heute der ökologische Landbau billiger als die konventionelle Landwirtschaft. Nichts wird den Industriegesellschaften schon mittelfristig so teuer zu stehen kommen wie unökologisches Produzieren in der Landwirtschaft und Gesamtwirtschaft.

Die wesentlichen Leitlinien des ökologischen Landbaus sind:

- kein Chemiedünger, keine chemische Schädlingsbekämpfung;
- abwechselnde, dem Standort angepaßte Fruchtfolgen;
- schonende Bodenbewirtschaftung;

- Qualitätskontrolle durch Wissenschaftler;
- artgerechte Tierhaltung – das Futter für die Tiere kommt vom eigenen Hof.

Die wichtigsten und kostenlosen Helfer der Landwirtschaft werden wieder Sonnenstrahlen und Regen, Würmer und Ameisen sein. Der größte Vorteil dieser freiwilligen Helfer ist, daß sie in keiner Gewerkschaft organisiert sind und auch samstags und sonntags unentgeltlich arbeiten. Damit ist Schluß mit Chemiedünger und Schluß mit den viehlosen Getreidefabriken und den pflanzenlosen Massentierfabriken.

Die Verlierer dieses neuen landwirtschaftlichen Leitbildes sitzen hauptsächlich in den Chemiekonzernen. Die Gewinner sind die gesamte Gesellschaft, die Tiere, die Pflanzen, der Boden, das Wasser und die Luft, alles Leben und vor allem unsere Gesundheit.

Doch noch ist kein Ende des Bauernsterbens abzusehen. Noch machen in Deutschland Jahr für Jahr mehr als 15 000 Bauernhöfe dicht. Diese Sicht allein ist allerdings nur die Froschperspektive auf die Landwirtschaft:

Wir sehen heute meist vor lauter Bäumen den Wald, vor lauter Problemen die Chancen der Zukunft nicht mehr. Aus der Vogelperspektive sieht die Zukunft der Landwirtschaft und des biologischen Landbaus eher rosig aus:

1. Die Nachfrage nach gesunden Nahrungsmitteln aus naturgerechtem Landbau und artgemäßer Tierhaltung steigt ständig. 85 Prozent der deutschen Verbraucher wollen Biolebensmittel. Viele lernen verstehen: Essen ist auch Nahrung für die Seele; Essen bestimmt auch unser Denken und Fühlen. Letztlich entscheiden die Verbraucher über Sein oder Nichtsein der ökologischen Landwirtschaft.

2. Die Landwirtschaft hat in einer Zeit, in der mehr und mehr Men-

schen erkennen, daß wir in Zukunft nur verbrauchen können, was nachwächst, eine große ökonomische Zukunft als Rohstoff- und Energielieferant. In Österreich gibt es Landkreise, die schon heute 50 Prozent aller Energie aus nachwachsenden Rohstoffen gewinnen. Das ist nicht überall möglich, schon gar nicht in Ballungsgebieten. Doch bei entsprechender politischer Weichenstellung werden Bauern die Ölscheichs des 21. Jahrhunderts. In etwa 30 Jahren kann ein Drittel aller Energie innerhalb der Europäischen Union auf dem Acker wachsen (siehe Kapitel III).

3. Der Zusammenhang zwischen einer chemiefreien ökologischen Landwirtschaft und dem Trinkwasserschutz ist heute unbestreitbar (siehe Kapitel VI).

4. Nur eine Landwirtschaft, die spätestens in einer Generation komplett auf ökologischen Landbau umgestellt ist, garantiert jene Werte, die das Überleben unseres Kulturmodells sichern helfen: Arbeit, die Sinn macht; Lebensorientierung; Säen, Ernten und Essen in natürlichem, streßfreiem Zeitmaß; stabilere Familienverhältnisse; Generationenidentität; Nachbarschaftshilfe sowie eine Umkehr der bisherigen Landflucht zu einer Rückkehr in das Dorf des 21. Jahrhunderts.

5. Der Urlaub auf dem Bauernhof wird immer beliebter. Tausende Stadtmenschen besuchen zum Beispiel jährlich die biodynamisch wirtschaftenden Bauck-Höfe in der Lüneburger Heide, besonders Familien mit Kindern. Die Bauck-Höfe mit ihren 350 Hektar Land bieten über 100 Menschen Arbeit, einschließlich 26 Behinderten. Die Biobauernhöfe der Zukunft werden Tankstellen für Körper, Geist und Seele sein.

6. Bauern werden wieder Kulturträger auf dem Lande. Biologische Agrarkultur ist Voraussetzung für Bäcker, Käser, Brauer und Metzger, die ihren Kunden gesunde Lebens-Mittel anstatt genmanipulierter Fabrik-Nahrungsmittel anbieten wollen. Ein junges Team von Ökofachleuten sorgt zum Beispiel auf Gut Wulksfelde bei

Hamburg, daß neben den Einheimischen auch Großkonzerne wie die Lufthansa oder die Volksfürsorge mit Produkten aus dem ökologischen Landbau bedient werden. Mit ihrer sinnvollen Arbeit verdienen die modernen Landwirte gutes Geld, und Gut Wulksfelde beweist, daß städtische Randgebiete nicht veröden müssen.

7. Kultur auf dem Lande bedeutet jedoch nicht nur die Produktion von Lebensmitteln, die wieder Mittel zum Leben sind, sondern auch ein Gemeinschaftsleben mit gesunden Tieren und gesunden Pflanzen, die nur auf jenen gesunden Böden wachsen können, welche von der Chemiekeule verschont bleiben. Kultur auf dem Lande heißt auch Kult auf dem Lande, also wieder Gemeinschaft allen Lebens mit Gott. Der schöpfungsgerechte Umgang mit Boden, Pflanzen und Tieren wird wesentlicher Bestandteil der Erwachsenenbildung, aber auch des modernen Religionsunterrichts und der Kindergartenprogramme sein. Ökologischer Humanismus wird das Bildungsziel des 21. Jahrhunderts.

8. Die Landwirtschaft der Zukunft wird eine nachhaltige Landwirtschaft sein. Sie wird also die Kreisläufe und Rhythmen der Natur wieder entdecken und damit arbeiten. Nachhaltige Landwirtschaft wird somit zum Vorbild der künftigen nachhaltigen Wirtschaft insgesamt werden.

Wer, wenn nicht biologisch wirtschaftende Bauern, kann der Gesellschaft und ihrer Wirtschaft vormachen, was es heißt, der Natur wieder über die Schultern zu schauen, von der Natur zu lernen und mit grünen Ideen schwarze Zahlen zu schreiben?

Das neue Leitbild einer modernen Landwirtschaft: Land-Wirte werden zu Lebens-Wirten. Bauern produzieren Lebensqualität für alle. Sie sind Wasserschützer, Tierschützer, Kulturträger, Landschaftspfleger, kreative Unternehmer, Rohstoff- und Energielieferanten und vielleicht noch Tourismusmanager. Wer mit 18 oder

20 Jahren sich für einen so interessanten und vielseitigen Beruf entscheidet, ist nicht mehr »dummer Bauer«, sondern beispielhafter Hoffnungsträger und vorbildlicher Unternehmer mit ausreichendem Einkommen.

Die Politik wird bei alledem lernen müssen:

- Die seit vielen Jahren geführte Diskussion um ein Bodenschutz- und Naturschutzgesetz muß endlich Früchte tragen.
- Es ist sinnvoller, Landwirten für einige Jahre den Umstieg in den ökologischen Landbau zu finanzieren als noch einige Jahrzehnte die Überschußproduktion.
- Statt kurzfristig kleine Förderprogramme für regenerative Energie- und Rohstoffträger zu finanzieren, ist es effizienter und intelligenter, endlich eine ökologische Steuerreform einzuführen, welche die Arbeit billiger und die alten klimaschädlichen Energieträger teurer macht. Auch landwirtschaftliche Unternehmer brauchen Planungssicherheit.

In dieser zukünftigen Landwirtschaft gibt es Hunderttausende neue Arbeitsplätze. Auch das Ende des Bauernsterbens ist ganz wesentlich eine Frage des politischen Willens.

Um das neue Leitbild einer bäuerlichen Ökolandwirtschaft zu verwirklichen, wären beispielsweise folgende Instrumente hilfreich:

- ein Max-Planck-Institut für ökologischen Landbau,
- neue Lehrstühle und Studienfächer für ökologischen Landbau,
- eine Bundesforschungsanstalt für ökologischen Landbau und entsprechende Landesforschungsanstalten,
- Fachhochschulen für ökologischen Landbau,
- günstige Darlehen beim Umstieg in den ökologischen Landbau,
- Verbot der Einfuhr von Kraftfutter aus der Dritten Welt,
- Verbot unwürdiger Formen der Tierhaltung,

- neue Vermarktungsstrategien für Biolebensmittel,
- verstärkte Verbraucheraufklärung,
- die Demokratisierung der Landwirtschaftskammern,
- lernfähige Journalisten, die sich wieder für den Urberuf und die Basisproduktion einer Gesellschaft interessieren.

Was das alles kostet? Auf jeden Fall weit weniger als die katastrophale heutige Landwirtschaftspolitik. Richtiges Wirtschaften ist immer preisgünstiger als falsches Wirtschaften.

Österreich vorn

In Österreich wird der ökologische Landbau seit etwa zehn Jahren politisch weit mehr unterstützt als in Deutschland. Ergebnis: Dort arbeiten schon 15 Prozent der Bauern ökologisch, in Deutschland zwei Prozent. Auch in Österreich war es bis vor kurzem für einen Jungbauern schwierig, eine Frau zu finden. Doch heute ist es für viele junge Studentinnen in der Stadt besonders schick, aufs Land zu ziehen und einen Ökobauern zu heiraten. Frauen lieben Zukunftsmänner! Damit ist der vielleicht entscheidende Schritt zur Trendwende für den ökologischen Landbau bereits geschafft! Ökobauern gelten nicht als die letzten von gestern, sie sind die ersten von morgen. Ökologischer Landbau kann der gesamten Wirtschaft die vielbeschworene Versöhnung von Ökonomie und Ökologie vorleben. Moderne Landwirtschaft ist also kein nostalgischer Weg »Zurück zur Natur«. Der neue Weg heißt »Vorwärts mit der Natur«.

Die Landbauwende ist somit nicht nur eine ökonomische, ökologische und politische, sondern noch viel mehr eine kulturelle und eine ethische Aufgabe. Der alles entscheidende Lernschritt heißt: mehr Ehrfurcht vor dem Leben und der Schöpfung.

Was das heißt, hat Eugen Drewermann in einem Artikel in der

»Zeit« beschrieben, indem er die ganz »normale« Lebensgeschichte eines Kälbchens in einem ganz normal genormten deutschen Stall aufzeigte: »Acht Tage nach seiner Geburt wird das Jungtier von seiner Mutter getrennt und in die Mastanstalt transportiert, wo es mit Medikamenten vollgepumpt wird und als Nahrung fortan einen Magermilchtrunk erhält, der zu Durchfällen und allmählichem Austrocknen führt. Das Tier erhält aber kein Wasser, es soll durstig auf den zunehmend mit Nährstoffen angereicherten Milchpudding bleiben, den man auf 38 Grad erwärmen muß, um weitere Durchfälle zu vermeiden. Die Folgen: Die Tiere schwitzen beim Essen, Juckreiz tritt auf, so daß die Tiere sich mit der Zunge zu lecken beginnen, dabei geraten die ausgerissenen Haare in den Pansen und bilden Fäulnis und Giftstoffe.

Das alles geschieht, damit die Kälber jeden Tag mehr als ein Kilogramm zunehmen. In den Milchpudding wird nur sehr wenig Eisen gemengt, damit die Tiere blutarm bleiben und ihr Fleisch später auf dem Tisch schön weiß aussieht. Schwere Atembeschwerden und Kreislaufstörungen stellen sich ein, doch man kann sie vernachlässigen, denn bald schon wird das Kälbchen seinen Sarg aus vier Brettern verlassen, um mit Hunderten anderer Unglücklicher im städtischen Schlachthof angeliefert zu werden. In seinem ganzen Leben hat es nie eine Weide betreten, es hat nie mit seinesgleichen gespielt und getollt, es hat nie den Himmel und die Sonne gesehen. Sein Leben war eine einzige Qual, die den Züchtern und Tierhaltern indessen als so erfolgreich gilt, daß sie unter dem Konkurrenzdruck der EU-Marktrichtlinienordnung inzwischen zur Standardmethode auf den existenzbedrohten Höfen zählt und als geradezu vorbildlich in die Länder der Dritten Welt exportiert wird.«

So ähnlich wie diesem exemplarischen Kälbchen geht es in Deutschland 63 Prozent aller Rinder und Kälber, 66 Prozent aller Mastschweine, 83 Prozent aller »Legehennen« und 99 Prozent aller »Masthühner«.

Auf diese beinahe unvorstellbar grausame Art und Weise vegetieren in Deutschland 250 Millionen Tiere vor sich hin. Das heißt: Pro Einwohner werden in der Bundesrepublik drei Tiere auf die eben beschriebene Art »gehalten«! Hühner auf einer Fläche so groß wie ein DIN-A4-Blatt; Schweine ein Leben lang ohne Streu zwischen Stangen; Gänse, die unter schrecklichen Qualen über ein 50 Zentimeter langes Eisenrohr im langen Hals zwangsgestopft werden, damit die Gänseleber schön »zart« ist. Eugen Drewermann dazu: »Der Tag wird kommen, an dem wir Menschlichkeit gerade darin erblicken werden, niederkniend Tiere um Verzeihung zu bitten für alles, was wir ihnen angetan haben.« (Siehe Kapitel VIII.)

Um uns selbst aus dieser Barbarei zu befreien, wird es uns gelingen müssen, eine Ethik zu entwickeln, die Albert Schweitzer so beschrieben hat: »Ethik besteht darin, daß ich die Nötigung erlebe, allem Willen zum Leben die gleiche Ehrfurcht entgegenzubringen wie dem eigenen. Ethik ist ins Grenzenlose erweiterte Verantwortung gegen alles, was lebt.«

Grüne Revolution in der Schweiz

Glückliche Schweiz: Dort hat sich im Juni 1996 ein politisches Wunder ereignet: 77,6 Prozent der Eidgenossen sprachen sich in einer Volksabstimmung für die Ökologisierung der gesamten Landwirtschaft aus. Die bisherigen Chemiebauern müssen sich umstellen, oder sie erhalten bald keine Subventionen mehr. Das Bundesamt für Landwirtschaft in Bern rechnet damit, daß durch diese Volksentscheidung, die Verfassungscharakter hat, bis zum Jahr 2005 90 Prozent der Schweizer Landwirte umweltfreundlich oder im sogenannten integrierten Landbau zumindest entschieden umweltfreundlicher als heute produzieren. Das in seiner Deutlichkeit selbst von den Biobauernverbänden nicht erwartete Resultat, läßt nur einen Schluß zu: Das Schweizer Volk wünscht eine nachhaltige Landwirtschaft und gibt dem konventionellen Landbau den Laufpaß. Das neue Motto heißt: »Mehr Natur vom Buur.«

Dies ist eine agrarpolitische Revolution, deren Auswirkungen auch auf die übrigen europäischen Länder ausstrahlen werden. Seltsamerweise wird diese Schweizer Revolution bis jetzt in Deutschland publizistisch nahezu verschlafen. Interessieren uns positive Meldungen nicht?

Schon jetzt zeigt die Entwicklung hin zu einer modernen biologisch orientierten Landwirtschaft in den skandinavischen Ländern, aber auch in Neuseeland, Österreich und jetzt in der Schweiz, daß es zwei Strategien gibt, das massenhafte Bauernsterben zu beenden: die ökologische Wende im Landbau und die Umstellung der Wirtschaft, vor allem im Energiebereich, auf nachwachsende Rohstoffe, deren Produzenten in Zukunft die Bauern sein werden.

Schon in wenigen Jahren kann nach dem Volksentscheid in der Schweiz nur noch mit staatlicher Unterstützung rechnen, wer integrierten oder ökologischen Landbau betreibt. Integrierter Landbau muß mit etwa der Hälfte des bisherigen Chemie-Einsatzes auskommen. Diese Landwirtschaft erfüllt zwar noch nicht die strengen Anbauvorschriften des kontrolliert ökologischen Landbaus, ist aber auf dem Weg zu diesem. Künftig werden in unserem südlichen Nachbarland nicht mehr Überschußproduktion und die Vernichtung derselben honoriert, sondern ökologische Leistungen der Landwirte.

Es ist absehbar, daß auch deutsche Konsumenten, Steuerzahlerinnen und Wähler eine ähnliche Landwirtschaftspolitik fordern werden. In der Schweiz hat sich das Volk eindeutig entschieden. Das ist machbar, nicht nur beim Nachbar. »Die Biobauernverbände brauchen ein besseres Marketing«, fordert der saarländische Landwirtschaftsminister Professor Willy Leonhardt. Auch hierin ist die Schweiz Vorbild. Unter den eidgenössischen Großhandelsketten hatte »Koop« die bislang führende »Migros« vom ersten auf den zweiten Platz verdrängt, nachdem sie als erste Biolebensmittel im großen Stil anbieten konnte. Wer zu spät kommt, den bestrafen die Konsumenten.

Erst als auch »Migros« nachzog und ebenfalls Lebensmitteln von Biobauern Priorität einräumte, wurde sie wieder die Nummer eins.

Feinkostland Schweiz und Feinkotzland Deutschland? Das werden unsere Geschmacksnerven und unser Gesundheitsinstinkt doch hoffentlich zu verhindern wissen. Sensationell an der Schweizer Abstimmung ist, daß sich kein einziger Kanton für die Beibehaltung der alten Landwirtschaftspolitik ausgesprochen hat. In Deutschland kreist derweil der Pleitegeier über vielen konventionellen Höfen, während erst in einigen Biohöfen die Schleiereule nistet. Sie aber ist das Symbol der Weisheit.

In seinem Buch »Ein Baum ist mehr als ein Baum« hat Frederic Vester den Wert eines Baumes, gemessen an seinem jährlichen Holzzuwachs, ausgerechnet. Ergebnis: 2,70 Mark. Wenn jedoch die übrigen 21 – überwiegend ökologischen – Leistungen eines Baumes gewertet werden, dann lautet der Betrag: 5227 Mark. Vester rechnete dabei die Kosten für die technische Umweltsanierung aus, die erforderlich wäre, wenn der Baum zerstört würde. Der Marktwert des Holzes sagt also nur wenig über den volkswirtschaftlichen und gesamtgesellschaftlichen Wert eines Waldes aus. Ökologisch gerechnet ist der Baum also 1935mal mehr wert, als es die alte eindimensionale Ökonomie vermutet.

Ähnliche Rechnungen kann der ökologische und naturgemäße Landbau aufmachen. Die herkömmliche Landwirtschaft belastet die Umwelt, das Wasser, den Boden und die Luft. Der Preis hierfür ist in den Lebensmittelpreisen nicht enthalten. Ihn bezahlen hauptsächlich die uns nachfolgenden Generationen oder wir Heutigen mit unserer Gesundheit. So hat die Weltgesundheitsorganisation schon am Beginn der 90er Jahre darauf hingewiesen, daß es wegen des Einsatzes von Pestiziden in der Landwirtschaft jährlich zu drei Mil-

lionen schwere Vergiftungen kommt, von denen 330 000 zum Tode führen. Statt Schädlinge mit Gift zu bekämpfen, kommt es darauf
an, die Pflanzen zu stärken.

Wenn für den ökologischen Landbau nur ein Teil seiner ökologischen Leistungen bezahlt wird, dann geht die Gesamtkostenrech-
nung eindeutig zugunsten des ökologischen Landbaus aus. Obst und
Gemüse, Getreide und Futterpflanzen für das Vieh können nur so
gut sein wie der Boden, auf dem alles wächst. Die Kraft der Sonne
und ein lebendiger, giftfreier Boden lassen prachtvolle und preiswerte Pflanzen wachsen. Nur mit solcher Ernährung hat der menschliche Körper ein lückenloses Band aller lebensnotwendigen Zellbau-
und Wirkstoffe zu seiner Verfügung.

Fleisch frißt Menschen

Karl Ludwig Schweisfurth, einst Europas größter Metzger, zeigt heute
in Zusammenarbeit mit 20 Biobauern in seinen Herrmannsdorfer
Lehrwerkstätten südöstlich von München, wie man gesunde Lebensmittel in höchster Qualität und bestem Geschmack aus chemie-
frei angebauten Pflanzen und von »glücklich« gehaltenen Tieren gewinnen kann. Sein Tier- und Pflanzenreich ist bunt und vielfältig.
Seine Erfahrung: Intelligente Verbraucher wollen Qualität statt Masse. Und dies entlastet selbstverständlich die Kasse, wenn der Preis für
ein gesundes Leben mitberechnet wird. Dies gilt für Biokäse und
Ökomilch, für Biofleisch und Eier von Freilandhühnern, für Voll-
kornbrot und für Obst und Gemüse aus dem Garten Eden. Gesunde
Tiere und gesunde Böden liefern gesündere Produkte. Das Ergebnis
sind gesündere und glücklichere Menschen. Und Psychologen bestätigen: Glückliche Menschen machen weniger kaputt! Ganzheitlich
betrachtet ist Biolandbau unbezahlbar. Bio hat's in sich! Nur unsere
alten Dummheiten werden allmählich unbezahlbar.

Hannovers Oberbürgermeister kam ins Schwärmen: »Dieser Bauernhof wird der Eiffelturm unserer Expo 2000.« Nach dem Vorbild von Hermansdorf baut Karl Ludwig Schweisfurth jetzt einen ähnlichen Biobauernhof zur Weltausstellung am Kronsberg, einem flachen Hügel zwischen Hannover und Laatzen. Auf hundert Hektar landwirtschaftlicher Fläche mit allen Möglichkeiten zur Weiterverarbeitung: mit Käserei, Metzgerei, Bäckerei, Laden, Brauerei und Wirtshaus. Das Motto der Expo 2000 »Mensch – Natur – Technik« wird hier umfassend verwirklicht. Nachhaltiges Wirtschaften heißt für Schweisfurth: ökologischer Landbau und artgerechte Tierhaltung, Erzeugung und Vermarktung vor Ort, Ressourcen schonen und in den Kreislauf zurückführen, alte handwerkliche Kunst und moderne Technik verbinden. Da Agri-Kultur mit Kunst und Kultur zu tun hat, schmückt Karl Ludwig Schweisfurth seine Räume mit Gemälden und seine Äcker mit Skulpturen.

Bis Mitte der 80er herrschte Karl Ludwig Schweisfurth über das größte Fleisch- und Wurstimperium Europas (»Herta – wenn's um die Wurst geht«). Heute will er aller Welt zeigen, daß es auch anders geht. Aber nicht nur das: »Wir wollen zeigen, daß man ökologisch und rentabel wirtschaften kann.« Und wer hat ihn vor 15 Jahren zum Umdenken und zum Umhandeln gebracht? »Meine Frau und unsere Kinder.«

Wie hoch ist der Preis für glückliche Tiere? Ein Mensch in Europa verspeist in seinem Leben durchschnittlich sieben Rinder, 20 Schafe, 22 Schweine, 600 Hühner und zusätzlich anderes Geflügel wie Wildtiere, See- und Meeresfische. Und bei diesen Mengen soll es gleichgültig sein, wie die Tiere gefüttert werden und wie sie gelebt haben? Der Mensch ist, was er ißt. Fleisch wird heute produziert wie lebloser Stoff. Allein wirtschaftliche Interessen sind ausschlaggebend im Umgang mit den Tieren. Wenn das Fleisch auf dem Teller liegt, denkt kaum jemand an das Schicksal des Tieres, das er gerade ißt. Dieses Fleisch frißt Menschen und macht Menschen krank.

Die meisten »Nutztiere«, die wir heute essen, werden künstlich erzeugt, maschinell gemästet und am Fließband geschlachtet. Selbstverständlich haben Tiere ein Recht auf artgerechte Haltung. Das heißt in der biologischen Landwirtschaft: für die Tiere Stroh statt Spaltenböden aus Beton, Tageslicht statt künstlicher Beleuchtung, im Stall Bewegung und Auslauf statt lebenslanger Isolation und Käfighaltung, langsame Mast statt Hormone und Antibiotika, Verzicht auf Tier- und Knochenmehle sowie weitgehend auf Importfutter; schonender Transport ins nächste Schlachthaus statt tierquälerischer Fahrten durch halb Europa und inzwischen auch noch Nordafrika zum einzigen Zweck des Geschlachtetwerdens.

Das Gefühl für die Würde und Integrität der Tiere haben wir weitgehend verloren. Wir sind zwar Weltmeister im Züchten von Kanarienvögeln und im Halten von Schoßhündchen, wir spendieren unserem Hansi und Waldi schon mal einen Grabstein – aber das Leid sogenannter Nutztiere läßt uns kalt. Hauptsache, wir sind satt!

Die Art und Weise, wie eine Gesellschaft mit Tieren umgeht, sagt alles über die Lebensfreundlichkeit oder Lebensfeindlichkeit in einer Gesellschaft. Wie wollen wir im jesuanischen Sinne je Nächstenliebe oder Gottesliebe praktizieren ohne Tierliebe?

Frühjahr 1998: Die Ausrottung von vier Millionen britischer Rinder geht weiter – aus Angst vor BSE; in Hongkong werden in einer Woche zwei Millionen Hühner geschlachtet – aus Angst vor einem Grippevirus; in Deutschland wurden über hunderttausend Schweine notgeschlachtet – aus Angst vor der Schweinepest. Erst Massentierhaltung wegen unseres fleischverwöhnten Gaumens und dann Massenmord aus Angst. Was sagt unser Gewissen zu all dem Leid der Tiere? Was tun wir uns selbst damit an?

Wir nennen uns selbst *Homo sapiens,* der weise Mensch, und halten uns für die »Krone der Schöpfung«. Andere Menschen, die wir beleidigen wollen, beschimpfen wir mit Tiernamen: dumme Gans und blöder Hund, Esel, Sau oder Kuh! Natürlich sagen solche Beleidigungen der Tiere nichts über das Verhalten von Tieren, wohl aber alles über jene Spezies, die sich selbst für »weise« hält. Unser Verhalten zu Tieren ist immer auch ein Prüfstein für unser Menschsein. Es kann keine wirkliche Liebe zum Menschen geben ohne Liebe zu Tieren und Pflanzen (siehe Kapitel VIII).

Öko und Bio sind preiswert

Nichts wird so teuer wie die »billigen« Nahrungsmittel vom Acker und vom Massentierstall. Und nichts ist so kostengünstig wie die heute noch etwas teureren Lebensmittel aus chemisch unbelastetem Landbau und Fleisch vom Biometzger. Wir müssen anders und intelligenter rechnen lernen, dann sind Öko und Bio preiswert.

Wir wissen heute zwar viel über den Preis, aber wenig über den Wert der Produkte. An einem Wirtschaftssystem stimmt vieles nicht, wenn ein Bauer vier Liter Milch verkaufen muß, um sich in seiner Dorfwirtschaft ein Glas Mineralwasser bestellen zu können. Bäuerliche Menschen pflegen lebensnotwendige Werte und produzieren Lebensqualität. Deshalb sind Bauern, die Subventionen für ihre ökologischen Leistungen erhalten, auch keine Subventionsschmarotzer. Sie erhalten vielmehr Leistungshonorare von einer Gesellschaft, die von der bäuerlichen Landwirtschaft sehr profitiert.

Als im Herbst 1996 die ersten gentechnisch veränderten Lebensmittel eingeführt wurden, kündigte Nestlé-Chef Helmut Maucher an, er wolle »so schnell wie möglich« genmanipulierte Produkte auf den Markt bringen, um zu sehen »wie die Verbraucher wirklich reagieren«. Also zeigen wir es ihm! Da die genmanipulierten Lebensmittel leider nicht immer ausreichend gekennzeichnet sind, läßt uns der Nestlé-Chef selbst nur diese Wahl: grundsätzlich keine Nestlé-Produkte!

Der Nestlé-Mann reagierte im November 1996 ökonomisch etwa

so, wie Erich Honecker noch im Herbst 1989 politisch reagierte: arrogant und realitätsfern! Aus dem ökonomischen Desaster von Shell, nur ein Jahr zuvor, hat der Nestlé-Chef nichts gelernt. Die Nieten in Nadelstreifen argumentieren inzwischen so unbeschreiblich tolpatschig und hilflos und gegen natürliches Leben, daß ihnen die Umweltbewegung nur noch dankbar sein kann. Sie schaden sich selbst am meisten. Der Nestlé-Chef kümmert sich nicht die Bohne um die genmanipulierte Sojabohne.

Die Akzeptanz für biologisch erzeugte Lebensmittel wächst ständig. Alle Umfragen belegen, daß viele Kunden Gennahrungsmittel in den Supermarktregalen nicht sehen möchten. Doch der Nestlé-Konzernleiter Maucher, immerhin Chef des international größten Lebensmittelkonzerns, beharrt darauf: Sein Konzern werde nicht auf Genfraß verzichten, »auch in Deutschland nicht – darauf können Sie sich verlassen«.

Am Tag, nachdem Helmut Maucher in einem Anfall von Ehrlichkeit diese Sätze sagte, protestierte eine ganz neue Koalition gegen Gennahrungsmittel: 12 Umwelt-, Verbraucher- und Bauernverbände! Danke, Helmut Maucher!

Keine Zukunft ohne Landwirtschaft

Im 21. Jahrhundert wird nicht nur ein Großteil der heutigen Energieressourcen verbraucht sein, sondern auch ein Teil der alten Rohstoffe. Neben erneuerbarer Energie werden wir erneuerbare Rohstoffe für eine neue ökologische Ökonomie benötigen. Erneuerbare Rohstoffe sind Pflanzen, die auf dem Acker, und Bäume, die im Wald wachsen. Beide verdanken ihr Wachstum der Sonne – es sind solare Rohstoffe.

Leben gibt es auf unserem Planeten nur, weil die Natur vor 800 Millionen Jahren die Photosynthese »erfunden« hat. Erst heute fangen wir an, dieses Wunder der Natur, die Umwandlung des Sonnenlichts in Pflanzen und Bäume, zu verstehen und industriell zu nutzen. Über das Wunder der Photosynthese können wir nur staunen und dankbar sein. Dieses Wunder ist die Basis allen Wirtschaftens.

Erst allmählich wird den Industriegesellschaften bewußt, daß nahezu jeder mineralische Rohstoff durch einen mit Hilfe der Sonne nachwachsenden Rohstoff ersetzt werden kann und ersetzt werden muß – zum Beispiel im Holzhausbau oder bei der Produktion von Autoteilen aus nachwachsenden Rohstoffen. Die solare Chemie – eine sanfte, zukunftsfähige Chemie – erhält beim Ersatz von mineralischen, nachwachsenden Rohstoffen eine Schlüsselfunktion. Aus Hanf und Bananenstämmen zum Beispiel ergeben sich Dutzende von Verwertungsmöglichkeiten.

Produkte auf pflanzlicher Basis sind alle wiederverwertbar – zum Beispiel als Energiequelle, als Baumaterial oder als Düngemittel. Hier liegt im wesentlichen auch die Lösung des Müllproblems. Der Biomüll entsorgt sich »von selbst« (nochmals: Markus 4,28). Je rascher wir uns im großen Stil dem Einsatz von solaren Rohstoffen und solaren Energiequellen nähern, desto schneller ist natürliche Kreislaufwirtschaft, also Nachhaltigkeit, möglich. So wird die Landwirtschaft wieder zur Basis jeder wirtschaftlichen Entwicklung. Der primäre Sektor einer Volkswirtschaft – so wird die Landwirtschaft bisher in allen Ökonomielehrbüchern nur noch theoretisch bezeichnet – erringt in einer künftigen Kreislaufwirtschaft tatsächlich wieder das Primat, mit weit mehr Arbeitsplätzen als heute.

Seit dem Umweltgipfel von Rio de Janeiro im Sommer 1992 ist weltweit – zumindest theoretisch – anerkannt, daß nur eine »nachhaltige« Wirtschaft, also eine Kreislaufwirtschaft, zukunftsfähig ist. Alles andere ist realitätsfern und faktenblind, weil naturfremd und naturfeindlich. Doch dieser theoretischen Einsicht fehlt die praktische Konsequenz. Der Einsicht kann die Tat erst folgen, wenn Landwirtschaft lokal, regional, national und global wieder zum primären

Faktor allen Wirtschaftens geworden ist. Städtische Intellektuelle tun sich besonders schwer, einer bäuerlichen Kultur im ländlichen Raum diesen Primat in Theorie und Praxis zuzugestehen. Doch an dieser wahren Kulturrevolution führt kein Weg vorbei.

Der zunehmenden Vernichtung der erschöpflichen Energie- und Rohstoffquellen kann nur durch das Erschließen von unerschöpflichen Energie- und Rohstoffquellen Einhalt geboten werden. Dabei spielen Land- und Forstwirtschaft eine Schlüsselrolle. Der alte »primäre Sektor« wird revitalisiert. Land- und Forstwirtschaft werden wieder zur Basis jeder wirtschaftlichen Entwicklung. Die Beschäftigungskurve im endlich wieder primären Sektor wird dann ansteigen und nicht mehr fallen. Hermann Scheer als Vorsitzender des Landwirtschaftsausschusses im Europarat: »Es wird eine Zukunft nicht nur mit Getreidebauern, Gemüsebauern, Obstbauern und Fleischerzeugern, sondern auch mit Energiebauern und Rohstoffbauern und mit Produzenten natürlicher Düngemittel geben.«

Die billigsten nachwachsenden Rohstoffe sind die organischen Abfälle wie Stroh, Restholz und Gülle – 70 Millionen Tonnen in Deutschland jedes Jahr. Diese »Abfälle« werden energetisch noch kaum genutzt. Es gibt erst 250 Biogasanlagen im ganzen Bundesgebiet.

José Lutzenberger weist darauf hin, daß die Biogastechnik noch viel mehr als ein Energielieferant ist. Sie sei »ein wunderbares Instrument zur schrittweisen Förderung regenerativer Methoden in der Landwirtschaft«. Der deutsch-brasilianische Umweltpolitiker meint nach langjähriger Erfahrung auf seiner Farm in Brasilien: mit Biogasgülle könne sich jeder Landwirt nicht nur mit Energie, sondern auch mit Dünger und Pflanzenschutzmitteln vom eigenen Hof selbst versorgen. Bauern, die ihre organischen »Abfälle« über Biogas und Biogasgülle nutzen, machen einen ersten Schritt zu einer Kreislaufwirtschaft.

José Lutzenberger unterscheidet zwischen »roher Gülle« und Biogasgülle: eine mit roher Gülle behandelte Weide wird von den Rindern, Schafen und Pferden gemieden, während eine mit ausgereifter Biogasgülle besprühte Weide die Tiere anzieht. Das liegt am Geruch. »Rohgülle stinkt und Biogasgülle riecht eher angenehm«, schmunzelt der ehemalige BASF-Manager und Umweltminister Brasiliens.

Wir können also Gülle dreifach nutzen: zunächst die rohe Gülle als Energiequelle und danach die unter Luftabschluß ausgereifte Gülle als Naturdünger und als natürlichen Pflanzenschutz. Biogasgülle fördert, nach José Lutzenbergers Erkenntnissen, die Vermehrung von Regenwürmern und begünstigt den Aufbau von wertvollem Humus. Direkt auf die Blätter angebracht, wirkt Biogülle wie ein Pflanzenschutzmittel. Es werden keine Schädlinge oder Pilze abgetötet, aber die Pflanze gewinnt an Abwehrkraft, und der Schädlingsbefall geht zurück. Daß Gülle heute noch als Umweltproblem und nicht als Kapital betrachtet wird, ist skandalös. Die Mehrfachverwertung der Gülle wird mithelfen, die Landwirte aus der Knechtschaft der Chemiekonzerne zu befreien.

Da Gülle überall anfällt und Pflanzen fast überall wachsen, der Wind überall weht und jede Region ein kostenloses Einkommen an Sonnenenergie hat, besteht fast überall die Chance zu regionaler ökonomischer Entwicklung. Es wird Zeit zu erkennen, daß über diese Ökologisierung der Regionen eine intelligente Antwort auf die Globalisierung der Wirtschaft gefunden werden kann. Ökologisierung einer Region heißt: Rohstoffe und Energie kommen aus der Region, das Kapital bleibt in der Region, und Arbeitsplätze entstehen in der Region.

Der anstehende Wechsel der gesamten Energie- und Rohstoffbasis wird die nationalen Wirtschaften und die Weltökonomie nachhaltig ändern. Diese autonome, dauerhafte solare Energie- und Rohstoffbasis kann einem Land von einem anderen nicht geraubt werden. Sie stabilisiert den Weltfrieden. Biolandwirte werden die Pioniere eines solaren Zeitalters. Sie geben der Natur ihre Seele zurück. In Liechtenstein sind bereits 18 Prozent der Flächen auf Ökolandbau umgestellt, in Finnland fünf und in Italien vier Prozent. Frankreich will bis 2010 auf Platz eins in der europäischen Biolandwirtschaft stehen.

Wirtschaft und Landwirtschaft der Zukunft basieren auf einem neuen Wachstumsbegriff, der sehr alt ist: Wachsen wird, was »von selbst« wächst. Und vielleicht wollte uns Jesus mit diesem »von selbst« sagen, daß Gott gar kein Schöpfer, sondern Schöpferkraft ist. Dann ist Gott in allem: in jeder Pflanze in jedem Tier, im Wasser und Wind, im Boden und im Meer, im Himmel und auf Erden, in jedem Mann und in jeder Frau – auf jeden Fall: *in* uns! Wenn also Gott im Sinne des ökologischen Jesus *alles* ist, dann kann er niemals Besitz einer religiösen Doktrin oder Konfession sein.

Diese göttliche Schöpferkraft ist in Tieren noch ursprünglich lebendig, wie das nächste Kapitel zeigt.

VIII. Kapitel

Jesus und die Tiere

»Wahrlich ich sage euch: was ihr getan
habt einem von diesen meinen geringsten Brüdern, das habt ihr mir getan.«

Jesus

»Rinderwahn« ist Menschenwahn

»Es gibt im Neuen Testament keinen einzigen Hinweis darauf, daß
Jesus Tiere liebe«, sagte mir vor einigen Jahren eine Theologin. Von
wegen!

Jesus liebte Tiere. Wie sonst hätte er dieses Bild gebrauchen kön-
nen: »Ich bin der gute Hirte. Der gute Hirte gibt sein Leben für seine
Schafe« (Johannes 10,11). Wäre Jesus nicht ein aufmerksamer Beob-
achter von Natur und Mitwelt, Tieren und Pflanzen gewesen, er hät-
te nicht in den eindrucksvollen Bildern vom Hirten und Schaf, vom
Sämann und Acker, von den Lilien des Feldes und den Vögeln des
Himmels sprechen können. Weil er beobachtet hat, wie in seiner
Heimat vor 2000 Jahren Esel als Lasttiere unter ihrem drückenden
Joch gequält und wundgescheuert wurden, spricht er von seinem
»sanften Joch«. »Mein Joch ist sanft und meine Last ist leicht« (Matthäus 11,30). Sein Hinweis an seine Freunde: »Ich sende euch wie
Schafe mitten unter die Wölfe. Darum seid klug wie die Schlangen
und ohne Falsch wie die Tauben« (Matthäus 19,16) zeugt von Humor, tiefenpsychologischer Menschenkenntnis und genauer Natur-
beobachtung.

Tierliebe war vor 2000 Jahren im vorderen Orient ungewöhnlich. Wie treffend Jesus zwischen Tierliebe und Tiersentimentalität zu unterscheiden wußte, beweist er mit dieser Fragestellung an seine theologischen Kritiker: »Wer ist unter euch, der sein einziges Schaf, wenn es ihm am Sabbat in eine Grube fällt, nicht ergreift und ihm heraushilft? Wieviel mehr ist nun ein Mensch als ein Schaf? Darum darf man am Sabbat Gutes tun« (Matthäus 12,11 und 12).

Solche Bilder kann nur aufzeigen, wer beim Leid der Tiere nicht weg-, sondern genau hinsieht. Die Natur braucht 30 000 Jahre, um eine neue Tierart zu schaffen. Wir aber rotten heute – wie schon in der »ökologischen Tagesschau« erwähnt – täglich 100 Tier- und Pflanzenarten aus. Was wird aus uns Menschen ohne den faszinierenden Reichtum der Tier- und Pflanzenwelt? Was wird aus uns ohne die zauberhafte Vielfalt allen Lebens? Welche seelische und geistige Armut wartet auf die uns folgenden Generationen ohne eine neue Tierethik, wie sie der ökologische Jesus in vielen Bildern aufzeigte?

Was auch heute, am Tag, an dem Sie diese Zeilen lesen, mit Tieren in der Massentierhaltung, den Schlachthöfen und bei Tiertransporten passiert, ist legalisiertes Verbrechen. »Artgerechte« Tierhaltung ist zwar gesetzlich vorgeschrieben, doch hunderte Millionen Tiere werden auch in Deutschland geboren, gefoltert und getötet aus »ökonomischen« Sachzwängen. Die meisten Hühner und Schweine kennen nur diese Bewegungsform: aufstehen, fressen, hinlegen, sterben. Die Tiere leiden stumm, und wir Menschen bleiben dabei stumm – auch wir Christen. Das Thema »Kirche und Tierschutz« im 20. Jahrhundert werden spätere Historiker vielleicht einmal als ebenso schwarzes Kapitel darstellen wie »Kirche und Hexenverbrennung« im Mittelalter.

Frankfurt/Oder: Hier ist die größte Abfertigungsanlage für Tiertransporte in Europa. Etwa tausend Pferde kommen monatlich von hier aus in die Länder der Europäischen Union. Die Pferde kommen aus Rußland, der Ukraine, dem Baltikum und aus Polen und sind meist für französische Schlachthöfe bestimmt. Der Leidensweg dieser Pferde dauert durchschnittlich 40 Stunden nach Frankreich und 70 Stunden nach Italien – ohne Fütterung und Tränkung. Vor allem die Transportwege noch Italien zeigen häufig Blutspuren. Wir haben im Fernsehen Bilder dieser Pferde bei ihrer Ankunft gezeigt: Tiere mit gebrochenen Gliedmaßen, übersät von Wunden, dem Verdursten nahe! Und warum all dieses Leid und diese Qual? Ja, warum wohl?

Die finanziellen Gewinne dieser Todesfahrten sind für die Händler riesig. In Frankreich gibt es mehr als das Doppelte des Preises für ein Kilo »Lebendgewicht« wie in Polen. Geld regiert die Welt! Doch hinter jeder Million, die so zu Lasten der Tiere »gewonnen« wird, stehen habsüchtige Menschen. Das Problem der Tiere ist das Problem von uns Menschen, auch und gerade von uns als zu üppigen Fleischessern!

Dabei tun uns die Tiere nichts Böses. Im Gegenteil:

- Millionen Haustiere lindern die schlimmste Krankheit unserer Zeit, nämlich die Einsamkeit von Menschen;
- Pferde erweisen sich als therapieunterstützend bei körperlich und geistig behinderten Menschen;
- Besuche von Hunden in Krankenhäusern unterstützen den Heilungsprozeß vieler kranker Menschen;
- Begegnungen mit Delphinen aktivieren die Heilkräfte von Menschen in bisher ungeahnter Weise.

Immer mehr Wissenschaftler beweisen: Tierliebe ist eine ganz besondere Heilkraft.

Solche positiven Meldungen haben jedoch im heutigen Journalismusbetrieb selten Nachrichtenwert. Nur bei einem BSE-Skandal oder der Schweinepest wachen Politiker und Journalisten plötzlich auf. Das Geschrei und die Aufregung sind riesig: »19 Menschen gestorben«, wurde im Frühjahr 1996 gemutmaßt, als der BSE-Skandal aufgedeckt wurde. Das reichte aus, um das Todesurteil für vier Millionen Rinder zu fordern. Was haben sie den Menschen getan, daß wir sie massenhaft vernichten wollen?

Der »Rinderwahnsinn« ist ein Menschenwahnsinn. Wenn Menschen vegetarisch lebende Tiere mit Tierabfällen vergifteten, dann werden wir immer wieder erleben, daß Tiere – wie schon im Landwirtschaftskapitel betont – uns vergiften. Die Naturgesetze gelten selbstverständlich auch in unserem Verhältnis zu den Tieren. Deshalb müssen wir das berühmte Jesus-Wort: »Was ihr für einen meiner geringsten Brüder getan habt, das habt ihr für mich getan« (Matthäus 25,40) umfassender als bisher verstehen lernen.

Dieses Wort gilt selbstverständlich nicht nur zwischen Menschen. Wirkliche Befreiungstheologie umfaßt alles leidende und unterdrückte Leben – selbstverständlich auch die Tiere. Wieviel BSE- und andere Skandale brauchen wir noch, um den Menschenwahnsinn, der sich hinter der gesamten Massentierhaltung verbirgt, zu sehen und um zu handeln? Tiere haben eine eigene Würde und eigene Lebensrechte, die nicht von den Lebensrechten der Menschen abgeleitet werden können.

Massentierhaltung ist Sünde

Jesu Schlüsselsatz in der Bergpredigt, die weltberühmte Goldene Regel, die alle Religionen kennen, heißt: »Behandelt die Menschen so, wie ihr selbst von ihnen behandelt werden wollt« (Matthäus 7,12). Diese Goldene Regel kann realistischer- und vernünftigerweise heute vor dem Hintergrund des Massenelends der Tiere nur so gelesen werden, daß wir uns in Tiere hineindenken und hineinfühlen, um somit aus der Sicht der Tiere herauszufinden, was angenehm und unangenehm für die Tiere ist.

Jeder, der Tiere hält, kann das auf ganz einfache Art prüfen: Wenn Hennen die Wahl haben zwischen Auslauf und Käfig, dann wählen sie selbstverständlich den Auslauf. Verhaltensbiologen haben längst die Spieltriebe und den Gemeinschaftssinn von Tieren erforscht. Auch hier gilt: Wir tun nicht, was wir wissen. Wir brauchen eine Ethik, die endlich die Erkenntnisse der heutigen Naturwissenschaften ernst nimmt.

Eugen Drewermann: »Womöglich ist der Himmel so lange kein Himmel, als nicht auch die Tiere an ihm teilhaben; und es kommt allem Anschein nach darauf an, selbst den Kern christlicher Hoffnung zu erweitern und aus der tradierten Anthropozentrik des biblischen Weltbildes herauszulösen. Denn erst auf dem Hintergrund einer Religion, die das Los der Tiere als eigenes Thema entdeckt, wird es einen Maßstab sittlichen Handelns geben, der im Raum des Politischen Geltung beanspruchen kann.«

Im Sinne des ökologischen Jesus sind Tierschutzverbände weit aktiver im Kampf gegen das Leid der Tiere als die christlichen Kirchen, so wie Friedensgruppen weit aktiver waren und sind in der Verwirklichung der pazifistischen Ziele Jesu als Kirchen, die sich auf Jesus und seine Bergpredigt berufen. Die »Gemeinschaft der Gläubigen« im Geiste des pazifistischen und ökologischen Jesus wird sich wahrscheinlich eher außerhalb als innerhalb der Kirchen bilden. Kirche wird vielleicht noch einmal Kirche als Gemeinschaft von Pazifisten, sozialen Ökologen und Tierfreunden. Aus solchen zukunftsfähigen Gemeinschaften könnte sich der Kern einer lebendigen Kirche des 21. Jahrhunderts herauskristallisieren.

Oft sagt mir unsere Tochter Caren vor dem Schlafengehen: »Frage den Kater, ob er heute nacht draußen sein will.« Und jedesmal bekomme ich von unserem Kater eine sehr eindeutige »Antwort« – mal »ja«, mal »nein«. Im Sommer mehr »ja« – im Winter mehr »nein«.

»Was du nicht willst, daß man dir tu, das füg auch keinem andern zu.« Die Goldene Regel als deutsches Sprichwort gibt uns die wichtigsten Hinweise für ein ethisches und vernünftiges Verhältnis zwischen Mensch und Tier. Jesus und andere Meister der Ethik haben uns gelehrt, daß die Liebe grenzenlos ist. Sie umfaßt *alles* Leben.

Der Dalai Lama sieht die Tauglichkeit und die Authentizität jeder Religion darin, daß sie uns hilft zur Verwirklichung von Herzensgüte, Toleranz, Mitgefühl und Frieden. Diese universalen Tugenden werden zwischen Menschen eine um so größere Bedeutung bekommen, wie wir sie auch zu Tieren entwickeln. »Liebe deinen Nächsten wie dich selbst« heißt im Geiste des ökologischen Jesus auch: Gib ausgetrockneten Pflanzen und verdurstenden Tieren Wasser, und mache anderen Menschen Mut!

Wer auch nur einmal bewußt und lange einer Katze, einem Hund oder einer Kuh vertrauensvoll und liebevoll tief in die Augen schaut, der spürt, daß sich in seiner Gefühlswelt etwas regt, und ahnt etwas von der heute noch geheimnisvollen Verbindung zwischen allem Leben.

Die Erforschung der Kommunikation zwischen Menschen, Tieren und Pflanzen ist zwar erst am Anfang, hat aber in den letzten 15 Jahren bereits erstaunliche und bislang für unmöglich gehaltene Erkenntnisse ans Licht gebracht. In seinem Buch »Mitgeschöpfe – Die geheimen Kräfte der Tiere und Pflanzen« hat der Journalist Rainer Holbe dazu Überraschendes publiziert – ebenso die Wissenschaftspublizisten Dagny und Imre Kerner in ihrem Buch »Der Ruf der Rose«. Albert Einstein sagte zu diesen noch weithin unbekannten Kommunikationsmöglichkeiten zwischen Mensch, Tier und Pflanze schon vor über 50 Jahren: »Es ist durchaus möglich, daß sich hinter unseren Sinneswahrnehmungen ganze Welten verbergen, von denen wir keine Ahnungen haben.«

Jede Pferdeliebhaberin und jeder Hundehalter, jede Katzenfreundin und jeder tierliebende Landwirt kann schon heute Einstein in seiner Vermutung bestätigen – ebenso aber auch Blumenfreunde und Pflanzenfreundinnen. Wir wissen heute: Pflanzen können traurig sein, und Tiere können weinen. Eine diesen heutigen Erkenntnissen entsprechende Ethik haben wir freilich noch nicht.

Indem wir unsere eigene tierische Herkunft verleugnen, haben wir aus den Tieren eine bloße Ressource gemacht. Welch verhängnisvolle Rolle die Religion bei der schieren Ausbeutung der Tiere spielen kann, zeigt ein Papier der CDU-Arbeitsgruppe »Zukunft der Bio- und Gentechnik« aus dem Jahr 1996. Hier heißt es: »Ihre ethische Rechtfertigung erlangen die Bio- und Gentechnik durch den biblischen Schöpfungsauftrag, durch den der Mensch ermächtigt wird, gestaltend in die Natur einzugreifen, sie für seine Lebensbedürfnisse heranzuziehen und umzugestalten.« Das Versagen der Kirchen und ihr nahestehender Parteien in der Schöpfungsethik ist beschämend.

Die Tatsache, daß wir einer vernunftbegabten Spezies angehören, gibt uns gerade nicht das Recht, Tiere zu quälen und das Lebensrecht von Pflanzen zu mißachten. Das sagt uns jede Gewissensregung. Juristisch gesprochen: Im Mittelpunkt jeder rechtsstaatlichen Rechtsprechung steht das Recht der Schwächeren. Wo dieser Grundsatz nicht gilt, gibt es keinen Rechtsstaat.

»Die Würde des Menschen ist unantastbar«, steht im Grundgesetz. Und die Würde der Tiere? Der ökologische Jesus sieht auch Tiere als Geschöpfe des Vaters. Tierquälerei ist also Gotteslästerung – so wie Menschenquälerei Gotteslästerung ist. Der Artikel 20a des Grundgesetzes, in dem der »Schutz der natürlichen Lebensgrundlagen« festgeschrieben ist, muß ganz offensichtlich in einem Artikel 20b ergänzt werden durch eine Bestimmung wie: »Tiere werden als Mitgeschöpfe geachtet. Sie werden vor nicht artgemäßer Haltung, vermeidbaren Leiden und in ihren Lebensräumen geschützt.«

Die Aktion »Kirche und Tiere« der evangelischen hessischen Landeskirche hat 1996 unmißverständlich festgestellt: »Massentierhaltung ist Sünde.« Sie betont das Lebensrecht der Tiere und setzt sich für eine strikte Gewaltvermeidung gegenüber Tieren ein. Der Verzicht auf Fleisch aus tierquälerischer Zucht ist die logische Konsequenz aus dieser Erkenntnis, würde der ökologische Jesus heute sagen. Eine breite Wirkung hat diese Diskussion freilich noch nicht erreicht.

In Kirchenkreisen wird sehr gerne und äußerst unverbindlich über die »Bewahrung der Schöpfung« und über »die Natur« gesprochen und geschrieben. Auf Jesus darf sich allerdings nur berufen, wer umdenkt und ganz konkret auch umhandelt. »Sie tun ja nicht, was sie sagen«, hat er seinen Feinden immer wieder vorgeworfen.

Konkret wird Paulus, wenn er von der ganzen Schöpfung spricht, die erlöst wird (Römerbrief 8,21) oder auch Jesaja 11,6: »Dann wohnt der Wolf beim Lamm.« Jesus sagt: »Gehet hin in alle Welt und predigt das Evangelium aller Kreatur« (Markus 16,15). Tiere sind in seine Erlösungsbotschaft eingeschlossen. Von frommen Predigten haben sie gewiß wenig, wohl aber von helfenden, schützenden und liebenden Händen. Predigen heißt hier sicherlich handeln.

Vorbildlich war Albert Schweitzer mit seiner »Ehrfurcht vor allem Leben« und seiner pragmatischen Lebenserkenntnis »Ich bin Leben, das leben will, inmitten von Leben, das leben will.« Es muß und kann also einen Ausgleich geben zwischen Rechten, Empfindungen und der Würde von Menschen und Rechten, Gefühlen, Empfindungen und der Würde von Tieren. Der deutsch-französische »Urwalddoktor« ist noch Jahrzehnte nach seinem Tod ein Vorbild für viele, weil er lebte, was er sagte, und sagte, was er lebte.

Ich war mehrmals im Albert-Schweitzer-Haus in Günsbach im Elsaß. Wer dort einige Tage lebt und stöbert, wird erfahren, daß Albert Schweitzer uns eine Ahnung dessen vermitteln kann, was der ökologische Jesus für unsere Zeit meint. Schweitzer konnte im wahrsten Sinne des Wortes keiner Fliege und keiner Blume etwas zuleide tun. Er wußte, daß zwar jeder achtlose Mensch einen Käfer zertreten, aber alle Professoren der Welt keinen herstellen können.

Die meisten Theologen mogeln sich jedoch um das ungeliebte Thema »Tierschutz« herum. Die dogmatische Anthropozentrik ist heute eines der größten Probleme der christlichen Theologie. So ist sie einfach nicht auf der Höhe der Zeit – Jahrtausende hinter dem ökologischen Jesus zurück. Doch der Protest gegen die Gewalt, die der Mensch seinen Mitgeschöpfen antut, wächst. Daß Tiere geschützt werden müssen, lehren uns Tierschutzorganisationen schon lange. Aber haben Tiere auch Rechte?

In Italien und Deutschland, in USA und in der Schweiz, in Österreich und Luxemburg, in Skandinavien und in den Niederlanden gibt es seit etwa 15 Jahren Hunderte von Tierschutzorganisationen mit Hunderttausenden Mitgliedern. Auf einem ihre Flugblätter lese ich: »Zu Tausenden in kleinen und großen Zirkussen zur Zwangsarbeit gepreßt, zu Hunderttausenden in Zuchthäusern, Zoos genannt, der Freiheit beraubt, um uns zu unterhalten, zu Millionen und Milliarden zu lebenslanger Bewegungslosigkeit in den Mastställen verdammt, Hühner in der Batterie, Kühe in Boxen an Ketten, Schweine an Gurten festgezerrt. Wir gebrauchen sie zu Millionen als Vorkoster in der gigantischen Giftküche der chemischen Industrie, hexen ihnen alle Krankheiten der Welt an, nageln ihre Skalpells an Wände, dulden das schießgeile Gemetzel männerbündnerischer Exekutionskommandos als angeblichen Beitrag zum Naturschutz.«

Die Zahl derer, die so denken, schreiben und streiten, wächst ständig. Daß endlich über eine Tierethik gestritten wird, ist ganz im Sinne des ökologischen Jesus – auch wenn bis heute die vorherrschenden Moraltheorien noch nicht einmal über ein begriffliches Instrumentarium verfügen, das aufzeigen kann, wie wir mit Tieren umgehen dürfen – und wie nicht.

Mit seinem ganzen Leben und mit den von ihm überlieferten Geschichten macht Jesus deutlich: Die Abstammungsverwandtschaft *aller* Lebewesen kommt dadurch zum Ausdruck, daß Menschen, Tiere und Pflanzen einen *gemeinsamen* Vater haben, nämlich Gott, und eine *gemeinsame* Mutter, nämlich die Materie. Doch bis heute tut sich die Krone von Gottes Schöpfung, der Mensch, nach wie vor schwer, dieses Abstammungsverhältnis anzuerkennen, obwohl wir Menschen doch mit der einmaligen Sonderausstattung Vernunft versehen sind.

Tiere haben eine Seele

Eine endlich vernünftig gewordene Vernunft lehrt uns heute, daß wir unsere ökologischen Krisen nur über ein neues Verhältnis zu Tieren und Pflanzen lösen können. Je beseelter, verletzlicher und feinfühliger wir Menschen uns die Tiere und Pflanzen vorstellen können, desto behutsamer und umsichtiger werden wir mit der gesamten Natur und ihren Geschenken an uns umzugehen lernen.

Die Liebe Gottes zu *allen* seinen Geschöpfen und die Einheit *allen* Lebens mit Gott zeigt Jesus unübertrefflich in seiner Geschichte vom hundertsten Schaf: »Was meint ihr? Wenn ein Mensch hundert Schafe hätte und eins unter ihnen sich verirrte: läßt er nicht die 99 auf den Bergen, geht hin und sucht das verirrte? Und wenn es geschieht, daß er's findet, wahrlich, ich sage euch: Er freut sich darüber mehr als über die 99, die sich nicht verirrt haben. So ist's auch nicht der Wille bei eurem Vater im Himmel, daß auch nur eines von diesen Kleinen verloren werde« (Matthäus 18,12–14 und Lukas 15,4–7).

Tiere sind Menschen ähnlich. Wir sind Verwandte. Das Schweigen der Theologen zu diesem offensichtlichen Verwandtschaftsverhältnis, meint der Diakon und Assistent am Fachbereich Katholische Theologie an der Universität Frankfurt, Guido Knoerzer, hänge vielleicht damit zusammen, »daß mit dieser unbequemen Thematik keine theologischen Lehrstühle besetzt werden«. Es könne aber auch sein, daß dieses peinliche Schweigen »letztlich eine Verweigerung des Gottesgebotes ist, die gesamte Schöpfung zu befreien«.

Die menschliche Spezies gegen den Rest der Welt – das ist 2000 Jahre nach dem ökologischen Jesus die Niveau- und Trostlosigkeit einer christlichen Theologie, die sich nur noch theoretisch auf Jesus berufen kann. Danach kann ja einem Rebhuhn und einem Rind, einem Hahn und einem Kaninchen gar nichts Besseres passieren, als von Menschen gebraucht und verspeist zu werden. Das Beste für eine Wiese ist, daß sie zubetoniert wird, und das Beste für einen Wald ist, daß er stirbt – zur größeren Ehre des Menschen! Menschen, die abgespalten von ihren eigenen Gefühlen leben, können auch gegenüber Tieren keine Mitgefühle entwickeln und die Gefühle der Tiere nicht achten. Sie sehen auch nicht den biologischen Zusammenhang zwischen Mensch, Tier und Pflanzen, und sie werden immer bestreiten, daß Tiere beseelte Wesen sind. Sie sehen im Tier eine seelenlose Maschine und behandeln es entsprechend. Wichtig sind dann allein die Interessen der Agrarökonomie.

Dabei ist es so einfach, wie schon erwähnt: Wer wissen will, ob Tiere eine Seele haben, schaue ihnen eine Zeitlang in die Augen. Wie beim Menschen, so sind auch bei Tieren die Augen der Ausdruck der Seele. Damit wissen wir natürlich noch lange nicht, *was* Tiere empfinden. Aber *daß* Tiere Empfindungen haben, ist ernsthaft nicht zu bestreiten. Wir haben es beim Tod eines Kaninchens in unserer Familie erlebt: Wenn eines von mehreren Haustieren stirbt, trauern die »Hinterbliebenen«.

Gott träumt in den Tieren

Die Verhaltensforschung und die Hirnpsychologie, die Kulturanthropologie und die Abstammungslehre sagen uns heute, daß wir als Menschen unseren älteren Geschwistern, den Tieren, sehr viel verdanken. Eugen Drewermann: »Kein Problem des menschlichen Daseins: weder Krieg noch Kriminalität, aber auch kein wirklich starker Faktor des menschlichen Zusammenlebens, weder Familiengründung noch Kinderaufzucht sind zu verstehen ohne das Echo aus den

250 Millionen Jahren der Säugetierentwicklung in den Schichten des Zwischenhirns in unseren Köpfen.«

Die hebräische Bibel, hauptsächlich die Psalmen, das Hohelied, die Sprichwörter Salomos und das Buch Hiob, sind voll von ökologischen und mystischen Texten, die auch Jesus gekannt hat. Diese Texte sind zutiefst feministisch, mystisch, ökologisch, erotisch und voller Kreativität. Diese Texte stammen zum Teil aus Ägypten, wo eine Muttergöttin verehrt wurde. Doch diese ökologisch und weiblich inspirierten Texte passen nicht in die Vorstellung eines rationalistisch geprägten kirchlichen Patriarchats von heute.

Die Verdrängung von Mystik und Ökologie, von Tieren und Pflanzen in den Männerkirchen ist ein fortwährender und unerträglicher Skandal. *Weil wir nicht wissen, woher wir kommen, wissen wir auch nicht, wer wir sind, und weil wir nicht wissen, wer wir sind, tun wir auch nicht, was wir wissen.*

Hier liegen die Wurzeln der heutigen Umweltkrise, Jugendkriminalität, Massenarbeitslosigkeit und ökonomischen Ratlosigkeit. Matthew Fox: »Eine Zivilisation, die das Mystische verdrängt, ist eigentlich gar keine. Sie bietet ihrer Jugend und ihren Künstlern keine Hoffnung und keine Abenteuer, keine des Opfers werte Herausforderung und keine Freude. Sie bietet ihrem Volk keine Feste, keinen Sabbat und kein lebendiges Ritual und keine tiefgreifende Heilung. Solch eine Zivilisation fördert im Grunde Süchte: nach Drogen, Verbrechen, Alkohol, Konsum, Militarismus.«

Mystikerinnen und Mystiker stehen auch in der Kirche nicht hoch im Kurs – außer vielleicht in Sonntagspredigten: Mechthild von Magdeburg, Hildegard von Bingen, Meister Eckehart, Johannes Tauler, Franz von Assisi.

Die Diktatur des Verstandes hat im Gefolge der Aufklärung Religion und Mystik als etwas Wahnsinniges erklärt. Und die christliche Kirche hat ihren größten Mystiker, Meister Eckehart, vor 600 Jahren verdammt und noch immer nicht rehabilitiert. Das Wort »Seele« ist für sehr viele »Seelsorger« noch heute, 100 Jahre nach Freuds »Traumdeutung«, ein beinahe unerträgliches Fremdwort – gegenüber Tieren noch mehr als gegenüber Menschen.

Das Einheitserlebnis aller Mystiker aller Religionen ist, daß sie das Göttliche in *allem* erkennen, auch in Tieren und Pflanzen. So wie es ein östlicher Mystiker ausgedrückt hat:

> Gott schläft in den Steinen,
> duftet in den Pflanzen,
> träumt in den Tieren
> und will in uns Menschen erwachen.

Gott ist in allem, und alles ist in Gott. Panentheismus – so können wir jetzt nach dem bisher Gesagten feststellen – ist die Basis einer zukunftsfähigen Religion. Eine panentheistische Tiefenerfahrung ist eine tiefenökologische Erfahrung. Ehrfurcht und Staunen sind der Beginn der Weisheit. Für Albert Einstein war Mystik die Fähigkeit, ehrfürchtig zu staunen. Mahatma Gandhi hat gesagt: »Göttlich zu werden bedeutet, mit der ganzen Schöpfung in Einklang zu sein.«

Um zu einer Ethik der »Ehrfurcht vor *allem* Leben« zu kommen, bedarf es tiefer psychischer, kultureller, ökonomischer und politischer Veränderungen, eines völlig neuen Werte- und Weltbildes.

Tierschutz ist Menschenschutz

Alle stimmen zu, wenn das Albert-Schweitzer-Wort zitiert wird: »Ethik ist ins Grenzenlose erweiterte Verantwortung gegenüber allem, was lebt.« Wie aber sieht diese »Ehrfurcht vor dem Leben« in Wirklichkeit aus?

Jedes zweite Küken landet auf dem Abfall, weil es das falsche Geschlecht hat. Wir mästen Truthähne bis zum Umfallen und stopfen

Hähnchen in 30 Tagen bis zur Schlachtreife voll. Die eigentliche Misere der europäischen Landwirtschaft ist nicht der »Rinderwahnsinn«, sondern der alltägliche Menschenwahnsinn, der zur Massentierhaltung, zu Futterimport, Überschußproduktion, grauenhafter Tierquälerei und schließlich auch noch zu BSE geführt hat. Die BSE-Katastrophe liegt nicht hinter uns, sondern eher vor uns. Sie ist auch durch ein Verbot von Rindfleischexporten aus England nicht zu lösen. Denn: Bis 1989 wurden über 6000 Tonnen potentiell BSE-haltige Tiermehle nach Holland und Deutschland exportiert und hier hauptsächlich zur Geflügel-, Schweine- und Kälberaufzucht verwendet. Diese Tiere konnten gar nicht an BSE erkranken, weil sie früh geschlachtet wurden, aber sie gelangten in die Nahrungskette. Der Schutz der Tiere wäre auch Schutz für die Menschen. Man kann nicht freundlich sein zu Menschen, wenn man brutal ist zu Tieren.

Die viele Fleischfresserei hat unser Hirn benebelt. Bei immer beliebter werdenden Hundekämpfen hetzt die Bestie Mensch Hunde so lange aufeinander, bis einer den anderen zerfetzt, zermalmt oder totgebissen hat. Unter dem Grölen der Zuschauer wird dann der »Sieger« gefeiert. Dabei geht es um viel Geld. Die Wetteinsätze können über 100 000 Mark betragen. Dem »Sieger« winken hohe Prämien – der Verlierer besorgt sich einen neuen »treuen Freund«.

An deutschen Hochschulen gehören neben Insekten, Krebsen und Ratten auch Tauben, Kaninchen, Hunde und sogar Pferde noch immer zu den Versuchstieren. Frösche sind trotz jahrelanger Proteste und gerichtlicher Auseinandersetzungen als Demonstrationsobjekte in Biologie- und Medizinpraktika noch immer beliebt. Den lebenden, nicht betäubten Tieren wird der obere Teil des Kopfes abgeschnitten und das Rückenmark aufgebohrt, um das Funktionieren des zentralen Nervensystems zu zeigen. Die zerstümmelten Tiere landen nach dem Versuch im Mülleimer. Auch ansonsten aufgeklärte Menschen werden bei diesem Thema ganz abgeklärt. Ausrede Nummer eins: Die Wissenschaft braucht solche Versuche. Und Tierliebe sei eben sentimental und kitschig! Diese abgeklärte Form von Aufklärung ist schlicht gewissenlos. Viele alternative Wissenschaftler wie Roman Kolar von der Münchner Akademie für Tierschutz halten die entsetzliche Tierquälerei nicht nur für unverantwortlich, sondern auch für unnötig.

Muskelreflexe können jede Studentin und jeder Student völlig ungefährlich am eigenen Arm oder Knie ausprobieren. Auch mit Hilfe von interaktiven Computerprogrammen könnten die bisherigen Tierversuche ersetzt werden. Daß diese Alternativmethoden ausreichen, ist seit einigen Jahren schon an der Philipps-Universität in Marburg nachgewiesen. Dort wird ganz auf »Tierverbrauch« verzichtet. Einige Hochschulen haben sich inzwischen dem Marburger Vorbild mit Erfolg angeschlossen. 1996 wurden an deutschen Hochschulen zu Versuchszwecken aber immer noch über 100 000 Tiere gequält und getötet. Noch viel mehr sind es freilich für industrielle und wissenschaftliche Zwecke. Die Bundesregierung gab 1994 die jährliche Gesamtzahl mit 1,76 Millionen Tieren an. Tierschutzorganisationen sprechen von 10 Millionen Tieren pro Jahr.

Wenn wir Bilder dieser massenhaften Tierquälerei im Fernsehen zeigen, wenden sich viele Zuschauer entsetzt ab: »Ich kann es nicht mehr sehen«, höre ich dann am Telefon. Diese Haltung ist zwar verständlich, aber sie hilft keinem einzigen Tier. »Fleisch muß sein«, heißt die zweite große Ausrede.

Es reicht nicht, daß die Bratwurst schmeckt. Wir müssen lernen, nach den Zutaten und der Herkunft zu fragen. Verbraucherinnen und Verbraucher handeln nicht verantwortungsfrei, wir werden vielmehr mitschuldig. Unsere Verantwortung beginnt beim Fleischkauf und reicht über das Reduzieren unseres Fleischkonsums bis in die Wahlkabine bei der nächsten Kommunal-, Landtags- und Bundestagswahl.

Die Alternativen sind längst bekannt. Wenn wir Fleisch kaufen, können wir fragen: Haben die Rinder und Schweine, die Schafe und Enten so gelebt, wie es ihren natürlichen Bedürfnissen entsprach?

War der Landwirt ein guter Hirte? Ist auch beim Schlachten die Würde des Tieres respektiert worden? Biobauern können diese Fragen guten Gewissens bejahen.

Jede zweite Krankheit ist ernährungsbedingt

Der Anthroposoph Rudolf Steiner hat in den 20er Jahren unseres Jahrhunderts Grundzüge einer ökologisierten Landwirtschaft, artgerechter Tierhaltung und einer Produktionsweise für gesunde Lebensmittel aufgezeigt. Am 13. Januar 1923 sagte Rudolf Steiner den aus heutiger Sicht prophetischen Satz: »Wer Rinder mit Fleisch füttert, macht sie wahnsinnig.« So war es nicht überraschend, daß 1996 keines der 160 000 an BSE erkrankten englischen Rinder von einem Biobauern stammte. In den Richtlinien des ökologischen Landbaus ist Rinderfutter aus Tierabfällen grundsätzlich verboten. Artgerechte Tierhaltung im ökologischen Landbau heißt: Die Tiere stammen vom eigenen Hof oder von einem anderen Biohof, das Futter wächst überwiegend auf dem eigenen Acker, Massentierhaltung ist ebenso verboten wie weite Tiertransporte.

Tiere sind beseelte Mitgeschöpfe und kein Sperrmüll, den man im Notfall über Verbrennungsanlagen beseitigen kann. Tierliebe ist gelebte Ethik und praktizierte Religion. Tierliebende Menschen erkennen in den Tieren deren eigene Würde und eigene Seele. Alles, was wir Tieren antun, tun wir uns selbst an. Wenn wir sie zuerst mit Antibiotika und Wachstumshormonen vollstopfen, dann bekommen wir dieses Gift über das Lebensmittel Fleisch wieder zurück.

In jedem Leben und in jedem Lebens-Mittel steckt geistige Energie. Wenn wir diese vergiften, vergiften wir uns selbst. Wir müssen es gerade an dieser Stelle noch einmal sagen: Ethik ist unteilbar, wir werden immer nur ernten, was wir säen. Diese Erkenntnis steht an zentraler Stelle im Grundsatzprogramm des ökologischen Jesus.

In den 70er und 80er Jahren hatte der Tierschutz in Deutschland große Erfolge: Schildkrötensuppe, Leopardenmäntel, Elfenbeinschnitzereien sind vom Markt verschwunden; illegale Tiertransporte wurden aufgedeckt und skrupellose Händler geschützter Arten verurteilt.

Doch heute ist es um den Tierschutz stiller geworden. Horst Stern spricht von der »ermüdeten Wahrheit«. Gleichgültigkeit wächst, wenn die Wahrheit ermüdet. Nur die Wahrheit – bequem oder unbequem – wird uns freimachen, sagt Jesus. Entscheidend für uns wird sein, ob wir die heutige Wahrheit über die Situation der Tiere, die Wahrheit über die erbarmungslose Massentierhaltung der europäischen Agrarmaschine, an uns heranlassen.

Müssen wir im Angesicht des unermeßlichen Elends der Tiere im ohnmächtigen Nichtstun erstarren? Der englische Philosoph Edmund Burke sagte im 18. Jahrhundert: »Niemand beging einen größeren Fehler als jener, der nichts tat, weil er nur wenig tun konnte.«

Tierethik ist bis heute – im Gegensatz zum buddhistischen Kulturkreis – der blinde Fleck in der abendländischen Philosophie- und Religionsgeschichte. Hier muß noch viel Licht ins Dunkel. Thomas von Aquin schrieb den verhängnisvollen Satz: »Die Seele des Tieres ist nicht teilhaftig eines ewigen Seins.« Also erst das Schnitzel, dann die Moral – alles wie gehabt?

Alle Tiere sind unsere näheren oder ferneren Verwandten. Das gesamte Tier- und Pflanzenreich ist viel älter als wir Menschen. In der Evolution sind wir Menschen sehr spät Geborene – wir stehen auf den Schultern unserer älteren Geschwister im Tier- und Pflanzenreich.

Wann ziehen wir die Konsequenz aus diesen Erkenntnissen! Von einem Hektar Land können wir mit einem vegetarischen Speiseplan 10mal mehr Menschen ernähren als mit euroamerikanischen Fleischmahlzeiten! Oder: US-Präsident Bill Clinton hat in einer Fernsehansprache erstaunten US-Bürgern gesagt, daß schon 10 Prozent weniger Fleischverzehr bei den Nordamerikanern etwa 60 Millionen Menschen zusätzlich ernähren könnte, die jetzt hungern oder verhungern müssen. Eine zehnprozentige Einschränkung des Fleischkonsums wäre auch noch gut für die Gesundheit der US-Bürger und der Westeuropäer. Niemand kann heute mehr sagen, daß uns diese Informationen nicht bekannt seien. Schon der heilige Benedikt von Nursia warnte vor 1500 Jahren: Übertriebener Fleischgenuß macht aus jeder Gesellschaft ein Massenkrankenhaus. In Westeuropa und USA ist bereits jede zweite Krankheit ernährungsbedingt, sagt der Lahnsteiner Ernährungswissenschaftler, Arzt und Bestsellerautor Max Otto Bruker.

Im Laufe des 20. Jahrhunderts haben wir Deutschen erkannt, daß Franzosen und Polen, Italiener und Türken, Russen und Ukrainer auch Menschen sind und wir uns nicht gegenseitig umbringen müssen. Vielleicht erkennen wir im 21. Jahrhundert, daß Tiere als empfindsame Wesen ihre eigene Würde und ein eigenes Lebensrecht haben. Kinder wußten dies schon immer – von Natur aus. Mensch und Tier sind Geschwister in der Schöpfung. Den existentiellen Zusammenhang von Mensch und Tier hat uns die moderne Biologie längst aufgezeigt.

Aus dem Loslassen des übertriebenen Fleischverzehrs kann ein geistiges Erwachen erfolgen. Unsere Seele ist die eigentliche Großmacht auf dieser Erde, jene Großmacht, die alle anderen Großmächte um ein Vielfaches überragt. Seelenarbeit ist die eigentliche Heilungschance für uns und für alles Leben auf unserem schönen Planeten. Der ökologische Jesus dazu:

»Was hat ein Mensch davon, wenn er die ganze Welt gewinnt, aber zuletzt sein Leben verliert?!« (Markus 8,36). Populärer und eindringlicher ist dieses Jesus-Wort in einer früheren deutschen Übersetzung: »Was nützt es dem Menschen, wenn er die ganze Weit gewinnt, aber Schaden nimmt an seiner Seele?« Solange wir die Seele von Tieren mißachten, nehmen wir Schaden an unserer eigenen Seele. »Die

Worte, die ich zu euch gesprochen habe, sind vom Geist erfüllt und bringen das Leben«, sagt Jesus im Johannes-Evangelium (6,63) seinen Freunden.

Wenn wir heute im Zeitalter der ökologischen Krise und der seelischen Nöte fragen, wovon wir leben und wie wir überleben können, finden wir Antworten beim ökologischen Jesus. Kein Denker und keine Kultur, kein Dichter und kein Politiker hat je Besseres zur Lösung unserer Probleme vorgeschlagen. Nach dem politischen Bankrott des alten Sozialismus, der an einem unrealistischen Menschen- und Weltbild scheiterte, kann der ökologische Humanismus des jungen Mannes aus Nazareth die humanste Vision für ein beglückendes 21. Jahrhundert werden. Wir können die Frohbotschaft des ökologischen Jesus als Manifest einer glücklichen Zukunft lesen lernen.

Doch unsere Ausgangslage zur Jahrtausendwende ist eine ganz andere: Mit jeder aussterbenden Tier- und Pflanzenart werden wir und unsere Erde ärmer. Wir verlieren Kultur und Zivilisation. Unser hemmungsloser Artenegoismus – jeden Tag zur Zeit 240 000 Menschen mehr – bedroht nicht nur Tier- und Pflanzenvielfalt, sondern uns selbst. Die Art unseres Umgangs mit Tieren ist ein Maßstab für die Humanität oder Inhumanität einer Gesellschaft.

Hinduismus und Buddhismus sprechen den Tieren Unsterblichkeit zu, Christentum, Judentum und Islam tun es nicht. Die drei monotheistischen Religionen mögen sich dabei auf ihre Tradition berufen – mit Jesu Vorstellung von einem lebenswerten Leben hat diese kirchliche Anthropozentrik nichts zu tun. Der christliche Anthropozentrismus, dessen Ideologie bisher lautete, der christliche »Erlöser« sei nur für die Menschen gestorben, muß sich mehr und mehr peinliche Fragen gefallen lassen. Ist – zum Beispiel – der »Reichtum des Lebendigen« – so der Philosoph Robert Spaemann – oder die evolutionäre Entwicklung Pflanze-Tier-Mensch (wie der Biologe Joachim Illies vermutet) nicht auch schon längst eine Kategorie zeitgemäßer Religiosität geworden?

Wie wollen wir das Geheimnis des blauen Planeten überhaupt je verstehen oder wenigstens ahnen ohne die ethische Dimension der Ehrfurcht vor *allem* Lebendigen? Wie soll menschliches Leben überhaupt verstanden werden ohne seine Einheit mit dem Leben von Tieren und Pflanzen? Gibt es neben der Vielfalt nicht auch die Einheit allen Lebens, das vor 3,2 Milliarden Jahren mit dem ersten Einzeller auf unserer Erde begann?

Wer sagt uns, daß Bewußtsein nur im Menschen möglich ist? Leben wir nicht vielmehr zusammen mit Tieren und Pflanzen in einem intelligenten Kosmos? Kann es – zum Beispiel – nicht auch sein, daß die Sonne denken kann und ein Bewußtsein hat? Die kosmologischen Erkenntnisse, die wir heute schon haben und in den nächsten Jahrzehnten noch lernen, werden mit Sicherheit nicht nur unser Menschenbild, sondern auch unser Weltbild revolutionieren. Vom Kosmos und seiner Intelligenz ahnen wir zwar einiges, aber wir wissen noch wenig davon.

Tiere und Pflanzen können doch wohl nicht dadurch wertlos sein, daß sie vielleicht ein »minderes« Lebensinteresse oder ein »unbewußteres« Lebensinteresse haben. Haben nicht auch Kinder und ungeborene Kinder ein zumindest »unbewußteres« Lebensinteresse, und sind sie deshalb etwa weniger schützenswert, muß sich die christliche Moral heute fragen lassen! »Der Tag mag kommen, an dem der Rest der belebten Schöpfung jene Rechte erwerben wird, die ihm nur von der Hand der Tyrannei vorenthalten werden konnten.« Dies schrieb der amerikanische Philosoph Jeremy Bentham – im Jahre 1795.

IX. Kapitel

Jesus und die Zukunft der Arbeit

>»Die Ernte ist groß, aber es gibt
> nicht genügend Arbeiter.«
>
> *Jesus*

Neue Berufe – neue Arbeit

Während ich dieses Kapitel konzipiere, erreicht mich die Nachricht, daß mit einer solaren Energiewende in der Europäischen Union bis zum Jahr 2010 drei bis vier Millionen neue Arbeitsplätze geschaffen werden könnten, davon allein in Deutschland 700 000 bis 900 000. Dies hat die parteiübergreifende Gruppe von Europaabgeordneten »Eurosun« bekanntgegeben.

Seltsam: Wie hauptsächlich in den Kapiteln III bis VII dieses Buches deutlich wurde, gibt es genug Arbeit für eine gute Zukunft. Trotzdem gibt es zur Zeit in der Europäischen Union knapp 20 Millionen Arbeitslose. Allein in Deutschland suchen etwa sieben Millionen Menschen einen Arbeitsplatz – seit Jahren vergeblich. Ganz offensichtlich machen wir etwas grundsätzlich falsch, wenn es viel Arbeit, aber zu wenig Arbeitsplätze gibt.

Dieses Phänomen kannte schon Jesus, als er im Angesicht der vielen Leidenden seinen Freunden sagte: »Hier ist eine reiche Ernte einzubringen, aber es gibt nicht genügend Arbeiter. Bittet den Herrn, dem diese Ernte gehört, daß er Arbeiter schickt, um sie einzubringen« (Matthäus 9,37 und 38).

Neue Berufe, neue Arbeit und vor allem neue Berufungen warten auf uns. Aus den bisherigen Kapiteln können wir für Deutschland bilanzieren:

* bis zu eine Million neue Arbeitsplätze durch die solare Energiewende;
* eine Million neue Arbeitsplätze durch eine ökologische Verkehrswende;
* 250 000 neue Arbeitsplätze durch eine ökologische Wasserwende;
* hunderttausende neue Arbeitsplätze durch ökologischen Landbau;
* hunderttausende neue Arbeitsplätze durch ökologisches Bauen und
* eineinhalb Millionen neue Arbeitsplätze durch eine ökologische Steuerreform.

Die letztgenannte Zahl hat Professor Bernd Meyer an der Universität Osnabrück in der umfassendsten Studie errechnet, die je in Deutschland zum Thema »Positive Arbeitsplatzeffekte durch eine ökologische Steuerreform« erstellt wurde. Auf die Frage »Wie hat es Dänemark geschafft, in fünf Jahren die Zahl der Arbeitslosen zu halbieren?« sagte der dänische Energieminister Svend Auken in meiner »Querdenker«-Sendung: »Hauptsächlich wegen der ökologischen Steuerreform.« Wenn wir endlich lernen, mit der Natur zu rechnen, entstehen Millionen neue Arbeitsplätze.

Natürlich können wir die ebengenannten Zahlen nicht einfach addieren und damit Vollbeschäftigung herbeizaubern. Richtig ist auch, daß in den alten Branchen Arbeitsplätze wegfallen – allerdings weit weniger als neue entstehen.

Ein Beispiel: Wenn Strom künftig über neue Windräder produziert wird statt über alte Atomkraftwerke, entstehen fünfmal mehr neue Arbeitsplätze, als in einem AKW frei werden. Diese Relation 5 : 1 zugunsten der ökologischen Arbeitsplätze hat das World Watch Institute in Washington errechnet. Die Rechnung ist einleuchtend. Denn der Stoff der künftigen Energien kostet nichts und ist direkt vor der Haustür vorhanden. Anders bei AKWs. Hier war die Gewinnung von Uran in Afrika, Australien und USA für den Strom in Deutschland äußerst kostenintensiv. Bei erneuerbaren heimischen Energien kommt jede Mark Investition direkt neuen Arbeitsplätzen und zukunftsfähiger Technologie zugute. Das dänische Energieministerium hat verglichen, wie viele Arbeitsplätze durch die ökologische Steuerreform bei erneuerbaren Energien geschaffen und wie viele weggefallen sind. Neue Arbeitsplätze ergaben sich in diesen Bereichen:

Bauen (Wärmedämmung, Nahwärmenetze) . . . . ca.	21000
Windenergie (Bau, Wartung) . . . . ca.	20000
Bio- und Solarenergie (Bau, Wartung) . . . . ca.	9000
Beratertätigkeit (privat und kommunal) . . . . ca.	5000
Summe der neuen Arbeitsplätze . . . . **ca. 55000**	
Wegfall von Arbeitsplätzen im fossilen Bereich . . . . . ca.	5000
Neue Arbeitsplätze insgesamt . . . . **ca. 50000**	

Auf Deutschland übertragen bedeutet diese Rechnung etwa 800 000 neue Arbeitsplätze. Sie berücksichtigt allerdings nicht, daß in anderen Ländern, zum Beispiel in den erdölfördernden, ebenfalls Arbeitsplätze wegfallen.

Neue Techniken allein führen nicht zur Vollbeschäftigung, auch nicht neue ökologische Techniken. Um unser Überleben zu organisieren und ein Leben im Sinne des ökologischen Jesus zu entfalten, brauchen wir mehr als neue Techniken. Die Technik allein kann uns nicht retten. Es reicht nicht, nur die Vergangenheit verbessern zu wollen, wir müssen endlich den Mut aufbringen, für die Zukunft zu arbeiten. Erst eine Kombination neuer Strategien wird zu neuer Vollbeschäftigung führen. Damit alle in Nord und Süd, in Ost und West sinnvoll leben und arbeiten können, bedarf es einer »Revolution der Arbeit« meint der amerikanische Theologe Matthew Fox.

Segensreiche Arbeitsplätze oder Jobs?

Die Frage noch dem Sinn der Arbeit ist künftig wichtiger als die Frage nach neuen Jobs. Leben wir, um zu arbeiten, oder arbeiten wir, um zu leben? Ist unser Arbeitsplatz umweltgefährdend oder lebenserhaltend? Sind Lebensplätze nicht genauso wichtig oder gar noch wichtiger als Arbeitsplätze? Geht von meinem Arbeitsplatz ein Segen für alles Leben aus wie zum Beispiel in der Solarenergiebranche und der biologischen Landwirtschaft, oder arbeite ich in einer Todesfabrik wie einer Waffenschmiede, einem Atomkraftwerk oder einem Chemieunternehmen? Welche Arbeitsplätze entstehen im Sinne des ökologischen Jesus durch zukünftige ökospirituelle Arbeit und durch Arbeit an der Heilung des Planeten? Macht mir meine Arbeit Freude? Erleben auch andere das Ergebnis meiner Arbeit als Freude? Ist meine Arbeit auch schöpferisch? Fördert meine Arbeit das Wohlbefinden meiner Seele? Nützt meine Arbeit künftigen Generationen? Fördert meine Arbeit meine persönlichen und spirituellen Lernprozesse? Tut meine Arbeit meiner Partnerschaft gut?

Die Antworten auf solche Fragen entscheiden über künftige Vollbeschäftigung. Der ökologische Jesus mit seiner permanenten Fragestellung nach dem Sinn unseres Tuns ist ein Meister des guten Lebens durch gutes Arbeiten. Dabei geht es mehr um innere Berufung als lediglich um Jobs. Allein die ernsthafte Frage: »Was tut die heutige Arbeitswelt den Arbeitenden an?« wird zu vielen neuen Arbeitsplätzen in den künftigen Heilberufen führen. Die heutige Sozialgesetzgebung schützt uns ja ganz gut gegen körperliche Schäden in unserer Berufswelt. Wer aber und welche Berufe der Zukunft mit welchen Arbeitsplätzen schützen uns vor den seelischen und geistigen Beschädigungen der heutigen Arbeitswelt?

Um das Bildungsziel des ökologischen Humanismus, in dem Mitgefühl und Ehrfurcht vor allem Leben im Mittelpunkt stehen, zu erreichen, brauchen wir hunderttausende neue Arbeitsplätze. Ökologische Bildung und Ausbildung werden ein fundamentales Ziel einer mitfühlenden ökologischen Gesellschaft sein – das beginnt mit Waldkindergärten und endet noch nicht mit ökospirituellen Universitäten. Ökologischer Humanismus meint wiederum viel mehr als ökologische Techniken, nämlich unser inneres Selbst, unseren ökologischen Gesamthaushalt, Ökopsychologie und Ökospiritualität. Hier liegt *das* Wachstumspotential der Wachstumsindustrie der Zukunft.

Matthew Fox meint zu Recht, daß es ohne Spiritualisierung unserer Arbeit nie mehr Vollbeschäftigung geben wird. Unter Spiritualisierung verstehe ich zum Beispiel solche Veränderungen: Bisher haben wir die Erde als Rohstofflager ausgebeutet. Künftig werden wir lernen, daß uns die Erde beschenkt, zum Beispiel mit Energie aus dem Kosmos über Sonne und Wind. Geschenke dankbar annehmen und entsprechend arbeiten ist eine total andere Produktionsweise als die alte Ausbeutung von Mutter Erde.

Die alte Energiegewinnung aus Kohle, Gas, Öl und Uran führt zur Umweltzerstörung und zur Massenarbeitslosigkeit, wie in jeder Nachrichtensendung zu sehen ist. Die neue Energiegewinnung führt zum Leben und zu vielen neuen Arbeitsplätzen, wie leider noch nicht in jeder Nachrichtensendung zu sehen ist. Auch die künftigen Journalistenschulen sollten nicht ausschließlich journalistisches Handwerk vermitteln, sondern zugleich Schulen ökologischer Weisheit sein.

Viele Ökonomen und Politiker finden sich ja bereits mit der Massenarbeitslosigkeit ab. Sie tun so, als sei Massenarbeitslosigkeit ein Naturphänomen. Doch Fox fragt zurück: Wo in der Natur gibt es denn Massenarbeitslosigkeit?

Tatsächlich kennt ja keine Tierart- oder Pflanzenart Arbeitslosigkeit. Und wahrscheinlich kennt auch der Kosmos keine Arbeitslosigkeit. Kein Frosch, kein Fisch, kein Grashalm und kein Apfelbaum, keine Wolke und kein Stern werden wohl je arbeitslos sein. Allein der Homo sapiens wird momentan mit dem Problem der Arbeitslosigkeit nicht fertig. Was machen wir falsch? Drei Strategien zeigen uns Wege aus der Falle der Arbeitslosigkeit:

- die Ökologisierung der gesamten Wirtschaft;
- die Spiritualisierung unseres Lebens und
- die Feminisierung der Arbeitswelt.

Was ist der Sinn der Arbeit?

Wahres Glück und ein gutes, sinnvolles Leben – ist das nicht der Sinn Arbeit?

Die alte Philosophie der klassischen Industriegesellschaften hieß: »Hauptsache Arbeit« (Dieter Schnack und Thomas Gesterkamp). Arbeit um jeden Preis, egal mit welchen Folgen. Arbeit auch um den Preis von Kriegen, Zerstörung und kaputten Familien.

Das Quälen von Tieren, das Verbrennen von Wäldern, das Produzieren und Verkaufen von Drogen oder das Herstellen von Waffen: All diese unsinnige, ungesunde und das Leben gefährdende Arbeit wird von Politikern und Ökonomen gerechtfertigt »wegen der Arbeitsplätze«. Es gilt weltweit das Motto: besser schlechte Arbeit als gar keine Arbeit! Gibt es nicht genügend gute und lebensfreundliche Arbeit?

Wir haben um die Jahrtausendwende weltweit etwa eine Milliarde Arbeitslose. Die Politik antwortet auf diese Herausforderung mit dem Slogan: »Arbeit, Arbeit, Arbeit.« Als ich dieses SPD-Wahlplakat sah, bin ich erschrocken und fragte mich: »Muß, wer SPD wählt, zur Strafe dreimal soviel arbeiten?«

Matthew Fox differenziert: »Durch eine solche Denkweise übersehen wir die Wahrheit, daß Arbeitsplätze sich zur Arbeit verhalten wie Blätter zu einem Baum. Wird der Baum krank, so fallen die Blätter ab. An den Blättern herumzukurieren, wird den Baum nicht heilen. Und so wie man einen kranken Baum heilt, indem man seine Wurzeln und seinen Stamm behandelt, so heilen wir die Krise der Arbeit, indem wir uns um die Wurzeln der Bedeutung des Sinnes von Arbeit kümmern. Arbeitsplätze werden geschaffen, indem wir unsere Einstellung zum Arbeiten und Wirken in der Welt stärken – und nicht, indem wir Blätter an einen kranken Baum ankleben. Ein kritisches Verständnis der Arbeit wird neue Arbeitsplätze hervorbringen; aber ohne eine Basis in einer Spiritualität der Arbeit werden die Jobs immer wieder eintrocknen und abfallen wie Blätter von einem sterbenden Baum.«

Allmählich dämmert uns, daß wir den alten, undifferenzierten Arbeitsbegriff im 21. Jahrhundert überwinden müssen. Erst dann erhält Jesu Hinweis, daß es »zu wenig Arbeiter für die Ernte« gibt, einen ganz neuen Sinn: Die Welt ist voll sinnvoller Arbeit und damit auch voll von segensreichen Arbeitsplätzen. Die Natur hat Vollbeschäftigung und nicht Arbeitslosigkeit vorgesehen.

Der Theologe Matthew Fox wagt den Begriff »heilige Arbeit«. Das klingt nur auf den ersten Blick fremd und kitschig. Hat er nicht doch recht? Ist zum Beispiel die heute so vernachlässigte Beziehungsarbeit zwischen Liebenden, zwischen Eltern und Kindern, zwischen Großeltern und Enkeln nicht »heilige Arbeit«, Arbeit, die uns wieder heil und gesund und glücklich macht? Arbeit, schreibt der libanesische Mystiker Khalil Gibran, ist sichtbar gewordene Liebe.

Eine psychologische Studie ergab, daß in Deutschland Ehepaare im Durchschnitt pro Tag sechs Minuten miteinander reden. Was brauchen wir zur Heilung unserer Beziehungen mehr als »heilige Beziehungsarbeit«? Es ist ein wesentlicher Unterschied, ob wir nur in Beziehungen leben oder ob wir unsere Beziehungen *leben*. Das erste erfordert Gewohnheit, das zweite sehr viel Arbeit. Liebe ist Liebesarbeit.

Arbeit ist mehr als bezahlte Erwerbsarbeit: Deshalb sind die oben erwähnten Begriffe Spiritualisierung und Feminisierung miteinander verwandt. Frauen leisten weit mehr an Beziehungs- und Familienarbeit als Männer, Frauen arbeiten insgesamt mindestens ein Drittel länger als Männer, erhalten aber für ihre Arbeit weit weniger Geld als Männer. Ist Frauenarbeit weniger wert als Männerarbeit?

In unserer Arbeitswelt stimmt vieles nicht, wenn die Arbeit um so weniger finanziell vergütet wird, je »heiliger« sie im Foxschen Sinne ist. Warum soll eine Berufung weniger bezahlt werden als ein Beruf?

Auch die Arbeit der in der Landwirtschaft Beschäftigten ist »heilig« und wird oft schlecht bezahlt. Wie könnten wir alle ohne diese Arbeit »heil« sein? Ohne die Arbeit der auf den Äckern Arbeitenden, ohne die Arbeit derer, welche unsere Lebensmittel transportieren oder sie als Köche und Köchinnen verarbeiten, und ohne die Arbeit derer, die aus den Produkten des Ackers und Waldes Häuser bauen, Kleider produzieren und schließlich den Müll entsorgen? Wenn Jesus seinen Vater bittet »Unser täglich Brot gib uns heute«, denkt er sicher auch an alle diese Arbeiter und dankt ihnen für ihre Arbeit. Für Jesus fährt ein Lkw-Fahrer, der Lebensmittel transportiert, nicht nur einen Brummi durch die Gegend, sondern er leistet einen wesentlichen Beitrag für unser Leben.

Erst durch die Frage nach dem Sinn der Arbeit wird die sogenannte einfache Arbeit zur segensreichen Arbeit. Erst der spirituelle »eucharistische« Aspekt dieses Denkens und Dankens führt dazu, daß wir all diese Arbeit künftig wieder »richtig« machen, und das heißt, daß wir in Kreisläufen arbeiten: über biologischen Landbau, in regionaler Erzeugung und Verarbeitung, durch kurze Transportwege von Lebensmitteln und eine Müllentsorgung, die Naturkreisläufe wieder schließt.

Um die Einheit unserer Arbeit mit der Arbeit Gottes zu verstehen, können wir beim Versorgen mit Nahrung noch weiter gehen: Dafür brauchen wir nicht nur Bauern und Transporteure, Händler und Köche, sondern auch Sonne und Regen, Würmer und Böden sowie Nährstoffe aus dem Kosmos, die vor Millionen und Milliarden Jahren entstanden sind bei der Explosion von Supernovae, bei der Geburt von Sternen, Galaxien und Atomen im Universum.

Am Anfang war Gott mit seiner Ur-Arbeit und seiner Ur-Energie. *Energie* ist im Griechischen ein anderes Wort für Arbeit. Sinnvolle Arbeit von Menschen ist also ohne die energetische Vorarbeit Gottes gar nicht denkbar. Sinnvolle Arbeit ist die Fortsetzung dessen, was Gott einst begonnen hat. Diese Zusammenhänge aller Arbeit erkennen heißt, das Mitgefühl mit allem, was lebt, erkennen. Die Biene braucht die Blume, und die Blume braucht die Biene. Und wir Menschen brauchen beide. Arbeit, die diese Zusammenhänge und Vernetzungen allen Lebens erkennt, ist nicht mehr lästige Pflicht, sondern Quelle von Freude und Vergnügen. Spätestens diese Zusammenhänge zeigen uns, daß weder das Universum noch wir Menschen Maschinen sind, wie uns am Beginn der Aufklärung vor über 300 Jahren René Descartes und Isaac Newton noch lehrten. Maschinen können keine Freude empfinden und keine Inspirationen empfangen. Aber Organismen können Inspirationen empfangen und sich dadurch verändern. Ein schöpferischer Schöpfer inspiriert schöpferische Menschen zu schöpferischer Arbeit. Sinnvolle Arbeit ist deshalb immer schöpferische Arbeit.

Die Philosophie der Aufklärung war noch eine Philosophie des Zweifels. Eine schöpferische Philosophie der Zukunft wird geprägt sein vom Staunen über unsere kreativen Möglichkeiten und von der Ehrfurcht über die Zusammenhänge allen Lebens – auch vom Staunen über die Zusammenhänge aller Arbeit: Arbeit von Gott und Mensch, Tieren und Pflanzen. Diese Philosophie vertieft unser Verständnis über uns selbst und die Verbindung aller Lebewesen der etwa 15 Milliarden Jahre dauernden gemeinsamen Geschichte unseres Universums.

Produktion im Einklang mit der Schöpfung führt zu schöpfungsgemäßer Arbeit und zu vielen neuen, segensreichen Arbeitsplätzen. Selbst das intensive und wieder als sinnvoll erlebte Feiern dieser Eucharistie und dieser Gottesdienste führt zu neuen Arbeitsplätzen in den neuen Kirchen der Zukunft. Wir brauchen Millionen neue Arbeitsplätze für wirkliche Seel-Sorger, gute Psychotherapeuten, phantasiebegabte Künstler und Ästheten, Lehrerinnen und Lehrer des Lebens, die uns helfen, heil und ganz zu werden, die Einheit von Seele, Körper und Geist zu erleben. Ökospiritualität, die der ökologische Jesus meint, wird wachsen, wenn Intellekt und Herz zusammenfinden.

Die wichtigste Arbeit der Zukunft ist nicht die Arbeit an Industrieprodukten, sondern die Arbeit an und mit Menschen. Vor allem hier wird die Arbeit neu erfunden werden – und auch die Arbeitsplätze der Zukunft. Millionen Menschen werden in Zukunft in heilenden Berufen arbeiten, um die seelischen Störungen und Zerstörungen des Maschinenzeitalters wieder zu »reparieren«. Auch zur Vollbeschäftigung durch »Berufung statt Berufen« benötigen wir, was Jesus die »Umkehr der Herzen« nennt. Der anstehende Leben-Wandel betrifft auch und vor allem unsere Art zu arbeiten. Die Devise einer zukunftsfähigen Wirtschaft kann niemals heißen: »Zurück zur Natur«, sie kann nur lauten: »Vorwärts mit der Natur.«

Nicht nur die Natur, auch unser Verständnis von Arbeit und Arbeitsplätzen befindet sich in einer Evolution. Das kommende solare Informationszeitalter wird – wenn wir gut sind – auch ein Zeitalter der raschen Entwicklung unseres Bewußtseins. Und dieses Bewußtseinszeitalter kann über Millionen neuer Arbeitsplätze im spirituellen Bereich zu einem spirituelleren, erfüllteren und sinnorientierteren Leben führen.

Sicher: Das kommende Informationszeitalter braucht Softwareexperten und PR-Spezialisten, Filmproduzenten und Art-Direktoren, Autoren und Moderatoren, Trainer und Journalisten, Multimedia-Experten und Dolmetscher, Unternehmensberater und Verleger, viele »Knowledge-People« also. Äußere Solarenergie ist Voraussetzung für das solare Informationszeitalter. Doch ebensoviel innere Solarenergie werden wir für das Bewußtseinszeitalter benötigen über Seel-Sorger und Tiefenpsychologen, Bewußtseinstrainer, Künstlerinnen und Dichter, Spiritual Healers also, Wissensarbeiter und Bewußtseinsarbeiter sind als Kopf- und »Seelen-Werker« die »Handwerker« der Zukunft.

Massenarbeitslosigkeit ist nicht akzeptabel. Neue Arbeit braucht das Land. Die Ökologisierung der Arbeit ist – wie ausführlich beschrieben – ein Pfad zur Vollbeschäftigung. Der ökospirituelle Pfad, der den ökologischen Pfad erst erfolgreich werden läßt, führt zu weiteren Arbeitsplätzen. Wir werden bald erkennen, daß ein erschöpfter Planet nicht nur eine erschöpfte Wirtschaft, sondern auch Massenarbeitslosigkeit zur Folge haben muß. Der alte Marxismus und der alte Kapitalismus wollten diese Zusammenhänge noch nicht wahrhaben. Alle Anhängerinnen und Anhänger einer neuen ökosozialen Marktwirtschaft sollten sich zusammentun, um den alten Ideologien so rasch wie möglich eine Beerdigung erster Klasse zu besorgen.

Was aber bedeutet die Feminisierung der Arbeitsstrukturen für die künftigen Arbeitsmärkte und die Schaffung neuer Arbeitsplatze?

Die Zukunft der Arbeit wird weiblich

Die anstehende Flexibilisierung der Arbeitsstrukturen wird die Arbeitswelt der Zukunft mehr verändern als alle feministischen Diskussionen der letzten 30 Jahre. Der Vogel »Menschheit« hat zwei Flügel, einen männlichen und einen weiblichen. Er kann sich nur zu seiner eigentlichen Bestimmung erheben, wenn beide Flügel gleichwertig entwickelt sind, wenn also keiner der beiden Flügel verkümmert oder erlahmt.

- Es wird selbstverständlich werden, daß Männer und Frauen halbe-halbe arbeiten. Je zur Hälfte im gelernten Beruf und je zur Hälfte zu Hause.

- Es wird selbstverständlich werden, daß ein Arzt an fünf Tagen in der Woche in seiner Praxis arbeitet – ein halbes Jahr lang! Im zweiten halben Jahr wird seine Frau dasselbe tun. In der übrigen Zeit arbeiten sie zu Hause.

- Es wird selbstverständlich werden, daß es neben Mutterschaftsurlaub auch Vaterschaftsurlaub gibt. Der finnische Ministerpräsident sagte auf die Frage, warum er sechs Monate Papa-Urlaub nehme: »Diese Möglichkeit ist doch zu schön, um sie nicht auch zu nutzen.«

- Es wird selbstverständlich werden, daß Frau und Mann vereinbaren: »Du arbeitest drei Tage pro Woche in deiner Fabrik und ich zwei Tage pro Woche im Büro, damit wir genügend Zeit für Partnerschaft und Kind haben.«

- Es wird selbstverständlich werden, daß die Höhe der Rente daran gekoppelt ist, daß Männer wie Frauen eine Zeitlang mit Kindern gelebt, Alte oder Kranke gepflegt, in sozialen Diensten oder im Umweltschutz gearbeitet haben.

- Es wird selbstverständlich werden, daß Frauen und Männer nicht mehr in ihren alten Berufsrollen leben, sondern beschließen: Jede und jeder arbeitet, was er am besten kann und am liebsten tut.

Nach einer Studie der Evangelischen Kirche in Deutschland würden schon durch eine moderate Arbeitszeitverkürzung auf 32 Stunden und eine Halbierung der Überstunden über drei Millionen neue Arbeitsplätze entstehen. Sicher ist: Das »schwache« Geschlecht ist stark im Kommen. Es kann sein, daß wir durch diese Veränderungen weniger Geld zur Verfügung haben als heute. Dafür werden wir mehr Lebensqualität über mehr Zeitsouveränität haben. Ein Gewinn. Was uns heute oft fehlt, ist Zeit. Das ist eigenartig – bei etwa sieben Millionen fehlenden Arbeitsplätzen in Deutschland. Wenn Arbeitszeit solidarischer verteilt ist, dann haben alle – sowohl die heutigen Arbeitsplatzbesitzer wie auch die heutigen Arbeitslosen – Zeit gewonnen:

- Zeit, um miteinander zu reden;
- Zeit, um miteinander zu spielen und zu faulenzen; (unsere Abhängigkeit von der Unterhaltungsindustrie hat unseren angeborenen Spieltrieb nachhaltig gestört!);
- Zeit zum Nachdenken;
- Zeit für Kinder;
- Zeit für religiöse, musische und spirituelle Entwicklung;
- Zeit für Bildung und Weiterbildung;
- Zeit zum Tanzen, Malen, Musizieren, Singen und zum Festefeiern;
- Zeit für ein neues Studium oder für eine neue Sprache;
- Zeit zum Gärtnern, Bäumeflanzen, Lebensmittelanbauen und Zeit zum Kochen.

Auch Männer können lernen, daß persönliche Haus- und Familienarbeit die vielfältigste und sinnvollste aller Arbeit ist. Auch Haushalte untereinander werden unbezahlte Arbeiten austauschen: »Mähst du meinen Rasen, gebe ich deinen Kindern Nachhilfeunterricht.« Alle diese Zeiten schenken uns eine neue Kultur der Arbeit und eine neue Kultur der Zeit. Übrigens: Warum sollen Sabbatjahre ein Privileg für Professoren bleiben und nicht Allgemeingut werden?

Wenn jede und jeder in jedem siebten Jahr ein Jahr pausiert, wird das gesamte Leben kreativer, und es gibt zusätzlich Arbeitsplätze für Millionen. Schon heute nutzen über 20 Prozent aller Vollerwerbsarbeiter in Dänemark die Chance eines Sabbatjahres. Sie bekommen für ihre Arbeit ein Siebtel ihres Lohnes weniger, dafür wird das Einkommen auch im siebten, dem arbeitsfreien Jahr weiterbezahlt.

Wenn wir künftig alle weniger Geld verdienen, gibt es vielleicht weniger Autos. Das schadet gar nichts, wenn es statt dessen ein gut funktionierendes, preiswertes öffentliches Verkehrssystem gibt. Auch das wäre kein Verlust, sondern ein Gewinn. Wenn wir durch Zeitgewinn weniger Geld verdienen, sind wir vielleicht weniger gestreßt und brauchen weniger Geld für das Reparieren unserer Krankheiten.

Die heutigen durch Berufsstreß bedingten Herzinfarkte und Krebserkrankungen sind ja nicht gerade billig. In mehr freier Zeit können wir viel mehr Eigenarbeit leisten, die unsere Kreativität fördert und uns ebenfalls Geld spart.

Feminisierung und Flexibilisierung der Arbeitswelt heißt: Frauen mußten auf Grund ihrer biologischen Rhythmen schon immer flexibler auf den Arbeitsmarkt reagieren als Männer. Das wird künftig auch für Männer gelten. Man stelle sich einen Augenblick vor, was es für den Arbeitsmarkt bedeuten würde, wenn Männer Menstruation bekämen. Selbstverständlich müßten die armen Herren der Schöpfung an diesen für sie schwierigen Tagen nicht arbeiten, und wir hätten auf einen Schlag Millionen neue Arbeitsplätze für andere, wenn es für menstruierende Männer zusätzlich zwei oder drei freie Tage im Monat gäbe.

Je mehr uns dank Computer und Rationalisierung die alte Industriearbeit ausgeht, desto rascher werden sich die alten Arbeitsstrukturen und die alten Arbeitszeiten ändern. Erwerbsarbeit wird schon bald nicht mehr das Maß aller Dinge sein. Es wird – sogar für Männer – auch ein Leben nach der Arbeit und neben der Arbeit geben. »Ich arbeite, also bin ich« – das war schon immer nur die halbe Wahrheit für die eine Hälfte der Menschheit. Feminisierung der Arbeit heißt, der Stellenwert der Erwerbsarbeit wird sich relativieren. Arbeit ist künftig mehr als die Arbeit von »Vollerwerbs-Männern« (Schnack/ Gesterkamp).

Vielleicht schon in zehn oder fünfzehn Jahren wird der normale Arbeitsplatz ein Halbtagsarbeitsplatz sein. Das bedeutet eine große

Chance für mehr Emanzipation von Männern und Frauen. »Eine neue Balance zwischen Familie und Beruf kann entstehen, wenn Männer anders mit ihrer Arbeit umgehen«, schreiben Schnack und Gesterkamp. Schon heute gibt es zum Beispiel in Holland doppelt soviel Halbtagsarbeitsplätze für Frauen und sechsmal mehr Halbtagsarbeitsplätze für Männer als in Deutschland.

Weniger Erwerbsarbeit, aber Arbeit für alle

Was würde wohl Jesus zur heutigen Arbeitslosigkeit und was vor allem zu den heutigen Arbeitslosen sagen? Er würde sie kaum auf Sozialhilfe und das Arbeitslosengeld vertrösten, er würde sie vielmehr auf die nichtgetane, aber reichlich vorhandene Arbeit hinweisen. Er würde sie fragen, warum sie auf Unternehmer warten, statt selbst etwas zu unternehmen. Warum soll abhängige Arbeit menschenfreundlicher sein als selbständige, eigenverantwortliche Arbeit! Warum sollen nur wenige Unternehmer für Arbeit, Arbeitsplätze und Vollbeschäftigung sorgen und nicht alle? Die Vision einer Welt ohne Arbeitslosigkeit ist nicht mehr die Welt von Millionen »Lohnabhängigen«. Die sozialen Strukturen einer Arbeitswelt, die allen Freude bereitet, ist weitgehend eine Welt selbstbestimmter Arbeit.

Natürlich gibt es auch in Zukunft Situationen, die uns zwingen, für 15 Mark in der Stunde zu putzen oder die Straße zu fegen, um unsere Miete zu bezahlen. Das gehört zur Arbeit. Aber das Wesen unserer Arbeit ist viel mehr: Arbeit mit Geist und Kreativität, mit Seele und mit allem, was uns Freude macht und oft gar nicht bezahlt wird.

Die Umweltkrise hat viel mit der Arbeitskrise zu tun. Effektive Umwelt schafft nicht weniger Arbeitsplätze, wie von ewiggestrigen Politikern und Ökonomen noch immer behauptet wird, sondern entschieden mehr. Klaus Töpfer hat recht, wenn er sagt: »Umweltschutz ist kein Arbeitsplatzkiller, sondern *der* Arbeitsplatzknüller der Zukunft.« Gute Arbeit und sinnvolle Arbeitsplätze haben also viel zu tun mit fruchtbarem Boden, reinem Wasser und sauberer Luft. Gute Arbeit führt zu mehr Lebensqualität und mehr Lebensqualität zu Millionen Arbeitsplätzen.

Statt einen Arbeitsplatz in der Rüstungsindustrie oder in der Bundeswehr zu suchen, können junge Menschen helfen, die Wüsten zu begrünen, Bäume zu pflanzen, begradigte Flüsse wieder zu renaturieren, Wasser zu reinigen, die Qualität der Luft zu verbessern, kranke und alte Menschen zu pflegen und neue schöpfungsorientierte, religiöse Rituale zu finden.

Noch einmal Klaus Töpfer: »Umweltpolitik ist die Verteidigungspolitik des 21. Jahrhunderts.« Die alten Armeen müssen weltweit zu »Grünen Armeen« werden. Das ist Fortschritt, das ist Hilfe, das ist Arbeit, von der ein Sinn und ein Segen für alles Leben ausgehen.

Die Berufungen der Zukunft werden zu anderen Arbeitsplätzen führen als die Berufe der Vergangenheit. Berufungen sind Rufe von innen, Rufe unseres Gewissens und Rufe aus der Zukunft. Berufungen über unser Gewissen sind ein tiefes Geheimnis. Hören mit offenem Herzen und verantwortungsvoll darauf antworten, das ist das Befolgen einer Berufung. Bei einer Berufung zu einem Beruf der Zukunft ist immer der Geist der Zukunft, der Heilige Geist, tätig. Es kann sein, daß wir bei diesem Hören nach innen unseren bisherigen Beruf wechseln und unser Leben ändern müssen. Berufung ist immer ein Ruf des Lebens.

Massenarbeitslosigkeit gehört erst dann ins Museum der Geschichte, wenn jede Frau und jeder Mann einen tiefen Sinn in ihrer selbständig ausgeführten und selbst gewählten Arbeit erblicken können. Das Recht auf Arbeit ist sicher ein Menschenrecht, aber das Recht auf Arbeit im Dienst und Sold von anderen wird eine Illusion. Wenn das Menschenrecht »Arbeit für alle« realisiert wird, dann werden wir künftig viele kleine und mittlere Unternehmen, aber viel weniger industrielle Großbetriebe haben. Hier wartet wichtige Arbeit, wirkliche Arbeit und viel Arbeit.

Eigentliche Arbeit ist die Mitarbeit an der Bewahrung der Schöpfung.

Propheten ökologischer Arbeit: Al Gore, Klaus Töpfer, Hermann Scheer

Diese neue Zukunftsarbeit beschreibt auch der US-amerikanische Vizepräsident Al Gore in seinem Buch »Wege zum Gleichgewicht«. Al Gore, vielleicht schon bald Präsident des wichtigsten Industriestaates, ist ein politisch »Berufener«. Er erwartet die Erneuerung der Politik durch eine ökologische Spiritualität: »Letztendlich müssen wir ein Gleichgewicht in uns selbst zwischen dem, was wir sind, und dem, was wir tun, wiederfinden ... Je gründlicher ich versuche, die Wurzeln für die globale Umweltkrise zu erforschen, um so mehr bin ich überzeugt, daß es sich um eine äußere Manifestation einer inneren Krise handelt, die ich in Ermangelung eines besseren Wortes als geistige Krise bezeichnen möchte ... Aber welches andere Wort könnte die Gesamtheit von Werten und Überzeugungen beschreiben, die unser grundsätzliches Verständnis für unseren Platz im Universum bestimmen?«

Es kann sehr wohl sein, daß der Mann mit diesen zukunftsweisenden Ideen ab Januar 2001 der »mächtigste Mann der Welt« sein wird. Er gehört mit Sicherheit zu den Propheten einer neuen ökologischen Politik, die spirituell inspiriert ist und deshalb zu vielen neuen Arbeitsplätzen führen wird. Das gleiche gilt für Klaus Töpfer (CDU) und Hermann Scheer (SPD) in Deutschland. Aber es ist eine trügerische Illusion zu meinen, solche neuen Politiker an der Spitze seien allein schon eine Garantie für eine neue Politik an der Spitze. Bei künftigen Wahlentscheidungen wird es hilfreich und not-wendig

sein, zwischen Berufspolitikern und berufenen Politikern zu unterscheiden. Berufspolitiker berufen sich bei wesentlichen Entscheidungen immer auf Sachzwänge, das heißt: Sie lassen sich von »Sa-
chen«, meist vom großen Geld, zu etwas zwingen. Berufene Politiker
aber berufen sich glaubwürdig auf ihr Gewissen und folgen ihm.

Eine neue ökologische Politik mit Millionen neuen Arbeitsplätzen
wächst von unten oder gar nicht. Politiker wie Al Gore, Klaus Töpfer
und Hermann Scheer in den großen, alten Parteien oder neue grüne
Parteien wie die Bündnis-Grünen oder die Ökologisch Demokratische Partei (ÖDP) in Deutschland können zwar den Wandel zu einer
ökospirituellen Politik beschleunigen, aber niemals allein bewirken.
Die modernen Gesellschaften brauchen um die Jahrtausendwende
viel mehr als nur einen »Wechsel«, wie er in allen Wahlkämpfen von
den jeweiligen Oppositionsparteien beschworen wird. Was wir wirklich brauchen, ist ein *Wandel*. Aber diesen gibt es nur, wenn Millionen Menschen sich wandeln.

Menschliche Würde und menschliches Glück, Selbstverwirkli-
chung und Lebenssinn am Beispiel des jungen Mannes aus Nazareth
entstehen durch individuelle Arbeit, die als große Arbeit an der Teilhabe der Schöpfung verstanden wird.

Der Traum von Vollbeschäftigung
kann wahr werden

Die alte Arbeit in Abhängigkeit hat den Anspruch, Gottes Mitarbeiter zu sein, nie eingelöst. Der Traum einer Welt von Vollbeschäftigung wird wahr, wenn immer mehr Menschen sich als geliebte Mitarbeiter Gottes verstehen und nicht mehr nur als ungeliebte Zuar-
beiter für ein Unternehmen.

Allerdings: Zur Neudefinition von Arbeit gehört auch, daß künftig
Einkommen nicht gleich Geldeinkommen, sondern auch Einkom-

men durch Tausch und Schattenarbeit sein wird. Schon heute beträgt der Wert der sogenannten Schattenwirtschaft in Deutschland circa 500 Milliarden Mark pro Jahr: 5 Prozent der Wirtschaftsleistung. Ein Beweis dafür, daß viel Arbeit da ist, die aber am Markt zu teuer gehandelt wird. Die Leute wissen sich zu helfen und weichen auf »Schwarzarbeit« aus. Wenn künftig weniger Geld verdient wird, wird die Schwarz- und Tauscharbeit noch kräftig zulegen. Warum auch soll zum Beispiel ein Ehepaar seiner Kommune nicht folgendes Angebot machen: »Wir sorgen dafür, daß die Straße sauber ist, und dafür benutzen wir kostenlos die kulturellen und sportlichen Angebote der Gemeinde«? Solche Arbeit kann vorteilhaft für beide Seiten sein.

Der Wirtschaftswissenschaftler Helmut Saiger hat diese Vision: »Arbeitskraft, Zeit und Fähigkeiten, die durch Veränderungen im Erwerbsarbeitsmarkt frei werden, können Sie und ich im lokalen Sektor einsetzen. Dort erhalten Sie und ich im Gegenzug Dienste der anderen Haushalte (oder der Kommune, *F. A.*), die wir brauchen. Und das alles ohne Geld, sondern über Verrechnungskosten.« Solch eine Tauscharbeit macht Sinn, ist vielseitig und kann befriedigen.

Nicht nur Arbeitslosigkeit, sondern auch ungeliebte Arbeit ist grausam, würdelos und ungesund, Noch einmal: Massenarbeitslosigkeit ist nicht akzeptabel, denn jedes Leben will einen Beitrag zum Leben leisten, bevor es diese Erde wieder verläßt. Ohne diesen Beitrag werden wir unglücklich, aggressiv und lebensunwillig. Ein glückliches Leben und eine beglückende Arbeit hängen viel intensiver zusammen, als wir vor den Zeiten der Massenarbeitslosigkeit geahnt haben. Wer Glück und Lust durch seine Arbeit erlebt, arbeitet auch entschieden besser. Das ist der Grund, warum viele Menschen in ihrem Hobby »professioneller« sind als in ihrem Beruf. Ihre Berufung erleben sie erst in ihrem Hobby. Ihr Beruf bringt Geld, aber richtig gut und happy sind sie nur in ihrem Hobby!

Ich habe es oft erleben dürfen, daß mir Leser und Leserinnen meiner Bücher oder Zuschauer meiner Fernsehsendungen gesagt oder geschrieben haben: »Sie haben mich inspiriert. Ich habe mein Leben geändert« oder: »Ich habe meinen Beruf gewechselt.« Mir macht es Lust und Freude, über meine Arbeit andere Menschen zu inspirieren und zu neuer Arbeit anzuregen.

Vielleicht wird die Frage nach Sinn – auch nach dem Sinn der Arbeit – *das* ethische und spirituelle Zentralereignis der kommenden Zeit. Die Frage nach dem Sinn der Arbeit ist die Frage nach dem Wert des Produkts einer Arbeit und nach der Zukunftsfähigkeit der Produktion. Die Zukunftsfähigkeit eines Produkts und eines Arbeitsplatzes wird wesentlich davon abhängen, ob mit diesem Produkt an diesem Arbeitsplatz Ökonomie und Ökologie in Einklang gebracht werden können. Matthew Fox nennt diesen Einklang die »Heiligung und Spiritualisierung unserer Arbeit«. Unsere Arbeit ist ein ganz wesentlicher Teil unseres Lebendigseins.

Überall auf der Welt fragen aufgewachte und nachdenklich gewordene Menschen: »Was kann ich denn tun?« Wenn jeder und jede anfängt vor der eigenen Haustür zu kehren, dann wird die ganze Welt sauber. Der Wert unserer Arbeit hängt immer auch von den Zielen unserer Arbeit ab. Sie aber lassen sich immer noch bei den großen Weisheitslehrern der menschlichen Geschichte finden. Dort lernen wir auch, welche Arbeit der Kosmos und das Universum von uns erwartet.

»*Ora et labora* – bete und arbeite«, hat Benedikt von Nursia vor 1500 Jahren seinen Mönchen als Auftrag vermittelt. Das real existierende Christentum aber hat bis heute das werktägliche Arbeiten vom sonntäglichen Beten abgespalten bis hin zur »Werktagsarbeit« des Tötens in »gerechten Kriegen«. Die Entspiritualisierung der Arbeit führte zu Krieg, Umweltzerstörung und Massenarbeitslosigkeit; die Respiritualisierung der Arbeit wird zum Frieden, zur Bewahrung der Schöpfung und zur ganz natürlichen Vollbeschäftigung führen.

Massenarbeitslosigkeit ist für Jesus eine massenhafte Menschenrechtsverletzung. Weniger industrialisierte Massenproduktion und dafür mehr Produktion durch die Massen, das wäre sein Vorschlag für heute.

Sinnvolle Arbeit ist für den ökologischen Jesus Gottesdienst und Teilhabe an der Schöpfung. Sinnvolle Arbeit ist nachhaltig beglückende Arbeit. Das hat jede und jeder von uns schon erlebt.

Beglückende Arbeit ist würdevolle Arbeit, ist praktizierte Religion. Diese neue Arbeit wartet auf uns.

Es gibt in Zukunft mit Sicherheit immer weniger Jobs im herkömmlichen Sinne, aber wir können die Vision einer sinnvollen Arbeit für alle realisieren. Die Ernte wird groß sein.

X. Kapitel

Jesus und die Wiedergeburt des Gewissens

> »Göttlich zu werden bedeutet, mit der ganzen Schöpfung im Einklang zu sein.«
>
> *Mahatma Gandhi*

> »Eure Taten werden meine noch übertreffen.« *Jesus*

Ihr könnt nicht zwei Herren dienen

Die ökologische Krise und die ökologischen Katastrophen der nächsten Jahre werden wie nichts sonst unser Gewissen und unsere moralische Phantasie beflügeln. Wie kann uns der ökologische Jesus dabei helfen?

Bei Jesus geht es immer ums Ganze. Sein ständiger Hinweis »siehe!« war der humorvolle Vorschlag an seine Zuhörer, einfach die Augen in Gottes wunderbarer Schöpfung aufzumachen. Gott ist dann in allem sichtbar, erlebbar und verstehbar. In *jedem* Menschen, in *jedem* Tier, in *jeder* Pflanze, in *allem* Leben! Das Reich Gottes, von dem Jesus träumte, kommt nicht irgendwann, sondern »es ist schon da – mitten unter euch« (Lukas 17,21). Macht doch endlich die Augen auf! Schaut euch um in der Natur und schaut euren Mitmenschen in die Augen und in die Herzen hinein! Jesus beschreibt bei Markus das Reich Gottes als den im verborgenen wachsenden Samen. Das Unkraut, das auch wächst, hat Jesus nicht übersehen. Er war ein sehr realistischer Menschenkenner. Bei Matthäus (13,24–30) empfiehlt Jesus nachdrücklich, das Unkraut zunächst mitwachsen zu lassen.

Später wird es »von selbst« verdorren. Unkraut ist Unkraut – aber es hat in der Schöpfung seine Funktion. Das Unkraut, das sind die ökologischen Katastrophen, die wir durch unser Fehlverhalten selbst verursachen. Auch hier gilt Jesu Hinweis: Macht doch endlich die Augen auf. Erkennt die Zeichen!

Den kleingläubigen Theologen aller Zeiten, aber ebenso den ängstlichen Umweltschützern unserer Tage, die immer den exakten Zeitpunkt einer ökologischen Wende wissen möchten, schreibt der ökologische Jesus etwas sehr Wesentliches ins Stammbuch: Wir sollen zwar intensiv an Wandel und Wende arbeiten, aber einen genauen Zeitpunkt für unseren »Erfolg« kann es niemals geben. Jesus: »Ihr irrt euch, wenn ihr meint, daß man dies vorausberechnen kann« (Lukas 17,20). Wirklicher Erfolg kommt immer überraschend, dann aber gewaltig. Wer hätte zum Beispiel im Sommer 1989 die politischen Veränderungen des Herbstes 1989 vorherzusagen gewagt? Der Geist, der letztlich für alle wahre Umkehr »zuständig« ist, weht eben wirklich, wo und wann er will. Er will und braucht freilich unsere Mitarbeit.

Ich bezeichne Jesus vor allem deshalb als den ökologischen Jesus, weil er durchdrungen war von der mystischen Dimension der Ehrfurcht und des Staunens. Vor dem Geheimnis der guten Schöpfung, des liebenden Vaters konnte dieser junge kritische Mann in die Knie gehen. Auch für die Anbetung seines Vaters in der Schöpfung gebrauchte Jesus keine großen Worte und flotten Sprüche, sondern empfahl kurz und bündig und ganz unromantisch: »Geh in deine Kammer und bete ›Vater unser‹.« Die Gottwerdung des Menschen und die Menschwerdung Gottes – das war für Jesus Religion. Diese wahre Religion ist freilich nur in der Stille deiner Kammer erfahrbar, niemals lehrbar.

Jede religiöse Show war diesem naturverbundenen Gottesanbeter zuwider. Er selbst ging bei seinen Reifeprozessen »an den Fluß«, »in die Wüste«, »ins Verborgene«, »in die Stille« und »lebte mit den wilden Tieren zusammen« (Markus 1,13). Überall dort war er in Verbindung mit seinem Vater und erfuhr die kosmische Ordnung des Reiches Gottes.

Matthew Fox weist darauf hin, daß – nach den Erkenntnissen der heutigen Gehirnforschung – Jesus auch seine rechte, also emotional-weibliche Hirnhälfte einsetzte: »Geschichtenerzähler arbeiten von der rechten Hirnseite her und sprechen auch zur rechten Hirnseite anderer, doch haben ihre Botschaften auch intellektuelle Tiefe, die die linke Gehirnhälfte einbezieht.«

Was Jesus zu bieten hat, ist nicht zu überbieten. Er lehrte und lebte den aufrechten Gang – er war kein Angepaßter. Schon als er zwölf Jahre alt war, staunten die Theologen und seine Eltern über seinen Widerspruchsgeist. Er stellte später die religiösen und politischen Autoritäten seiner Zeit furchtlos und radikal so sehr in Frage, daß sie aus ihrer Sicht gar nicht anders konnten, als ihn kreuzigen zu lassen. Er hätte sonst nie »Ruhe« gegeben – er gibt ja bis heute keine. Welcher andere Menschheitslehrer spielt – vielleicht neben Buddha und Lao Tse – 2000 Jahre nach seinem irdischen Leben noch eine solche Schlüsselrolle für die Zukunft der Menschheit und des Planeten?

Über wen wurden so viele Bücher geschrieben, Gedichte verfaßt und Lieder komponiert wie über Jesus? Und in wessen Namen wurden so viele Gebäude errichtet? Von diesem ökologischen Jesus könnte der Satz stammen: »Brave Ökos kommen in den Himmel, böse überallhin.«

Der Geist dieses sanften Rebellen der Liebe, des Vertrauens und der Hoffnung ist so lebendig und wirksam wie vor 2000 Jahren! Unkritischen Anpassern passiert dies nicht! Anpasser haben immer ein reines Gewissen – sie benutzen es nie! Nicht in den Zeiten der Judenvergasung, nicht in den Zeiten kommunistischer Menschenrechtsverletzungen und auch nicht in den Zeiten des Dritten Weltkriegs gegen die Natur.

Nur Querdenker müssen beseitigt werden. Der Tabubrecher Jesus hatte nur ganz wenige Freunde unter den Mächtigen seiner Zeit. Seine Freunde waren die »Geringen« und die Huren, die Armen, die Kinder, die Frauen, die Schwachen zu seiner Zeit. Jesus war nicht dort, wo das große Geld und die Macht waren. Er war und ist der große Gegenspieler der Mächtigen und der Vertreter des großen Geldes. Auch heute stehen Ökologen meist auf der anderen Seite des großen Kapitals. Mit der Ökologie geht es heute noch deshalb so langsam voran, weil Lakaien des großen Geldes weitgehend von der Zerstörung der Umwelt leben und nicht vom Beachten der Naturgesetze. Bei Jesus ist der reich, dem es reicht: »Habt doch Vertrauen.« Es reicht für alle!

Er war ein Herzensdenker und ein Herzenstäter. »Das Reich Gottes ist inwendig in euch.« Nichts anderes will der ökologische Jesus, als daß wir durch unser Leben Gott ähnlicher werden. Eindeutig und aktuell ist seine Position auch für die heutigen Ökologen: »Ihr könnt nicht zwei Herren dienen – Gott und dem Geld.« Ihr müßt euch entscheiden! Entweder – oder! Jesus haßt die Wischiwaschi-Positionen: »Sagt ganz einfach ja oder nein; jedes weitere Wort ist vom Teufel« (Matthäus 5,37). Im ersten Kapitel fragten wir: Warum tun wir nicht, was wir wissen? Für Jesus gilt: Wenn wir etwas erkennen und es *nicht tun,* haben wir es auch nicht richtig erkannt.

Die erste wirkliche Weltrevolution, die für das Überleben der Menschheit notwendig ist, wird die ökologische Weltrevolution sein. Bei dieser Revolution ist der soziale Aspekt der Gerechtigkeit, den Jesus ausdrücklich forderte (»Seid barmherzig«), so wesentlich wie der ökologische Aspekt, der in fast allen seinen Gleichnissen durchscheint.

Seine Empathie galt nicht nur den Fischern, sondern auch den Fischen, seine Aufmerksamkeit nicht nur dem Sämann, sondern auch den Samen, seine Liebe nicht nur den Menschen, sondern auch den Vögeln. Das Göttliche ist die Entfaltung alles Seienden. Jesus ist global ökologisch und global sozial. Die Schöpfung seines Vaters kennt keine nationalen Grenzen und macht keine Unterschiede zwischen Hautfarben oder Tierformen.

Wenn Jesus sagt: »Suchet zuerst das Reich Gottes, und alles andere wird euch dazugegeben werden« (Matthäus 6,33), dann erkenne ich in diesem Grundsatzprogramm auch eine globale ökologische Ethik, die als ihr Ziel formulieren könnte: »Besser leben – weniger haben.« Ein Jugendlicher sagte es nach einem Vortrag in der Diskussion einmal treffend so: »Mehr erleben – weniger konsumieren.« Mehr Innenleben – weniger Außenbetrieb! Mehr Selbstbestimmung – weniger Fernlenkung! Oder wie Jesus gesagt hat: »Dein Reich komme, wie im Himmel so auf Erden« (Matthäus 6,10).

Dieses Programm ist nicht mit ökologischer Zerstörung, sondern nur durch eine Rückkehr (Religion) zum ökologischen Gleichgewicht zu realisieren. Jesus: »Was nützt es dem Menschen, wenn er die ganze Welt gewinnt, aber Schaden nimmt an seiner Seele?« (Matthäus 16,26). Oder in heutiger Übersetzung: »Was hat ein Mensch davon, wenn er die ganze Welt gewinnt, aber zuletzt sein Leben verliert?«

Hier leuchten die Motivation, der Sinn und die Perspektive einer modernen, tiefenökologisch und ethisch orientierten Politik für das 21. Jahrhundert auf. Was nützt es uns, wenn wir immer mächtiger und äußerlich reicher werden, aber nicht weiser und »arm im Geiste« (Matthäus 5,3) werden! Was Jesus vor 2000 Jahren als universelle Ethik erkannte, ist für das dritte Jahrtausend die Basis des Überlebens. Ganz anders die heute real noch existierende Politik. Die herrschende Politikergeneration macht Wahlkämpfe nach dem Motto: Wir ruinieren zwar die Umwelt, und wir haben Millionen Arbeitslose, wir haben eine verzweifelte junge Generation und riesige Drogenprobleme, wir haben wachsende Kriminalitätsraten und steigende

Staatsschulden – aber davon abgesehen, geht es uns ganz gut, wenn ihr uns nur eure Stimme gebt.

Jesus hingegen lehrte und lebte ein Überlebensprogramm. Was er wirklich wollte, hat er so formuliert: »Ich bin gekommen, um auf der Erde ein Feuer zu entfachen, und ich wollte, es stünde schon in hellem Brand« (Lukas 12,49). Der junge Brandstifter aus Nazareth ließ sich am Jordan vom Geist Gottes zu heiliger Leidenschaft und feurigem Engagement verführen. Deshalb wirkt sein Geist bis heute, auch wenn die christlichen Kirchen Jesus permanent unter Hausarrest stellen. Deshalb ist ja auch Gott längst aus den real existierenden Kirchen ausgetreten.

Um die Dringlichkeit eines neuen, tieferen Ansatzes für eine künftige Gesamtpolitik zu verdeutlichen, sagte Jesus: »Auch gießt niemand neuen Wein, der noch gärt, in alte Schläuche. Sonst sprengt der neue Wein die Schläuche, der Wein fließt aus, und auch die Schläuche sind hin. Nein, neuer Wein gehört in neue Schläuche. Dann bleiben beide erhalten« (Lukas 6,37). Das Wort »neu« ist ein Schlüsselwort in der Botschaft Jesu.

Sein neues Denken braucht heute die Umwelt und die Umweltbewegung. Um es noch deutlicher zu sagen: Ohne eine wirkliche Umweltpolitik können wir bald die gesamte Politik vergessen. Das 21. Jahrhundert wird ein ökologisches, oder wir gehören zu den letzten Generationen.

Welche Rolle kann also das Christentum für die heutige zentrale ökologische Herausforderung spielen? Falls das Christentum im 21. Jahrhundert global, geistig und geistlich von Bedeutung sein möchte, wird es die Ideen und das Programm des ökologischen Jesus aufgreifen und sie in den Dialog eines ökologischen Weltethos einbringen müssen. Das heißt:

• Wir müssen uns verabschieden vom alten Dogma: »Der Mensch steht im Mittelpunkt.«

- Umweltbewegung und Umwelt brauchen eine Tiefenökologie.
- Die Ökologie wird das zentrale Gestaltungsprinzip aller Politik: der Außen-, der Finanz-, der Rechts-, der Wirtschafts-, der Wissenschafts-, der Arbeits-, der Technologie-, der Energie-, der Verkehrs-, der Bau-, der Wasser-, der Gesundheits- und der Landwirtschaftspolitik. Und das heißt konkret und praktisch: Regierungen, an deren Spitze kein Ökologe oder keine Ökologin steht, werden wir uns nicht mehr leisten können.

Jede Bitte wird erfüllt

Das von Theologen kaum beachtete, aber für uns Heutige vielleicht wichtigste Jesus-Wort steht im Johannes-Evangelium: »Ich versichere euch: Jeder, der mir vertraut, wird auch die Taten vollbringen, die ich tue. Ja, seine Taten werden meine noch übertreffen, denn ich gehe zum Vater. Dann werde ich alles tun, worum ihr bittet, wenn ihr euch dabei auf mich beruft ... Wenn ihr euch auf mich beruft, werde ich euch jede Bitte erfüllen« (Johannes 14,12–14).

Was sagt uns dieses ungewohnte, unerwartete, vielleicht lächerlich scheinende, auf jeden Fall aber provozierende Jesus-Wort heute?

Wer Jesus verstehen will, muß nach innen hören. Es reicht nicht, die Bibel zu lesen und zu zitieren. Wir müssen in jeder neuen Situation neu die Quelle unseres inneren Selbst, unser Gewissen, befragen. Nur von dort bekommen wir Hinweise für tragfähige Entscheidungen. Kein Wort eines Papstes und kein Wort der Bibel, kein Gesetz und keine Verfassung kann je das Gewissen des einzelnen ersetzen. Die Theologin und Psychotherapeutin Hanna Wolff spricht von der »vorwärtsgerichteten, entwicklungsdynamischen Haltung« Jesu, in die er uns voll einbezieht, wenn er meint: »Alles kann, wer vertraut« (Markus 9,23). Jesus sieht uns als Teilhaber an der schöpferischen Dynamik Gottes. Nach Jesus sind wir Mitarbeiter Gottes,

Partner seines Vaters. Ein progressiveres Gottesbild kennt die Welt bis heute nicht – aber auch keines, das mehr befreit. Wunder gibt es nicht. Permanent wiederkehrende Wunder nennen wir Naturgesetze.

Warum aber hat dieses Gottesbild bis heute noch nicht viel Positives bewirkt? Warum stellen wir uns viel dümmer an, als wir sind? Weil wir dem wirklichen Jesus 2000 Jahre lang ausgewichen sind. Der Psychiater Wilhelm Reich dazu in seinem Buch »Christusmord«: »Das grundsätzliche Ausweichen vor dem Wesentlichen ist *das* Problem des Menschen.« Reich hat in Jesus das umfassende Prinzip allen Lebens gesehen. Überall wo gegen das Leben, gegen Entwicklung und gegen Fortschritt gehandelt werde, da würde Christus gekreuzigt. Psychologisch ausgedrückt: Wer sich nicht entwickelt, wer nicht auf sein Gewissen hört, verkrüppelt psychisch.

Es gibt in diesem jesuanischen Sinne bis heute noch keine christliche Selbstidentität. Die Theologen waren 2000 Jahre bemüht, Jesus zu entschärfen. Dadurch verlor er, was ihn am meisten auszeichnete: seine Provokation! Nichts ist langweiliger als ein von harmlosen Kirchen verharmloster Jesus.

Entprovoziert wurde zum Beispiel sein Wort: »Neuer Wein gehört in neue Schläuche« (Markus 2,22). Sein Neues Testament wurde 2000 Jahre lang in die alten Schläuche des Alten Testaments gegossen und dadurch entschärft. Es verlor seine Substanz und wurde wirkungslos. Jesus will nichts anderes als Nachfolge. Er selbst hat vorgelebt, daß nichts so bleiben muß, wie es ist. Allein unser Gewissen ist im Sinne Jesu Grundlage aller Menschlichkeit und Sittlichkeit: »Könnt ihr denn nicht *selbst* erkennen, worauf es jetzt ankommt?« (Lukas 12,57). Jesus nachfolgen heißt also: selbst urteilen.

Nichts anderes wollte der geistige Rebell aus Nazareth uns vorleben: Höre nach innen, bevor du nach außen aktiv wirst.

Das Gewissen meldet sich

Manchmal meldet sich unser Gewissen im Schlaf durch einen Traum: »Den Seinen gibt's der Herr im Schlaf«, meint dazu ein deutsches Sprichwort.

Bei einem Traum am See Genezareth sah und hörte ich riesiges Gelächter im Himmel über unsere heutige Produktionsweise, unseren hohen Energieverbrauch, unsere schwerfällige Mobilität, über unsere Art, Häuser zu bauen, über unser armseliges Bemühen, anders Landwirtschaft zu betreiben, und über unsere hilflosen Versuche, vernünftiger mit Wasser und Tieren umzugehen. Die Engel schüttelten sich vor Lachen und fragten den ökologischen Jesus, warum sich die Menschen noch immer so dumm anstellten, obwohl sie es doch längst besser wüßten.

Jesu Antwort: »Weil sie glauben, erwachsen zu sein, in Wirklichkeit aber noch infantil sind«, und er fügte hinzu: »Schaut doch nur auf ihre Kriege. Und jetzt führen sie auch noch Krieg gegen die Natur.«

Jesus hat das eben zitierte Wort in meinem Traum nur sagen können, weil er davon überzeugt war, daß Fortschritt in unserem Bewußtsein, aber auch technischer Fortschritt, grundsätzlich möglich ist. Deshalb ging er davon aus, daß unsere Taten die seinen »noch übertreffen«.

Ob wir je reif werden für diesen ökologischen Jesus, der uns soviel zutraut, und reif für die Schöpfung eines uns liebenden Gottes? Von der Antwort auf diese schlichte Frage hängt das Überleben der Menschheit ab.

Jesus war ein Traum-Mann. Er hörte nach innen. Auch uns kann unser innerer Traumführer helfen, in Wirtschaft und Politik, in Wissenschaft und Partnerschaft Kreativität zu mobilisieren. Albert Einstein behauptete, die Ursprünge seiner Relativitätstheorie lägen in einem Traum, den er in seiner Jugend hatte. Seine gesamte wissenschaftliche Leistung könne als Meditation dieses Traums gesehen werden. Je mehr wir uns unseren Träumen zuwenden, desto mehr wenden sie sich uns zu und werden wichtige Wegweiser. Der ökologische Jesus wird eine Explosion unserer Kreativität zur Folge haben.

Solange wir vom ökonomischen Wachstum reden anstatt von ökologischer Reife, haben wir vom ökologischen Jesus noch nichts begriffen. Ökologisch reif werden im 21. Jahrhundert heißt: bei ähnlichem Wohlstand wie heute mindestens um den Faktor zehn weniger Energie und Ressourcen verbrauchen, damit *alle* Menschen dieser Erde leben und überleben können.

Das Schöne an dieser Vision ist, daß wir bereits wissen, wie das geht: Autos zu konstruieren, die einen Liter Sprit verbrauchen statt bisher zehn Liter, und Häuser zu bauen, die nur noch zehn Prozent der bisherigen Energie verbrauchen. Statt Getränke in Dosen zu kaufen, können wir sie in Flaschen kaufen, die man zehn- und fünfzigmal wiederverwenden kann. Wahrscheinlich werden wir auch die Zahl der Menschen um den »Faktor zehn« zurückführen müssen. Das wird freilich 200 bis 300 Jahre dauern. In den nächsten 50 Jahren wird sich die Weltbevölkerung von heute sechs auf wahrscheinlich zehn Milliarden Menschen vergrößern. Durch weltweite ökonomische Entwicklung und durch ein globales Rentensystem für Familien, die sich auf höchstens zwei Kinder beschränken, ist es vielleicht bis zum Jahr 2300 möglich, die Zahl der Menschen bei etwa eins bis zwei Milliarden zu stabilisieren. Voraussetzung ist das Prinzip der Freiwilligkeit, also kein Druck auf Familien, aber Anreize. Mit einer globalen Energiesteuer und einer geringen Aktiensteuer könnten über die Weltbank eine globale Altersversicherung und andere globale Sozialsysteme organisiert werden. Nur so werden die Menschen in Drittweltländern verantwortete Elternschaft aus eigener Einsicht praktizieren. Die rückläufige Bevölkerungszahl der Bundesrepublik Deutschland macht deutlich, daß dieses Ziel erreichbar ist. Dann hätten wir wirklich Wege zum Gleichgewicht gefunden.

Faktor 10: das Maß für ökologisches Wirtschaften

Friedrich Schmidt-Bleek weist überzeugend nach, daß »Faktor zehn« das Maß für ökologisches Wirtschaften im 21. Jahrhundert ist: Wollen wir dauerhaft unsere Ökosphäre retten, dann müssen wir Faktor zehn in einigen Jahrzehnten erreichen: Reduktion allen Verbrauchs auf den zehnten Teil – bei gleichbleibendem Wohlstand.

Ökorealisten erkennen, daß wir noch Zeit zum Strukturwandel haben, aber keine Zeit mehr verlieren dürfen. Deshalb ist die Einführung einer ökologischen Steuerreform so dringlich. Dieses Instrument bietet die bislang beste Voraussetzung für den ökologischen Strukturwandel, wie ich ihn in den vorherigen Kapiteln beschrieben habe.

Der ökologische Jesus zeigt der heutigen Theologie, aber auch der Politik, Wirtschaft und Gesellschaft eine ganz neue Zukunftsdimension. Im Sinne Jesu gibt es nur einen wirklichen Gottesdienst: daß Menschen gut sind zu Menschen, Tieren und Pflanzen. Dieser ökologische Jesus war sich seiner Sache sehr sicher. Er dachte konsequent, lebte konsequent und redete konsequent. Sein Vorschlag: folgt mir nach! Zum Abschluß der Bergpredigt zeichnet Jesus in nicht zu überbietender Eindeutigkeit und mit einem tiefen Selbstwertgefühl dieses ökologische Bild:

»Wer meine Worte hört und sich nach ihnen richtet, wird am Ende dastehen wie ein Mann, der überlegt, was er tut, und deshalb sein Haus auf felsigen Grund baut. Wenn dann ein Wolkenbruch niedergeht, die Flüsse über die Ufer treten und der Sturm tobt und an dem Haus rüttelt, stürzt es nicht ein, weil es auf Fels gebaut ist. Wer dagegen meine Worte hört und sich nicht nach ihnen richtet, wird am Ende wie ein Dummkopf dastehen, der sein Haus auf Sand baut. Wenn dann ein Wolkenbruch niedergeht, die Flüsse über die Ufer treten, der Sturm tobt und an dem Haus rüttelt, stürzt es ein, und der Schaden ist groß« (Matthäus 7,24–27).

Klugheit oder Dummheit? Wir haben die freie Wahl. Wir entscheiden selbst über unsere Zukunft.

Fluß, Ufer, Wolkenbruch, Sturm, felsiger Grund, Haus: Der junge Bauhandwerker aus Nazareth und intensive Naturbeobachter sitzt am Nordufer des Sees Genezareth an einer Stelle bei Kapharnaum, wo man den See gut überblicken kann. Tausende hören bei seinen Berg- und Seepredigten zu. Der Blick ist atemberaubend. Es wird im Februar oder März des Jahres 29 nach der neuen Zeitrechnung gewesen sein, als er hier zu Tausenden sprach. Die Ufer des Sees waren sein Gotteshaus, Fischer und Bauern seine Gemeinde. Der galiläische Frühling hatte soeben begonnen. Der Duft der Luft war süß wie in einem Blumengarten. Auf einer Bergkuppe sitzend sieht Jesus im Osten auf die Golanhöhen und im Westen auf die Hügel Galiläas. Um ihn herum grünt und blüht und sproßt es in allen Farben. Direkt vor sich sieht Jesus das Panorama des Sees. Neben ihm strahlen die Frühjahrsblumen. Die Landschaft am See liegt vor ihm, als hätte sie Gott an diesem Tag für ihn geschaffen. An einem solchen Tag fand Jesus die Seligpreisungen am »Berg der Seligpreisungen«. Wovon er lange geträumt hatte, hier wurde es Sprache. Jetzt nahm Jesus über seine Reden das Geschenk des Lebens in Empfang und gab es weiter, damit die Erde und die Menschen »neu« werden können: »Es steht geschrieben ... ich aber sage euch.« – »Habt keine Angst mehr ... habt Vertrauen.«

Ich aber sage euch

»Freuen dürfen sich alle, die brennend darauf warten, daß Gottes Wille geschieht; denn Gott wird ihre Sehnsucht stillen.« Jesus bringt der Welt etwas absolut Neues. Immer wieder sagt er: »Bisher hieß es« oder »Ihr wißt, daß es heißt«. Jesus aber korrigiert, was »man« bisher gesagt und geschrieben hat, und setzt allein in der überlieferten

Bergpredigt zwölfmal dagegen: »Ich aber sage euch« oder »Ich versichere euch«.

Wenn Jesus sagt: »Es steht geschrieben ... ich aber sage euch«, dann meint er keine Reform der alten, sondern eine völlig neue Bewußtseinsebene, die er in seiner Person verkörpert sieht. Nur so ist sein Wort »Neuer Wein gehört in neue Schläuche« zu verstehen. Hanna Wolff meint, »Folge mir nach« sei in der ganzen Religionsgeschichte absolut einzigartig.

In der Schule Jesu also können wir lernen, »ich« zu sagen. Vielleicht begreifen wir am Ende eines Jahrhunderts der Zerstörungen im Namen rechter und linker Kollektivismen die Wichtigkeit des personalen »Ich«. Zu Recht wurde mit Jesu Leben die Zeit neu berechnet.

Eine neue Zeit hat vor 2000 Jahren begonnen, auch wenn wir erst heute ahnen lernen, warum. Die Zeit des kollektivistischen Patriarchats ging zu Ende – die Zeit des partnerschaftlichen »Ich« und »Du« hatte begonnen – wenn auch zunächst nur für Jesus und wenig andere. Jesus trat der kollektivistischen Tradition – auch dem eigenen Familienkollektiv – entschieden gegenüber und betonte das Recht auf »Individuation« – die C. G. Jung im 20. Jahrhundert Menschwerdung nannte. Am See Genezareth also wurde ein neues Gottes- und Menschenbild begründet.

Wir sind nicht nur durch die Geburt und Umwelt, sondern auch durch unsere Landschaften geprägt. Menschen formen Landschaften, aber Landschaften formen auch uns. Bargil Pixner, der als Benediktinerpater zwölf Jahre am See Genezareth gelebt hat, spricht zu Recht vom »fünften Evangelium der biblischen Landschaft«, das man hier erleben kann.

Als ich hier an einem schönen Frühlingstag sitze, wünsche ich allen Theologen und Jesus-Freunden dieses Erlebnis in den galiläischen Bergen. Über Jesus, den ich in diesem Buch den ökologischen Jesus genannt habe, würde sich dann niemand mehr wundern. Der ökologische Jesus ist nicht am Schreibtisch zu finden, wohl aber in diesem landschaftlichen Evangelium. Die historisch-kritische Bibelforschung sagt zu Recht, daß wir das Neue Testament nicht wie ein Geschichtsbuch lesen können. Trotzdem kann es nichts schaden, wenn sich auch Theologen an historischen, geographischen und ökologischen Fakten orientieren, soweit sie verfügbar und plausibel sind. Hier am See Genezareth wurde mir klar: Jesu Evangelium ist ein »Erd-Evangelium«. Es hat weniger mit dem »Himmel« zu tun, als die Theologen bisher vermuteten, aber viel mit einem besseren Leben auf dieser Erde. Was ist dafür wichtiger als der Einstieg ins Solarzeitalter! Dabei handelt es sich um das spannendste Abenteuer, das wir im neuen Jahrhundert erleben werden. Dafür brauchen wir Millionen »Solarier«. Karl Marx hatte noch vorgeschlagen: »Proletarier aller Länder, vereinigt euch!« Im Sinne des ökologischen Jesus müssen wir lernen: »Solarier aller Länder, vereinigt euch!« Hier haben wir *die* Botschaft des neuen Jahrhunderts. Auf dieser Basis kann sich eine neue Internationale des Geistes gründen. Ihr Grundgesetz wird heißen: Die Natur ist nicht kompromißfähig – sie hat tatsächlich immer recht. Die ewigen Wahrheiten von Mutter Natur richten sich nicht nach Politkommissaren und Zentralkomitees, nicht nach Parteitagsbeschlüssen und Koalitionspapieren. Der menschliche Geist ist nicht ein Gefäß, das wir füllen, sondern ein Feuer, das wir entfachen müssen.

Der ökologische Jesus: Das ist die »große Idee«, die »große Vision« und die »große Arbeit« des 21. Jahrhunderts. Das führt zu Klimastabilität und zum Erhalt der Erdatmosphäre, zur Verbesserung der Luft-, Wasser- und Nahrungsqualität, zu weniger Krankheiten und zu Millionen Langzeitarbeitsplätzen. Diese bessere Lebensqualität ist Voraussetzung dessen, was Jesus mit der »Fülle des Lebens« meinte.

Im galiläischen Frühling, der in Israel auch als »die fünfte Jahreszeit« bezeichnet wird, brechen nach dem Winterregen rings um den See Millionen von Knospen auf. Rote Windröschen, Tulpen und

Mohn sind die ersten zarten Frühlingsboten. Der Duft der Luft ist süß wie in einem Rosenbeet. Die blaue Iris und die rote Anemone gedeihen rund um den See besonders prächtig. Diese Blumen sieht Jesus blühen, als er von den »Lilien des Feldes« schwärmt und meint, »nicht einmal Salomo bei all seinem Reichtum war so prächtig gekleidet wie irgendeine von ihnen« (Matthäus, 6,29). Jesus war ganz offen für die Schönheit, die sein »Vater bewirkte«. In ihr sah er die Ästhetik Gottes selbst. Voll Begeisterung über die Pracht der Blumen und tief durchdrungen von der Liebe zu Gott und den ihm zuhörenden Menschen, fügt der junge Mann aus Nazareth hinzu: »Wenn Gott sogar die Feldblumen so ausstattet, die heute blühen und morgen verbrannt werden, wird er sich dann nicht erst recht um euch kümmern? Habt doch mehr Vertrauen!« (Matthäus 6,30). Jesus zeigt sich gerade an dieser Stelle nicht als sentimentaler Naturschwärmer und Ökoromantiker, sondern als Geliebter Gottes und Menschenfreund mit einer Portion Ökorealismus und gesundem Menschenverstand und vor allem mit einem unerschütterlichen Vertrauen in die Schöpfung.

Naturerfahrungen und diese Bilder am Berg und am See haben Jesus, seine Lehre und sein Leben stark beeinflußt. Bargil Pixner: »Es ist wohl kaum zu bezweifeln, daß die Milde und Freundlichkeit dieser Gegend stark auf die Gestaltung der Frohbotschaft, die Jesus hier verkündete, ihre Wirkung ausgeübt hat. Das Gesetz des Alten Bundes, welches den mächtigen Mosesberg in der Wüste Sinai mit seinen zerklüfteten Felsen und den vom Wind kahlgefegten Steinmassen zum Hintergrund hat, hat einen rauheren Klang als die Botschaft, die von diesem Berg ausging. Dieser Eremosberg mit seiner Blütenpracht, seinen zwitschernden Vögeln und seinem herrlichen Blick auf den See – das ›Auge Gottes‹ nennen ihn die Araber – war der Berg der Gesetzgebung des Neuen Bundes, der Berg der Seligkeiten.«

Blinde sehen, Lahme gehen, Taube hören

Das öffentliche Wirken Jesu hat sich zum großen Teil rund um den See Genezareth abgespielt. Sein Tun wird im Matthäus-Evangelium (11,5) so zusammengefaßt: »Blinde sehen, Gelähmte gehen, Taube hören, Tote stehen auf.« Jesus wendet sich zwar hauptsächlich den damaligen Randgruppen und Außenseitern der Gesellschaft zu: den Armen, den Leidenden, den von den Etablierten Verfolgten, den gesellschaftlich Gemiedenen. Besonders ihnen predigt er seinen liebenden Vater. Wer aber von uns gehört heute nicht zu den »Blinden«, die vieles übersehen haben, zu den »Lahmen«, die schon Entscheidendes verpaßt haben, zu den »Tauben«, die Wesentliches überhört haben, und zu den »Toten«, die einfach das Wichtigste verschlafen haben?

Jesus hat ein einmaliges menschliches und göttliches Selbstwertgefühl entwickelt. Der göttliche Kern, der in jedem von uns zur Entfaltung kommen will, ist bei ihm ausgereift. Er ist sich seiner Autorität bewußt und verkündet bei seinen Berg- und Seepredigten das göttliche Grundgesetz, wie es vor ihm und nach ihm niemand konnte. Er scheut sich nicht, seine existentiellen Lehren in Gegensatz zu allen bis dahin gültigen »Heiligen Schriften« zu setzen. Seine pharisäischen und zum Teil auch essenischen Gegner greift er voll an.

Jesus propagiert eine grundsätzlich neue Einstellung gegenüber Gott und den Menschen: »Ihr wißt auch, daß es heißt: ›Liebe alle, die dir nahestehen, und hasse alle, die dir als Feinde gegenüberstehen.‹ Ich aber sage euch: Liebet eure Feinde und betet für die, die euch verfolgen. So erweist ihr euch als Kinder eures Vaters im Himmel« (Matthäus 5,43–45). Seither sind »Vaterlandsliebe« und Kriegsvorbereitung ein krasser Gegensatz.

Das alte Gesetz der Rache und Vergeltung wirft Jesus über Bord und programmiert die neue Einstellung von Liebe und Vergebung, die niemand mehr ausschließt. Bisher wurde zwar jeder Mensch als Original geboren, aber die meisten Menschen wurden im Laufe ihres Lebens eine Kopie und starben als solche. Jesus aber lehrt: Ihr werdet nicht nur als Original geboren, ihr könnt auch als Original leben und könnt als Original sterben – ihr könnt leben ohne Feindbilder!

Theologen werden arbeitslos

Mit Bildern aus der Natur zeigt Jesus ganz einfach, daß unsere wahre Natur göttlich ist. Das hat schon die Theologen und Schriftgelehrten seiner Zeit rasend gemacht, weil diese schlichte Lehre sie überflüssig und arbeitslos werden läßt. So ist es geblieben bis heute. Denn Jesus macht mit seinen ganz natürlichen Hinweisen darauf aufmerksam, daß wir keine theologischen Beamten brauchen, sondern selbst für unser Leben und unser Arbeiten verantwortlich sind. Jeder einzelne Mensch verändert die Welt, wenn er sich verändert. Jesus lehrt uns, daß ein Floh einem Löwen viel mehr zu schaffen machen kann als ein Löwe einem Floh. Aus dem kleinsten Samenkorn wächst der größte Baum. So wird ökologische Arbeit durch Spiritualität lebendig gemacht. Was wir freilich brauchen, ist Vertrauen zu uns selbst und zu Gott, so wie »die Vögel des Himmels« und »die Lilien des Feldes«. »Habt doch mehr Vertrauen.«

Wenn wir im Sinne Jesu mit Begeisterung Vertrauen lernen, dann ist es auch uns möglich, das Unmögliche zu tun, »Berge zu versetzen«, »Salz der Erde« zu sein, »Licht der Welt« und »Sauerteig im Mehl«. Wer sich von diesen Möglichkeiten in sich anrühren läßt, erfährt Verwandlung und Heilung in einem therapeutischen Prozeß. Jesus eröffnet mit seinem heilmachenden Gottes- und Menschenbild ein »Zukunftsprogramm kosmischen Ausmaßes für ungezählte Generationen, für weite Räume und Zeiten« (Hanna Wolff). Die jesuanische Urenergie kann auch ins dritte Jahrtausend hineinwirken – wenn wir es wirklich wollen. Voraussetzung dafür ist, daß wir in Stunden der Stille über unsere Seele auf unser Gewissen hören, so wie Jesus es spätestens seit seiner Taufe am Jordan tat.

Was das alles mit Politik zu tun hat? Die Herrschenden definieren seit Bismarck Politik immer als die »Kunst des Möglichen«. Doch Jesus-Schüler in unserem Jahrhundert wie Mahatma Gandhi, Nelson Mandela, Michail Gorbatschow oder die Bürgerrechtler in der alten DDR und in ganz Osteuropa haben vorgelebt, daß zukunftsfähige, humane Politik immer der Versuch sein muß, das scheinbar Unmögliche zu ermöglichen. Dafür freilich ist Jesu Hinweis wichtig: Euer Gewissen ist wichtiger als eure Karriere!

Das Gewissen ist scharf wie ein Schwert

Das Gewissen ist für Jesus die innere Stimme, die wir nie lokalisieren, aber sehr wohl leise und bestimmt wahrnehmen können. Das ist der religiöse Kern in jedem Menschen, das ist die Musik in deinem Inneren, und das sind die Klänge deiner Intuition, das Reich Gottes in dir.

Jesus wollte, daß unsere Seele über unser Gewissen die stärkste Weltmacht, die einzige Supermacht wird. Diese Entwicklung wird erst unsere wirkliche Taufe und Umkehr, unser Jordan- und Wüstenerlebnis. Mit dem permanent sich vermehrenden, größeren Wissen können wir nur sinnvoll umgehen, wenn sich das Ge-Wissen, das Wachstum des inneren Wissens ebenso entwickelt. Jesu Leben ist ein Kampf gegen die Seelenblindheit und Gewissenlosigkeit seiner Zeit, unserer Zeit und aller Zeit.

Unser Gewissen ist nichts Harmloses, es kann scharf sein wie ein Schwert. Unser Gewissen sorgt dafür, daß bei allen wesentlichen Entscheidungen nicht nur unser Ego, sondern auch Gefühle und Empfindungen anderer Menschen sowie Gefühle und Empfindungen von Pflanzen und Tieren Sitz und Stimme haben. Dieses Gewissen kann so schneidend sein wie der Intellekt und so brennend wie die Eifersucht. Eine gewissenhafte Entscheidung zeichnet sich dadurch aus, daß sie Rationalität und Ethik verbindet. Eine Rationalität ohne Ethik kann so gewissenlos sein wie eine Ethik ohne Rationalität folgenlos. Dieses Gewissen appelliert gewiß weit intensiver an unsere Klugheit als an unser Mitleid.

Achtsamkeit und Gewissenhaftigkeit gegenüber der Natur können ganz neue Formen von Einkommen und Prestige werden. Dieser neue ökologische oder »neutrale Kapitalismus« (Georg Franck) könnte eher Zukunft haben als der alte unattraktive kapitalistische Kapitalismus. So hätten wir endlich eine elegante attraktive Alternative zum ordinären Kapitalismus: noblen ökologischen Reichtum! Dessen Nachahmung wirkt nicht mehr zerstörerisch, sondern belebend. Die moralische Eleganz, so meint Georg Franck, opfert sich nicht auf, sondern gefällt sich im Entfalten von Liebenswürdigkeit gegenüber allem Leben. Moralische Eleganz ist Ausdruck eines wirklich gesunden Menschenverstandes, der in unseren Herzen verankert ist.

Nach Jesus braucht das Gewissen keine äußeren Gebote – es ist »nur« das natürliche Organ innerer Selbstachtung. Niemals mißachten wir ungestraft unser Gewissen. Die meisten Krankheiten sind die Folgen der Mißachtung unseres Gewissens. Gegen diese Erkenntnis rebelliert zwar alles in uns – aber tief innen wissen wir um die Wahrheit dieses Zusammenhangs. Ein abgestumpftes Gewissen führt immer zur Selbstverachtung und zum Verlust unseres Selbstwertgefühls. Damit sind Krankheit und Un-Heil vorprogrammiert. Jesus aber empfiehlt mehr Selbstaufmerksamkeit, also Gewissensschärfe, wenn wir gesund bleiben oder werden wollen. Der Heiler Jesus zeigt Wege zur persönlichen, beruflichen, gesellschaftlichen und politischen Gesundung.

Dabei ging ihm die Macht der Moral über alles. Gott oder Mammon? Ethik oder Monetik? Solange das Geldverdienen die Hauptrolle in unserem Leben spielt, können wir weder persönlich noch politisch gesunden. Jesus schlägt andere Streicheleinheiten für unser Selbstwertgefühl vor. Der Wert des Geldes soll endlich ernsthaft Konkurrenz bekommen durch eine ökologische Moral.

Die Zeit ist gekommen, diese Alternativen verstehen zu lernen:

- Es kann bald schicker werden, sein Geld in Solaraktien zu investieren als in die Rüstungsindustrie (in den USA sind bereits 800 Milliarden Dollar ethisch investiert!).
- Es kann bald schicker werden, ökologisch zu leben, als immer mehr Geld zu verdienen.
- Es kann bald schicker werden, Biobauer zu werden, als Chemiebauer zu bleiben.
- Es kann bald schicker werden, ein Solarauto zu fahren als einen Benzinfresser.

Hier wird noch einmal deutlich, daß ökologisch leben und arbeiten weniger mit Opfer und Askese als vielmehr mit »moralischer Eleganz« (Georg Franck) zu tun hat. Kann mich mein Gewissen auch täuschen? Natürlich – dann wenn es mehr an mein Mitleid als an meine Klugheit appelliert.

Wo und wie auch immer Menschen sich mit dem Leben solidarisieren – bei Greenpeace und Amnesty International, in Umweltschutz- und Asylgruppen, in der Sozialarbeit, in der Solartechnik und gegen Kinderarbeit, im Tierschutz und Lebensschutz –, feiern sie genau *den* Gottesdienst, den Jesus vorschlägt und den Gott sicherlich will. Der Himmel ist kein Ort, sondern ein Gewahrwerden Gottes in *allem* Leben. Dieses Gewahrwerden Gottes findet heute mehr außerhalb als innerhalb der Kirchen statt. Hier wird jene moralische Eleganz und jene elegante Moral vorgelebt, deren Wachstum unendlich ist.

Knapp zwei Kilometer vom Bergpredigt-Plateau entfernt liegt in Richtung Karfarnaum, wo Jesus im Haus des Petrus sehr wahrscheinlich wohnte, die Bucht der Parabeln. Israelische Wissenschaftler haben herausgefunden, daß diese Bucht am See Genezareth eine verblüffende Akustik bietet. Auch hier drängten sich Tausende um Jesus. Sie konnten ihm zuhören.

Markus schildert das Gedränge sehr plastisch: »Jesus zog sich mit seinen Jüngern an den See Genezareth zurück. Viele Menschen aus Galiläa folgten ihm. Auch aus Judäa und Jerusalem, aus dem Gebiet von Idumäa, von der anderen Seite des Jordans und aus der Gegend der Städte Tyrus und Sidon kamen viele zu Jesus. Sie hatten von seinen Taten gehört und wollten ihn sehen. Jesus ließ sich von seinen Jüngern ein Boot bereithalten; denn die Menge war so groß, daß sie ihn fast erdrückte. Weil er schon so viele geheilt hatte, drängten sich alle Kranken zu ihn, um ihn zu berühren. Wenn Menschen, die von bösen Geistern besessen waren, ihn sahen, fielen sie vor ihm nieder und riefen: ›Du bist der Sohn Gottes!‹ Aber Jesus verbot ihnen nachdrücklich, das bekanntzumachen« (Markus 3,7–12).

Hundertfache Frucht

Wenn man an der »Bucht der Parabeln«, wo Jesus diese »Seepredigt« hielt, heute am frühen Morgen, wenn noch Nebel über dem See liegt, den Fischern zuschaut, kann man den Eindruck gewinnen, die Zeit sei stehengeblieben und Jesus könne jeden Augenblick über den See kommen. Jesu Zuhörer hatten vor 1970 Jahren am See Genezareth einen ganz natürlichen Hintergrund, um seine Geschichten und Gestalten, seine Worte und Wunder verstehen zu können.

Markus berichtet diese ökologische Parabel, die Jesus vom Boot aus seinen Tausenden Zuhörern am Seeufer erklärte: »Hört zu! Ein Bauer ging aufs Feld, um zu säen. Als er die Körner ausstreute, fiel ein Teil von ihnen auf den Weg. Die Vögel kamen und pickten sie auf. Andere fielen auf felsigen Grund, der nur mit einer dünnen Erdschicht bedeckt war. Sie gingen rasch auf; als aber die Sonne hochstieg, vertrockneten die jungen Pflanzen, weil sie nicht genügend Erde hatten. Wieder andere fielen in Dornengestrüpp, das bald die Pflanzen überwucherte und erstickte, so daß sie keine Frucht brachten. Doch nicht wenige fielen auch auf guten Boden; sie gingen auf, wuchsen und brachten Frucht. Manche brachten dreißig Körner, andere sechzig, wieder andere hundert. Und Jesus sagte: ›Wer hören kann, soll gut zuhören‹« (Markus 4,3–9).

Später erklärt Jesus seinen Freunden im kleinen Kreis den Sinn dieser Parabel, die Weltliteratur wurde wie die Bergpredigt: »Der Sämann sät die Botschaft Gottes aus« (Markus 4,14). Manche wollen nicht verstehen, manche können nicht verstehen, »weil diese Leute unbeständig sind« (Markus 4,17), andere »verlieren sich in ihren Alltagssorgen, lassen sich von ihrem Reichtum verführen und leben nur für ihre Wünsche« (Markus 4,19). Bei anderen schließlich fällt der Samen »auf guten Boden« (Markus 4,20) und bringt bis zu hundertfach Frucht. Jesus, der Realist!

Jetzt, zur Jahrtausendwende, fällt der Samen des ökologischen Jesus bei Millionen Menschen »auf fruchtbaren Boden«. Ein weltweiter Bewußtseinswandel führt inmitten der ökologischen Krise und wegen ihr zu neuer Ehrfurcht gegenüber allem Leben. Dadurch werden erstmals nicht einige wenige, sondern Millionen Menschen wirkliche Nachfolger des ökologischen Jesus. Die neue Vereinigung von Wissen und Weisheit bei Millionen Menschen wird das Wesen der Politik im 21. Jahrhundert verändern, wenn wir erneut lernen: »Wir sind das Volk.« Dabei ist es hilfreich zu wissen, daß es das Schicksal jeder Weisheit ist, zunächst verlacht und erst danach anerkannt zu werden. Wer sich ökologisch verhält, gilt zunächst als Spinner, schließlich ist er der Gewinner. Jesu Botschaft vertröstet nicht aufs Jenseits, sie will die Gegenwart verändern. Das unmenschlichste aller Dogmen heißt, der Mensch sei unveränderbar und unverbesserlich. Noch können wir den ökologischen Selbstmord der Menschheit verhindern.

Das Engagement jeder Leserin und jedes Lesers dieses Buches ist mitentscheidend für das Überleben der Menschheit. Wenn wir gut sind im Sinne Jesu, dann besorgt der Heilige Geist oder die Heilige Geistin immer den »Rest« der Arbeit – meist auf völlig unvorhersehbare Art und Weise und zu einem völlig überraschenden Zeitpunkt. Vor 1970 Jahren hat niemand geahnt, daß ein Mann, der lediglich einen ausgeflippten Chaotenhaufen von analphabetischen Hausfrauen und davongelaufenen Fischern zu organisieren vermochte, eine neue Weltreligion initiieren und Millionen Menschen inspirieren würde. Der ökologische Jesus preist in der Bergpredigt diejenigen glücklich, die sich dem Geist öffnen. Alles, was er uns sagen wollte, heißt: Seid glücklich und macht glücklich! Werdet glücklich, indem ihr glücklich macht – das geht aber nur im Verbund *allen* Lebens. Den ökologischen Jesus zu finden und entsprechend zu leben wird das wichtigste und aufregendste Abenteuer unserer Zeit.

Gott hat sein eigenes schöpferisches Tun uns Menschen übertragen. Wir sind die Stellvertreter Gottes. Der Gott Jesu ist ein großzügiger Gott, der uns »zu Großem beruft« (Hanna Wolff). Wir sind seine Generalbevollmächtigten. In seinen Bildern sollen wir kluge Verwalter (Lukas 16) und gute Unternehmerinnen (Matthäus 20) sein. Wenn wir dies lernen, werden wir neue Menschen. Und neue Menschen schaffen eine neue Erde – sie werden die Schöpfung bewahren.

Was wir selbst dafür tun können?

- Erstens: darauf vertrauen!
- Und zweitens: daran arbeiten.

Allerdings: Viel Zeit bleibt nicht. Es ist nicht fünf vor zwölf und nicht fünf nach zwölf – es ist zwölf!

Die alte Friedensbewegung prägte den Slogan: »Stell dir vor, es ist Krieg, und keiner geht hin.« Die neue Friedensbewegung mit der Natur sollte nach dem Motto arbeiten: »Stell dir vor, es wird Friede, und viele machen mit.«

Stellvertreter Gottes auf Erden kann niemals ein Papst sein – auch keine Päpstin, sondern allein und immer nur unser Gewissen.

In den letzten Jahren habe ich Fernsehfilme in Indien und Bangladesh gedreht. Es ging um Entwicklungsprojekte zwischen deutschen und asiatischen Gruppen, Gemeinden und Menschen. Durch diese partnerschaftliche Arbeit konnten zum Beispiel in Bangladesh 850 000 Blinde operiert werden, die jetzt wieder sehen können. In Indien wurden 50 000 Kindersklaven aus Fabriken befreit und besuchen jetzt die Schule. Eine Blindenoperation kostet 26 Mark, die Befreiung eines Kinderarbeiters und seine Hinführung zur Schule 100 Mark. Die ARD-Zuschauer haben für diese erfolgreiche Entwicklungshilfe 28 Millionen Mark gespendet.[*] Als die Gründungspräsidentin dieser Hilfsorganisation, Rosi Gollmann in Bonn, die Partnerschaft mit Menschen in Asien startete, fragten ihre Freunde, wo und wie sie denn beginnen wolle bei eineinhalb Millionen Blinden in Bangladesh. »Mit dem ersten«, hat sie geantwortet.

Im Jahr 2000 wird der millionste blinde Mensch in Bangladesh vom Grauen Star befreit sein und sehen können, weil in Deutschland vor 30 Jahren *eine* Frau konsequent ihren Weg ging. Zu Recht bereitet die Bundespost eine Sonderbriefmarke vor. Das Motto der Andheri-Hilfe steht auf dem Querbalken eines Kreuzes: »Ich habe nur eure Hände.«

»Hundertfache Frucht« werden wir bringen, wenn wir lernen, daß das Erfüllen einer großen Aufgabe das Tun vieler kleiner Taten ist. Im Geiste des ökologischen Jesus müssen Umweltschützer gewiß keine Christen sein, aber ganz sicher alle Christen Umweltschützer.

Der ökologische Jesus lehrt uns, daß Gott im Kommen ist und nicht im Gehen.

[*] Andheri-Hilfe, Mackestraße 53, 53119 Bonn.

Literaturverzeichnis

Alt, Franz: *Schilfgras statt Atom,* Piper, München 1998 (aktualisierte Neuauflage)

Alt, Franz, *Die Sonne schickt uns keine Rechnung,* Piper, München 1994

Alt, Franz: *Das ökologische Wirtschaftswunder – Arbeit und Wohlstand für alle,* Aufbau, Berlin 1996

Alt, Franz/Claus, Jürgen/Scheer, Hermann (Hrsg.): *Windiger Protest, Konflikte um das Zukunftspotential der Windkraft,* Ponte Press, Bochum 1998

Amery, Carl: *Die Botschaft des Jahrtausends,* List, München 1994

Bahro, Rudolf: *Apokalypse oder Geist einer neuen Zeit,* Edition Ost, Berlin 1995

Bischöfl. Hilfswerk Misereor (Hrsg.): Wasser, Horlemann Vlg., Bad Honnef 1996

Boff, Leonardo: *Unser Haus, die Erde,* Patmos, Düsseldorf 1996

Bolz, Norbert: *Die Sinngesellschaft,* Econ, München 1997

Bosselmann, Klaus: *Im Namen der Natur,* Scherz, München 1992

Brown, Lester: *Wer ernährt China?* Deukalion, Holm 1997

Capra, Fritjof: *Lebensnetz,* Scherz, München 1996

Deidenbach, Hans: *Zur Psychologie der Bergpredigt,* Fischer, Frankfurt 1990

Die Bibel Dt. Bibelgesellschaft, Stuttgart 1983

Van Dieren, Wouter: *Mit der Natur rechnen,* Birkhäuser, Basel 1995

Drewermann, Eugen: *Jesus von Nazareth,* Walter, Zürich 1996

Fox, Matthew: *Die Revolution der Arbeit,* Kösel, München 1996

Fox, Matthew: *Visionen vom kosmischen Christus,* Kreuz, Stuttgart 1991

Fox, Matthew: *Schöpfungs-Spiritualität,* Kreuz, Stuttgart 1993

Franck, Georg: *Ökonomie der Aufmerksamkeit,* Hanser, München 1998

Gelbspan, Ross: *Der Klima-Gau,* Gerling-Akademie, München 1997

Gerweck, Gerhard: *Das Recht der Tiere,* Kosmos, Stuttgart 1997

Gore, Al: *Wege zum Gleichgewicht,* Fischer, Frankfurt 1992

Gottwald, Franz-Theo und Klepsch, Andrea (Hrsg.): *Tiefenökologie,* Diederichs, München 1995

Gunten, Gottlieb: *Im Zeichen des Schmetterlings,* Scherz, München 1997

Held, Martin und Geißler, Karlheinz (Hrsg.): *Von Rhythmen und Eigenzeiten,* Universitas, München 1995

Herbst, Karl: *Der wirkliche Jesus,* Walter, Zürich 1988

Hilgers, Micha: *Total abgefahren,* Herder, Freiburg 1992

Hilgers, Micha: *Ozonloch und Saumagen,* Hirzel, Stuttgart 1997

Holbe, Rainer: *Mitgeschöpfe,* Herbig, München 1998

Holzapfel, Helmut: *Autonomie statt Auto,* Economica-Vlg., Bonn 1997

Kessler, Wolfgang: *Wirtschaften im dritten Jahrtausend,* Publik-Forum, Oberursel 1996

Kessler, Wolfgang und Kronberger, Hans und Nagler, Hans: *Der sanfte Weg,* Uranus, Wien 1994

Kronberger, Hans: *Blut für Öl,* Uranus, Wien 1998

Leakey, Richard und Lewin, Roger: *Die sechste Auslöschung,* Fischer, Frankfurt 1996

Lehmann, Harry und Reetz, Torsten: *Zukunftsenergien,* Birkhäuser, Berlin 1995

Lutz, Rüdiger: *Innovations-Ökologie,* Bonn-Aktuell, Landsberg 1992

Mailer, Norman: *Das Jesus-Evangelium,* Bertelsmann, München 1998

Maxeiner, Dirk und Dirsch, Michael: *Ökooptimismus,* Metropolitan, Regensburg 1996

Michaelis, Hans und Salander, Carsten (Hrsg.): *Handbuch Kernenergie,* VWEW, Frankfurt 1995

Monheim, Heiner und Monheim-Dandorfer, Rita: *Straßen für alle,* Rasch und Röhring, Hamburg 1990

Müller, Michael und Hennicke, Peter: *Wohlstand durch Vermeiden,* WBV, Darmstadt 1994

Richter, Horst-Eberhard: *Umgang mit Angst,* Hoffmann und Campe, Hamburg 1992

Roszak, Theodore: *Ökopsychologie,* Kreuz, Stuttgart 1994

Sagan, Carl: *Blauer Punkt im All,* Droemer Knaur, München 1996

Scheer, Hermann: *Sonnenstrategie,* Piper, München 1993

Schmidt-Bleek, Friederich: *Wieviel Umwelt braucht der Mensch?* dtv, Birkhäuser, Berlin 1997

Schnack, Dieter und Gersterkamp, Thomas: *Hauptsache Arbeit,* Rowohlt, Reinbek 1996

Sheldrake, Rupert: *Das Gedächtnis der Natur,* Scherz, München 1990

Then, Werner: *Die Evolution in der Arbeitswelt,* InnoVatio-Verlag, Bonn 1994

Uhlig, Helmut: *Buddha und Jesus,* Lübbe, Bergisch-Gladbach 1997

Wehr, Gerhard: *Selbsterfahrung durch C. G. Jung,* Pattloch, Augsburg 1993

von Weizsäcker, Ernst Ulrich, Lovins, Amory und Lovins, Hunter: *Faktor Vier,* Droemer Knaur, München 1995

Wicke, Lutz: *Umweltökonomie,* Vahlen, München 1993

Wolff, Hanna: *Jesus als Psychotherapeut,* Radius, Stuttgart 1978

Wolff, Hanna: *Neuer Wein – alte Schläuche,* Radius, Stuttgart 1981

Dank

Allen Autorinnen und Autoren, die ich im Literaturverzeichnis auf-
führe, danke ich für Anregungen. Darüber hinaus bin ich Hans Deidenbach, Eugen Drewermann, Karl Herbst, Hans Kronberger, Klaus
Töpfer, Hermann Scheer und Hanna Wolff für freundschaftliche Ge-
spräche und wertvolle Hinweise dankbar.

Über den neuen Riemann-Verlag durfte ich konstruktiv mit Gerhard Juckoff, Günter Mattei und Gerhard Riemann zusammenarbeiten.

Besonders danken möchte ich unseren Töchtern Caren und Chri-
stiane und meiner Frau, Brigitte Alt, die mir vieles ermöglicht, was
mir früher unmöglich schien.

Franz Alt

DAS ZUKUNFTS-PROGRAMM

Tiziano Terzani
Briefe gegen den Krieg
ISBN 3-570-50034-9

James Bruges
Das kleine Buch der Erde
ISBN 3-570-50030-6

BUND/Misereor (Hrsg.)
Wegweiser für ein zukunfts-
fähiges Deutschland
ISBN 3-570-50033-0

Franz Alt
Krieg um Öl oder Frieden
durch die Sonne
ISBN 3-570-50032-2

GOLDMANN

*Das Gesamtverzeichnis aller lieferbaren Titel erhalten Sie
im Buchhandel oder direkt beim Verlag.
Nähere Informationen über unser Programm erhalten Sie auch im Internet unter:*
www.goldmann-verlag.de

★

Taschenbuch-Bestseller zu Taschenbuchpreisen
– Monat für Monat interessante und fesselnde Titel –

★

Literatur deutschsprachiger und internationaler Autoren

★

Unterhaltung, Kriminalromane, Thriller
und Historische Romane

★

Aktuelle Sachbücher, Ratgeber, Handbücher und
Nachschlagewerke

★

Bücher zu Politik, Gesellschaft, Naturwissenschaft und Umwelt

★

Das Neueste aus den Bereichen
Esoterik, Persönliches Wachstum und Ganzheitliches Heilen

★

Klassiker mit Anmerkungen, Anthologien und Lesebücher

★

Kalender und Popbiographien

★

Die ganze Welt des Taschenbuchs

★

Goldmann Verlag • Neumarkter Str. 28 • 81673 München

Bitte senden Sie mir das neue kostenlose Gesamtverzeichnis

Name: _____

Straße: _____

PLZ / Ort: _____